气候法学研究

总主编 张大林

世界主要国家气候变化法（美非大洋卷）

胡卫 唐寅智 刘彦 等 编译
石鑫鉴 王镱霖 等 校

法律出版社 LAW PRESS·CHINA
北京

图书在版编目（CIP）数据

世界主要国家气候变化法. 美非大洋卷 / 胡卫等编译. -- 北京：法律出版社，2025. -- ISBN 978 - 7 - 5244 - 0449 - 1

Ⅰ. D996.9

中国国家版本馆 CIP 数据核字第 2025PW9685 号

世界主要国家气候变化法：美非大洋卷
SHIJIE ZHUYAO GUOJIA QIHOU BIANHUAFA:
MEIFEI DAYANG JUAN

胡　卫　唐寅智　刘　彦　等编译
石鑫鉴　王镱霖　等校

策划编辑　似　玉
责任编辑　似　玉
　　　　　石蒙蒙
装帧设计　李　瞻

出版发行　法律出版社	开本　710 毫米×1000 毫米　1/16
编辑统筹　法律应用出版分社	印张　32.75　　字数　547 千
责任校对　朱海波	版本　2025 年 6 月第 1 版
责任印制　刘晓伟	印次　2025 年 6 月第 1 次印刷
经　　销　新华书店	印刷　保定市中画美凯印刷有限公司

地址：北京市丰台区莲花池西里 7 号（100073）
网址：www.lawpress.com.cn　　　　　　　　　　销售电话：010 - 83938349
投稿邮箱：info@ lawpress.com.cn　　　　　　　　客服电话：010 - 83938350
举报盗版邮箱：jbwq@ lawpress.com.cn　　　　　　咨询电话：010 - 63939796
版权所有·侵权必究

书号：ISBN 978 - 7 - 5244 - 0449 - 1　　　　　　　定价：138.00 元

凡购买本社图书，如有印装错误，我社负责退换。电话：010 - 83938349

本书译者（按任务分工）：

胡 卫　唐寅智　刘 彦　王镱霖　石鑫鉴
王茜茜　金 婧　杨 浩　徐榕苑　马 遥
安俊屹　王璐瑶　叶祖欣　王岱威　郭清燕
任 婧

总　　序[*]

在浩瀚的宇宙中,地球如同一叶扁舟,承载着无数生命的希望与梦想。然而,随着人类文明的快速发展,这颗蓝色星球正面临着前所未有的挑战——气候变化。冰川融化、海平面上升、极端天气频发……这些曾经似乎遥不可及的灾难,如今却如影随形地威胁着人类的生存与发展。

共筑绿色未来,法律引领变革。面对这一全球性难题,世界各国纷纷挺身而出,以法律为武器,共同抵御气候变化的侵袭。从美国的《清洁能源安全法案》到欧盟的《欧洲绿色协议》,从中国的《应对气候变化国家方案》到印度的《气候变化国家行动计划》,各国政府正以前所未有的决心和力度,推动应对气候变化的法律制度建设。

在应对气候变化的全球征程中,中国始终扮演着举足轻重的角色。从习近平总书记的庄严宣告到国家层面的密集部署,中国正以坚定的步伐和务实的行动,展现其在气候法领域的努力与贡献。2020 年 9 月 22 日,习近平总书记在第七十五届联合国大会一般性辩论上掷地有声地提出:"中国将提高国家自主贡献力度,采取更加有力的政策和措施,二氧化碳排放力争于 2030 年前达到峰值,努力争取 2060 年前实现碳中和。"[①]这一重大战略决策,不仅彰显了我国推动构建人类命运共同体的责任担当,更是实现可持续发展的内在要求,功在当代、利在千秋。随后,在党的二十大报告中,这一宏伟蓝图得到了进一步强调。报告指出,积极稳妥推进碳达峰碳中和。实现碳达峰碳中和是一场广泛而深刻的经济社会系统性变革。积极参与应对气候变化全球治理。[②] 中国作为世界上最大的发展中国家,积极参与应对气候变化全球治理,肩负重要使命和责任。尽管我国尚未出台应对气候变化的基本立法,但"1 +

---

[*] 本书同时系教育部涉外法治人才协同培养创新基地(培育)的阶段性成果。

[①] 《习近平在第七十五届联合国大会一般性辩论上发表重要讲话》,载中国政府网,https://www.gov.cn/xinwen/2020 - 09/22/content_5546168.htm。

[②] 《习近平:高举中国特色社会主义伟大旗帜　为全面建设社会主义现代化国家而团结奋斗——在中国共产党第二十次全国代表大会上的报告》,载求是网,http://www.qstheory.cn/yaowen/2022 - 10/25/c_1129079926.htm。

N"政策体系的实施,正有力推动着"双碳"目标的实现。与此同时,法律研究者们敏锐地捕捉到"双碳法治"的重要性,纷纷在高校、单位或民间成立双碳法治研究机构,逐步推出论著,开辟了法治研究的新领域。然而,尽管对策性研究已取得一定成果,应对气候变化的法理研究仍需深入开拓,潜力巨大。

2023年2月27日,中共中央办公厅、国务院办公厅印发的《关于加强新时代法学教育和法学理论研究的意见》为气候法学的发展注入了强劲动力。意见明确要求优化法学学科体系,加快发展气候法学等新兴学科。放眼全球,已有60多个国家出台了应对气候变化法,并在加速推进气候变化诉讼,相关学科研究颇为丰富。我国曾在2014年形成《气候变化应对法》草案,尽管因条件不成熟而搁浅,但在司法实践中的积极探索从未停止。从福建法院探索"生态司法+碳汇认购"到各地法院创新推出碳汇认购案件,这些实践在一定程度上对接了双碳战略,间接地发挥了应对气候变化的功能。2023年2月17日,最高人民法院《关于完整准确全面贯彻新发展理念 为积极稳妥推进碳达峰碳中和提供司法服务的意见》也广泛触及气候变化行政补偿、企业环境信息披露、绿色金融、碳交易等案件,理论及实务界积极响应,开展了深入研究。然而,气候法学的理论体系尚需进一步完善。

2024年,中央的决策部署更加密集有力。同年7月18日,中共中央《关于进一步全面深化改革 推进中国式现代化的决定》指出:"中国式现代化是人与自然和谐共生的现代化。必须完善生态文明制度体系,协同推进降碳、减污、扩绿、增长,积极应对气候变化……完善适应气候变化工作体系……积极稳妥推进碳达峰碳中和。"①2024年7月31日,中共中央、国务院《关于加快经济社会发展全面绿色转型的意见》强调:"加强法治保障。各有关单位要加快推进生态环境法典和能源法、节约能源法、电力法、煤炭法、可再生能源法、循环经济促进法等法律法规制定修订工作,研究制定应对气候变化和碳达峰碳中和专项法律。"②

当前,世界主要国家已将应对气候变化的适应、减缓机制及公正过渡措施纳入法治轨道,气候诉讼在全球范围内蔚然成风,成为气候治理不可或缺的监督利器。"气候法学"这一新兴学科应运而生,在国外已赢得广泛关注与深入研究。研究视野广泛覆盖气候变化应对的法律框架、诉讼途径、政策机制,深入探讨气候变化法制定的哲学基础、伦理考量与政策导向,以及气候变化与文化、经济、社会、生态、政治的

---

① 《中共中央关于进一步全面深化改革 推进中国式现代化的决定》,载中国政府网,https://www.gov.cn/zhengce/202407/content_6963770.htm。

② 《中共中央 国务院关于加快经济社会发展全面绿色转型的意见》,载中国政府网,https://www.gov.cn/zhengce/202408/content_6967663.htm。

紧密联系，已经产生了丰硕的研究成果。如欧盟颁布的《欧洲气候法》，以及众多国家直接以"气候法"命名的立法实践，为气候法学研究提供了坚实的框架与丰富的样本。气候法学的研究范畴远不止于主干立法，更深入到气候司法、治理政策、哲学思想、伦理观念及社会影响等深层次议题。在国外众多高等学府，气候教育与气候法治已深度融合于法学教育之中，英国、美国的部分高校更是开设了气候变化法治的专门课程，引领学术前沿。

然而，相较国际上的蓬勃发展，我国"气候法学"研究仍面临着诸多挑战，任重而道远。在此背景下，2024年1月12日，贵州省法学会绿色发展法治研究会应运而生，原拟命名为"贵州省法学会双碳法治研究会"，但鉴于绿色发展法治的广泛兼容性与深远意义，最终获准以此命名，并同步举办了"首届绿色发展法治论坛"。此次论坛得到了兄弟单位与高等学府的广泛响应与支持，未来将持续举办，致力于打造成为全国性的绿色发展法治研究综合论坛。作为论坛的核心组成部分，推动绿色发展法治研究，特别是气候法学研究，成为研究会的重要使命。在胡卫教授的积极推动下，"绿色发展法治研究系列"之"气候法学"研究正式启航，与研究会宗旨不谋而合。后续将开展一系列关联研究，为我国经济社会发展的全面绿色低碳转型贡献智慧与力量。

为加速气候法学这一新兴学科的发展，本书《世界主要国家应对气候变化法》，精心挑选并深入剖析了全球范围内最具代表性的应对气候变化法律实践。从立法译介、司法观察、理论研究三个维度，循序渐进地推进气候法学体系建设。立法译介方面，广泛翻译世界主要国家的气候变化立法，构建完整的域外气候变化立法参考框架，为我国的气候变化立法或碳中和专项立法提供宝贵借鉴，同时为学界开展气候法学研究提供丰富样本。司法观察方面，系统梳理全球气候变化诉讼案例，科学总结诉讼规律、目标、方式与机制，为我国引入气候诉讼工具、实现气候治理监督提供丰富素材，探索在全球应对气候变化法律框架下我国司法能动性的发挥与创新路径。理论研究方面，运用多学科交叉综合的思维，构建气候法学的理论框架与知识话语体系，助力气候法学这一新兴学科的茁壮成长，彰显其对人类未来的深切关怀。

我们深知气候法学研究的艰难与复杂，因此采取循序渐进、摸着石头过河的研究策略。我们期待，通过不懈努力，能够为我国经济社会发展的全面绿色转型贡献力量，为气候治理的科学性、可持续性与公正性发挥积极作用，为当代人与后代人的共同利益，以及我们美丽的蓝色星球的永续发展，贡献我们的智慧与力量。

我们希望通过这本书，为读者呈现一个全面、立体、生动的应对气候变化法律体系，让每一位关心地球未来的读者都能从中汲取智慧和力量，共同为守护我们的家园贡献力量。尽管我们全力以赴，但仍存在诸多局限与不足，恳请各界同仁给予宝贵的指导与批评！

是为序。

张大林

贵州大学党委常委、常务副校长

贵州省法学会绿色发展法治研究会会长

2024 年 11 月 6 日

目　录

美　洲　卷

美国应对全球气候变化预防法	003
加拿大净零排放问责法	009
加拿大温室气体抵消信用机制条例	018
墨西哥气候变化基本法	048
巴哈马气候变化和碳市场倡议法	084

大　洋　洲　卷

新西兰气候变化应对法	097
澳大利亚气候变化法	340
巴布亚新几内亚气候变化(管理)法	348
基里巴斯灾害风险管理与气候变化法	390
斐济气候变化法	415

非　洲　卷

尼日利亚气候变化法	483
毛里求斯气候变化法	498

美 洲 卷

美国应对全球气候变化预防法[①]

第七编 农 业

第九十六章 应对全球气候变化

第6701条 【应对全球气候变化的计划】

(a)设立

为了在农业部设立气候变化问题协调中心,农业部部长(以下简称部长)应当制定一个应对全球气候变化的计划(本条以下简称计划)。部长应当指定一名计划负责人,向部长负责,履行第(b)款和第(c)款中规定的职责。

(b)基本职责

负责人应当——

(1)协调与气候变化问题相关的政策分析、长期规划及研究应对策略;

(2)通过科技与政策办公室,与其他联邦机构就气候变化问题开展交流;

(3)向农业部报告有关气候变化对农林业影响的科学发展问题和政策问题,包括气候变化对美国农场和森林影响的广泛性问题;

(4)向部长建议应对科学发展问题和政策问题的替代行动方案;

(5)确保在农业部的研究、规划与决策过程中充分考虑气候变化影响。

(c)具体职责

负责人应当——

[①] 本法(7 USC Ch. 96)原文来自 FAOLEX 数据库,网址:http://faolex.fao.org/docs/pdf/us198987.pdf。原文为《美国法典》第七编第九十六章"全球气候变化",无标题,译文采用了联合国粮食及农业组织对该法案的命名。鉴于美国国会官网的版本显示不完整,本文以 FAOLEX 数据库版本为准进行翻译。翻译人:胡卫、刘彦;校对人:杨浩、谢孟丽、王璐瑶。

(1) 协调开展第 6702 条规定的全球气候变化研究;

(2) 通过部长认可的其他机构,为气候学研究(气候变化对农业潜在影响相关的研究)提供竞争性补助金;

(3) 协调农业部参与与气候相关的跨部门活动;

(4) 与美国国家科学院、私营企业、学术机构、州政府以及地方团体,就气候研究活动进行交流;

(5) 为本章立法之目的,代表农业部参与科技与政策办公室的工作,协调农业部开展活动;

(6) 在政府间气候变化专门委员会中代表农业部;

(7) 审查与气候变化问题相关的部门预算项目,包括部长提交给科技与政策办公室、管理与预算办公室的研究预算。

第 6702 条 【全球气候变化与农林业研究】

(a) 农作物

(1) 一般要求

部长应当研究全球气候变化对农林业的影响。该研究至少应当包括——

(A) 温度与二氧化碳同时增加对经济作物的影响;

(B) 越发频繁或严重的天气事件对经济作物的影响;

(C) 水文情势的潜在变化对当前作物产量的影响;

(D) 干旱频数增加对南部、中西部和平原地区经济的影响;

(E) 温度升高引起的虫害问题变化。

(2) 后续研究

根据第(1)项的规定开展研究的结果具有正当性的,部长应当进一步研究如何减轻全球气候变化对经济作物的影响。该研究至少应当包括——

(A) 确认是否可以培育经济作物的气候变化耐受性及培育所需的时间、对农民收入的影响;

(B) 评估现有农作物的遗传资源和育种计划,培育对潜在气候变化有耐受性的新品种;

(C) 评估培育耐受气候变化及其他环境压力(如干旱、虫害和含盐度)的作物品种的潜力。

(b) 森林

部长应当开展以下研究:热带和温带森林中的甲烷、氧化亚氮及碳氢化合物的排放以及该排放对全球气候变化的潜在影响方式;全球气候变化对该排放的反作用;通过管理实践可能减少该排放的方式。该研究至少应当包括——

(1) 获取热带和温带森林的氧化亚氮、甲烷和非甲烷碳氢化合物的测量结果;

(2) 确定温带和热带森林系统中氧化亚氮、甲烷和非甲烷碳氢化合物的排放对气候变化的影响方式;

(3) 明确提出温带和热带森林的其他管理策略,减轻全球气候变化的负面影响。

(c) 报告

部长应当在1990年11月28日之后的3年和6年内,分别向众议院农业委员会,科学、空间和技术委员会,参议院农业、营养和林业委员会提交根据第(a)款和第(b)款开展的研究报告。

此外,部长还应当每年向上述委员会提供相关研究的临时报告,并就减轻全球气候变化的负面影响和适应全球气候变化及相关现象提出行动建议。

第6703条 【已废止】

第6704条 【国际林业办公室】

(a) 设立

部长应当于1990年11月28日之后的6个月内,通过林务局局长行事,在林务局设立国际林业办公室。

(b) 副局长的任命

林务局局长应当任命一名负责国际林业的副局长。

(c) 职责

副局长应当——

(1) 负责林务局的国际林业活动;

(2) 协调林务局执行本章规定的活动;

(3) 为第6701条确定的计划,担任林业局负责人的联络员。

(d) 拨款授权

为实施本条,授权为1996年至2018年的各财政年度拨出必要款项。

第6705条 【费用项目】

在1990年11月28日之后,总统向国会提交的第一个财政年度及之后各财政年度的拟议预算,应当明确用于林务局开展国际合作和援助的资金。

第6706条 【热带林业研究院】

部长有权指导建立波多黎各热带林业和太平洋岛屿林业研究院(以下简称研究院)。研究院开展的森林管理和自然资源研究应当涵盖:

(1) 热带森林的管理和发展;

(2)气候变化与热带森林的关系;

(3)受威胁物种和濒危物种;

(4)娱乐和旅游;

(5)在确保产量的基础上开发热带森林资源;

(6)检测热带森林健康和生产力的技术;

(7)热带森林的再生和修复;

(8)砍伐热带森林对生物多样性、全球气候、野生动物、土壤和水的影响。

第 6707 条 【城市林业示范项目】

部长有权通过林务局管辖的东北地区各州和私营林业计划开展研究和试点实施项目,证明在城市发展中保护和整合森林的优势。该研究和试点实施项目的重点是为今世后代保护环境及相关自然资源。

第 6708 条 【已废止】

第 6709 条 【跨部门合作:最大限度提高生物增长】

部长可与国防部部长达成协议,制定一项计划以管理国防部军事设施上的森林和土地,从而最大限度地发挥其生物增长和二氧化碳封存的潜力。

第 6710 条 【拨款授权】

为实施本章规定,授权为 1991 年至 1997 年的各财政年度拨出必要款项。

第 6711 条 【碳循环研究】

(a)一般要求

在为本章目的提供的资金范围内,部长应当向堪萨斯州立大学的农业土壤减缓温室气体联合会提供一笔补助金,并通过第(b)款所列的赠地大学,在国家、区域和地方各级开发、调查和实施碳循环研究。

(b)赠地大学

第(a)款中所指的赠地大学包括:

  (1)科罗拉多州立大学;

  (2)爱荷华州立大学;

  (3)堪萨斯州立大学;

  (4)密歇根州立大学;

  (5)蒙大拿州立大学;

  (6)普渡大学;

  (7)俄亥俄州立大学;

  (8)得克萨斯农工大学;

  (9)内布拉斯加大学。

(c)资金用途

第(b)款所列的赠地大学应当将本条提供的资金用于:

(1)开展研究,完善利用土地管理方法增加土壤固碳的科学依据,包括研究利用新技术增加碳循环的有效性,如生物技术和纳米技术。

(2)建立伙伴关系,以确定、发展和评估农业最佳方法,包括与以下主体建立伙伴关系:

(A)联邦、州或私营企业;

(B)农业部。

(3)开发必要的计算机模型来预测和评估碳循环。

(4)评估并发展因以下因素产生的碳排放水平衡量机制:

(A)联邦自愿保护计划;

(B)私营和联邦森林;

(C)其他土地用途。

(5)与推广服务部门合作,制定推广计划,分享对农业生产者有用的碳循环和农业最佳做法。

(6)与大平原地区地球科学应用中心合作开展基于空间的碳循环遥感技术方案,用以:

(A)持续提供植被状况的实时全方位视图;

(B)评估和模拟农业固碳;

(C)开发商业产品。

(d)合作研究

(1)一般要求

在获得拨款的情形下,部长可以与参与美国全球变化研究计划的部门机构(可使用其法定权限)及符合条件的企业合作,为深入了解下列问题开展研究:

(A)土壤和植物(包括树木)中的碳通量;

(B)源自农业的其他温室气体的交换。

(2)适格主体

本款下的研究可以通过向高校提供竞争性补助金和达成合作协议进行。

(3)合作研究的目的

在本款下开展的研究应当鼓励具有专业知识(土壤科学、农学、农业经济学、林业及其他农业科学领域)的科学家开展合作,着重研究以下事项:

(A)开发数据,解决土壤和植物(包括树木)中的碳损失和碳增量,以及农业中甲烷和氧化亚氮的交换;

(B) 了解农林业实践影响土壤和植物(包括树木)中的碳封存及其他温室气体的交换方式,包括生物技术和纳米技术等新技术的影响;
(C) 研发具有成本效益的监测方法,监测土壤和植物(包括树木)中碳库变化,包括计算机模型;
(D) 评估联邦保护计划与碳封存的关联度;
(E) 开发包括遥感在内的技术,测量碳和其他温室气体的交换,评估其(碳)泄漏、性能及持久性问题;
(F) 评估根据本款形成的研究结果的适用性,制定计算农业活动(包括林业)对温室气体交换影响的方法。

(4) 拨款授权

为实施本条规定,授权为2002年至2007年的各财政年度拨出必要款项。

(e) 推广项目

(1) 一般要求

部长与参与美国全球变化研究计划的部门机构(可使用其法定权限)、地方推广机构、讲授农业和生物科学课程的高等教育机构专家以及其他地方农业或保护组织合作,实施推广项目(包括农业生产者直接参与的农场项目),将测量工具和建模技术纳入综合方案,监测保护措施的碳封存效益和农业温室气体排放交换,通过以下事项证明监测方法的可行性:

(A) 土壤和植物(包括树木)中的碳含量及其他碳库的变化;
(B) 其他温室气体的交换。

(2) 推广项目的成果

部长可以向农民、牧场主、私营林地所有者及各州相关机构宣传以下信息:

(A) 本款项下的项目成果;
(B) 项目使用的方法中可能适用于农民、牧场主、私营林地所有者和州机构的运作方式。

(3) 拨款授权

为实施本条规定,授权为2002年至2007年的各财政年度拨出必要款项。

(f) 行政费用

部长可将本条规定资金不超过3%的部分用于支付实施本款的行政费用。

(g) 拨款授权

为实施本条规定,授权为2007年至2012年各财政年度拨款15,000,000美元。

加拿大净零排放问责法[①]

前　　言

鉴于科学表明人类活动将造成地球气候前所未有的改变；鉴于气候变化对人类的健康和安全，包括生物多样性和经济增长在内的环境造成了严重威胁；鉴于加拿大已批准于2015年12月12日在巴黎签署的《巴黎协定》，该协定于2016年生效，根据该协定，加拿大已承诺制定并通报有雄心的国家目标，并采取有雄心的国家措施减缓气候变化；鉴于《巴黎协定》旨在加强全球应对气候变化的能力，并重申将全球气温升幅限制在低于工业化水平前2℃的目标，同时努力将温度升幅限制在1.5℃；鉴于政府间气候变化专门委员会认为，到2050年实现温室气体净零排放的关键在于，将全球平均气温升幅控制在工业化水平前1.5℃，并将气候变化相关风险降至最低；鉴于加拿大政府致力于实现并超越《巴黎协定》通报的国家自主贡献中的2030目标；鉴于加拿大政府根据《联合国气候变化框架公约》负有的温室气体排放报告义务，包括国家清单报告、国家自主贡献、两年期报告和两年期跨标准报告，以及议会法案规定的国内报告义务，包括《温室气体污染定价法》规定的年度报告和环境部长义务，在《泛加拿大清洁增长和气候变化框架》下，负有额外报告义务以提升温室气体排放目标的透明度和问责制；鉴于加拿大政府已制定一项计划，承诺在公众参与和专家建议的支持下，使加拿大走上到2050年实现繁荣的净零排放道路；鉴于加拿大政府致力于推进1982年《宪法》第35条和《联合国土著人民权利宣言》规定的承认权利方法，并加强与加拿大土著人民的合作，重新审视减缓气候变化的措施，包括在执行本法宗旨时将传统知识纳入其中；鉴于加拿大政府认识到，到2050年实现净零排放的计划应有助于使加拿大经济更具韧性、包容性和竞争力；鉴于气候变化是一个全球性问题，需要加拿大所有政府以及工业界、非政府组织和加拿大的个人立

[①] 本法于2021年制定，法案原文来自加拿大政府网站，网址：https://laws-lois.justice.gc.ca/eng/acts/C-19.3/FullText.html。以2023年修订版英文文本进行翻译。翻译人：胡卫、安俊屹；校对人：杨浩、金婧。

即采取富有雄心的行动；鉴于加拿大政府已经认识到并采取了重要的集体和个人行动，并打算维持这一势头。

因此，经加拿大参议院和众议院的建议和同意，女王陛下颁布如下法令。

简　　称

1.【简称】本法称为《加拿大净零排放问责法》。

定　　义

2.【定义】以下定义适用于本法。
"公约"指1992年5月9日在纽约通过的《联合国气候变化框架公约》。
"减排计划"指第9款第1项制订的计划。
"传统知识"指加拿大土著人民的传统知识。
"加拿大土著人民"指1982年《宪法》第35款第2项所定义的土著人民。
"里程碑年"指2030年、2035年、2040年及2045年中的任意一年。
"部长"指环境部长或其他由第5条指定的联邦部长。
"净零排放"指特定时期大气中的人类排放与人类移除的温室气体达到平衡。

女 王 陛 下

3.【对女王陛下具有约束力】本法及其条例对加拿大女王陛下具有约束力。

目　　的

4.【目的】本法目的是要求根据现有最佳科学知识，制定减少温室气体排放的国家目标，并促进透明度、问责制以及与实现这些目标有关的积极行动，以支持加拿大2050年实现净零排放以及在减缓气候变化方面的国际承诺。

指 定 部 长

5.【部长】总督可下令指定任何联邦部长为本法所指的部长。

目标和计划

6.【2050 年目标】2050 年国家温室气体排放目标是净零排放。

6.1【为进一步明确】本法中的规定均不排除在 2050 年之前实现净零排放。

7.(1)【里程碑年目标】为实现第 6 条设定的目标,部长须为每一个里程碑年制定年度温室气体排放目标。

(1.1)【进展】每个温室气体排放目标都须在上一目标基础上取得进展。

(2)【2030 年目标】2030 年的国家温室气体排放目标是根据修订的《巴黎协定》中对应年度的加拿大国家自主贡献制定的。

(3)【《巴黎协定》】温室气体排放目标与加拿大根据《巴黎协定》呈现的最新国家自主贡献同等重要。

(4)【后续目标】部长须设定国家温室气体排放目标:

(a) 2035 里程碑年,应不晚于 2024 年 12 月 1 日;

(b) 2040 里程碑年,应不晚于 2029 年 12 月 1 日;

(c) 2045 里程碑年,应不晚于 2034 年 12 月 1 日。

(5)【说明——关键措施】在为 2030 年后某个里程碑年设定温室气体排放目标后一年内,部长须发布一份类似于加拿大根据《巴黎协定》呈现的国家自主贡献的高层次描述文件,说明加拿大政府为实现该目标而倾向于采取的关键温室气体减排措施以及年度温室气体排放最新预测,并考虑这些措施在说明公布后和有关里程碑年份之间的综合影响。

8.【设定排放目标】在制定温室气体排放目标时,部长须考虑:

(a) 现有的最佳科学信息;

(b) 加拿大气候变化相关国际承诺;

(c) 传统知识;

(d) 咨询机构根据第 13 条提供的意见,以及根据第 22 条第(1)款提交报告中提供的法律意见。

9.(1)【减排计划】部长须制定温室气体减排计划,以实现第 6 条设定的目标和第 7 条设定的每个目标。

(2)【2030 年计划】部长须在本法生效之日起 6 个月内制定 2030 年减排计划。

(2.1)【2026 年中期目标】2030 年减排计划须包括 2026 年的中期温室气体排放目标。

(3)【延期】部长可在包含理由并公布的决定中,将第(2)款规定期限延长至

90日。

（4）【后续计划】部长须至少在相关年份开始的前5年制定各项后续的减排计划。

（5）【注意事项】在制定温室气体减排计划时，部长须考虑《联合国土著人民权利宣言》、咨询机构对第13条提出的意见及其在报告中根据第22条第（1）款提供的建议，以及与本法目的有关的其他考虑因素。

10.（1）【减排计划的内容】减排计划须包含：

(a) 本年度温室气体排放目标计划相关的内容；

(a.1) 加拿大最新官方温室气体排放清单摘要以及与加拿大根据其关于气候变化国际承诺提交的计划相关信息；

(b) 说明加拿大政府为实现温室气体排放目标而打算采取关键减排措施；

(b.1) 在计划中应说明加拿大在气候变化方面对国际承诺如何考虑；

(c) 说明相关部门战略；

(d) 说明联邦政府运作的减排战略；

(e) 第(a)至(d)项所述每项措施和战略的预计实施时间表；

(f) 对这些综合措施和战略所产生年度温室气体减排量的预测，包括加拿大根据公约提交的报告中所含的每个经济领域的预测；

(g) 与加拿大各省和其他政府的主要合作措施或协议的摘要。

（2）【解释】减排计划须解释计划中设定的温室气体排放目标，以及计划中描述的关键措施和战略将如何有助于加拿大在2050年实现净零排放。

（3）【其他信息】减排计划可能包含与该计划或本法目的相关的其他任何信息，包括有关各省政府、加拿大土著人民、市政府或可能有助于实现温室气体排放目标的私营机构。

11.【修订】为达本法目的，部长可修改第7条规定的排放目标或减排计划。

12.【其他部长】在制定或修订减排计划时，部长须与负有实现该目标职责和职能的其他联邦部长协商。

13.【公众参与】在制定或修订国家温室气体排放目标或减排计划时，部长须以其认为适当的方式确保各省政府、加拿大土著人民、根据第20条设立的咨询机构和有关人士，包括部长认为适当的专家，有向其提出意见的机会。

13.1【磋商结果的报告】部长须通过政府网站及其认为适当的其他方式，公布根据第13条进行的磋商结果报告。

报　　告

14.（1）【进度报告】部长须与第 12 条中所提部长进行协商，并在相关年开始前两年内，至少编写一份与每个里程碑年度和到 2050 年有关的进度报告。

（1.1）【第一次进度报告】部长在与第 12 条中提到的部长协商后，应在不晚于 2023 年底前就第一个里程碑年编写一份进度报告，并分别在不晚于 2025 年底及不晚于 2027 年底编写另一里程碑年份的进度报告。

（1.2）【2025 年进度报告】2025 年进度报告须包含根据科学、技术和温室气体排放管理的最新发展，对 2030 年温室气体排放目标的评估，部长须根据这些发展考虑是否应该改变该目标。

（2）【报告内容】进度报告须包含：

(a) 关于在实现温室气体排放目标方面所取得进展的最新情况；

(a.1) 加拿大最新发布的下一个里程碑年份的温室气体排放预测；

(a.2) 加拿大根据其在气候变化方面的国际承诺所提交的其最新官方温室气体排放清单，以及与该报告相关的信息摘要；

(b) 有关减排计划中提及的联邦措施、部门战略和联邦政府的行动战略的最新执行情况，对上述措施和战略产生的温室气体排放量的最新预测（若存在）。

(b.1) 有关减排计划中提及的与加拿大各省和其他政府在主要合作措施或协议的最新执行情况；

(b.2) 若预测表明该计划的温室气体排放目标将无法实现，则应详细说明为提升该目标实现可能性而可能采取的额外措施；

(c) 部长认为适当的其他信息。

（3）【中期进展】有关 2030 年的进度报告，须包括实现 2026 年中期温室气体排放目标的最新进展。

15.（1）【评估报告】在与第 12 条中提到的部长协商后，部长应当在不迟于加拿大根据公约提交有关里程碑年或 2050 年（视情况而定）的官方温室气体排放清单报告之日起 30 天内，编写一份与里程碑年或 2050 年相关的评估报告。

（2）【报告内容】评估报告须包含：

(a) 加拿大根据其关于气候变化的国际承诺提交的与报告有关的最新官方温室气体排放清单和信息摘要；

(b) 关于加拿大是否实现了该年国家温室气体排放目标的声明；

(c) 对相关减排计划中描述的联邦措施、减排战略和联邦政府运营战略促进加

拿大实现该年国家温室气体排放目标的评估;

(c.1)对相关减排计划中描述的关键合作措施,或与加拿大各省或其他省份的协议,如何促进加拿大实现该年国家温室气体排放目标的努力的评估;

(d)为提升减排计划可能性而对之后的减排计划做出的调整信息;

(e)部长认为适当的其他信息。

16.【失败报告】若部长认为加拿大未能实现2050年或里程碑年的国家温室气体排放目标,部长须与第12条提到的其他部长协商,重新报告如下内容:

(a)未能达标原因;

(b)加拿大政府正在采取的行动计划或将要应对未达标所采取的行动;

(c)其他部长认为须要报告的其他信息。

制表与公布

17.【公布目标】部长可在减排计划提交议会之前,公布该计划涉及的里程碑年度的国家温室气体排放目标。

18.(1)【减排计划——制表】部长必须确保在减排计划制定后的首个议会开会日起的15日内,将该减排计划提交至议会两院。

(2)【修正案——制表】部长必须确保在减排计划的修正案作出后的首个议会开会日起的15日内,将该修正案提交至议会两院。

(3)【报告——制表】部长必须确保在报告定稿后的首个议会开会日起的15日内,将每份进度报告和评估报告提交至议会两院。

19.(1)【公布减排计划】部长须在将减排计划提交至议会两院后,尽快以部长认为适当的方式向公众提供。

(2)【公布修正案】部长须在将减排计划的修正案提交至议会两院后,尽快以部长认为适当的方式向公众提供。

(3)【公布报告】部长须在将每份进度和评估报告提交至议会两院后,尽快以部长认为适当的方式向公众提供。

咨 询 机 构

20.(1)【建立和授权】成立名为净零排放的咨询机构,其任务是就2050年实现净零排放向部长提供独立建议,包括:

(a)第7条规定的温室气体排放目标;

(b)第9条规定的温室气体减排计划,包括加拿大政府为实现温室气体排放目标而可以实施的措施和部门战略;

(c)部长提交的其他事项。

(1.1)【参与活动】咨询机构的任务还包括组织开展与实现净零排放相关的活动。

(2)【职责范围】部长可以决定和修订咨询机构的职责范围,并将修订条款的职权范围或修正案进行公开。

21.(1)【成员的任命和报酬】总督会同枢密院根据部长的建议任命咨询机构的成员并确定其薪酬。

(1.1)【部长的建议】提出建议时,部长须考虑整个咨询机构是否需要具备以下方面专业知识:

(a)气候变化科学,包括气候变化的环境、生态、社会、经济和分布影响;

(b)传统知识;

(c)其他相关物理和社会科学,包括经济分析和预测;

(d)国家、国家级以下和国际各级的气候变化和政策,包括潜在气候变化应对措施的可能影响和有效性;

(e)能源供求;

(f)相关的技术。

(2)【机构组成】咨询机构由不超过15名兼职成员组成,任期最长3年,可连任。

(3)【联合主席】总督会根据部长的建议,从根据第(1)款任命的成员中指定两名作为联合主席。

(4)【费用报销】根据财务委员会的指示,成员有权报销出差期间为履行咨询机构工作有关的差旅费、生活费和其他费用。

(5)【咨询机构成员性质认定】咨询机构的成员被视为受雇于联邦公共行政部门,以执行《政府雇员补偿法》和根据《航空航海法》第9条制定的法规。

22.(1)【咨询机构报告】咨询机构须就其建议和活动向部长提交年度报告,包括说明其参与活动的结果。

(1.1)【影响因素】咨询机构在提供咨询和编写报告时,须考虑一系列与本法宗旨相关的因素,包括涉及气候变化的环境、经济、社会和技术以及现有的最佳科学信息和知识,以及传统知识,尊重气候变化。

(2)【部长的回应】部长须在收到年度报告后30日内向公众公开;在收到年度报告后120日内,部长须公开回应咨询机构建议所涉及的第20条第(1)款第(a)项至第(c)项中提到的事项,包括咨询机构建议的国家温室气体排放目标与部长设定目标不同的情形。

财 政 部 长

23.【年度报告】财务部长须与其他部长合作制定以报告关于联邦公共机构所采取的年度报告、有关管理财务风险和提供有关气候变化机遇的关键措施。财务部长须保证该报告的公众可及性。

环境与可持续发展委员

24.(1)【委员报告】环境与可持续发展委员至少每5年审查并报告一次加拿大政府为减缓气候变化而采取措施的执行情况,包括为实现相关评估报告中确定的最新温室气体排放目标所采取的措施。

(2)【建议】报告内容可包括有关加拿大政府执行减排计划中所承诺的采取减缓气候变化措施的有效性的相关建议。

(3)【提交】该报告作为专员根据《审计长法案》第23条第(2)款进行的下一年度重新安置计划的一部分提交。

(4)【第一次报告】第一次报告须在2024年年底前提交。

一 般 规 定

25.【方法】在不违反根据第26条制定的条例的前提下,用于报告加拿大每个里程碑年份和2050年温室气体排放量的方法须与加拿大在公约官方国家温室气体排放清单报告中使用的方法保持一致。

26.(1)【条例】总督会同枢密院可基于本法目的制定条例,包括:

(a)修订或具体说明用于报告加拿大每个里程碑年份和2050年温室气体排放量的方法,包括温室气体排放量和移除量;

(b)修订本法中规定的时间表,使其与加拿大国际承诺保持一致,但第6条和第24条所规定的时间表或里程碑年除外。

(2)【国际标准】根据第(1)款制定的条例须符合加拿大遵守的国际标准。

27.【法定文书法案】为明确起见,就《法定文书法》而言,根据本法提交的减排计划、报告,根据第9条第(3)款作出的部长决定以及根据第20条第(2)款制定的职权范围都不属于法定文书。

27.1【审查法案】本法生效之日起5年后,参议院、众议院或议会两院(视情况而定)指定的或为此目的而设立的委员会应对本法的条款和实施情况进行全面审查。

相应修正案

R.S., c. A-17(审计长法案)

28.【修正案】。

生　　效

*29. 本法案第23条自总督会同枢密院令确定的日期起生效。

加拿大温室气体抵消信用机制条例[①]

解　释

【定义】

1.(1)以下定义适用于本条例。

法案:《温室气体污染定价法》。

授权人员:

(a)对于个人申请人,指该个人或有权代表其行事的人;

(b)对于法人申请人,指该法人授权代表该公司行事的高级管理人员;

(c)对于其他实体申请人,指有权代表其行事的个人。

《联邦抵消议定书汇编》:名为《联邦抵消议定书汇编》的文件,其中包含环境部制定的议定书,由该部在其网站上公布。

计入期:就项目而言,指第5条中确定的期间或议定书中规定的可产生抵消计入量的期间。

环境完整性账户:部长在跟踪系统中开设和维护的账户,以保持抵消信用机制的完整性。

混合吨 – 年(hybrid tonne-year):根据项目计入期内在大气中固碳所产生的辐射力的气候效益,从而确认从大气中移除的温室气体数量的一种量化法,并考虑第22条第(2)款规定的义务,即在项目的特定期间中,监测申请人在大气中排放及移除的温室气体数量。

ISO 14064 – 2标准:国际标准化组织发布的名为"温室气体——第2部分——以量化、监测和报告温室气体减排量或移除增量为指导的项目级规范:2019年ISO 14064 – 2标准"。

[①] 法案(SOR/2022 – 111)原文来自加拿大联邦法律法规数据库,网址:https://laws-lois. justice. gc. ca/eng/regulations/SOR – 2022 – 111/index. html。翻译人:刘彦、任婧;校对人:金婧、马遥、王璐瑶。

ISO 14064-3 标准：国际标准化组织发布的名为"温室气体——第 3 部分——温室气体声明的核证和验证规范与指南：2019 年 ISO 14064-3 标准"。

项目：控制温室气体排放或从大气中移除温室气体的项目。

申请人：项目负责人。

议定书：针对特定项目类型的议定书，规定项目实施的要求和量化该类项目在大气中排放或移除温室气体的方法，该议定书列于《联邦抵消议定书汇编》中。

储存库：与 ISO 14064-2 标准中的温室气体储存库的含义相同。

逆转：特定项目将从大气中移除的温室气体重新释放到大气中。

汇：与 ISO 14064-2 标准中温室气体汇的定义相同。

源：与 ISO 14064-2 标准中温室气体源的含义相同。

开始日期：根据适用的议定书所确定的，作为项目组成部分的活动开始的日期。

吨-吨：根据报告期内固定的二氧化碳吨数确定从大气中移除的温室气体数量的一种量化法，并考虑第 22 条第(1)款规定的义务，申请人必须监测该项目的温室气体排放和移除数量(时间为 100 年)。

吨-年：根据报告期内固碳所产生的辐射力降低带来的气候效益，确认从大气中移除温室气体数量的一种量化法，申请人无须监测项目中排放和移除的温室气体数量。

核证机构：根据第 23 条经授权进行核证的第三方。

【参引合并】

(2)除非另有说明，凡以参引方式并入本条例的文件，均可通过不定期修订的方式合并。

【认可】

(3)根据第(2)款的规定，如果国际标准化组织发布的名为"验证和核证环境信息机构的一般原则和要求"(2020 年 ISO 14065 标准)被修改，该文件的旧版本在修订版本发布之日起 4 年内依旧适用。

【项目集合】

(4)除非另有规定，本条例规定根据情况需要修改后，适用于项目集合。

目　的

【目的】

2. 为减少和控制温室气体排放，移除大气中的温室气体，建立抵消信用机制，制定本法。

概　　述

【本机制的要素】

3. 本条例规定：

(a) 在抵消信用机制中登记项目的条件，以及取消登记的情形；

(b) 对申请人的要求；

(c) 抵消信用的发放；

(d) 记录保存的要求。

适 用 范 围

【项目特点】

4.(1) 本条例适用于以下项目的申请人：

(a) 已被列入《联邦抵消议定书汇编》的议定书类型；

(b) 旨在通过控制温室气体排放或从大气中移除温室气体，从而减少温室气体排放量；

(c) 其减排量具有真实性、额外性、可量化、可核证、专有性、持续性。

【减排——额外性】

(2) 根据第(1)款第(c)项的规定，额外减排量：

(a) 在没有该项目的情况下不会产生；

(b) 非法定要求或法定要求的结果；

(c) 非受联邦或省级温室气体排放定价机制约束的源、汇和库。

【减排——专有性】

(3) 根据第(1)款第(c)项的规定，如果该减排量不计入其他抵消计划或温室气体减排机制，则该减排量为专有。

【不适用】

(4) 本条例不适用于开始日期在 2017 年 1 月 1 日之前的项目。

计 入 期

【计入期】

5.(1) 除非适用的议定书中另有约定，项目产生抵消信用的期限是：

(a)涉及林业的固碳项目,30 年;

(b)涉及林业以外的其他固碳项目,20 年;

(c)其他项目,10 年。

【期间起算】

(2)除第(5)款另有规定外,计入期从项目登记日或项目起始日起计算,以较晚的日期为准。

【例外——期间起算】

(3)尽管有第(2)款的规定,但对于农业性质的项目,如果议定书有要求,则计入期从生长季开始之日起计算。但是,该日期不得早于项目登记日或项目起始日,以较晚的日期为准。

【例外——期间长度】

(4)对于在本条例规定以外的温室气体抵消信用机制中登记的项目,应扣除其在其他机制中从登记日开始至结束登记的期间,以减少计入期。

【项目集合】

(5)除第(6)款另有规定外,按照第 9 条第(1)款登记的项目集合,其计入期从该集合登记日或该集合中最早登记的项目的起始日开始,以较晚的日期为准。但是,如果集合中任一项目在该日之后启动,则该项目自其启动之日起开始产生信用。

【项目增加】

(6)如果某一项目根据第 9 条第(4)款的规定被纳入集合中,或者某一集合中的项目根据第 9 条第(5)款的规定被转移到另一集合中,其计入期从转入或转移(视情况而定)之日或该项目开始之日起计算,以较晚的日期为准,并以集合计入期结束之日为止。

议 定 书

【项目登记】

6.(1)登记项目时,如果列入《联邦抵消议定书汇编》中的相关议定书有多个版本,则在计入期内适用最新版本。

【计入期的延长】

(2)延长计入期时,如果列入《联邦抵消议定书汇编》中的相关议定书有多个版本,则在计入期内适用最新版本。

【申请人的选择】

(3)根据第(1)款和第(2)款的规定,如果在项目计入期内发布了新版议定书,申请人可以选择在其项目中适用该新版本。但是,在项目报告期间内,只能适用一个版本的议定书。

【撤销】

(4)根据第(1)款和第(2)款的规定,如果在提交项目登记申请或请求延长计入期时,特定项目类型的议定书被撤销,则必须拒绝该申请或请求。

抵消信用的发放程序

要 求

【基本要求】

7. 为了获得部长发放的抵消信用,项目申请人必须:

(a)已按照第 8 条或第 9 条的规定登记项目;

(b)是跟踪系统中温室气体抵消信用机制账户的持有人;

(c)按照适用的议定书实施项目;

(d)产生具有真实性、额外性、可量化、可核证、专有性且持续的温室气体减排量;

(e)根据第 20 条的规定编写项目报告,并由核证机构按照第 24 条至第 27 条的规定对其进行核证;

(f)根据第 20 条第(7)款的规定向部长提交项目报告,并附上根据第 28 条的规定编写的核证报告;

(g)在适用的情形下,根据第 32 条的规定向部长提交更正后的项目报告;

(h)在适用的情形下,根据第 21 条第(2)款的规定履行有关实施风险逆转管理计划的义务,并根据第 22 条的规定对项目进行监测,特别是提交的监测报告;

(i)如果申请人被要求根据《温室气体污染定价法》第 181 条的规定汇出合规单位,则视为已履行该义务。

项 目 登 记

【登记的条件】

8.(1)在不违反第 9 条的情况下,如果项目申请人向部长提交了包含附件 1 所列信息的登记申请,且该项目的议定书已被列入《联邦抵消议定书汇编》,在同时满

足以下条件的情况下,该项目可以在抵消信用机制中进行登记:

(a) 申请人是居住在加拿大的自然人;如果申请人不是自然人,则申请人应当在加拿大有营业地。

(b) 申请人对该项目产生的温室气体减排量所发放的信用额度享有专属权利。

(c) 申请人对开展项目活动享有必要的权限。

(d) 在项目开始前,应符合议定书中规定的基准条件。

(e) 适用的议定书已经对为控制温室气体排放或从大气中移除温室气体而开展的项目活动作出规定。

(f) 该项目可能产生的减排量具有额外性。

(g) 该项目没有在其他抵消信用机制中登记。

(h) 该项目产生的温室气体减排量不计入其他温室气体减排体系的信用额度。

(i) 该项目的所在省根据其抵消信用计划制定的省级抵消信用议定书,不应包括与适用的联邦议定书中的规定相同的活动。

(j) 对于固碳项目:

(i) 申请人应明确说明在项目期间是否使用议定书中规定的吨-吨、吨-年或混合吨-年量化法;

(ii) 如果申请人选择吨-吨或混合吨-年量化法,则应根据第 21 条的规定制定风险逆转管理计划。

(k) 项目申请人以往根据本条例进行的登记没有因自愿撤销而被取消。

(l) 申请人或其授权人员在提交登记申请前 5 年内没有犯《刑法》第 380 条规定的罪行。

(m) 在第 10 条规定的时限内提交登记申请。

【例外——省级议定书】

(2) 根据第(1)款第(i)目的规定,如果根据该省的抵消信用计划制定的省级抵消额度议定书适用于项目的部分活动,则在下列情况下,该项目可以登记:

(a) 省级议定书是在联邦议定书被列入《联邦抵消议定书汇编》后公布的;

(b) 登记申请应在该项目本可于议定书下的省级抵消信用计划登记之日起 6 个月内提交。

【声明】

(3) 登记申请须附有一份声明,由申请人或其授权人员注明日期并签字,说明申请书所载信息准确完整。

【跨省项目】

（4）项目跨省的，申请人必须就该项目中位于各省的项目部分登记为不同项目。

【开户请求】

（5）根据《温室气体污染定价法》第186条第（1）款的规定，申请人尚未开设温室气体抵消信用机制账户的，必须在跟踪系统中提出开设请求。

【项目集合】

9.（1）在满足以下条件的情况下，申请人可以登记一个项目集合，该集合由一组项目组成，这些项目属于《联邦抵消议定书汇编》中已列入的议定书类型，且以前没有根据本条例登记过，或者一组项目已经根据本条例登记为该集合的一部分：

（a）申请人为集合中各项目的申请人；

（b）集合项目中的所有项目都位于同一个省份；

（c）集合项目中的各项目都符合第8条第（1）款规定的登记条件；

（d）同一协议及该协议的版本适用于集合中的每个项目；

（e）对于固碳项目，如果议定书规定可以选择吨－吨、混合吨－年或吨－年的量化法，则集合中的所有项目都应采用相同方法；

（f）按照第（2）款的规定提交集合项目的登记申请；

（g）集合项目数量不得超过议定书中规定的特定项目类型的最大数量。

【登记申请】

（2）项目集合的登记申请必须提交部长，且包含附件2中所列信息。

【声明】

（3）登记申请须附有一份声明，由申请人或其授权人员注明日期并签字，说明申请书所载信息准确完整。

【增加项目】

（4）为新增项目，在符合第（1）款第（a）项至第（e）项及第（g）项的条件下，申请人向部长提交申请及第（3）款所述的声明［其中包含第（2）款所述的项目信息］，同时更新附件2第4条第（c）款、第（d）款规定的信息，将先前未根据本条例登记的项目增列到项目集合中。

【转让项目】

（5）一个集合中的项目，只有其计入期的起始日是另一集合的计入期起始日或在其之后，该项目才可转移至该集合中。

【撤销项目】

（6）如果一个项目从项目集合中撤销，申请人必须以书面形式通知部长，并说明该项目从集合中撤销的日期。

【申请截止日】

10.（1）必须提交登记申请：

  （a）项目起始日在适用的议定书被列入《联邦抵消议定书汇编》日期之前的，应在该议定书被列入《联邦抵消议定书汇编》日期后的 18 个月内提交，且应在项目起始日起的 10 年内提交；

  （b）项目起始日在适用的议定书被列入《联邦抵消议定书汇编》日期及之后的，则应在项目起始日起的 18 个月内提交。

【例外——在其他机制中登记的项目】

（2）尽管有第（1）款第（a）项的规定，如果项目是在温室气体抵消信用机制中登记的，而不是在联邦政府或省政府管理系统中登记的，在适用的议定书被列入《联邦抵消议定书汇编》时，议定书被列入《联邦抵消议定书汇编》18 个月后仍可提交申请，但不得晚于项目开始后 10 年。

【由部长登记】

11. 在符合第 6 条第（4）款规定的条件下，如果申请人满足第 8 条或第 9 条所列条件，部长必须对项目或项目集合进行登记，在跟踪系统中开设温室气体抵消信用机制账户，并通知申请人。

【更改地界】

12. 只有在以下情形中，申请人才能修改申请登记中提到的作为项目组成部分的活动所在地坐标和地理界线：

  （a）对于按照第 8 条的规定登记的项目，截至初次报告所涵盖的期间结束；

  （b）对于按照第 9 条的规定登记的集合项目，截至该项目作为集合项目的部分登记后 12 个月。

温室气体抵消信用机制账户

【账户维护】

13.（1）申请人必须维护其温室气体抵消信用机制账户，直至以下日期（以较晚者为准）——

  （a）对于使用吨 – 吨量化法的项目：与该账户有关的所有固碳项目的最后一个计入期结束之日起至少 100 年；

  （b）对于未使用吨 – 吨量化法的项目：与该账户有关的所有项目的最后一个计入期结束之日起至少 8 年。

【注销账户】

(2)根据《温室气体污染定价法》第186条第(3)款的规定,部长可以注销超过7年未活跃的温室气体抵消信用机制账户。持有人在收到注销通知后60天内未提出异议的,视为接受注销通知。

【撤销信用额度】

(3)温室气体抵消信用机制账户仍有抵消信用额度的,在根据第(2)款的规定注销账户之前,该信用额度将被撤销。

撤 销

【撤销】

14.(1)在下列情形下,部长可以撤销登记的项目:

  (a)申请人撤回登记申请;

  (b)申请人未遵守第20条第(7)款第(a)项、第(b)项或第(c)项(视情况而定)的规定;

  (c)申请人的温室气体抵消信用机制账户已根据第13条第(2)款的规定注销;

  (d)不符合第8条第(1)款第(a)项至第(h)项、第(j)项或第(l)项所列的登记条件;

  (e)对于固碳项目,除使用吨–年量化法的固碳项目外,逆转的原因在申请人的控制范围之内,或者没有执行根据第40条第(1)款确定的风险逆转管理计划;

  (f)对于固碳项目,除使用吨–年量化法的固碳项目外,背离议定书,使封存的CO_2减少到低于基线情景下的水平;

  (g)申请人未遵守《温室气体污染定价法》第181条第(2)款或第(3)款的规定。

【通知】

(2)部长必须在撤销登记前30天内向申请人提供其根据第(1)款的规定撤销登记的通知,并为申请人提供陈述时间。

【决定】

(3)部长必须在第(2)款规定的期限后,确认或更改其决定并通知申请人。

【固碳项目的效力】

15.(1)使用吨–吨、混合吨–年量化法的固碳项目的登记被撤销的,部长可以:

(a)为《温室气体污染定价法》第180条之目的,撤销申请人在其温室气体抵消信用机制账户中有关该项目的抵消信用额度以及存入环境完整性账户的抵消信用额度;

(b)其中,根据第(a)项从申请人的温室气体抵消信用机制账户中撤销的抵消信用额度低于就该项目发给申请人的抵消信用额度的:

(i)为《温室气体污染定价法》第181条第(1)款之目的,要求申请人汇出合规单位,说明应汇出的合规单位数量以及汇出的截止期限;

(ii)申请人没有根据第(i)目汇出合规单位的,或根据《温室气体污染定价法》第181条第(3)款以付款方式代替汇出合规单位的,为《温室气体污染定价法》第180条之目的,撤销环境完整性账户中的抵消信用额度以弥补差额。

【汇款方式】

(2)在第(3)款项下,为第(1)款第(b)项第(i)目之目的,根据《温室气体污染定价法》第181条第(2)款的规定,向部长呈报的合规单位必须遵循:

(a)对于抵消信用额度或根据《温室气体污染定价法》制定的条例被确认为合规单位的信用额度,必须是在根据该款规定的通知中指明的最后期限的前8年内为减少温室气体而发放的;

(b)对于剩余信用额度,则根据该款规定的通知中所指明的最后期限前5年内发放。

【剩余信用额度】

(3)申请人被要求汇出合规单位的,如果该剩余信用额度是部长根据第(1)款第(b)项(i)目通知申请人需要在汇出合规单位数量的日历年内发放给《温室气体污染定价法》附件1第2部分所列省份的受监管设施的,申请人可以汇出剩余信用额度。

计入期的延长

【续期方式】

16.(1)申请人可在计入期结束前至少9个月但不超过18个月提交续期申请,要求部长延长特定项目或项目集合的计入期。

【信息提交】

(2)申请必须包括附件1第2条第(d)款、第(f)款至第(k)款、第(n)款至第(s)

款或附件2第3条第(e)款至第(j)款、第(m)款至第(r)款和第4条第(a)款(视情况而定)中所列的信息,以及自登记申请或上一次续期申请以来对信息的更改,包括对风险逆转管理计划改变后实施的措施和监测活动的说明。

【续期条件】

(3)在第6条(4)款的规定下,续期符合第8条或第9条规定的登记条件的,部长应当续期。部长在计入期结束前3个月内将其决定及理由通知申请人。

【议定书的最新版本】

(4)就第(2)款和第(3)款而言,议定书的最新版本适用于续期。

【新计入期的起算】

(5)新计入期自最近一次计入期结束的次日起算。

【续期的限制】

(6)在下列情形下,计入期可重新计算:

(a)与林业有关的固碳项目,包括所有续期在内的总时间不超过100年;

(b)对于其他项目,不超过2次。

一般要求

【信息管理系统】

17.申请人必须设定数据信息管理系统,确保以完整、准确、有效的方式收集、管理和储存与项目有关的数据和信息。

【测量设备】

18.申请人必须确保用于确定与编制项目报告相关量的测量设备:

(a)按照制造商的规范或适用的议定书进行安装、操作、维护和校准;

(b)保持精度在±5%以内。

【量化】

19.(1)申请人须根据适用的议定书,对基准情景和项目情景中必须考虑的源、汇和库的温室气体排放和从大气中移除的温室气体进行量化。为达到量化目的,应使用《温室气体污染定价法》附件3中规定适用的全球升温潜能值和环境部2022年发布的文件《排放因子和参考值》中规定适用的排放因子和参考值。

【排除】

(2)除第(1)款规定外,温室气体来自受省或联邦定价机制约束的源、汇和库的,或法定排放或移除的源、汇、库不计入量化,除非就特定源而言,温室气体排放量因项目而增加。

项目报告

【内容——固碳项目】

20.(1)在第(3)款和第(5)款的规定下,固碳项目申请人提交的项目报告必须包括附件3所列信息以及该项目产生的温室气体减排量。报告中各日历年内,该项目控制排放或从大气中移除的温室气体吨数(以 CO_2e 吨表示),按以下公式确定:

$$(A_i - B_i)C_i$$

其中:

A_i 指项目情景所包含的源、汇、库在第 i 个日历年排放的温室气体以及从大气中移除的温室气体总和,按照议定书进行量化,见附件3第2条第(i)款。

B_i 指基准情景所包含的源、汇、库在第 i 个日历年排放的温室气体以及从大气中移除的温室气体总和,按照议定书进行量化,见附件3第2条第(h)款。

C_i 指附件3第2条第(g)款规定的报告中列出的泄露贴现因子的对应值,条件是议定书要求该数值适用于确定变量 A 和变量 B 第 i 个日历年的差额。

i 是第 i 个日历年,其中"i"从1到n,n 是报告所涵盖的日历年数。

【内容——非固碳项目】

(2)在第(3)款的规定下,非固碳项目申请人在报告所涉期间提交的项目报告必须包括附件3所列信息以及该项目在报告中各日历年产生的温室气体减排量(以 CO_2e 吨表示),按以下公式确定:

$$(B_i - A_i)C_i$$

其中:

B_i 指基准情景所包含的源、汇、库在第 i 个日历年排放的温室气体以及从大气中移除的温室气体总和,按照议定书进行量化,见附件3第2条第(h)款。

A_i 指项目情景所包含的源、汇、库在第 i 个日历年排放的温室气体以及从大气中移除的温室气体总和,按照议定书进行量化,见附件3第2条第(i)款。

C_i 指附件3第2条第(g)款规定的报告中列出的泄露贴现因子的对应值,条件是议定书要求该数值适用于确定变量 A 和变量 B 第 i 个日历年的差额。

i 是第 i 个日历年,其中"i"从1到n,n 是报告所涵盖的日历年数。

【项目集合】

(3)对于项目集合,申请人提交的项目报告必须包括附件4中所列信息与下列信息:

(a)在第(5)款的规定下,对于固碳项目,集合内各项目产生的温室气体减

排量(以 CO_2e 为单位),在报告所涵盖的各日历年内按以下公式确定:

$$(A_i - B_i)C_i$$

其中:

A_i 指项目情景所包含的源、汇、库在第 i 个日历年排放的温室气体以及从大气中移除的温室气体总和,按照议定书进行量化,见附件 4 第 3 条第(g)款。

B_i 指基准情景所包含的源、汇、库在第 i 个日历年排放的温室气体以及从大气中移除的温室气体总和,按照议定书进行量化,见附件 4 第 3 条第(f)款。

C_i 指附件 4 第 3 条第(e)款规定的报告中列出的泄露贴现因子的对应值,条件是议定书要求该数值适用于确定变量 A 和变量 B 第 i 个日历年的差额。

i 是第 i 个日历年,其中"i"从 1 到 n,n 是报告所涵盖的日历年数。

(b)除固碳项目集合以外,对于报告所涵盖的每个日历年的其他项目合集,集合内每个项目所产生的温室气体减排量(控制排放或从大气中移除的温室气体吨数,以 CO_2e 吨位单位),按以下公式确定:

$$(B_i - A_i)C_i$$

其中:

B_i 指基准情景所包含的源、汇、库在第 i 个日历年排放的温室气体以及从大气中移除的温室气体总和,按照议定书进行量化,见附件 4 第 3 条第(f)款。

A_i 指项目情景所包含的源、汇、库在第 i 个日历年排放的温室气体以及从大气中移除的温室气体总和,按照议定书进行量化,见附件 4 第 3 条第(g)款。

C_i 指附件 4 第 3 条第(e)款规定的报告中列出的泄露贴现因子的对应值,条件是议定书要求该数值适用于确定变量 A 和变量 B 第 i 个日历年的差额。

i 是第 i 个日历年,其中"i"从 1 到 n,n 是报告所涵盖的日历年数。

(c)对于项目集合,其指第(a)项或第(b)项规定的所有项目在相关日历年(视情况而定)的减少量之和。

【登记前的排放】

(4)为第(1)款至第(3)款之目的,如果项目起始日在本条例规定的登记日之前,则在项目起始日至项目登记日前一天结束的期间,在项目情景下适用议定书中任何来源所排放的温室气体,必须按照议定书计入 A 定量。

【排放净增加】

(5)在固碳项目或固碳项目集合的申请人提交的初次项目报告中,第(1)款或第(3)款第(a)项中 A、B 定量之间的差额表明温室气体排放的净增加(非因逆转引起)。该增量必须结转到项目报告所涵盖的下一个期间,以便根据第 29 条第(2)款的规定从报告所涉的第一个日历年报告的项目温室气体减排总量中减除,如果减除结果表明温室气体排放量有净增加,则后续日历年继续结转。

【声明】

(6)项目报告须附有一份声明,由申请人或其授权人员注明日期并签字,说明报告书所载信息准确完整。

【报告提交】

(7)申请人必须提交的项目报告以及核证报告应包括以下内容:

(a)第一个计入期开始后 12 个月的初次报告,在此后的 6 个月内提交。

(b)6 个月的后续报告:

(i)对于固碳项目,在上一次项目报告所涉期间结束后 6 年内提交;

(ii)对于其他项目,不晚于上一次项目报告所涉期间结束之日后 3 年提交。

(c)终期报告,在最后一个计入期结束后 6 个月内提交。

【延期提交报告】

(8)尽管有第 7 条第(f)款、本条第(7)款第(b)项的规定,但如果在提交项目报告最后期限的 18 个月内出现逆转,则该期限在逆转报告提交之日后延长 6 个月。

【关于核验的选择】

(9)尽管有第(7)款及第 7 条第(e)款、第(f)款的规定,除固碳项目外,申请人选择在报告期内不向其发放抵消信用额度的,可以不提交项目报告进行核证,但初始项目报告除外。

【不可间断】

(10)申请人提交的项目报告所涵盖的期间为连续期间,不可间断。

【错误或遗漏的纠正】

(11)如果核证人员在核证过程中发现项目报告中存在错误或遗漏,申请人应当尽力更正,并在项目报告中指明。

风险逆转管理计划

【制定计划】

21.(1)采用吨－吨、混合吨－年作为量化法的固碳项目申请人应当根据议定书制定风险逆转管理计划,识别和评估与项目有关的风险,并说明为减轻风险采取的措施和监测活动。

【实施计划】

(2)第(1)款所指的固碳项目申请人必须在项目的计入期内执行风险逆转管理计划。使用吨－吨作为量化法的固碳项目,在计入期结束后的100年内继续执行该计划。

【更新计划】

(3)申请人可以更新风险逆转管理计划,但不得停止执行现有的风险逆转减缓措施。申请人只能增加新的风险逆转减缓措施或提高现有措施的强度。

监　　测

【吨－吨量化法】

22.(1)采用吨－吨量化法的固碳项目申请人必须按照议定书监测该项目排放或从大气中移除的温室气体的数量,向部长提交监测报告,并附核证报告。各项目报告须在计入期内提交,且在该项目最后一个计入期结束后的100年中每6年提交一次。

【混合吨－年量化法】

(2)采用混合吨位年量化法的固碳项目申请人必须按照议定书监测该项目排放或移除温室气体的数量,向部长提交监测报告,并附核证报告,各项目报告须在计入期内提交。

【监测报告的内容】

(3)监测报告必须包括:

(a)项目登记号;

(b)对已实施的风险逆转减缓措施和监测活动的说明;

(c)申请人的声明,即在报告所涉期间,执行风险逆转管理计划且未发生逆转;

(d)由申请人或其授权人员签署的声明,保证报告所载信息准确与完整。

核 证

【核证机构】

23. 为本条例之目的,被授权进行核证的第三方机构必须:

(a) 符合下列认证要求:

(i) 根据 ISO 标准 14065:2020 年"环境信息核验与核证机构的一般原则与要求",被加拿大标准委员会、ANSI 国家认可委员会或与环境部签有意向书的其他组织(国际认证论坛成员)认可为核证机构;

(ii) 认证范围包括与温室气体项目核证有关的项目技术活动;

(iii) 没有被其认证组织暂停资格。

(b) 组织具备相应能力的核证团队以核查项目报告、更正后的项目报告、逆转报告、监测报告,其中至少包括一名接受过适用议定书规定的项目类型培训的人员。

【核证标准】

24. (1) 核证机构必须按照 ISO14064-3 标准所规定的方法进行核证,确定其是否达到合理的保证水平:

(a) 关于项目报告或经更正的项目报告:

(i) 报告中温室气体的减排量应按照本条例规定进行计算;

(ii) 报告须按照本条例规定编写;

(iii) 项目须按照适用的议定书执行;

(iv) 编写核证报告须符合第 8 条或第 9 条规定的项目登记条件;

(v) 申请人编写核证报告时须符合第 7 条发放抵消信用额度的要求;

(vi) 报告中的温室气体减排量不存在第(2)款或第(3)款(视情况而定)中的重大差异。

(b) 对于逆转报告:

(i) 风险逆转减缓措施和监测活动在逆转之前须已按照风险逆转管理计划执行;

(ii) 报告须按照本条例规定编写;

(iii) 在核证过程中发现存在附件 5 第 3 条第(b)款中的错误或遗漏,但不构成第(4)款中的重大差异。

(c) 对于监测报告:

(i) 报告须按照本条例规定编写;

(ⅱ)风险逆转减缓措施和监测活动须按照风险逆转管理计划执行；

(ⅲ)执行的风险逆转减缓措施和监测活动均被报告所列。

【重大差异——项目报告或经更正的项目报告】

(2)存在下列情形的,核证项目报告或经更正的项目报告视为存在重大差异：

(a)对于第20条第(1)款或第(2)款所指的温室气体减排量,在项目报告或经更正的项目报告中,报告的数量少于100,000吨CO_2e。

(ⅰ)对于项目报告或更正后的项目报告中的每一项错误或遗漏,如果其在核证过程中被发现且可以被量化,那么用百分比表示的金额按以下公式确定,等于或大于5%：

$$A \div B \times 100$$

其中：

A是该日历年因错误或遗漏而多报或少报的绝对值,以CO_2e吨表示；

B是根据第20条第(1)款或第(2)款(视情况而定)的规定确定的该日历年的项目报告或经更正的项目报告中的温室气体减排量,以CO_2e吨表示。

(ⅱ)就项目报告或更正后的项目报告中所有错误和遗漏的总和而言,在核证过程中发现的、可以量化的错误和遗漏,按以下公式确定数额,以百分比表示,等于或大于5%：

$$A \div B \times 100$$

其中：

A是该日历年因错误和遗漏而多报和少报的绝对值之和,以CO_2e吨表示；

B是按照第20条第(1)款或第(2)款(视情况而定)的规定确定的、关于项目报告或更正后的项目报告中日历年的温室气体减排量,以CO_2e吨表示。

(b)就第20条第(1)款或第(2)款规定的温室气体减排量而言,在项目报告或经更正的项目报告所涵盖的任何公历年内,其等于或大于100,000吨二氧化碳当量。

(ⅰ)对于项目报告或更正后的项目报告中的错误或遗漏,若其在核证过程中被发现且可以被量化,其结果以百分比表示,按以下公式确定,等于或大于2%：

$$A \div B \times 100$$

其中：

A 是该日历年因错误或遗漏而多报或少报的绝对值,以 CO_2e 吨表示；

B 是根据第 20 条第(1)款或第(2)款(视情况而定)的规定确定的、该日历年的项目报告或更正后的项目报告中的温室气体减排量,以 CO_2e 吨表示。

(ii) 在核证过程中发现项目报告或更正后的项目报告中所有可以量化的错误和遗漏的总和,以百分比表示,按以下公式确定：

$$A \div B \times 100$$

其中：

A 是该日历年因错误和遗漏造成的所有多报和少报的绝对值之和,以 CO_2e 吨表示；

B 是根据第 20 条第(1)款或第(2)款(视情况而定)的规定确定的项目报告或更正后的项目报告中所述日历年的温室气体减排量,以 CO_2e 吨表示。

【重大差异——集合】

(3)对于项目集合,为确定集合的错误和遗漏是否构成第(2)款规定的重大差异,第(2)款第(a)项或第(b)项所指的温室气体减排量须与第 20 条第(3)款第(c)项所指集合中的项目报告相符。

【重大差异——逆转报告】

(4)为本条例之目的,存在下列情形的,逆转报告中的错误或遗漏视为构成重大差异：

(a)在逆转报告中逆转期间释放到大气中的温室气体数量少于 100,000 吨 CO_2e 的,按照第(2)款第(a)项所列公式确定结果。但是,将本条中 B 所规定的温室气体减少量替换成逆转报告中逆转期间释放到大气中的温室气体数量的,则为大于或等于 5%；

(b)在逆转报告中逆转期间释放到大气中的温室气体数量大于或等于 100,000 吨 CO_2e 的,按照第(2)款第(b)项所列公式确定结果。但是,将本条中 B 所规定的温室气体减少量替换成逆转报告中逆转期间释放到大气中的温室气体数量的,则为大于或等于 2%。

【利益冲突】

25.申请人必须确保参与项目的任何一方与核证机构之间,包括核证小组成员和与核证机构有关的任何个人或企业,不存在威胁或损害核证机构公正性及无法有效管理的实际或潜在利益冲突。

【限制——核证机构】

26.(1)下列情况下,申请人不得要求核证机构对其项目报告进行核证:

（a）对于固碳项目,该核证机构已经对连续 12 个日历年的项目报告进行核证,除非最后一次核证报告已过去 3 个日历年;

（b）对于其他项目,该核证机构已经对连续 5 个日历年的项目报告进行核证,除非最后一次核证报告已过去 2 个日历年。

【例外——经更正的项目报告】

(2)除第(1)款规定外,申请人可要求核证机构就更正后的同一项目报告进行核验。

【实地考察】

27.(1)对于不属于集合的项目,在下列情形中,项目申请人必须确保核证机构对项目现场进行考察:

（a）为本条例之目的,对项目的首次核证或由核证机构进行的首次核证;

（b）被核证的项目报告中关于第 20 条第(1)款或第(2)款所涉及的温室气体减排量在任一日历年少于 10,000 吨 CO_2e,距核证机构考察该项目现场以来已有 24 个月;

（c）被核证的项目报告中关于第 20 条第(1)款或第(2)款所涉及的温室气体减排量在任一日历年中大于或等于 10,000 吨 CO_2e,距离核证机构考察该项目现场以来已有 12 个月;

（d）根据 ISO 14064-3 标准,对上一份项目报告中的温室气体减排量发表了修改或否定意见;

（e）核证机构正在对逆转报告进行核证;

（f）核证机构认为需要进行实地考察。

【集合】

(2)对于集合项目,在下列情形中,项目申请人必须确保核证机构对项目现场进行考察:

（a）被核证的项目报告中,第 20 条第(3)款所指的温室气体减排量在报告所涵盖的任一日历年中大于或等于 10,000 吨 CO_2e,且距核证机构考察该项目现场以来已有 12 个月;

（b）提交计入期结束后的集合项目终期报告,且核证机构在计入期内未考察过该项目实地；

(c)核证机构根据 ISO 14064－3 标准,对上一份项目报告中的温室气体减排量发表了修改或否定意见；

(d)核证机构正在对逆转报告进行核证；

(e)核证机构认为需要进行实地考察。

【监测报告】

(3)作为对上一计入期结束后提交的监测报告进行核证的组成部分,申请人必须确保核证机构对使用吨－吨量化法的固碳项目进行实地考察。

【其他考察】

(4)如果用于法律、行政或管理目的的建筑物不在开展项目活动所在地,同时根据本条例提交报告的核证数据或资料保存在该建筑物中,则申请人必须确保核证机构对其进行实地考察。

【核验报告的内容】

28.核证报告必须由核证机构编写,并涵盖附件 5 所列信息。

抵消信用额度的发放

【发放抵消信用额度的标准】

29.(1)符合第 7 条规定的情形及下列要求的,部长必须按照第(2)款确定的数额向申请人发放项目报告期间的抵消信用额度：

(a)项目报告和经更正的项目报告不存在重大差异；

(b)报告中关于第 20 条第(1)款至第(3)款所涉及的温室气体减排量须按照本条例进行量化；

(c)发放信用额度的温室气体减排量产生于报告期间。

【抵消信用额度的计算】

(2)部长为报告中各日历年项目发放的抵消额度,按以下公式确定：

$$Ai － Bi － Ci － Di$$

Ai 指报告中温室气体的减排总量,即根据第 20 条第(1)款、第(2)款、第 20 条第(3)款第(a)项或第(b)项(视情况而定)确定的第 i 个日历年的温室气体减排总量,以 CO_2e 吨表示。

Bi 指 A 与申请人同意放弃的关于项目第 i 个日历年的信用百分比的乘积,与议定书规定的直接财政激励有关。

Ci 表示在第 i 个日历年,C 等于公式[Ai－(Bi＋Di)]的结果与以下百分比的乘积;对于采用吨－吨或混合吨－年量化法的固碳项目,为3%与议定书中对应日历年为该项目实施的风险逆转减缓措施和监测活动的百分比相加之和;对于其他项目,则为3%:

$$Ai-(Bi+Di)$$

Di 指根据第20条第(5)款结转的第 i 个日历年的温室气体净增量。

i 是第 i 个日历年,其中"i"表示从 1 到 n,n 是报告所涵盖的日历年数。

【四舍五入】

(3)就第(2)款而言,根据该款计算的结果须四舍五入到最接近的整数,如果该数字在两个连续整数之间等距,则四舍五入至较大的数字。

【通知】

30.部长应当通知申请人关于报告期间各日历年所发放的抵消信用额度。

【环境完整性账户】

31.(1)部长必须将特定日历年的抵消信用额度存入该日历年的环境完整性账户,其额度等于第29条第(2)款中确定的 C 的数额。

【限制条件】

(2)环境完整性账户中的抵消额度不得出售、转让。该信用额度只能按照本条例规定撤销。

错误和遗漏

【错误或遗漏——由申请人发现】

32.(1)在提交项目报告后 8 年内,申请人发现报告中有错误或遗漏的,必须在可行情况下尽快以书面形式通知部长。

【申请人的通知】

(2)该通知应当包括:

 (a)项目登记号。如果是项目集合,则为集合登记号以及发生错误或遗漏的项目登记号。

 (b)说明该错误或遗漏是否对项目报告中的温室气体减排量产生影响。

 (c)说明该错误或遗漏是否导致多发或少发抵消信用额度。

【经更正的项目报告】

(3)申请人应当向部长提交以下信息:

 (a)如果通知表明错误或遗漏不影响项目报告中提供的温室气体减排量,则在提交通知之日后 60 天内提交更正的项目报告;

（b）如果通知表明错误或遗漏影响到项目报告中提供的温室气体减排量，则在提交通知之日后 90 天内提交更正的项目报告，并附根据第 28 条的规定编制的核证报告。

【经更正的报告内容】

（4）更正后的项目报告应当包括第 20 条第（1）款、第（2）款或第（3）款中提到的有关该报告所涉期间的信息，并在同一标题下列出以下信息：

（a）原始项目报告中需要更正的信息以及对更正内容的说明；

（b）说明导致错误或遗漏的原因，包括以往没有发现该错误或遗漏的原因；

（c）说明已经和将要采取的措施，以避免出现同类错误和遗漏；

（d）在适用情形下，计算出根据第 29 条的规定而发放的抵消信用额度与更正后的项目报告计算的抵消信用额度之差；

（e）说明错误和遗漏的总和是否构成重大差异。

【声明】

（5）经更正的项目报告必须附有一份声明，由申请人或其授权人员注明日期并签字，说明报告信息的准确性和完整性。

【错误或遗漏——由部长识别】

33. 在根据本条例提交项目报告后 8 年内，部长认为存在错误或遗漏，需要提交一份更正报告的，部长必须要求申请人提交以下信息：

（a）该错误或遗漏没有对项目报告中的温室气体减排量产生影响的，部长提出后 60 天内提交更正的项目报告；

（b）该错误或遗漏对项目报告中的温室气体减排量产生影响的，部长提出后 90 天内提交更正的项目报告，并附根据第 28 条的规定编制的核证报告。

【发放不足】

34. 如果更正后的项目报告表明特定日历年发放的抵消信用额度不足，部长必须向申请人发放该日历年的抵消信用额度，其数量等于根据第 32 条第（4）款第（d）项的规定计算的该日历年的差额，并将相应数量的信用额度存入环境完整性账户。

【超额发放】

35.（1）如果更正后的项目报告表明超额发放抵消额度，申请人必须连同更正报告向部长提交抵消信用额度的数量，该额度等于根据第 32 条第（4）款第（d）项的规定计算的差额。

【补偿方式】

（2）申请人没有汇出第（1）款所述的抵消信用额度的，部长可以：

（a）为《温室气体污染定价法》第 180 条之目的，撤销申请人在温室气体抵消信用机制账户中就该项目发放的相应抵消信用额度,其数量相当于弥补差额所需的抵消信用额度。
(b)如果申请人根据第(1)款汇出的额度或根据第(a)项撤销的抵消额度少于弥补差额所需的抵消额度:
(i)为《温室气体污染定价法》第181条第(1)款之目的,要求申请人汇出合规单位,通知其汇出合规单位的数量及截止日期;
(ii)申请人没有按照第(i)目汇出合规单位,或者没有按照《温室气体污染定价法》第181条第(3)款以付款代替汇出合规单位的,为该《温室气体污染定价法》第180条之目的,撤销环境完整性账户中的抵消额度以弥补差额。

【环境完整性账户】

(3)为《温室气体污染定价法》第180条之目的,部长可以撤销环境完整性账户中的抵消信用额度,该额度等于因错误或遗漏而存入该账户的抵消信用数额。

【汇款方式】

(4)在不违反第(5)款规定的情形下,为第(5)款之目的,根据《温室气体污染定价法》第181条第(2)款,呈报给部长的合规单位须满足以下条件:
(a)如果是抵消信用额度或单位,或是根据《温室气体污染定价法》制定的条例被确认为合规单位的信用额度,应当为根据该款规定的通知截止日期前8个日历年内发生的温室气体减排而发放的;
(b)如果是剩余信用额度,应当为根据该款规定的通知截止期限前5个日历年内发放的。

【剩余信用】

(5)申请人被要求汇出合规单位时,如果此类剩余信用额度是在部长根据第(2)款第(b)项第(i)目通知申请人汇出合规单位要求的日历年内发放给《温室气体污染定价法》附件1第2部分所列省份覆盖设施的,申请人可以汇出剩余信用额度。

【中止——错误或遗漏】

36.(1)为《温室气体污染定价法》第180条第(1)款之目的,部长根据第32条第(2)款规定的通知或第33条认为,错误或遗漏导致超额发放抵消信用额度的,部长可以中止申请人适用温室气体抵消信用机制账户中项目的抵消信用额度。

【中止通知】

(2)部长应当立即将中止的信用额度、中止原因及生效日期通知申请人。

【中止解除】

(3)如果呈报或撤销的合规单位数量或根据第35条支付的款项能够补偿超额

发行的额度,部长必须解除中止。

逆 转

【申请人的逆转通知】

37.(1)如果固碳项目(使用吨-年量化法的固碳项目除外)的申请人发现出现逆转,必须立即以书面形式通知部长,该通知应包括以下信息:

(a)项目登记号。如果是项目集合,则为集合登记号以及发生逆转的项目登记号。

(b)逆转的起始日期,停止排放温室气体的日期(如果适用),以及对逆转的情况和原因的说明。

(c)为控制逆转或控制排放额外的温室气体所采取的措施。

【逆转报告】

(2)申请人必须在通知日期后的18个月内,向部长提交一份逆转报告,同时附交一份核验报告,其中包括以下信息:

(a)项目登记号;

(b)适用的议定书名称,该议定书有多个版本被列入《联邦抵消议定书汇编》的,则附适用版本的日期;

(c)逆转的情况和原因;

(d)发生逆转的项目的地理范围;

(e)逆转的起始日期,温室气体停止排放的日期(如果适用);

(f)自上一次监测报告以来至逆转之前实施的风险逆转减缓措施和监测活动清单,包括实施日期;

(g)截至编写报告书之日,根据议定书确定的逆转过程中排入大气层的温室气体数量,以 CO_2e 吨为单位;

(h)用于量化第(g)项中排放到大气中的温室气体的数据、数值和计算方法。

【项目集合】

(3)对于项目集合,第(2)款中所指的逆转报告必须包含以下信息:

(a)集合项目的登记号以及发生逆转的项目登记号;

(b)适用的议定书名称,该议定书有多个版本被列入《联邦抵消议定书汇编》的,则附适用版本的日期;

(c)第(2)款第(c)项至第(h)项中关于发生逆转的集合项目信息。

【声明】

(4)逆转报告必须附有一份声明,由申请人或其授权人员注明日期并签字,说明报告中信息的准确性和完整性。

【抵消信用的中止】

38.为《温室气体污染定价法》第180条第(1)款之目的,部长中止申请人温室气体抵消信用机制账户中的抵消信用额度(无论是因为部长收到申请人关于发生逆转的通知,还是有合理理由怀疑存在逆转事实)的,必须将中止事由及生效日期通知申请人。

【向部长提供信息】

39.(1)如果部长有合理理由怀疑存在逆转事实,中止申请人温室气体抵消信用机制账户中的抵消信用额度的,申请人必须在收到第38条规定的通知后60天内,向部长提交第37条第(1)款规定的信息。如果申请人对已经发生的逆转提出异议,则应提交自最近一次监测报告以来实施的风险逆转减缓措施和监测活动清单,以及申请人关于风险逆转管理计划已经执行且没有发生逆转的声明。

【部长决定】

(2)部长必须将关于是否发生逆转的决定通知申请人。

【逆转报告】

(3)部长确定发生逆转的,申请人必须在收到第(2)款规定的通知后18个月内,向部长提交第37条第(2)款规定的逆转报告、第37条第(4)款规定的声明以及核证报告。

【逆转评估】

40.(1)收到逆转报告后,部长必须确定逆转原因是否在申请人的控制范围内,以及是否存在未执行风险逆转管理计划的情况。

【主动逆转】

(2)如果部长确定逆转的原因在申请人控制范围之内,或者其未实施风险逆转管理计划,部长可以:

 (a)为《温室气体污染定价法》第180条之目的,撤销申请人的温室气体抵消信用机制账户中与发生逆转项目有关的抵消信用,同时撤销环境完整性账户中与存入该账户项目抵消信用额度等同的抵消信用额度。

 (b)如果根据第(a)项从申请人的温室气体抵消信用机制账户中撤销的抵消信用额度低于就该项目发放给申请人的抵消信用额度:

  (i)为《温室气体污染定价法》第181条第(1)款之目的,要求申请人汇出合规单位,并向其发出通知,说明应汇出合规单位的数量及汇出期限；

(ⅱ)为《温室气体污染定价法》第180条之目的,如果申请人没有按照第(1)目汇出合规单位,或没有按照《温室气体污染定价法》第181条第(3)款的规定支付替代费用,应撤销环境完整性账户中的抵消额度以弥补差额。

(c)根据第14条第(1)款第(e)项的规定,取消对该项目的登记。

【汇款方式】

(3)在第(4)款的规定下,根据《温室气体污染定价法》第181条第(2)款及第(2)款第(b)项第(i)目汇给部长的合规单位应当满足以下条件：

(a)对于抵消额度或根据《温室气体污染定价法》制定的条例所承认的单位或额度,须为根据该款规定的通知截止日期前8个日历年内发放的温室气体减排抵消额度；

(b)对于剩余信用,须为在向申请人提供的通知截止期限前5个日历年内已经发放的信用。

【剩余信用】

(4)要求申请人汇出合规单位时,如果申请人在该日历年向位于《温室气体污染定价法》附件1第2部分所列省份的覆盖设施发放了剩余信用额度,部长可根据第(2)款第(b)项第(i)目通知申请人汇出合规单位。

【被动逆转】

(5)如果部长确定是不可抗力的因素导致逆转,且申请人已妥善执行风险逆转管理计划,部长可以：

(a)解除中止；

(b)为《温室气体污染定价法》第180条之目的,撤销环境完整性账户中的抵消信用额度,其数额与逆转期间排放到大气中的温室气体数量或就该项目发放的抵消信用额度中的较小者相对应；

(c)如果适用,根据第14条第(1)款第(f)项的规定取消项目登记。

一 般 要 求

【电子提交】

41.(1)根据本条例的规定向部长提供的信息,必须按照部长指定的形式以电子方式提交,并且必须有申请人或其授权人员的电子签名。

【书面规定】

(2)部长没有指定电子形式,或者因不可抗力,申请人或其授权人员无法按照第(1)款的规定提交信息的,则必须以纸质形式提交信息,由申请人或其授权人员签署,并采用部长指定的形式。如果没有指定形式,则可以采用任一形式提交。

【变更后的通知】

42.(1)在下列任一项发生变化后的30天内,申请人应当以书面形式通知部长:

  (a)附件1第1条第(a)款、第(b)款、第(d)款或第(g)款,或附件2第1条第(a)款或第(b)款或第2条第(a)款、第(b)款或第(c)款所列资料;

  (b)项目起始日期(如果其与预期起始日期不同)。

【变更的预先通知】

(2)为减少风险逆转而采取的措施或为减少风险进行的监测活动,申请人对其作出变更的,应当提前30日以书面形式通知部长。

【转让申请】

43.(1)向他人转让项目登记的申请应当由项目申请人提交给部长,且必须包括:

  (a)项目登记号(如果适用),视情况而定:

    (i)转让项目集合的,提交被转让的项目集合登记号以及作为集合组成部分的各项目登记号;

    (ii)转让项目集合中的一组项目的,提交该组项目所属的集合登记号,接受转让的集合登记号以及被转让的各项目的登记号。

  (b)由申请人或其授权人员签署的声明,以及由受让人或其授权人员签署的声明,说明其同意转让。同时,如果转让申请是针对项目集合或作为该集合组成部分的一组项目,为便于转让,应提供开展项目活动人同意转让的书面记录。

  (c)附件1第1条第(a)款至第(c)款或附件2第1条第(a)款至第(c)款(视情况而定)中所列的关于受让人的资料。

  (d)受让人在跟踪系统中的温室气体抵消额度机制账户的编号。

【需要提供的信息】

(2)受让人或其授权人员必须向部长提交:

  (a)拟转让项目的登记号;

  (b)附件1或附件2(视情况而定)中所列关于受让人的信息。

【声明】

(3)受让人或其授权人员必须向部长提交一份声明,由该受让人或其授权人员注明日期并签字,说明其所提供信息的准确性与完整性。

【信息】

44.申请人必须向部长提供第15条第(1)款第(b)项、第35条第(1)款、第35条第(2)款第(b)项或第40条第(2)款第(b)项中所列汇出或代替汇出合规单位的付款信息,包括:

(a) 项目登记号。如果是项目集合,则为集合登记号以及发生错误或遗漏的项目登记号。

(b) 汇出或代替付款的日历年。

(c) 汇出或代替付款所涉及的合规单位数量。

(d) 根据《温室气体污染定价法》第181条第(3)款支付的细列款项详细信息,包括:

(i) 支付给加拿大财政部门的金额(美元);

(ii) 适用的费率;

(iii) 支付日期。

(e) 汇出剩余信用或抵消信用的详细信息,包括:

(i) 汇出信用额度;

(ii) 汇出交易日期;

(iii) 序列号;

(iv) 签发日期。

(f) 其他被确认为合规单位的单位或信用额度的详细信息,包括:

(i) 汇出的单位或信用额度;

(ii)《基于产出的定价系统条例》第78条第(1)款中所涉发放单位或持有信用额度的省、地区或项目主管部门;

(iii) 该单位或信用额度在省或地区计划中被移除或冻结的日期,其唯一目的是根据《温室气体污染定价法》作为公认的合规单位进行汇兑;

(iv)《基于产出的定价系统条例》第78条第(1)款中所涉省、地区或项目主管部门分配的序列号;

(v) 发放单位或信用的抵消项目起始日期;

(vi) 发放单位或信用额度的温室气体的减排起始年份;

(vii) 适用于发放单位或信用额额度的项目抵消议定书,包括版本和出版日期;

(viii)核证单位或信用额度的核证机构名称。

【记录的内容】

45.(1)申请人应当就其负责的各项目记录以下信息：

(a)在项目登记申请中提供的任何信息，以及对该信息的更新和证明文件；

(b)将项目登记转移给另一申请人的请求；

(c)用于准备登记申请的所有文件、记录或数据；

(d)证明测量设备的操作、维护和校准按照本条例执行的文件；

(e)用于根据本条例计算的各源、汇和库的所有数据，包括用于估计缺失数据的数据；

(f)用于根据本条例进行计算的所有采样、分析和测量数据；

(g)根据本条例进行计算时使用的计算、取样、分析和测量方法；

(h)在数据收集和计算方面所作的程序性改变，以及用于量化温室气体排放和移除的测量装置的变化情况；

(i)发现的错误或遗漏以及采取的纠正措施，并附所有支持性数据和文件；

(j)议定书中规定的关于项目活动的详细记录。

【记录的保存地】

(2)记录必须保存于申请人的加拿大主要营业地，或在通知部长后，保存于加拿大的其他可供检查的地点。

【记录的保留】

(3)为《温室气体污染定价法》第187条第(5)款之目的，第(1)款中规定的记录必须在以下相应期间内被保留，即：

(a)从记录创建之日至与计入期届满的最后一日起的10年期间；

(b)如果记录是为第22条第(1)款中规定的项目而创建，则从记录创建之日起到须提供监测报告的期间届满最后一日起的10年期间。

【向公众开放】

46.根据《温室气体污染定价法》第254条和第255条，部长可向公众公开有关项目的以下信息：

(a)申请人名称；

(b)项目登记号、项目地点、项目起始日期以及针对该项目发放的抵消额度；

(c)提交的项目报告、经更正的项目报告、逆转报告、核证报告和监测报告。

对《基于产出的定价系统条例》的修正

47.［修正案］。

48.［修正案］。

对《环境违法行为行政处罚条例》的修正

49.［修正案］。

生 效 日 期

【登记】

50. 本条例自登记之日起生效。

墨西哥气候变化基本法[①]

该项目由环境法研究所开发,经美国国际开发署的 USAID/墨西哥竞争力计划资助。

第一编 总 则

第一条 本法制定了应对气候变化不利影响的有关规定,具有公法性质,在全国领土范围内以及国家行使主权和管辖权的地区内具有普遍利益,应被普遍遵守。本法是根据《墨西哥合众国宪法》在环境保护、可持续发展、维护和恢复生态平衡等领域的规定所制定的法律。

第二条 制定本法的目的是:

1. 保障公民享有健康环境的权利,并在制定和实施关于减缓和适应温室气体及其化合物排放导致的气候变化的公共政策方面,确立联邦政府、各州和各市政府的并行权力;

2. 根据《联合国气候变化框架公约》第2条的规定以及由此产生的其他规定,管制温室气体及其化合物排放,使其在大气中的浓度稳定在防止人为干扰会对气候系统造成危险的水平;

3. 规范气候变化减缓和适应行动;

4. 降低本国人口和生态系统应对气候变化不利影响方面的脆弱性,并建立和增强国家应对这种现象的能力;

5. 促进减缓和适应气候变化领域的教育、研究、技术开发和转让、创新和传播;

6. 建立公众参与基础;

[①] 本法于2012年6月4日颁布,原文来自伦敦政治经济学院格兰瑟姆气候与环境变化研究所官网,网址:https://cdn.climatepolicyradar.org/navigator/MEX/2012/general-law-on-climate-change_59bbc39608493f5839b06d68b399fc06.pdf。翻译人:胡卫、徐榕苑、王镱霖;校对人:金婧、王茜茜。

7. 推动国家向具有竞争力和可持续发展的低碳经济转型。

第三条 根据本法的目的,相关术语适用以下定义:

1. 适应:指自然或人类系统在实际或预期的气候变化刺激下做出的一种调整反应,以减缓气候变化的不利影响或充分利用气候变化带来的各种有利条件。

2. 风险地图集:指一份基于当前和未来的气候情景而对脆弱地理区域或地带作出的风险评估动态文件。

3. 气候变化:指除在类似时期内所观测的气候的自然变异之外,因直接或间接的人类活动改变了地球大气的组成而造成的气候变化。

4. 委员会:气候变化部际委员会。

5. 温室气体化合物:指大气中那些吸收和重新放出红外辐射的温室气体及其前体和颗粒。

6. 国家信息通报:指根据《联合国气候变化框架公约》中的承诺定期起草的国家报告。

7. 理事会:指气候变化理事会。

8. 《公约》:指《联合国气候变化框架公约》。

9. 生物廊道:指允许野生动物在物种之间流动及在一个或多个生态系统内迁徙的地理路线,保持生物流动的连通性以防止种群孤立。

10. 退化:指与非干预情景相比,通过人为干预使自然植被、生态系统或土壤中的碳含量减少。

11. 排放:指在一个地区和一段时间内向大气中排放温室气体和/或其前体和气溶胶,包括温室气体化合物(如适用)。

12. 基线排放:指在基线情景下对温室气体或化合物的排放、吸收或捕获的估算。

13. 基线情景:指随着温室气体和化合物的排放、吸收和捕获量的改变,对可能会发生的情况的假设描述。

14. 国家战略:指国家气候变化战略。

15. 能力建设:指贯穿于气候变化减缓、适应和研究各个方面的,发展技术和制度能力的过程。

16. 基金:指气候变化基金。

17. 排放源:指将温室气体或化合物释放到大气中的任何过程、活动、服务或机制。

18. 温室气体:指大气中吸收和重新放出红外辐射的自然的和人为的气态成分。

19. INECC:指国家生态与气候变化研究所。

20. 清单:指一份包含人为造成的排放源和吸收汇估量的文件。

21. 法律:指气候变化基本法。

22. 清洁发展机制:指京都议定书第12条建立的机制。

23. 减缓:指采取旨在减少温室气体和化合物的源头排放或增加碳汇的政策和行动。

24. 计划:指特别气候变化计划。

25. 京都议定书:指《联合国气候变化框架公约》京都议定书。

26. 核证减排量:指以一公吨的二氧化碳当量表示,并通过有关授权实体认证的活动或项目实现的减排量。

27. 登记册:指国家排放登记册。

28. 抗御力:指自然和社会系统从气候变化影响中恢复或抵御气候变化影响的能力。

29. 抵抗力:指自然和社会系统在面对气候变化影响时的持续能力。

30. 风险:指自然或人为现象对一个或多个生态系统中的人造成损害的可能性。

31. 秘书处:指环境和自然资源秘书处。

32. 碳汇:指从大气中去除温室气体和/或其前体和气溶胶以及温室化合物(如适用)的任何过程、活动或机制。

33. 二氧化碳当量吨数:指温室气体的计量单位,以产生等效温室效应的二氧化碳吨数表示。

34. 脆弱性:指一个系统易受或无法承受气候变化不利影响的程度,包括气候多变性和极端现象。脆弱性取决于系统所遭受的气候变化的性质、幅度和速度及其敏感性和适应能力。

第四条 对于本法未作规定的一切事项,适用针对该事项的其他法律规定。

第二编 权力分配

关于联邦政府、各州和市的权力分配

第五条 联邦政府、各州、联邦特区和市应根据本法和所有其他适用法律中的规定,行使减缓和适应气候变化的权力。

第六条 本法设定的联邦政府职能,由行政部门通过组成中央和准联邦行政当局的机构和实体根据本法和《联邦公共行政组织法》《联邦半官方实体法》以及所有其他适用法律中规定的权力行使。

第七条 联邦政府拥有下列权力：

1. 制定和实施国家气候变化政策。
2. 设计、协调、实施本法规定的政策工具。
3. 在公众参与下，提出、制定和公布国家战略和方案，并对其进行实施、监测和评估。
4. 制定、更新和公布国家风险地图集，并发布在制定国家级风险地图集时应考虑的标准。
5. 建立与公共、私人部门以及整个社会进行公众协商的程序，以制定国家战略和方案。
6. 根据本法、已批准的国际条约以及所有其他适用法律的规定，在下列主题事项内制定、规范和实施减缓和适应气候变化行动：
    (a) 自然资源、陆地和水生生态系统以及水资源的保护、恢复、养护、管理和可持续利用；
    (b) 农业、畜牧业、农村发展、渔业和水产养殖业；
    (c) 教育；
    (d) 能源；
    (e) 国家发展规划；
    (f) 粮食主权和安全；
    (g) 预防和注意气候变化影响引起的疾病；
    (h) 国民保护；
    (i) 联邦运输和通讯；
    (j) 区域和城市发展；
    (k) 人口统计；
    (l) 根据不同法律设立的其他法律。
7. 将减缓和适应气候变化的标准纳入环境政策文件。
8. 基金的设立和管理。
9. 建立、授权和规范碳排放交易。
10. 鼓励减缓和适应气候变化的科学和技术研究以及技术、设备和工艺的开发、转让和部署。
11. 在各级教育中促进气候变化领域的教育和文化传播，并开展教育和宣传活动，使民众了解气候变化的影响。
12. 在本法规定的领域内促进社会共同参与。
13. 根据本法和所有其他适用法律的规定，整合和更新气候变化信息系统，以供公众访问。

14. 制定并采纳一定的方法和标准,颁布创建、更新、发布清单以及国家清单(如适用)所需的法律规定,并要求责任方提供以下类别排放源的必要信息:

　　(a)能源的产生和使用;

　　(b)运输;

　　(c)农业、养牛场、森林和其他土地用途;

　　(d)废物;

　　(e)工业生产方法;

　　(f)国际机构或主管部门确定的其他事项。

15. 规范、整合、管理、发布和更新登记表。

16. 制定和共享温室气体排放的经济估值方法。

17. 建立提高机构和部门的气候变化减缓能力所需的基础和机制。

18. 通过转向可持续和低碳排放的经济、提高能源效率以及参与碳排放交易和国家国际融资机制的方法,建立提高和维持生产部门竞争力所需的基础和工具。

19. 建立效率和绩效指标,以促进对本法实施结果的评估,并将其纳入气候变化信息系统。

20. 在主管机构制定有关规定之前,设计和促进与气候变化行动相关的经济、财政、金融和市场工具的创建和实施。

21. 与各国合作实施其气候变化方案,提供其要求的技术援助,并在两个或多个国家之间建立区域行动。

22. 召集州和市政府,根据各自的权限制定减缓和适应气候变化的并发行动。

23. 根据《能源可持续利用法》和《可再生能源使用和能源转型融资法》(如适用)的规定,在碳氢化合物和电力领域制定减缓和适应气候变化的综合战略、方案和项目,以确保有效和可持续利用国家的化石和可再生能源资源。

24. 起草并提出"减缓"和"适应"的预算条款,以减少国家应对气候变化不利影响的脆弱性。

25. 向各州和市政府提出建议以促进气候变化领域的行动。

26. 在权限范围内,监督和促进有关主体遵守本法以及从中衍生出的任何其他规定,并惩罚违反本法的行为。

27. 在法律规定的主题事项中发布法规和墨西哥官方标准并监督其遵守情况。

28. 本法或任何其他法律对联邦政府的任何其他规定。

第八条　各州有下列权力:

1. 根据国家政策制定、实施和评估州级气候变化政策。

2. 根据国家战略和计划,在以下领域制定、规范和实施气候变化减缓和适应行动:

(a) 在各州管辖范围内保护、恢复、管理和可持续利用生态系统和水资源;

(b) 食品安全;

(c) 农业、畜牧业、农村发展、渔业和水产养殖业;

(d) 教育;

(e) 高效和可持续的基础设施和交通;

(f) 与各市或市辖区协调,制定居民区的土地使用规划和人口中心的城市发展;

(g) 各州管辖范围内的自然资源和环境保护;

(h) 需要特殊处理的废物;

(i) 国民保护;

(j) 预防和关注气候变化影响引起的疾病。

3. 将气候变化减缓和适应标准纳入其环境政策文件。

4. 通过促进公众参与、听取并回应公共和私人部门以及整个社会的意见要求,制定和实施各州自己的气候变化计划。

5. 建立评估和监督该领域国家计划遵守情况以及减缓和适应行动的目标、效率和绩效指标的标准和程序。

6. 建立和管理地方基金以支持和实施该领域的行动。

7. 签署与联邦政府、州和市政府的协调协议以实施减缓和适应行动。

8. 促进减缓和适应气候变化的科学和技术研究以及技术、设备和工艺的开发、转让和部署。

9. 制定减少温室气体排放的综合战略、计划和项目,以促进公共和私人交通的高效性和可持续性。

10. 开展教育和宣传活动,提高民众对气候变化不利影响的认识。

11. 根据当地适用法律的规定,促进社会共同负责任地参与减缓和适应行动。

12. 与 INECC 合作,拟订和整合有关源自其管辖范围内的排放源类别的信息,以便将其纳入国家排放清单,并根据联邦政府在该领域制定的标准和指标制定州排放清单(如适用)。

13. 根据联邦政府发布的标准,与各市或地区协调,制定、发布和更新州风险地图集。

14. 建立提高机构和部门应对气候变化所需的基础和机制。

15. 设计、促进制定和采用激励措施,加快实施行动,实现本法的目的。

16. 与社会和私人部门签订协议,开展活动和联合投资。

17. 协商和管理国家基金以支持和实施该领域的行动。

18. 在权限范围内,监督和促进有关主体遵守本法以及从中衍生出的任何其他规定,并惩罚违反本法的行为。

19. 本法或任何其他适用法律规定的事项。

第九条 各市有下列职权:

1. 根据国家和州政策制定、执行和评估市级气候变化政策。

2. 根据国家发展计划、国家战略和国家气候变化计划以及适用法律,在以下领域制定和实施应对气候变化的政策和行动:

(a)饮用水提供和卫生服务;

(b)地方生态规划和城市发展;

(c)管辖范围内的自然资源和环境保护;

(d)国民保护;

(e)城市固体废物的管理;

(f)在管辖范围内为乘客提供高效和可持续的公共交通。

3. 促进减缓和适应气候变化的科学和技术研究以及技术、设备和工艺的开发、转让和部署。

4. 制定减少温室气体排放的综合战略、计划和项目,以促进公共和私人交通的高效性和可持续性。

5. 与联邦政府和州政府协调开展教育和宣传活动,提高民众对气候变化不利影响的认识。

6. 促进提高机构和部门在减缓和适应气候变化方面的能力。

7. 参与激励措施的设计和实施,以加快采取行动,实现本法的目的。

8. 协助联邦和州当局实施该领域的国家战略、计划和州计划。

9. 协调和管理实施气候变化减缓和适应行动的资源。

10. 与 INECC 合作,拟订和整合其管辖范围内排放源类别的相关信息,以便将其纳入国家排放清单,并根据联邦政府在该领域制定的标准和指标制定州排放清单(如适用)。

11. 在权限范围内,监督和促进有关主体遵守本法以及从中衍生出的任何其他规定。

12. 本法或任何其他适用法律规定的事项。

第十条 联邦政府和各州在其市政当局适当参与的情况下,可以就气候变化问题与民间社会建立协作或签订公众参与协议,协议内容包括行动、地点、目标等,以及各方的财政贡献。

第十一条 各州和市可以在本法规定的职权范围制定必要的法律规范。

第十二条 联邦特区政府行使本法对各州和市政府规定的权力并履行义务(如适用)。

第三编 国家生态与气候变化研究所

第一章 总 则

第十三条 特此设国家生态与气候变化研究所(INECC)作为联邦公共行政部门的一个授权实体,隶属于由环境和自然资源秘书处协调的联邦环境部门。根据《联邦半官方实体法》的规定,INECC具有独立法人资格、拥有自己的资产和自主运营权。

第十四条 INECC总部设在墨西哥城,在预算允许的情况下,如有必要可以设立区域或州办事处。

第十五条 INECC的宗旨是：

1.与国内、国际的公共和私人学术和研究机构协调和开展气候变化、环境保护、生态平衡保护和恢复方面的科技研究和项目；

2.在制定、实施和评估国家生态平衡和环境保护政策方面向秘书处提供科学和技术援助；

3.发展和共享可持续利用和保护自然资源的标准、方法和技术；

4.协助配备人力资源,以解决有关环境和气候变化的国家问题；

5.进行前瞻性部门分析并合作制定与可持续发展、环境和气候变化相关的战略、计划、方案、工具和行动,包括对与气候变化相关的未来成本的估计以及为应对气候变化而采取的行动所产生的收益；

6.对是否遵守本法规定的减缓和适应目标,以及本法所述的国家战略、方案和各州计划中包含的目标和行动的情况进行评估；

7.对减缓和适应气候变化的政策和行动提出建议,并对中央和准联邦的公共行政机构、各州和市政当局在该领域的评估提出建议。

第十六条 INECC的资产应包括：

1.不动产和所有其他资产,以及联邦、州或市政府或任何其他公共实体转移的财政捐助。

2.源于国内、国际的个人或任何公共或私人机构的继承、遗赠、捐赠和资助。

3. 根据有关法律规定,从任何公共机构或实体、私人机构、国家或国际组织获得的财产、信贷、贷款以及现金或实物技术合作。

4. 通过产权获得的动产和不动产、股份、财政捐助或产品。

5. 联邦政府从相应财政年度支出预算中分配的资源(如适用)。

6. 从以下方面获得的收入:

(a)州和市政府提供的资源;

(b)为资助特定项目而获得的资金;

(c)因提供服务和开展活动而产生的收入;

(d)从其文学作品、版税和与其他商业活动中获得的资源。

7. 法律法规规定的所有其他资产和财政捐助,或从其他基金或捐助中获得的资产。

第十七条 董事会是INECC的最高权力机构,由秘书处负责人主持,由农业、畜牧业、农村发展、渔业和营养部秘书处负责人和政府、社会发展、金融和公共信贷、能源、卫生部,以及国家科学技术委员会的负责人组成。董事会的每一位成员应任命一名候补副秘书长。董事会成员有权参加董事会会议并进行表决,实行多数表决制。董事会享有《联邦半官方实体法》及其组织章程中规定的权力。

第十八条 INECC由联邦政府首脑任命的主席进行领导,并受董事会决定的约束。

第十九条 INECC主席须具备与环境和气候变化国内外研究、政策和计划相关的经验、学术、技术和管理知识,并符合《联邦半官方实体法》中的有关要求。

第二十条 主席有下列职权:

1. 作为国家能源中心的法定代表人履行职责;

2. 管理INECC的部门;

3. 管理INECC的资产;

4. 发布INECC指南;

5. 与有关主管部门就实施计划和项目签订协议;

6. 公布评估结果,发布有关减缓和适应政策、行动的意见和建议;

7. 在其职权范围内进行授权;

8. 法律法规以及《INECC组织章程》授予主席的所有其他权力。

第二十一条 《INECC组织章程》将确定部门划分、组织基础以及各自的权力和职能,其中须包括根据本编第二章的规定评估气候变化减缓和适应政策的协调部门。组织章程应由INECC理事会制定。

第二十二条 INECC具有下列职权:

1. 在其他机构和实体的适当参与下,协调促进和发展与生物安全、可持续发展、环境保护、保护和恢复生态平衡、生态系统养护和气候变化等国家政策有关的科学和技术研究,包括下列问题:

(a)环境和气候变化政策和经济学;

(b)减排;

(c)墨西哥气候变化的脆弱性和适应性;

(d)环境清理;

(e)生态系统和自然资源的保护和可持续利用;

(f)野生动物、优先物种和生态系统以及迁徙物种的保护和可持续利用;

(g)领土内的生态土地利用规划;

(h)污染防治、有害物质和废弃物管理、污染场地、生态毒理学风险评价;

(i)监测和共享有关涉及转基因生物的活动对环境和生物多样性可能造成风险的信息;

(j)对高效和可持续的公共、私人交通的研究。

2. 为秘书处在制定、实施和评估国家生态平衡和环境保护政策方面提供科学和技术支持。

3. 参与设计与国家环境和气候变化政策相关的经济、财政、金融和市场工具。

4. 协助设计环境、气候变化和保护政策工具以及与自然资源利用相关的手段工具。

5. 提议确定优先事项以及联邦政府资源在环境和气候变化研究中的分配和优化。

6. 整合信息,拟订墨西哥合众国提交《公约》的国家信息通报。

7. 协助委员会起草国家战略和计划。

8. 整合、监管和更新清单。

9. 根据本法确定的来源类别,参与制定计算和汇编排放量和碳汇吸收量信息所需的方法。

10. 促进各州和各市提高制定排放计划和清单的能力。

11. 对从其他机构和实体收到的咨询作出回应、发表意见,以及根据其他法律规定的要求发表意见。

12. 根据《教育法》,向国家教育系统提议气候变化领域的书籍、教科书和教学材料的教育内容。

13. 与公共教育秘书处以及国家高等教育和研究机构协调,促进与可持续发展、环境和气候变化相关的科学、技术和创新能力建设。

14. 促进并组织与其他学术和研究机构对有关主题进行协调研究(如适用)。

15. 协助秘书处的行政单位量化经济活动造成的污染和自然资源枯竭的成本，以计算生态净国内生产总值。

16. 协助评估与国际承诺有关的环境状况，并协助制定有关政策以遵守国际承诺。

17. 参与设计筹资机制，以实施保护、可持续利用自然资源和污染控制的研究项目。

18. 参与全国野生动物保护和可持续利用技术咨询委员会的组成和决策，开展科学研究，确定濒危物种、确定优先保护物种和种群，促进关键栖息地和保护区的建立。

19. 为提议建立、重新分类联邦管辖内的自然保护区和恢复区的研究及其各自的管理计划提供技术援助。

20. 为生态土地利用规划、生态系统和野生动物保护、污染和环境质量、用于科学研究目的的标本采集、用于生物技术的开发、获取遗传资源、使用限制、管理、动员等领域的法规制定提出建议，推动在试点和商业项目中实验性地放开对转基因作物的管制，并提供技术援助。

21. 为野生动物研究中心实施的项目提供技术援助。

22. 积极参与国内外以科学研究、教育和培训为重点的倡议、委员会和联盟。

23. 促进国内外高等教育教学和研究机构之间的科学家交流。

24. 促进与国内外学术和研究机构签订协议和合作项目，并分享成果。

25. 在国内外会议和研讨会上组织、参与和展示与 INECC 活动有关的科学或监管发展研究。

26. 出版在其权限范围内开展的有关工作成果，包括书籍、期刊、清单、手册、文章和技术报告。

27. 积极参与在生产部门、政府部门和社会部门之间的环境科学信息传播。

28. 在测量大气污染物、危险废物的设备分析和校准以及转基因生物的检测和鉴定领域发挥基准实验室的作用。

29. INECC 作为一个经授权的公共机构，行使其他法律明确赋予它的权力以及其组织章程中规定的权力。

第二章 评估协调机构

第二十三条 评估协调机构应由 INECC 负责人和 6 名民间社会顾问组成——

分别为来自科学、学术、技术和工业部门的代表。这些顾问应在环境领域,特别是在与气候变化有关的问题方面具有广泛的经验。民间社会顾问任期4年,只能连选连任一次,由委员会根据INECC负责人主持的公开程序任命。评估协调委员会的工作计划、评估、决定和建议应经其成员简单多数投票通过。

第二十四条 由一名技术部长负责执行评估协调机构的决定,并担任INECC气候变化协调的负责人——其行政级别不低于INECC主席。

第二十五条 应对气候变化国家政策的评估可以由评估协调机构进行,也可以由一个或多个独立机构进行。参与独立评估的机构须是高等教育机构、科研机构或非营利组织。当评估由INECC的评估协调机构以外的组织进行时,后者应在有关法律规定的范围内发出公开征集建议书、裁决合同并解决任何其他相关事项。实施气候变化减缓或适应计划的中央和半官方联邦公共行政部门、州和市政府的机构和实体应根据有关的透明度和信息获取条款,提供评估协调所需的任何信息,以履行其职责。

第四编 国家气候变化政策

第一章 总 则

第二十六条 制定国家应对气候变化政策时,应当遵循下列原则:

1. 开发或利用生态系统及其自然要素的可持续性;

2. 国家和社会在采取行动减轻和适应气候变化不利影响方面的共同责任;

3. 采取预防措施原则——当存在严重或不可逆转的威胁以及面对气候变化的不利影响时,不应以缺乏绝对的科学确定性为由推迟采取减缓和适应措施;

4. 预防原则——作为避免环境破坏和保持生态平衡免受气候变化影响的最有效方法;

5. 公共、社会和私人部门应采用向低碳排放经济过渡的生产和消费模式;

6. 确保国家气候变化政策实施的综合性和跨部门性,重点是各级政府与社会和私人部门之间的协调与合作;

7. 公众参与气候变化减缓和适应气候变化影响的国家战略、计划和方案的制定、实施、监测和评估;

8. 环境责任;任何实施影响或可能影响环境的行动或活动的人,都须预防、最小化、减轻、修复、恢复所造成的损害并对损害进行赔偿;

9. 利用经济手段减缓、适应气候变化和减少脆弱性以及可持续利用自然资

源;除了为实施者带来经济利益外,该手段还是一种保护、节约和恢复环境的激励措施;

10. 透明度和获取信息及诉诸司法的机会——各级政府当局应根据有关法律规定,通过提供气候变化信息和提供有效的司法和行政补救措施,提高公众意识;

11. 保护生态系统及其生物多样性——优先保护湿地、红树林沼泽、珊瑚礁、沙丘以及沿海地区和泻湖,这些生态系统提供的环境服务对减少脆弱性至关重要;

12. 致力于国家经济发展——在不损害本国在国际市场上的竞争力的情况下,实现可持续发展。

第二章 适 应

第二十七条 国家气候变化适应政策应以分析、规划、测量、监测、报告、验证和评价手段为基础,并追求下列目标:

1. 降低社会和生态系统对气候变化影响的脆弱性;
2. 加强自然和人类系统的恢复力和抗御力;
3. 考虑到当前和未来的气候变化情形,最大限度地减少风险和损害;
4. 确定生态、自然和社会系统适应和改造的脆弱性和能力,并利用新的气候条件带来的机会;
5. 建立对受气候变化影响地区立即作出反应的机制,作为公民保护计划和行动的组成部分;
6. 促进粮食安全,提高农业、养牛场、渔业和水产养殖领域的生产力,保护生态系统和自然资源。

第二十八条 联邦、州和市政当局应在其权力范围内,在公共政策、国家战略、方案和州方案的设计中纳入以下领域的适应行动:

1. 全面风险管理;
2. 水资源;
3. 农业、畜牧业、林业、渔业、水产养殖业;
4. 生态系统和生物多样性,特别是沿海、海洋、高山、半干旱和沙漠地区的生态系统和生物多样性,森林资源和土壤;
5. 能源、工业和服务;
6. 交通和通信基础设施;
7. 领土生态用地规划、人居环境、城市发展;
8. 一般卫生和公共卫生基础设施;

9. 当局认为是优先事项的所有其他事项。

第二十九条 下列行为属于适应行动：

1. 确定土壤的自然用途；

2. 建立城市人口中心或居民区，以及为发展、改善和保护其而采取的行动；

3. 生态系统、森林资源和土壤的管理、保护、养护和恢复；

4. 保护、可持续利用和恢复海滩、海岸、联邦陆地海区、填海造地以及沿海水域以及因旅游、工业、农业、渔业、水产养殖或保护用途而形成的任何其他水库；

5. 流域供水方案；

6. 基础设施的建设和维护；

7. 洪水区和干旱区的保护；

8. 灌区的设立、使用、修复；

9. 农村发展区的可持续利用；

10. 自然保护区和生物廊道的建立和保护；

11. 风险地图集的开发；

12. 制定实施补贴计划和投资项目的运作规则；

13. 保护和可持续利用生物多样性方案；

14. 国家公民保护系统方案；

15. 关于居民区和城市发展的方案；

16. 旅游发展领域的方案；

17. 针对气候变化影响引起的疾病的预防方案；

18. 与供水、医疗保健、能源生产和供应链相关的战略基础设施。

第三十条 中央和准联邦公共行政机构、州和市的机构和实体应根据以下规定在其权限范围内采取适应行动：

1. 制定并发布考虑当前和未来气候变化脆弱性情景的风险地图集，优先关注最脆弱人群和风险水平较高的地区，如岛屿、沿海地区和河流三角洲。

2. 利用风险地图中包含的信息起草各州和各市的城市发展计划、建设法规和土地使用规划。

3. 提出并推动形成筹集、获得用于保护和重新安置最易受气候变化影响居民区的资金的机制。

4. 制定环境保护和应急计划，以应对高危地区、自然保护区和生物廊道的极端气象事件。

5. 为旅游目的地以及可持续旅游开发区制定保护和应急预案。

6. 制定和实施促进培训、教育、信息获取和人群交流措施等加强适应能力的方案。

7. 培养专门研究极端气象现象的人才。

8. 加强流行病学预防和风险规划。

9. 改进预警系统和提高预测当前和未来气候情形的能力。

10. 详细评估衡量对水资源生态系统的损害,包括可用水量及其地域分布。

11. 促进地表水和地下水源的可持续利用。

12. 促进含水层的补给;提高本国灌溉面积的机械化;开展可持续农业实践下的生产,以及可持续的畜牧业、林业、渔业和水产养殖实践;开发抗性品种、短周期替代作物和预测降水和/或异常温度的预警系统。

13. 推动财政征收,制定用水价并投入至生态系统保护,其中应包括支付生态系统提供的环境水文服务。

14. 制定和发布可持续的土地管理方案。

15. 开展运行国家系统和国家遗传资源中心,并确定管理措施以确保优先物种的适应性,特别是那些易受气候变化影响的物种的适应性。

16. 确定管理措施以确保特别容易受到气候变化影响的濒危和优先保护物种的适应性。

17. 在《国家生物多样性战略》框架内,制定、实施气候变化下生物多样性保护和可持续管理专项计划。该专项计划应追求以下目标:

　　(a) 促进在国家领土以及在国家行使主权和管辖权的地区范围内研究、了解和记录气候变化对生态系统及其生物多样性的影响;

　　(b) 在保护生态系统、生物多样性及其为社会提供的环境服务的基础上制定适应措施。

18. 通过恢复生态完整性和连通性的行动,加强陆地生态系统、海滩、海岸、联邦陆地海域、湿地、红树林沼泽、珊瑚礁以及海洋和淡水生态系统的抵抗力和恢复力。

19. 促进采用可持续的农业、林业、渔业和水产养殖资源管理模式。

20. 控制和解决入侵物种的影响。

21. 生成与生物多样性相关的气候、生物和自然参数的信息并将其系统化,以便评估气候变化的影响和脆弱性。

22. 建立新的自然保护区、生物廊道和其他保护手段以及生态保护优先区,通过维护和增加本地植被、湿地以及其他管理措施,促进遗传交流,促进生物多样性对气候变化的自然适应。

23. 在能源部门开展脆弱性评估并制定全面的适应计划和战略。

第三章 减 缓

第三十一条 根据本法规定的计划、政策和经济手段,国家减缓气候变化政策应当包括对全国排放量进行诊断、规划、测量、监测、报告、核查和评价的内容。该政策还应考虑到墨西哥加入的国际气候变化条约,以本法文件中确定的基线情景和各部门基线为参考点,制定计划、方案、行动以及经济、政策和监管工具,逐步实现按部门和活动划分的具体排放量的减排目标。

第三十二条 应根据墨西哥的国际承诺,逐步执行国家减缓政策,首先是增强国家减少排放和适应气候变化不利影响的能力,优先考虑具有最大减排潜力的部门,最后才是那些承担最高成本的部门。如果没有国际资金或其他资金来源来支付此类活动和政策的执行费用,且已经确定可能的受监管部门,向私人部门或整个社会强加或转移费用的政策和活动可以分两个阶段执行:

1.增强受监管部门的国家能力,其中将要制定的政策和活动应在自愿的基础上实施,并应考虑以下内容:

(a)分析所研究的部门活动中可用于减排的不同工具和机制,包括每一种工具和机制的实施成本;

(b)分析将要使用的计量、报告及核查工具和机制;

(c)分析部门层面基线的建立情况;

(d)研究替代工具和机制的经济和社会后果,包括将成本转移到社会其他部门或最终消费者的情形;

(e)在所分析的部门应用了正在研究的减排工具或机制后,分析墨西哥产品在国际市场上的竞争力;

(f)考虑碳减排或碳捕获成本及对国家总减排目标的贡献,确定所分析部门要实现的减排目标;

(g)分析发电部门社会和环境外部性的成本,以及发电目标来源的排放成本;

(h)分析受减缓措施约束的工业部门的绩效,并将其与其他国家和地区的生产指标进行比较。

2.在考虑各部门对国家温室气体或化合物排放贡献的基础上,制定具体的减排目标。同时应考虑到:

(a)通过本法规定的手段实现具体减排目标的部门可获得的财政和技术资源;

(b)按部门对为了减少排放而采取的政策、行动进行成本效益分析,优先考虑能以较低成本推动大幅减排的行动。

第三十三条 减缓公共政策的目标是：

1. 通过减缓政策促进环境保护、可持续发展和健康环境权的享有；

2. 通过促进向可持续、有竞争力的低碳经济过渡的政策和计划来减少国家排放，包括通过降低经济成本和促进竞争力、技术转让、技术发展，改善具体减缓措施的成本效益关系的市场工具、激励措施和其他替代方案；

3. 推动可再生能源对化石燃料使用消耗的逐步替代，利用可再生能源发电；

4. 促进能源效率实践、可再生能源的开发和使用以及低碳技术的转让和开发，特别是针对在中央联邦和半官方公共行政部门、州和市的公共建筑和设备；

5. 优先推广温室气体和化合物排放在其整个生命周期中具有较低碳含量的减缓技术；

6. 促进三级政府的计划、预算、政策和行动的协调一致，以遏制和扭转森林砍伐和森林生态系统退化的趋势；

7. 测量、报告和验证排放离子过程和分配系统，并保证开采工业、石油、天然气和炼油设施中的天然气符合利益最大化；

8. 减少天然气的燃烧和排放以减少开采取过程和分配系统中的损失，保证开采工业、石油、天然气和炼油设施中的天然气符合利益最大化；

9. 促进煤矿开采伴生气的使用；

10. 促进高效热电联产以防止大气排放；

11. 促进废物中所含能源潜力的开发；

12. 通过促进实现化石燃料替代和发展可持续的城市和郊区、公共和私人交通系统来推动大众公共交通的高效率标准发展；

13. 制定经济和财政激励措施以促进对环境负有社会责任的行业和公司的发展和整合；

14. 促进用于资助温室气体和化合物减缓项目和方案的国际资金和资源输送给全社会、公共和私人部门；

15. 促进全社会、公共和私人部门参与国家减缓政策和行动的设计、制定和实施；

16. 促进增长和提高竞争力，使国内产业能够满足国家对商品的需求。鉴于相对国内产业而言，对国外产品施加的限制较少，应防止在生产过程中产生碳排放的国外产品进入。

第三十四条 为了减少排放，联邦公共行政部门、州和市的机构和实体应在其职权范围内促进与有关部门共同推进减缓政策和行动的设计和制定，涵盖事项包括：

1. 能源生产和使用过程中的减排：

   (a) 根据《能源可持续利用法》和《可再生能源使用和能源转型融资基本法》，促进能源效率的提高、可再生能源的使用以及低碳排放技术的转让。

   (b) 为公共和私人投资可再生资源发电和高效热电联产技术制定和实施激励措施，并将其纳入国家战略、国家能源战略、电力部门计划和部门能源计划。

   (c) 建立经济和技术上可行的机制，在碳氢化合物的开采、运输、加工和利用活动中采用更好的做法以防止气体的无组织排放。

   (d) 在选择发电来源时，将社会和环境外部性成本以及排放成本包括在内。

   (e) 根据有关法律法规，促进使用可再生能源发电。

   (f) 促进技术转让和资金转让以减少天然气的燃烧和排放，从而减少开采过程和分配系统中由此产生的损失，并促进天然气的可持续开采。

   (g) 制定旨在实施高效热电联产以减少排放的政策和计划。

   (h) 促进节能和低碳排放的技术转让实践。

   (i) 制定绿色建筑法律政策，包括生态材料和高效可持续能源的使用。

2. 交通部门的减排：

   (a) 加大对自行车车道或非机动交通基础设施建设的投资，并实施倡导使用自行车的交通法规。

   (b) 在城市或郊区内设计和实施综合公共交通系统和可持续交通方案，以减少出行时间、个人车辆的使用、交通成本、能源消耗，降低呼吸道疾病的发病率，并增加区域经济竞争力。

   (c) 制定和实施城市发展计划和方案，其中应包括与能源效率和减少交通和人口所需服务产生的直接和间接排放有关的标准，从而防止居民区分散并充分利用城市中的空置空间。

   (d) 建立减少与提供公共服务、住房规划以及公共和私人建筑、商业和工业的建设和运营相关的直接和间接排放的机制。

   (e) 制定促进在家办公的计划以减少员工的通勤和服务，同时考虑到保密问题。

   (f) 协调、促进、实施住房转移或租赁计划，使人口更接近其就业来源和毕业院校。

   (g) 开发经济工具，使公司能够提供将员工运送到工作地点的集体服务，减少汽车的使用。

3. 农业、林业、其他土地利用和生态系统保护部门的减排和碳捕获：
   (a) 保护和增加碳汇。
   (b) 通过在农业地区采用可持续管理的做法，遏制森林砍伐和森林生态系统退化，恢复森林，扩大植被面积，提高土壤中所含的有机碳。
   (c) 通过可持续的农业实践将退化的农业土地转变为生产性土地，或将其用于生态保护和含水层补给。
   (d) 加强森林、热带雨林、湿地和沿海海洋生态系统的可持续管理和恢复计划，特别是红树林沼泽和珊瑚礁地带。
   (e) 逐步将更多的生态系统纳入保护计划，例如环境服务付费、自然保护区、可持续森林管理单位，以及减少因避免毁林和退化而产生的排放。
   (f) 加强森林火灾防治，制定激励措施以逐步减少甘蔗焚烧和刀耕火种的行为。
   (g) 为加强森林防火工作，促进环境和农业活动的计划和补贴间的协同作用。
   (h) 为自然保护区和生态保护区的碳吸收和碳储藏设计制定经济激励。
   (i) 根据《国家水法》的相关条款，制定政策并实施行动，以保护、保存和恢复联邦地区河岸的开发和使用中的河岸植被。
4. 废物部门的减排量：
   (a) 促进基础设施的开发和安装，并采取行动重视和尽量减少废物，减少和防止城市固体废物中的甲烷排放。
5. 工业生产部门的减排：
   (a) 为与工业流程相关的活动制定计划，以提供能效激励。
   (b) 为在工业过程中实施清洁技术、减少能源消耗和温室气体及化合物排放制定机制和计划，以提供激励。
   (c) 为减少化石燃料的使用、促进和发展化石燃料替代品的使用提供激励。
6. 教育和行为、消费和生产模式的变化：
   (a) 为提高人们对生产和消费模式对温室气体和化合物排放产生影响的认识实施相应计划。
   (b) 为促进社会、公共和私人部门的可持续生产和消费模式——特别是在能源生产和消费、运输和综合废物管理等领域，制定计划，以提供经济激励。
   (c) 向员工住在工作地点、商店、教育和娱乐中心附近的公司和机构，以及建立不间断工作班次的公司和机构提供激励和认可。
   (d) 为促进减少因提供公共服务、住房规划和建设以及公共和私人建筑、企业和工业的建设和运营而产生的直接和间接排放制定政策和工具。

第三十五条 为促进化石燃料向低排放电力技术的转变,能源秘书处应根据所使用的燃料的区别,制定有关政策和激励措施以促进低碳排放技术的使用。

第三十六条 秘书处应在其自身的权力和权限范围内,与财政和公共信贷秘书处以及能源秘书处相协调,推动制定有关计划,为有兴趣参与以自愿方式实施减排项目的各方主体提供财政和金融激励。

第三十七条 根据京都议定书制定的减缓方案和文件以及经国际公认组织正式认证的任何其他方案都应被本法承认。本法下的条例应规定承认本条中的方案和文件所应满足的要求。

第五编 国家气候变化系统

第一章 总 则

第三十八条 联邦政府、各州和市应建立有关协调机构以设立和运行国家气候变化系统,建立协调机构的目的是:

1. 作为国家应对气候变化政策的常设沟通、协作、协调和同意机制;

2. 通过三级政府有关部门在各自职权范围内的参与,推动国家应对气候变化政策短、中、长期交叉实施;

3. 协调联邦政府、各州和市政当局的工作,开展适应、减缓和减少脆弱性行动,以便通过本法及其衍生的所有其他政策工具应对气候变化的不利影响;

4. 促进联邦政府、州和市政府的计划、行动和投资与国家战略和计划的一致性、关联性和连贯性。

第三十九条 国家气候变化系统的会议及其后续行动应由联邦行政部门负责人协调,联邦行政部门可将此职责委托给环境和自然资源秘书处。

第四十条 国家气候变化系统由委员会、理事会、INECC、各州政府和法律认可的全国市政当局协会各派一名代表和联邦国会代表组成。

第四十一条 国家气候变化系统应当分析和推广应用本法确立的政策工具。

第四十二条 国家气候变化系统可以就加强减缓和适应政策、行动向委员会提出建议。

第四十三条 国家气候变化系统协调员应每年至少召集其成员召开两次会议,根据其职权范围内的某一特定问题的性质需要,可以以非常规方式召开会议。

第四十四条 国家应对气候变化系统的运行机制由相关条例制定。

第二章　气候变化部际委员会

第四十五条　气候变化部际委员会应具有常设性质,由联邦行政部门负责人担任主席,主席可将该职能委托给政府秘书处或环境和自然资源秘书处。

气候变化部际委员会由以下部门的负责人组成:环境和自然资源部;农业、畜牧业、农村发展、渔业和食品部;卫生部;通信和运输部;经济部;旅游部;社会发展部;政府;海军部;能源部;公共教育部;财政和公共信贷部;外交部。

受委托的秘书处应当指定一个行政单位,由一名至少为总干事级别的官员代表,负责协调和长期监管气候变化部际委员会的工作。

第四十六条　气候变化部际委员会在处理其职责范围内的问题时,应当召集其他政府机构和实体组织,包括国家科学和技术理事会,并邀请气候变化委员会、立法和司法部门、自治机构、州和市政当局的代表,以及公共部门、社会组织和私营机构的代表参与其工作。

第四十七条　气候变化部际委员会应当享有以下权力:

1. 促进协调联邦公共行政机构和实体组织在气候变化领域的行动;

2. 制定和实施关于减缓和适应气候变化的国家政策,并将其纳入相应的部门计划和行动;

3. 制定贯穿于各领域的、全面的气候变化公共政策标准,以供中央和准联邦的公共行政机构与实体组织适用;

4. 批准国家战略;

5. 参与气候变化特别计划的制定和实施;

6. 与国家统计和地理研究所合作,确定纳入气候变化信息系统的信息;

7. 提出和支持关于国家气候变化问题的技术创新、研究、开发和技术转让的研究和项目,并公布其结果;

8. 考虑到相关部门的参与,提出规范法律规定的市场工具的备选方案;

9. 开展必要行动,以实现《公约》及其衍生协定规定的目标和承诺;

10. 为确定在国际论坛和组织中国家关于气候变化的立场,提出建议;

11. 实施、宣传清洁发展机制下的碳减排或碳捕获项目或对其作出裁决(如适用),以及墨西哥承认的其他具有相同目标的相关文件下的项目;

12. 加强国家减排、吸收监测、报告和核证能力;

13. 宣传其工作和成果,并发布年度活动报告;

14. 邀请社会组织、私营机构及全社会就气候变化问题发表意见和提出建议;

15. 根据法律规定，提高对社会和私营机构在应对气候变化方面作出的杰出贡献的认可度；

16. 就气候变化政策、战略、行动和应对气候变化影响的目标向委员会征求意见，并以法律为依据，适当解释其最终通过的决定；

17. 发布内部条例；

18. 本法和有关条例以及其他衍生法律所赋予的其他权力。

第四十八条 委员会主席享有以下权力：

1. 协调、指导和监督委员会的工作，并代表委员会参加与其有关的活动；

2. 提议制定和通过必要的政策、战略和行动，以实现委员会的目标；

3. 主持和召集委员会的常务会议和特别会议；

4. 提出委员会年度工作计划并提交年度活动报告；

5. 作为清洁发展机制的国家指定代表机关，签署批准书并说明各项目有助于国家可持续发展；

6. 根据其内部条例，从委员会成员提议的候选人中任命气候变化咨询理事会成员；

7. 签署谅解备忘录和其他有利于委员会运作的文件；

8. 在其他国家之前，推动国内清洁发展机制的项目发展与资金来源扩展；

9. 委员会内部条例规定或经协商一致授予主席的其他权力。

第四十九条 委员会应该设立以下工作组：

1. 气候变化特别计划工作组；

2. 适应政策工作组；

3. 森林退化与毁林减排工作组；

4. 减缓工作组；

5. 国际气候变化谈判工作组；

6. 墨西哥温室气体减排和捕获项目工作组；

7. 由委员会决定的其他工作组。

委员会可按其条例规定的程序，决定设立或合并工作组。

公共部门、社会组织和私营机构可被邀请加入工作组，但若涉及与其权力或专业知识有关的事项，上述成员不享有投票权。

第五十条 委员会应设技术秘书处，其权力如下：

1. 征得主席同意，可发出参加委员会会议的邀请；

2. 保存会议记录、协议以及与委员会有关的所有文件，并进行登记；

3. 跟踪和鼓励遵守委员会、理事会和基金会的协议，定期向主席通报其所取得的进展；

4.条例规定的其他权力。

第三章　气候变化委员会

第五十一条　理事会是委员会的常设咨询机构，应由来自社会组织、私营机构和学术部门的15名成员组成，且各成员在气候变化领域具有公认的贡献与经验。由委员会主席根据其成员的建议，按内部条例任命，并确保各部门与各种利益的平衡。

第五十二条　理事会设一名主席和一名秘书，由成员多数选举产生。其任期为3年，可连选连任；成员的更新应以交错的方式进行。

第五十三条　理事会成员应独立于其所属或提供服务的机构、公司或组织，以义务方式和个人名义执行工作。

第五十四条　委员会主席应按适用的内部条例程序和委员会成员的提议，指定理事会成员，确保各部门和各种利益的平衡。

第五十五条　理事会每年应当举行两次常务会议，或在委员会征求其意见时举行会议。

理事会会议的法定人数由其成员的半数并多一位组成。理事会协议应以出席会议成员的多数票通过。

理事会的意见或建议应由出席会议的多数成员投票决定。

第五十六条　委员会的内部条例应确定气候变化委员会的组织、结构和运作。

第五十七条　理事会应具有以下职能：

1.就其职责范围内的事项向委员会提供建议；

2.向委员会建议开展研究并通过旨在应对气候变化不利影响的政策、行动和目标；

3.通过与委员会协调确定的公共协商方式促进公众知情和负责任的参与；

4.对本法规定的政策、行动和目标以及对国家战略、气候变化特别计划和各州计划的评估采取后续行动，并向委员会、INECC 的评估协调部门和国家气候变化系统成员提出建议；

5.设立专门的工作组，协助委员会实现其目标，协助理事会履行其职能；

6.不迟于每年2月编写、公布年度活动报告并通过委员会主席向委员会提交；

7.内部条例或委员会批准的其他规定。

第四章 规划工具

第五十八条 以下是国家气候变化政策的规划工具：

1. 国家战略；
2. 计划；
3. 各州计划。

第五十九条 国家气候变化政策规划包括两种情况：

1. 根据联邦和州政府的宪法条款制定规划；
2. 根据国家战略，进行的十年、二十年和四十年中长期制定规划。

第一节 国家战略

第六十条 国家战略是指导国家中长期政策的文件，旨在应对气候变化影响，过渡到有竞争力、可持续性的低碳排放经济。

秘书处将在 INECC 的参与和理事会的建议下，编制国家战略。该战略由委员会批准，并在联邦官方公报上公布。

在制定国家战略时，须促进民间团体和私营机构的参与并与之协商，以便公众能按照《规划法》和其他条款的规定，就战略的起草、更新和执行提出意见。

第六十一条 秘书处应当在委员会的参与下，在减缓领域至少每十年对国家战略进行一次审查，在适应领域至少每六年对国家战略进行一次审查；应对规划判断和评估结果之间存在的偏差作出解释。相应的情景，规划、目的和目标也应更新。

理事会参与审查与评估协调部门进行评估后，可以更新国家战略。计划与各实体的计划应随此更新进行相应调整。

审查和更新均不得破坏之前所提目标、规划和目的。

第六十二条 国家战略的基线情景、排放规划和目标应设定为十年、二十年和四十年内。

第六十三条 有下列情形时，委员会应当提出并批准对国家战略中的情景、轨迹、行动或目标的调整或修改：

1. 此领域通过新的国际承诺；
2. 新的、相关的科学知识或技术得到发展；
3. 环境、自然资源、经济、能源、可持续运输、健康和食品安全政策的需要；
4. 源于评估协调部门的评价结果。

第六十四条 根据本法规定,国家战略应契合气候变化减缓和适应政策的目标,其应包括以下内容:

1. 对国内与国际实施的行动和措施进行评估和评价;
2. 气候情景;
3. 对区域、生态系统、人口中心、城市设备和基础设施、生产部门和社区团体的脆弱性和适应气候变化的能力进行评价和评估;
4. 对国家、地区和州一级领土和资源利用转型的趋势以及对该转型的建议,包括土地和水资源的利用转型;
5. 对国家排放量以及优先考虑最具有减排潜力行业的行动进行评估,同时兼顾环境、社会和经济效益;
6. 减缓能源生产和使用的排放、天然气的燃烧和排放、土地使用和土地使用变化、运输、工业流程、废物管理以及其他部门或活动的排放;
7. 基线情景;
8. 基线排放;
9. 目标排放轨迹;
10. 适应和减缓目标;
11. 国家对调查、技术转让、研究、能力建设和传播的要求;
12. 委员会确定的其他事项。

第二节 计 划

第六十五条 列入部门方案、计划和各州计划中的减缓和适应行动应与本法规定的国家战略相一致。

第六十六条 计划应由秘书处在委员会的参与和批准下制定,并根据国家发展方案和国家战略,通过确定适应、减缓和研究方面的优先事项,以及通过分配责任、确定执行时限、成本估算、收取行动和结果的协调费用,制定应对气候变化的目的、战略、行动和目标。

第六十七条 计划应包括以下内容:

1. 六年期规划需考虑长期前景,与国家战略的目标、国际承诺以及国家的经济、环境和社会状况相一致;
2. 六年期减缓目标需优先考虑能源的产生和使用、天然气的燃烧和排放、交通、农业、森林、其他土地使用、工业流程及废物管理;
3. 六年期适应目标涵盖全面风险管理、水资源的使用和保护、农业、畜牧业、林业、渔业和水产养殖业、生态系统和生物多样性、能源、工业和服务业、交通和通信基础设施、农村发展、国土生态土地利用规划与城市发展、居民区、公共卫生基础设施和服务及所有其他相关事项；

4. 中央和准联邦的公共管理部门须采取行动，以促进气候变化的减缓和适应，包括设定目标；

5. 执行计划目的和目标所需的预算估计；

6. 其他国家在此领域的法律规定所确立的事项；

7. 项目或调查研究、技术转让、能力建设、传播及其资金；

8. 负责执行、监测和宣传所取得进展的国家机关；

9. 在具有共同目标或影响其他部门的领域之间进行机构间和跨领域协调的建议；

10. 测量、报告、核证拟议的适应和减缓措施与行动；

11. 由委员会确定的其他事项。

第六十八条 委员会应与理事会协商，根据《规划法》的规定，促使公众参与计划制定。

第六十九条 若计划需修改以适应国家战略的审查，此类修改应在联邦政府公报上公布。

第七十条 中央和准联邦的公共管理机构和实体根据计划实施的项目和其他行动，应根据《联邦收入法》中批准的预算、联邦相应财政年度支出预算中批准的可用预算以及《联邦预算和财政责任法》的规定来实施。

第七十一条 各州的气候变化计划需根据国家战略、计划、本法及其产生的其他规定，确定在相应的行政任期内须实施和完成的战略、政策、指示、目标、行动、目的和指标。各州计划需在每届政府上任之初制定，并致力于维护性别平等，确保最弱势群体、土著人民、残疾人、学者和研究人员拥有代表权。

第七十二条 各州计划应当包括以下内容：

1. 以符合国家战略和计划的方式，对其目标和行动进行长期规划；

2. 气候变化情景以及对脆弱性和适应能力的评估；

3. 根据本法及其产生的其他规定，在其管辖范围内确定减缓和适应的目标与行动；

4. 适应和减缓措施的衡量、报告与核证；

5. 其他国家在此领域的法律规定所确立的事项。

第七十三条 国家战略、计划和各州计划应遵守本法规定的减缓和适应的目标、原则和规定。

第五章 清　　单

第七十四条　清单应由国家生态与 INECC 根据《公约》、缔约方会议和政府间气候变化专门委员会制定的指导方针和方法制定。INECC 应根据以下时间要求制定清单：

1. 每年估算化石燃料燃烧产生的排放量；
2. 每两年估算非化石燃料燃烧产生的排放量，但土地使用变化产生的排放除外；
3. 每四年对源排放总量以及清单所列的各类碳汇的移除量进行一次估算。

第七十五条　各州和市政府应按法律规定的格式、方法和程序，向 INECC 提供与本法第 7 条第 13 款规定的各自管辖范围内与排放源类别有关的数据、文件和登记册。

第六章　气候变化信息系统

第七十六条　国家统计和地理研究所应根据《国家信息统计和地理系统法》的规定，开发气候变化信息系统。

第七十七条　气候变化信息系统应在政府机构的支持下生成关键指标，其应涉及以下方面：

1. 国家排放清单、各州排放清单和登记册排放；
2. 登记册中的减排项目或参与墨西哥所加入的协议项目；
3. 国土范围内的大气状况、短期气候预测、长期气候预测以及气候变异性的特征；
4. 气候变化导致的，居民区、基础设施、岛屿、沿海地区和河流三角洲、经济活动和环境影响的脆弱性；
5. 平均海平面；
6. 将特定年份可归因于气候变化的成本估计，纳入生态国内生产净值的计算中；
7. 土壤质量，包括其碳含量；
8. 对生物多样性的保护、适应和管理。

第七十八条　秘书处应基于气候变化信息系统，在考虑国家战略和计划的背景下，拟订、出版和传播关于减缓和适应气候变化及其影响的报告。

第七十九条　相关数据将被整合至利用电子媒体存储、编辑、分析、共享和显示关键的地理参考指标的地理信息系统中。

第七章　气候变化基金

第八十条　兹设立气候变化基金，吸引和引导公共、私营、国家和国际财政资源，以支持应对气候变化的行动。基金资源应优先用于适应气候变化的行动。

第八十一条　基金的资金应当包括：

1. 在联邦开支预算中确定的年度资金和其他公共基金会的捐款；
2. 税费、财政收益、联邦支出预算中确定的年度资金、其他公共基金的捐款；
3. 国家、国际个人或法人的捐赠；
4. 其他国家和国际组织提供的捐款；
5. 气候变化基金在墨西哥实施相关项目产生的以及自愿从市场获取的核证减排量的价值；
6. 其他法律所规定的可获得的资产。

第八十二条　基金的资金应当用于：

1. 适应气候变化的行动，并优先关注位于本国最脆弱地区的社区群体。
2. 通过扭转森林砍伐和森林退化增加自然资本，同时促进减缓和适应气候变化的项目；保护和恢复土地以增加碳捕获；实施可持续农业；补给含水层；保护海滩、海岸、联邦陆地海域、填海获得的领土以及由海滨水域、湿地或红树林沼泽形成的其他水库的完整性；通过生物廊道促进生态系统之间的连通性，保护河岸植被，可持续地利用生物多样性。
3. 根据国家战略、计划和各州计划的气候变化优先事项，制定和实施减缓排放的行动，特别是在与以下方面有关的项目中：能源效率；可再生能源和第二代生物能源的开发；消除或利用与开采煤矿有关的逸散性甲烷和气体排放；发展可持续运输系统。
4. 开展教育、宣传、提高认识和传播信息的活动，以向低碳排放经济和适应气候变化过渡。
5. 国家气候变化系统所要求的气候变化领域的研究和评价。
6. 根据国家战略、计划和各州计划的规定，在该领域开展调查研究、创新、技术开发和技术转让项目。
7. 购买向登记册报告的项目或墨西哥签署的国际协定批准的其他项目的核证减排量。

8.委员会认为在气候变化领域具有战略意义的其他项目和行动。

第八十三条　基金会应通过财政和公共信贷秘书处根据法律规定设立的公共信托运作。

第八十四条　基金会应设立技术委员会,由环境和自然资源秘书处主持,由以下部门的代表组成:财政和公共信贷秘书处;经济发展部门;政府;社会发展部门;通信和运输部门;能源部门;农业、畜牧业、农村发展、渔业部门。

第八十五条　技术委员会应就基金会的业务条例和业务预算以及对文件所作的修改征求委员会的意见。

第八十六条　基金会应遵守法律所规定的管理、审计、透明度、评估和问责程序。

第八章　登　记　册

第八十七条　秘书处应整合并公布须申报的固定和移动排放源的排放登记册。

本法下的条例将确定各行业、分行业和活动中应在登记册中申报的排放源,同时规定登记册内应当包含以下内容:

1.须就登记册中的温室气体或化合物进行上报;
2.向联邦报告的设施超过阈值的,应包括其直接和间接排放量;
3.应报告的直接排放量和间接排放量的计算方法;
4.监督、报告与核证制度,以保证报告的完整性、健全性、透明度和准确性;
5.与其他联邦或各州的排放登记册建立联系。

第八十八条　负责报告排放源的个人和法人应当提供其直接和间接排放的必要信息、数据和文件,以便纳入登记册。

第八十九条　实施减缓或减排项目或活动的个人和法人可根据为此发布的监管规定,向登记册登记此类信息。

关于此类项目的信息应当包括以公吨和二氧化碳当量吨计数的核证减排量或移除量的交易,在国家或国际排放交易系统中开展的活动、核实相应业务的日期、获得的资金以及相应的资金来源。

考虑到现有的国际制度和方法,本法下的监管规定应制定措施,以防止对在国家领土内、国家管辖范围内及其行使主权的区域内的核证减排量进行重复计量。

第九十条　经秘书处或墨西哥加入的国际机构授权后,本法下的监管规定应根据《联邦计量和标准化法》规定监测、报告、核证和核查经认证机构在登记册登记的项目所获取的减排量的程序和规则。

本法下的条例规定了同等认证要求,以对在国际登记机构获得核证证书的在墨西哥境内实施的项目在国内登记处进行同等认证。

第九章 经 济 工 具

第九十一条 联邦政府、各州和联邦区域应在各自的权限内设计、开发和应用经济工具,以激励国家气候变化政策目标的实现。

第九十二条 本法将具有财政、金融或市场性质的监管和行政机制视为经济工具,通过以上机制,个人可承担与减缓和适应气候变化有关的收益和成本,从而使其有动力实施有助于实现这一领域国家政策目标的行动。

财政工具指为实现国家气候变化政策目标提供激励的财政福利。但此类工具不应仅为税收目的而设立。

金融工具指信贷、债券、民事责任保险、基金和信托,其目标是寻求减缓和适应气候变化,并为计划、项目、研究、科学和技术研究或低碳排放和技术发展提供资金。

基于市场的工具指与预先确定的排放量相对应的特许、授权、批准和许可,或通过提供改善其成本效益的替代品激励实施减少排放的行动。

基于市场的工具产生的权利和利益是可转让的,无须纳税且符合公共利益。

第九十三条 以下活动是《联邦收入法》规定的财政激励措施的优先事项:

1. 研究、采用或使用旨在预防、减少或控制排放以及促进节能操作的机制、设备或技术;
2. 能源效率系统的研究或运用,以及可再生能源和低碳排放技术的开发;
3. 与适应气候变化和减缓排放有关的活动。

第九十四条 秘书处可在委员会和理事会的参与下,建立自愿排放交易制度,以尽可能低的成本和可衡量、可报告和可核证的方式实现减排。

第九十五条 自愿参与排放交易的有关各方可按法律规定,在其他国家或国际碳市场上开展与排放权交易有关的业务和交易。

第十章 墨西哥官方标准

第九十六条 秘书处将自行或适当地在联邦公共行政部门其他机构的参与下发布墨西哥官方标准,旨在制定指导方针、标准、技术规范和程序,以保障气候变化适应和减缓措施。

第九十七条 墨西哥官方标准的达标应由秘书处授权的认证机构、核证单位和测试实验室评估。

第六编　对国家气候变化政策的评价

第九十八条　国家气候变化政策将由评估协调部门进行定期和系统的评估,以提出全部或部分的修正、补充或重新定向。评估协调部门可根据评估的结果向联邦行政政府和各州、市政府提出意见和建议,并向公众公开此评估结果。

第九十九条　评估协调部门将根据评估结果向国家气候变化系统的成员提出建议。评估结果以及建议应向社会公布。

第一百条　评估协调部门应与理事会、委员会和国家统计和地理研究所共同制定效率和影响准则以及标准和指标,以指导或引导对国家气候变化政策的评估工作。

第一百零一条　评估适应气候变化应基于以下目标:

1. 减少社会和生态系统应对气候变化影响的脆弱性;
2. 加强自然和人类系统的抗御力和抵抗力;
3. 考虑到当前和未来的气候情景,最大限度地减少风险和损害;
4. 制定和有效实施应对气候变化所必需的诊断、测量、规划和监测的具体工具;
5. 确定生态、物理和社会系统的脆弱性以及适应和转化能力,并利用新气候条件产生的机会;
6. 作为保护人民的计划和行动的一部分,在遭受气候变化影响的地区建立即时与快速的反应机制;
7. 促进和推动食品安全,农业、畜牧业、渔业和水产养殖业的生产力,以及生态系统和自然资源的保护;
8. 委员会决定的其他目标。

第一百零二条　评估减缓气候变化应基于以下目标:

1. 通过控制和减少大气污染,保证人民健康和安全;
2. 通过促进公共、社会和私营机构的可持续生产和消费模式的转变,在能源生产和消费、运输和综合废物管理等领域,减少温室气体和化合物排放,增加温室气体汇;
3. 逐步用可再生的能源替代化石燃料的使用和消费;
4. 衡量能源效率,开发和使用可再生能源,以及转让和发展低碳技术,特别是在中央和准联邦的公共管理部门、各州和市的公共建筑之中;
5. 通过制定新车能效条例和控制进口车排放,提高机动车辆能效标准;

6. 调整联邦计划和政策，以扭转森林砍伐和退化的状况；

7. 碳汇的养护、保护、产生和运作；

8. 生物多样性的养护、保护和可持续利用；

9. 建立排放监测、报告和核证的方法体系；

10. 发展和使用高效率标准的大规模公共交通以替代化石燃料，发展可持续的公共和私人城市及郊区交通系统；

11. 减少气体的燃烧和排放，以减少提取过程和分配系统中的损失，并保证工业、石油、天然气和炼油设施能效益最大化地开采气体；

12. 促进与煤矿开采相关的天然气使用；

13. 利用废物中的能量开发能源发电项目；

14. 制定经济和财政激励措施，促进对环境负有社会责任的行业和公司的发展及巩固；

15. 委员会决定的其他目标。

第一百零三条 在制定、审查或更新国家战略和计划时，应考虑评估结果，各州和各市可将此纳入其计划。

第一百零四条 评估应每两年进行一次，可经评估协调部门决定延长其期限。

第一百零五条 评估结果应在联邦官方公报上公布，并提交给联邦议会的众议院和参议院。

第七编　透明度和信息获取

第一百零六条 个人有权要求气候变化主管机关以及委员会、理事会和气候变化信息系统根据法律相关规定提供其所要求的信息。

第一百零七条 委员会应与国家地理和统计研究所及国家生态与 INECC 协调，制定和开发互联网网站，其中包括关于国家气候变化总体状况的详细年度报告，以及国家气候变化政策的评估结果。个人可通过此网站审查清单和登记册。

第一百零八条 通过协调协议或基金批准的项目而向各州和市政府转移的联邦资源应受联邦关于公共资源透明度和评估规定的约束。

第八编　社会参与

第一百零九条 三级政府应促进社会共同参与国家气候变化政策的规划、实施和监督。

第一百一十条 为遵守前条规定,委员会应:

1. 召集社会组织和私营机构,就适应和减缓气候变化问题发表意见和提出建议。

2. 与环境社会组织和私营机构签署协议,以实施适应和减缓气候变化的行动;建立、管理和经营自然保护区;为可持续利用自然资源的活动提供咨询,并在适应和减缓气候变化领域开展研究;采取联合行动。

3. 提升社会对有关主体消除气候变化不利影响方面作出杰出贡献的认可度。

4. 协调社会组织和私营机构的行动和投资,以实施气候变化适应和减缓措施。

第九编 检查和监督、安全措施和制裁

第一章 检查和监督

第一百一十一条 秘书处将通过联邦环境保护检察官,检查和监督负有排放报告义务的个人和法人,并根据本法规定的条例核实其向秘书处提供的信息。

第一百一十二条 秘书处要求负责排放源的个人或法人根据其排放报告义务提供报告、数据或文件的,其应自收到通知的次日起15个工作日内提供。

第二章 安全措施

第一百一十三条 若通过检查发现,应报告的负责排放源的自然人或法人确有存在违反本法和《生态平衡和环境保护基本法》的规定并造成紧迫风险,且其作为或不作为可能引发制裁的,秘书处可下令实施《生态平衡和环境保护基本法》规定的安全措施。

第三章 制 裁

第一百一十四条 若对应报告的排放源负有责任的个人或法人未在规定的期限内提供秘书处要求的信息、数据或文件,联邦环境保护检察官可对其处以联邦区现行一般最低工资500至3000天的罚款,在此期间该报告义务仍须立即履行。

第一百一十五条 若发现所提供的信息有虚假,或未遵守须提供信息的期限和条件,联邦环境保护检察官将对其处以联邦区现行一般最低工资3000至10000天的罚款。该罚款独立于其他民事责任与刑事责任。

联邦环境保护检察官有义务向主管机关通报以上行为,累犯的罚款金额可能增加至原金额的 3 倍。

第一百一十六条 负责实施和监督本法的公职人员未遵守本法规定的,应根据《公务员行政责任联邦法》和其他法律对其处以行政处罚,该行政处罚独立于其他民事责任与刑事责任。

暂 行 条 款

第一条 本法于联邦官方公报公布之日起 90 个工作日内生效。

第二条 国家采用的指导目标或理想目标是到 2020 年,排放量相对于基线减少 30%,以及到 2050 年,其与 2000 年的排放量相比减少 50%。如建立由发达国家向包括墨西哥在内的发展中国家提供财政和技术支持机制的国际制度,上述目标是可实现的。上述目标将在公布下一个国家战略时进行审查。

第三条 中央和准联邦的公共管理机构和实体、各州和各市应根据其权力和管辖权,实施必要的减缓和适应行动,以实现下列理想目标和指示期间:

I. 适应:

(a)在人民保护方面,联邦政府、各州和各市应制定计划,以便在 2013 年年底之前为最易受气候变化影响的居民区制定并公布国家风险图谱以及各州和地方风险图谱;

(b)在 2015 年 11 月 30 日之前,最易受气候变化影响的城市应与各州及联邦政府协调,制定考虑到气候变化的城市发展计划;

(c)在 2013 年年底之前,各州应制定并公布应对气候变化的地方计划;

(d)在 2012 年 11 月 30 日之前,联邦政府应制定:

1. 领土总体环境土地利用规划计划;

2. 气候变化下生物多样性保护和管理子计划。

II. 减缓:

(a)墨西哥国家林业委员会应制定战略、政策、措施和行动,向原始生态系统下零碳损失率过渡,并将其纳入森林可持续发展政策的规划文件,同时考虑可持续发展和社区森林管理;

(b)到 2018 年,各市将与各州及所有其他管理和金融机构协调,并在社会发展秘书处的技术支持下,在人口超过 5 万的城市中心开发和建设不向大气排放甲烷的固体废物管理基础设施,并结合可行性,研究利用甲烷气体排放发电的技术;

(c)到 2020 年,根据国家的减排目标,财政和公共信贷秘书处与经济秘书处,能源秘书处、农业、畜牧业、农村发展、渔业和食品秘书处以及交通运输秘书处协调，逐步制定使用非化石燃料的补贴制度，凸显非化石燃料在节能措施和可持续公共交通方面的优势；

（d）到2020年，根据国家的减排目标，财政和公共信贷秘书处应与能源秘书处和能源监管委员会协调，建立激励系统，推动和允许通过联邦电力委员会的可再生能源，如风能、太阳能和小水电进行盈利性发电；

（e）能源秘书处与联邦电力委员会和能源监管委员会协调，促进清洁能源发电量在2024年达到至少35%。

第四条 联邦行政部门将在联邦官方公报公布之日起12个月内公布登记册运作和管理的规定，或适用本法所需的其他规定。

第五条 特此废除2005年4月25日设立气候变化部际委员会的决议。

部际委员会各工作组及其职能和程序将继续存在，直至本法令规定的职能和程序得到落实。待决的清洁发展机制项目批准书的申请请求应继续根据本法公布前的规则处理。

国家气候变化战略将继续有效，直至2013年上半年根据该法规定的最低限度内容和条款发布新的战略。

气候变化特别计划将持续生效至2012年11月30日。

第六条 若有关INECC职能和运作的组织规章、条例和其他行政条例尚未颁布，现行生效的条例应在不与本法相抵触的情况下继续适用。INECC人员的地位应遵守《墨西哥合众国政治宪法》第123条B节的规定。

INECC应设立气候变化总协调处，其级别至少为总干事。

INECC组织规章应在本法生效之日起5个月内颁布，其中应包括评估协调总部门的权力。

环境和自然资源秘书处内部审计单位将继续行使INECC内部审计单位的权力。

第七条 环境和自然资源秘书处应在本法生效之日起两个月内，按INECC承担的职能，将需要分配给该研究所的以及目前隶属于该研究所的经济、物质和人力资源移交给该研究所，以便其行使本法规定的权力。

环境和自然资源秘书处应遵守《墨西哥联邦支出预算法》和《墨西哥联邦预算和收入责任法》对国家生态与气候变化研究所的规定和经费要求。从本法生效之日起，在当前联邦支出预算中为INECC核准的未支出的经费应由INECC行使。

第八条 INECC执行董事应在组织规章通过之日起6个月内公开征集公民顾问的选择建议，委员会可自提出之日起3个月内选择公民顾问。

第九条 气候变化基金会应在本法公布之日起 6 个月内由财政和公共信贷秘书处设立,并由其技术委员会批准其运作规则,于联邦官方公报上公布。

国家信用协会将负责运营根据本法第 83 条设立的基金会并担任公共信托基金的受托人。若没有为此设立专门的组织机构,则其负责单位是环境和自然资源秘书处。该受托机构应依本法运营基金会并遵守其宗旨。

墨西哥对外贸易银行应解散墨西哥碳基金会,以便将其职能移交给气候变化基金。其进行中的交易应当按照现行有效的条例、协议、合同的规定进行,但不得与本法相抵触。

第十条 为遵守本法,联邦政府、各州和各市应推动制定必要的法律和行政修正案以刺激税收并提高公共收入,以便拥有足够的资源为本法生效后提供行动资金。

巴哈马气候变化和碳市场倡议法[①]

巴哈马议会于 2022 年 5 月 20 日正式通过

鉴于巴哈马已经签署 1992 年 5 月 9 日通过的《联合国气候变化框架公约》(UNFCCC),该公约于 1994 年 3 月生效,旨在将大气层中温室气体的浓度稳定在防止气候系统受到危险的人为干预的水平。

鉴于巴哈马已于 2016 年 8 月 22 日签署《巴黎协定》,该协定于 2016 年 11 月 4 日生效,旨在通过努力限制全球气温、人类活动产生的温室气体排放和制定减排目标,加强全球应对气候变化的威胁。

鉴于在接受和执行《巴黎协定》的规定时,应考虑 UNFCCC 承认的小岛屿发展中国家应对气候变化的共同但有区别的责任、各自的能力和灵活性的规定。

鉴于巴哈马致力于参与《巴黎协定》第 6 条第 2 款和第 6 条第 4 款以及据此发布的相关指导文件中规定的碳减排合作方式和自愿碳市场。

据此:

第一编 序 言

1. 简称和生效日期

(1)本法称为 2022 年《气候变化和碳市场倡议法》。

(2)本法将于总理在《宪报》上发布通知指定之日起施行。

2. 解释

本法中——

"碳信用"指可出售的经核证的减排量或移除量,或根据《巴黎协定》的标准认

[①] 本法于 2022 年 5 月 20 日通过,原文来自联合国粮农组织数据库,网址:https://faolex.fao.org/docs/pdf/bha211771.pdf。翻译人:胡卫、唐寅智;校对人:王茜茜、王璐瑶、杨浩。

可的其他碳减排措施,相当于一吨二氧化碳(或二氧化碳当量),可计入个人、公司、国家或组织的温室气体减排目标。

"碳交易"指购买或出售经核证的减排信用的过程。

"气候变化"指气候状况持续较长时间的变化,可通过其特性的平均值或变量的变化确定,通常是几十年或更长时间,此变化可能由自然内部变率或外部强迫,大气成分或土地使用的持续的人为变化所引起。

"温室气体"(GHGs)——

(a)指引起全球变暖并导致气候变化的大气气体;

(b)包括二氧化碳(CO_2)、甲烷(CH_4)、三氟化氮(NF_3)、氧化亚氮(N_2O)、氢氟碳合物(HFCs)、全氟碳合物(PFCs)和六氟化硫(SF_6)。

"国际转让的减缓成果"(ITMO)指《巴黎协定》第6条第2款规定的合作方式产生的碳信用。

"国家自主贡献"(NDC)指缔约方为实现将全球气温上升幅度维持在远低于工业化前水平2℃的总体目标而作出的国家计划和承诺,同时争取达到1.5℃以避免气候变化的最坏影响。

3. 法律适用

本法适用于在巴哈马领陆和领空内及上下所做的任何事产生的碳信用,包括——

(a)其内水、领水和专属经济区;

(b)前述水域的海床和底土;

(c)其大陆、沿海和海洋生态系统及相关水域;

(d)其森林。

就本法目的而言,前述碳信用被视为巴哈马的财产。

4. 法案目标

本法目标为——

(a)使政府能够制定激励措施和施行方案,以支持符合其国家自主贡献的全球温室气体减排总目标;

(b)确保巴哈马履行《巴黎协定》规定的义务,同时考虑 UNFCCC 认可的小岛屿发展中国家应对气候变化的共同但有区别的责任、各自的能力和灵活性的规定;

(c)在巴哈马建立碳信用交易市场。

第二编 法案执行

法案的部级执行

5. 部长对法案的执行责任

本法的执行责任应划分为不同责任,包括:

(a)总理负责对本法的实施进行总体监督;

(b)负责财政的部长(以下简称财政部长)负责本法的财务管理,并确保所有碳信用额度交易相关税款得到支付;

(c)负责环境和自然资源的部长(以下简称环境部长)负有根据本法相关规定向UNFCCC报告的义务。

管理公司的任命和职能

6. 部长任命管理公司

(1)为本法目的,财政部长可以与任一信誉良好的公司签订管理合同,按照国际公认标准或以《巴黎协定》的原则为指导,按照财政部长批准的条款和条件,履行第7条规定的职能。

(2)管理公司应具备环境领域和金融市场方面的专业知识和资质。

(3)财政部长可在必要时且经过双方同意的情况下,以书面形式修改管理合同的条款和条件。

(4)第1款不禁止部长签订一个以上的管理合同,但不得指定一个以上的管理公司管理或销售同一类别或类型的碳信用。

7. 管理公司的职能

履行第6条规定的职责时,管理公司的职能应是以下一项或多项内容:

(a)根据国际公认标准或以《巴黎协定》的原则为指导,对可能被认证为碳资产的项目进行定量和定性的验证;

(b)使用核准的空间测绘、密度分析和碳储量方法记录碳资产;

(c)记录碳资产的质量和量化的年度波动情况;

(d)确定并争取个人、公司、国家或组织参与巴哈马的碳市场制度,或根据公司的管理投资组合进行碳资产管理;

(e)管理与巴哈马碳资产有关的所有金融产品或工具,包括数字资产市场;

（f）代表巴哈马在国内和国际监管和许可的金融市场上运作；

（g）管理合同中规定的其他职能。

8. 管理公司所产生资金的预算

（1）管理公司应建立预算，以支付根据本法设立的项目的费用；

（2）管理公司产生的资金可用于支付碳交易相关开支和费用，其产生的任何盈余资金或碳信用应存入以下其中一项：

  （a）主权财富基金的子基金；

  （b）专门为此目的设立的特殊目的主体。

咨询委员会的任命和职能

9. 总理任命咨询委员会

（1）总理应任命咨询委员会，其人数不超过七人，包括一名主席和一名秘书，由政府、私营部门、民间团体的代表组成，包括但不限于国家、国际、研究和科学组织的代表（以下简称委员会）——

  （a）作为管理公司的技术咨询机构；

  （b）就以下方面向总理提供技术咨询和建议：

    （i）巴哈马的碳资产交易；

    （ii）巴哈马的碳资产管理。

（2）附表二对委员会的组成和程序有效。

10. 委员会的职能

履行第9条规定的职责时，委员会应——

（a）就碳交易和排放情况提供透明且负责的报告；

（b）随着标准和要求的不断发展，就碳资产的测量、报告和核证问题向当地及国际专家进行咨询；

（c）考虑气候变化在以下方面的发展情况：

  （i）国家排放率；

  （ii）经核证、可销售的碳资产数量；

  （iii）碳资产的撤出或增加；

  （iv）会影响碳资产交易的全球碳市场变化；

  （v）全球协议中可能规范、限制或改变确认、交易、核证过程，或管理已确认碳资产的变化；

  （vi）购买碳资产的请求。

第三编　碳市场交易管理的基本原则

11. 额外性、可测量性、持久性等

本法和据此制定的条例的施行应符合《巴黎协定》中规定的基本原则——

(a)根据本法进行的所有碳交易必须产生温室气体减排的额外效果；

(b)根据本法要求报告的所有减排成果都应以二氧化碳当量吨计量；

(c)所有碳抵消项目均应确保排放物在合理期间内不进入大气层；

(d)每个抵消计划均应使用适当的会计术语、作出相应的调整并符合 UNFCCC 和其他标准机构要求的抵消地点,其中所有的减排量都应当认真记录且文件化。

12. 禁止重复计算

(1)本法禁止重复计算碳资产,任意两个国家或行为人(包括个人、公司或组织)不得将相同的减排量计入其减排承诺。

(2)参与者应采取相应的调整措施以确保不增加净排放量。

13. 核证和验证

本法禁止在没有可靠且独立的审计师在每个项目开始前对其进行验证并核证其结果的情况下进行碳抵消交易。

14. 社会和环境效益规定

根据本法进行的项目应尽可能减少或避免负面的环境、经济或社会影响。

15. 收益份额和注销率

根据《巴黎协定》,巴哈马应采取与收益份额和注销率相关的最佳措施,以促进全球整体减缓。

16. 总理可制定条例,以促进基本原则规制碳市场贸易

总理可以制定条例,以促进基本原则规制 UNFCCC 认可的碳市场交易。

第四编　《巴黎协定》规定的巴哈马义务

17. 交流和维持连续的国家自主贡献

根据《巴黎协定》第 3 条的规定,巴哈马于 2015 年 11 月向 UNFCCC 编制并报告其预期的国家自主贡献,并维持连续的国家自主贡献。

18. 巴哈马的国内减缓措施、适应计划和《巴黎协定》规定的其他义务

(1) 根据《巴黎协定》第 4 条、第 7 条、第 9 条、第 10 条、第 11 条的规定, 总理应——

 (a) 实施国内减缓措施, 旨在使每一个连续的国家自主贡献都是渐进的, 且反映更高的目标追求;

 (b) 实施减缓措施, 旨在根据第 9 条、第 10 条和第 11 条的规定确定支持援助《巴黎协定》规定的资金或技术规定的机制, 从而将更高的目标纳入国家自主贡献;

 (c) 实施为履行《巴黎协定》第 4 条的要求和义务而采取的国内减缓措施;

 (d) 确定适应目标并制定符合《巴黎协定》第 7 条的国家适应计划;

 (e) 建立接受气候资金的适当机制, 并制定必要的计划、政策和报告, 以使资金得以接收;

 (f) 建立接受气候资金并使技术转让成为可能的机制, 为国家实现其减缓和适应目标提供帮助;

 (g) 通过各部委以及区域、双边和多边措施, 以制度化安排支持能力建设活动。

(2) 总理可以书面形式指示相应部长, 促使其执行第 1 款第 a 项至第 f 项规定的事项。

第五编　制定并施行减排方案

19. 总理可以制定并施行符合《巴黎协定》的方案和激励措施

(1) 为进一步实现《巴黎协定》的目标, 总理可以制定和实施包括市场基础机制在内的方案和激励措施, 以鼓励通过下列主体的活动实现《巴黎协定》的目标:

 (a) 国际私营实体;

 (b)《巴黎协定》的缔约方;

 (c) 当地私营实体。

(2) 在执行根据第 1 款的规定制定并施行的方案或激励措施时, 巴哈马应遵循第三编规定的碳信用交易的核心原则。

(3) 根据第 1 款的规定, 总理可根据条例制定并施行以下方案:

 (a) 减少排放;

 (b) 授权进行碳信用交易;

 (c) 确保碳信用的合理分配。

(4)部长应向参与根据本条实施的方案的个人或实体颁发许可证,此类许可证应要求根据本法开展的活动符合第三编和《巴黎协定》的目标。

(5)为本条目的,方案可包括:

  (a)一项计划,实为一组相互联系的项目,以连续方式实现与本法目标相关的综合国家利益;

  (b)一个公共或私营项目,具备本法相关具体目标,并在固定期间内执行和管理,有特定起始和结束日期;

  (c)一项活动,作为工作的组成部分,其表现为项目的一部分,与本法目标相关。

20. 碳市场交易管理的基本原则

第三编规定的基本原则应适用于根据本法实施的任何计划、项目或活动,以批准碳信用交易。

21. 适用于既定项目和活动的一般规则

总理可制定条例,使一般规则适用于根据本法实施的任何既定计划、项目或活动。

第六编　巴哈马参与碳市场的选择

22. 参与计划的选择

(1)根据第 29 条第 1 款 b 项的规定,参与授权碳信用交易的方案有 3 种选择,即:

  (a)作为双边或多边贸易协议的结果参与;

  (b)作为与私营实体交易的结果参与;

  (c)在自愿碳市场中参与。

(2)总理可以制定条例,对以第 1 款规定的方式参与方案的行为进行管理。

23. 与其他国家的双边或多边交易

总理可与另一被批准国家签订双边或多边协议,进行碳减排量和移除量的交易。

24. 与私营实体的交易

经内阁批准,总理可与私营实体签订协议,以抵消碳排放。

25. 自愿交易

经内阁及公认且可信的国际机构批准,总理可签订协议,在国际公认的主体建立或监督的碳市场中进行交易。

26. 根据本部分签订协议的规定

(1) 根据本部分签订的协议必须旨在——

  (a) 在推进可持续发展的同时促进温室气体排放的减缓；或

  (b) 激励和促进经授权的公共和私营实体参与减缓温室气体排放。

(2) 根据本编签订的任何协议都应由管理公司执行，并按照第七编的规定进行登记。

(3) 环境部长应将根据本编签订的协议所产生的减排量纳入提交给 UNFCCC 的国家报告机制。

第七编　国家排放登记处的设立

27. 国家排放登记处的设立

(1) 根据本法目的，应建立国家登记处（以下简称国家排放登记处）。

(2) 总理应任命登记员，负责国家排放登记处的日常管理。

(3) 国家排放登记处应被委任为《巴黎协定》第 6 条规定的指定经营主体。

(4) 登记员应得到部长任命人员的协助。

28. 登记员的职能

(1) 登记员应备存一份登记册，其中包括：

  (a) 为减少巴哈马温室气体排放而施行的方案；

  (b) 根据本法颁发的参与某个方案的许可证；

  (c) 排放限额和温室气体减排单位；

  (d) 巴哈马发放或认可的碳信用数量；

  (e) 向减排项目和计划的推动者发放的碳信用数量；

  (f) 发放的排放配额碳信用和巴哈马从国家温室气体登记册账户中发放或认可的碳信用；

  (g) 转让排放配额、碳信用和巴哈马从国家温室气体登记册账户中发放或认可的碳信用；

  (h) 撤销巴哈马从国家温室气体登记册账户中发放或认可的排放配额、碳信用和其他碳信用；

  (i) 增加巴哈马国家温室气体登记册账户中发放或认可的排放配额、碳信用和其他碳信用。

(2) 在履行第 1 款规定的职能时，登记员应采用其认为适当的记录方法和形式。

(3)登记员应——
  (a)遵守《巴黎协定》中规定的登记员应履行的义务；
  (b)采取措施以确保其收集的信息的保密性；
  (c)定期或根据环境部长的要求，向环境部长提交一份按照第1款规定备存的信息的报告。

第八编 其 他 规 定

29. 保密性

(1)根据本法代表政府履行职能者，如因本法规定的职责获得任何形式的信息，不得向未经授权的人交流或披露涉密信息。

(2)违反第1款的规定交流信息的人可能构成犯罪，一经简易程序定罪，可处以1万巴哈马元以下的罚款或1年以下的监禁，或同时处以罚款和监禁。

(3)本法或其他成文法允许或要求的情形下，本条不禁止个人之间披露信息。

30. 条例

(1)总理可制定一般条例，以执行本法的目标和规定，特别是在不影响前述的一般性情况下，可以制定条例——
  (a)规定本法规定事项中相关表格和通知的使用；
  (b)规定本法授权或要求规定的内容；
  (c)要求特定类别之人报告排放情况；
  (d)规定有关申请和批准许可证的形式；
  (e)推进 UNFCCC 的基本原则、《巴黎协定》及其颁布的规则和指导意见的实施；
  (f)为确保遵守本法的需要，可以要求任何人或各类主体提供任何信息或进行包含该信息的报告；
  (g)规定限制或程序，管理减少碳排放的方案；
  (h)规定授权碳市场交易的方案的程序；
  (i)规定方案的程序，以确定排放信用的分配；
  (j)形成支持能力建设的制度化安排；
  (k)管理根据本法签订的双边或多边协议；
  (l)管理与私营实体进行的碳资产交易。

(2)总理可在与环境部长协商并获批后制定条例——
  (a)以概述国家适应计划；

(b)规定本法授权或要求规定的事项。

(3)总理在与财政部长协商并获其批准后,可制定条例(非总理情形)——

(a)用于与本法规定的任何事项相关的表格和通知;

(b)建立接受气候资金的合理机制和必要的计划、政策或报告,以接受资金并进行技术转让,为国家实现其减缓和适应目标提供帮助;

(c)规定本法授权或要求规定的事项。

附表二①

(第9条)

1. 委员会的组成

(1)根据第1款被任命为委员的人应具备以下一个或多个领域的知识、技术能力或经验:

(a)生态科学;

(b)生物多样性保护;

(c)碳市场;

(d)法律;

(e)金融投资管理的国际经验;

(f)UNFCCC要求的测量、报告和核证方法;

(g)总理认为必要的其他专业领域。

(2)总理可以批准向委员会委员支付酬金。

2. 委员任期

(1)委员会委员的任期不超过3年,由总理在任命该委员的文书中指示,但该委员有资格连任。

(2)在对委员会进行首次任命时,总理应使委员任期呈现差异化,使所有委员的任期不会集中在同一年结束。

(3)总理在决定任命或再任命的任期时,应设法确保在任何一年内不超过3个现任委员的任期到期。

---

① 附表一对应正文第2条所述,为《巴黎协定》全文,故未进行翻译。——译者注

3. 委员的辞职和免职

(1) 委员会委员符合下列情形之一的可被总理免职：

 (a) 因精神或身体缺陷而无法履行职责；

 (b) 有任何法案或公共服务管理条例规定的不当行为；

 (c) 曾犯经济犯罪；

 (d) 曾犯可判处监禁的犯罪；

 (e) 连续 3 次缺席委员会会议且委员会不接受其辩解。

(2) 根据本条规定，委员会委员的免职在总理决定后立即生效，并应将免职事宜书面通知该委员。

(3) 委员会委员可在任何时候通过向总理发出书面通知辞去职务，该通知在书面通知指定日期生效。

4. 委员会会议

(1) 委员会在每年各季度应至少召开 2 次会议。

(2) 4 名委员构成法定人数。

(3) 主席应主持委员会会议，但若主席无法主持会议，出席会议并构成法定人数的委员可指定一名委员主持会议。

(4) 委员会的决定应由出席会议的委员过半数作出，如果票数相等，主席或其缺席时主持会议的委员享有第二票或决定票。

(5) 秘书应备存委员会的全部记录。

(6) 委员会可自行规定处理其事务的程序。

5. 委员会报告

(1) 委员会应在每年 3 月 31 日之前向总理提交一份年度报告，详细说明：

 (a) 上一年度的国家排放率；

 (b) 上一年度经核证、可销售的碳资产数量；

 (c) 上一年度碳资产的撤出或增加情况；

 (d) 上一年度影响碳资产交易的全球碳市场的变化。

(2) 主席应在每次会议后或在总理要求时向总理报告委员会事项。

大洋洲卷

新西兰气候变化应对法[①]

1. 名称

本法为2002年《气候变化应对法》。

第1编 序　　言

2. 生效

(1)本法自总督根据枢密院[②]令指定的日期起生效;可作出一项或多项命令,使不同条款在不同日期生效。

(2)本条下的命令为二级立法(有关发布要求,参见2019年《立法法》第3编)。

2A. 附件3与附件4的适用

(1)本法就附件3或附件4所列活动对特定主体设定义务或赋予权利的条款——

  (a)不适用于该主体,除非——

   (i)附件3或附件4的编或分编中所列的相关活动适用;

   (ii)若该主体从事附件3第5编的第2分编或第4分编所列活动(化肥使用活动或动物饲养活动),则该主体属于适用该分编的枢密院令中规定的主体类别。

  (b)在符合第2C(3)条、第178A条及第178B条、第217至219条规定下适用。

(2)附件3第1编及附件4第1编自2008年1月1日起适用。

[①] 本法于2002年11月18日批准生效,经过多次修订,以2022年11月29日更新的版本为准。原文来自新西兰法律数据库,网址:https://www.legislation.govt.nz/act/public/2002/0040/163.0/DLM158584.html。翻译人:杨浩、刘彦、叶祖欣、王茜茜、马遥、金婧;校对人:刘彦、王镱霖、赵文竹、谢孟丽。

[②] 本法2002年经批准生效,2003年新西兰通过《最高法院法》(Supreme Court Act),正式废除了英国枢密院作为新西兰终审法院的职能,目前新西兰没有枢密院。——译者注

(2A)附件 4 第 3 编自 2013 年 7 月 1 日起适用。

(3)附件 3 第 2 编及附件 4 第 4 编自 2009 年 1 月 1 日起适用。

(4)附件 3 第 3 编第 1 分编、附件 3 第 4 编第 1 分编及附件 4 第 2 编第 1 分编自 2010 年 1 月 1 日起适用。

(5)[已废止]。

(5A)附件 3 第 5 编第 1 分编(化肥加工活动)——

  (a)自 2011 年 1 月 1 日起适用;但是

  (b)根据第 219 条,下列排除期间内产生的排放量无须清缴排放单位,期间为——

    (i)自 2011 年 1 月 1 日起;

    (ii)截至该条所确定的日期(2024 年 12 月 31 日或不早于 2022 年 7 月 1 日的其他日期)。

(5B)附件 3 第 5 编第 2 分编(化肥使用活动)——

  (a)自总督通过枢密院令(见第 2B 条)指定之日起适用;但是

  (b)根据第 219 条,以下排除期间产生的排放量无须清缴排放单位:附件 3 第 5 编第 2 分编适用于首次从事该活动的主体或其他相关主体的第一年度。

(5C)附件 3 第 5 编第 3 分编(动物加工活动)——

  (a)自 2011 年 1 月 1 日起适用;但是

  (b)根据第 219 条,下列排除期间内产生的排放量无须清缴排放单位:

    (i)自 2011 年 1 月 1 日起;

    (ii)截至第 219 条所确定的日期(2024 年 12 月 31 日或不早于 2022 年 7 月 1 日的其他日期)。

(5D)附件 3 第 5 编第 4 分编(动物饲养活动)——

  (a)自 2024 年 1 月 1 日起适用,或自总督通过枢密院令指定的推迟日期起适用(见第 2B 条);但是

  (b)根据第 219 条,以下排除期间产生的排放量无须清缴排放单位:附件 3 第 5 编第 4 分编适用于首次从事该活动的主体或其他相关主体的第一年度。

(6)[已废止]。

(7)附件 3 第 4 编第 2 分编、附件 3 第 6 编及附件 4 第 2 编第 3 分编自 2011 年 1 月 1 日起适用。

(7A)附件 3 第 1A 编自 2013 年 1 月 1 日起适用。

(7B)附件3第3编第2分编自2014年1月1日起适用。

(8)附件4第1A编自2023年1月1日起适用。

(9)[已废止]。

(10)[已废止]。

(11)[已废止]。

(12)[已废止]。

(13)[已废止]。

(14)附件4第2编第2分编自总督通过枢密院令指定之日起适用。

(14A)本条下的命令为二级立法。

(15)[已废止]。

(16)[已废止]。

(17)[已废止]。

(18)[已废止]。

(19)[已废止]。

2B. 与附件3(农业)第5编第2、4分编有关的枢密院令

(1)本条涉及根据第2A(5B)条或第2A(5D)条订立的枢密院令,该命令指定了附件3第5编第2分编和第4分编适用的日期(化肥使用活动和动物饲养活动)。

(2)该命令必须——

 (a)根据部长的建议作出;

 (b)指定一个日期,即某年1月1日作为生效日期;

 (c)最晚于该命令的指定日期前1年作出。

(3)该命令可以规定,自指定日期起,相应分编适用于——

 (a)专门从事一类或一类以上相应分编所列活动的主体;

 (b)从事相应分编所列活动的主体。

(4)在建议颁布命令之前,部长必须遵守第(5)款与第(6)款。

(5)部长必须要考虑——

 (a)通过执行命令,环保署能够核实的将成为相应分编所列活动的参与者的排放申报信息;

 (b)从事相应分编所列活动的主体因该命令的执行成为参与者,其减少排放量的可能性;

 (c)最大限度地减少——

  (i)因执行该命令而成为相应分编所列活动的参与者的守法成本与管

理费用；

(ii)政府施行排放交易计划的管理成本。

(6)部长必须向行政长官认为可能与命令有利害关系的主体(或其代表)征询意见，或确认行政长官已经向其征询意见。

2C. 附件3(农业)第5编各分编交叉适用的效力

(1)本条适用于——

(a)"化肥加工"分编与"化肥使用"分编(附件3第5编)同时适用时[根据第2A(5B)条作出的枢密院令]；

(b)对于"动物加工"分编与"动物饲养"分编(附件3第5编)，自以下日期起适用——

(i)2024年1月1日；

(ii)如存在根据第2A(5D)条颁布的枢密院令，则适用该命令指定的日期。

(2)如本条适用，根据第163(1)条制定的法规可以规定——

(a)从事化肥加工活动与化肥使用活动的主体——

(i)收集与同一合成化肥有关的数据或其他信息；

(ii)计算与同一合成化肥有关的排放量；

(b)从事动物加工活动与动物饲养活动的主体——

(i)收集与同一反刍动物、猪、马或其他家禽有关的数据或其他信息；

(ii)计算与同一反刍动物、猪、马或其他家禽有关的排放量。

(3)但是——

(a)自从事化肥使用活动的主体被要求清缴与化肥有关的排放单位之日起，本法不再适用于从事与该化肥有关的化肥加工活动主体；

(b)自从事动物饲养活动的主体被要求清缴与反刍动物、猪、马或其他家禽有关的排放单位之日起，本法不再适用于从事与反刍动物、猪、马或其他家禽有关的动物加工活动主体。

(4)若根据第2A(5B)条颁布的枢密院令，其效力使得所有从事化肥使用活动的主体适用"化肥使用"分编的，考虑到可能会使从事化肥使用活动的主体承担清缴排放单位的责任，第2A(5A)条与化肥加工活动分编即日废除。

(5)若根据第2A(5D)条颁布枢密院令，其效力使得"动物饲养"分编适用于所有从事动物饲养活动的主体，且所有从事该活动主体可能承担清缴排放单位的责任，则第2A(5C)条与"动物加工"分编即日废除。

(6)若根据第(3)、(4)或(5)款的规定，本法不再适用化肥加工活动主体或动物加工活动主体,则——
  (a)第54(4)条经必要修订后,适用于因实施该款而不再是活动参与者的主体;
  (b)该主体无须遵守第59条,但环保署可为第59(2)条之目的,确认该主体已停止从事该活动。

(7)在本条及第2A、2B、216、219条中——

"动物饲养"分编是指附件3第5编第4分编,动物饲养活动是指该分编所列的活动;

"动物加工"分编是指附件3第5编第3分编,动物加工活动是指该分编所列的活动;

"化肥使用"分编是指附件3第5编第2分编,化肥使用活动指该分编所列的活动;

"化肥加工"分编是指附件3第5编第1分编,化肥加工活动是指该分编所列的活动。

3. 目的

(1)本法的目的是——

(aa)为新西兰制定并实施明确而稳定的气候变化政策提供一个框架——
  (i)根据《巴黎协定》,为将全球平均气温升幅限制在比工业化前水平高1.5℃内作出贡献;
  (ii)使新西兰做好准备并适应气候变化影响;

(a)使新西兰能够履行《公约》、《议定书》与《巴黎协定》规定的国际义务,包括(但不限于)——
  (i)自2008年1月1日起至2012年12月31日的第一个承诺期内,根据《议定书》第3.1条,新西兰有义务清缴的京都排放单位,相当于《议定书》附件A所列的人为温室气体排放源带来的二氧化碳当量公吨数;
  (ii)根据《公约》第12条、《议定书》第7条与《巴黎协定》第13条,通过秘书处履行向缔约方会议报告的义务;

(b)规定新西兰温室气体排放交易计划的实施、运行与管理,该计划支持并鼓励全球通过以下方式减少温室气体排放——
  (i)协助新西兰履行《公约》、《议定书》与《巴黎协定》规定的国际义务;
  (ii)协助新西兰实现其2050年目标与排放预算;

(c)规定对机动车所含特定的合成温室气体实施征税,并对其他货物征税,通过以下方式支持并鼓励全球为减少该类气体排放作出努力——

(i)协助新西兰履行《公约》、《议定书》与《巴黎协定》规定的国际义务;

(ii)协助新西兰实现2050年目标与排放预算。

(2)根据本法行使权力、自由裁量权、履行职责的主体,必须以符合本法宗旨的方式行使权力、自由裁量权或履行职责。

(3)[已废止]。

3A.《怀唐伊条约》(Te Tiriti o Waitangi)

为承认并尊重政府履行《怀唐伊条约》的责任——

(a)[已废止];

(ab)关于第5G条(有关气候变化委员会的提名),需要特别寻求毛利部落与毛利人的代表组织的提名;

(ac)关于第5H条(有关委员会成员的任命),部长在建议任命委员会成员之前,必须考虑委员会成员应具备《怀唐伊条约》相关的技术、专业技能、经验、专门知识以及创新方法;

(ad)关于第5ZG、5ZI条(要求部长编制并公布减排计划),部长必须在减排计划中并入一项战略,以确认与降低减排对毛利部落和毛利人的影响,且必须确保该计划已充分征求毛利部落和毛利人的意见;

(ae)关于第5ZS条(要求部长编制国家适应计划),部长在编制计划时必须考虑气候变化对毛利部落和毛利人经济、社会、卫生、环境、生态和文化的影响。

(b)部长在根据以下规定(有关制定二级立法的权力),建议制定二级立法之前,必须征求部长或行政长官认为可能与二级立法有利害关系的毛利部落和毛利人代表的意见,或确认行政长官已经向其征求意见:

(i)第2A(5B)条或第2A(5D)条(附件3第5编);

(ii)第30G(1)(b)(i)条、第30G(1)(c)条、第30G(1)(j)条或第30G(1)(k)条(处理第2编的排放单位);

(iii)第30GA条(拍卖新西兰排放单位);

(iv)第30GB条(排放单位限额和价格管制);

(v)第30GD条(拍卖监督人);

(vi)第30M条(侵权违法行为);

(via)第30W(1)(a)条(碳定价);

(vii)第60条(附件3所列活动的豁免);

(viii)第60A条(附件4第1编所列活动参与者的豁免);

(ix)第84A或84B条(合格工业活动的逐步淘汰率);

(x)第 161D(1)(a)条(规定与工业配额有关活动的通知),除非该通知的唯一目的是要求有关主体提供与电力有关的合同及与合同相关的信息;

(xi)第 161G 条(合格农业活动);

(xii)第 162 条(在附件 4 第 2 编增设的其他活动);

(xiii)第 163 条(核查者和方法学);

(xiv)第 164 条(特别排放系数);

(xv)第 168(1)(nb)条(新西兰管理森林的最佳方法);

(xvi)第 186F 条(1990 年前补偿林地);

(xvii)第 194C 条(投入报告);

(xviii)第 196F 条(林地分类);

(xix)第 244 条(免征合成温室气体税);

(xx)第 246(1)(a)条至第 246(1)(e)条(合成温室气体税);

(xxi)第 258 条(核查者)。

(c)[已废止]。

(d)关于第 161 条(审查专家组的任命和运行)——

(i)若部长根据第 160(1)条或第 269(1)条发起审查,并根据第 160(3)条或第 269(3)条任命一个独立审查专家组,部长必须确保审查专家组中至少有一名部长认为具备与《怀唐伊条约》各项原则以及毛利文化习俗有关知识、技能和经验的成员,以便开展审查;

(ii)审查专家组必须向其认为可能与审查有利害关系的毛利部落和毛利人代表征求意见;

(iii)审查专家组的职权范围必须体现《怀唐伊条约》的各项原则。

(e)[已废止]。

(f)[已废止]。

(g)[已废止]。

(h)[已废止]。

(i)[已废止]。

(j)[已废止]。

3B. 特定法规、命令及通知的意见征询

(1)部长在制定或建议制定二级立法之前,必须遵守以下条款规定:

(a)第 30G(1)(b)(i)条、第 30G(1)(c)条、第 30G(1)(j)条或第 30G(1)(k)条(处理第 2 编的排放单位);

(b)第 30GA 条(拍卖新西兰排放单位);

(c)第 30GB 条(排放单位限额和价格管制);

(d)第 30GD 条(拍卖监督人);

(e)第 30M 条(侵权违法行为);

(ea)第 30W(1)(a)条(碳定价);

(f)第 60 条(附件 3 所列活动的豁免),除非政府已与获豁免者签订经谈判达成的温室协议;

(g)第 60A 条(附件 4 第 1 编所列活动参与者的豁免);

(h)第 84A 或 84B 条(合格工业活动的逐步淘汰率);

(i)第 161D(1)(a)条(规定与工业配额有关活动的通知),除非该通知的唯一目的是——

(i)要求有关主体提供与电力有关的合同及合同相关信息;

(ii)向部长提供必要信息,以确定是否应根据第 160 条审议相关事项;

(j)第 161G(1)(a)(ii)条(合格农业活动的分配基准);

(k)第 162 条(在附件 4 第 2 编增设的其他活动);

(l)第 163 条(核查者和方法学);

(m)第 164 条(特别排放系数);

(n)第 168(1)(nb)条(新西兰最佳管理森林方法);

(o)第 186F 条(1990 年前补偿林地);

(p)第 194C 条(投入报告);

(q)第 196F 条(林地分类);

(r)第 216 条(动物饲养活动或化肥使用活动的自愿报告或清缴单位);

(s)[已废止];

(t)第 244 条(免征合成温室气体税);

(u)第 246(1)(a)条至第 246(1)(e)条(合成温室气体税);

(v)第 258 条(核查者)。

(2)部长在根据第 60、60A 条或第 244 条(各事项的豁免)建议撤销枢密院令之前,也必须遵守本条规定。

(3)部长必须确保,以下主体之一已经与其认为可能根据建议制定的法规、制定或撤销的命令或通知而受影响重大的人(或其代表)进行协商:

(a)部长或行政长官;

(b)根据第 30GB、84A 条或第 84B 条制定的法规,为部长、行政长官或气候变化委员会。

(4)在切实可行的范围内,协商程序必须包括——

　　(a)充分且适当地告知,说明建议或通知的拟议条款及其理由;

　　(b)为参与协商的主体提供合理机会考虑该建议或通知,并提交意见书;

　　(c)充分且适当地审议意见。

(5)部长认为紧急制定法规符合国家利益的,则本条不适用于根据下列规定制定的法规:

　　(a)第30G(1)(b)(i)条、第30G(1)(c)条、第30G(1)(j)条或第30G(1)(k)条(与第2编的排放单位有关);

　　(b)第30GA条(拍卖新西兰排放单位);

　　(c)第30GB条(排放单位限额和价格管制);

　　(d)第30GD条(拍卖监督人)。

(6)未遵守本条规定的,不影响本条适用的法规、命令或通知的有效性。

4. 释义

(1)除文意另有所指外,在本法中——

2050年目标是指第5Q条设定的减排目标。

账号是指登记官根据第15(1)条分配给账户持有人的唯一编号。

行政机关——

(a)就机动车税而言,指车辆登记官;

(b)就货物税而言,指新西兰海关总署署长。

配额,就新西兰排放单位而言——

(a)指新西兰排放单位的配额或临时配额;但是

(b)不包括新西兰排放单位的转让。

动物材料与1999年《动物产品法》第4(1)条规定的含义相同。

动物产品与1999年《动物产品法》第4(1)条规定的含义相同。

动物福利出口证书是指根据1999年《动物福利法》第46条颁发的动物福利出口证书。

政府年度财务报表具有1989年《公共财政法》第2(1)条所赋予的含义。

经批准的境外排放单位指新西兰排放单位以外的排放单位——

(a)已发放(如本条所界定)的排放单位;

(b)规定可转入登记处账户的排放单位。

关联主体具有第(3)款赋予的含义。

拍卖指根据第6A条为出售新西兰排放单位而进行的拍卖。

生物源甲烷是指农业和废物管理部门产生的所有甲烷温室气体(如新西兰温室

气体清单所列)。

注销,就排放单位而言,指将该排放单位转入登记处的注销账户,其效力见第18CA(1)条的规定。

碳核算区是指1989年后的林地区域——

(a)该区域由根据第57条就附件4第1编所列活动登记或已申请登记为参与者的主体界定;

(b)该区域符合根据本法制定的法规的相关标准;

(c)该区域根据第188(7)(b)条或第192(3)(b)条的规定属于碳核算区。

二氧化碳当量,就特定温室气体而言,指根据国际气候变化义务计算的,与该气体具有同等全球变暖潜值的二氧化碳量(单位:公吨)。

碳当量,就根据第186A条申请补偿林地的土地而言,指在1990年前林地的森林物种的一般轮伐期内,补偿林地达到与根据第186F条制定的法规确定的1990年前林地在清算时所含的碳储量。

行政长官是指经总理授权,负责执行本法的部门行政长官。

移除,就树木而言——

(a)包括——

(i)砍伐、收割、焚烧、以机械手段移除、喷洒除草剂以及其他导致毁林的人类活动;

(ii)因自然原因或事件导致的砍伐、焚烧、损毁、连根拔起或破坏;但是

(b)不包括修剪或疏伐。

气候变化委员会是指根据第5A条设立的气候变化委员会。

煤炭与1991年《政府矿产法》第2(1)条规定的含义相同。

缔约方会议是指《公约》的缔约方会议。

合并组织指根据第150条成立的合并组织。

《公约》——

(a)指1992年5月9日于纽约制定的《联合国气候变化框架公约》,该公约的英文文本载于附件1;

(b)包括对《公约》所作的不定期修正,该修正案对新西兰即时或即将产生约束力。

政府保护合同是指与政府签订的书面协议(包括根据1987年《自然保护法》第3B编授予的特许权),目的是在1989年后林地上移除和储存温室气体。这些林地是根据1987年《自然保护法》或本法附件1所列本法所经营管理的政府土地。

政府持有账户——

(a)指政府支配的持有账户,该账户由政府根据第 6 条的规定,按照财政部长的指示而设立;

(b)不包括其他主体根据第 18A 条代表政府开立的持有账户。

政府土地与 1991 年《政府矿产法》第 2(1)条规定的含义相同。

乳品加工,就奶类或初乳而言,指除在农场、奶牛场以外,首次对奶类或初乳进行热处理、冷冻、分离、浓缩、过滤、混合、提取奶类成分和添加其他材料,包括(但不限于)《食品标准法》所界定的食品、配料、添加剂或加工助剂。

毁林,就林地而言——

(a)指将林地转换为非林地(例如,见第 181 条);

(b)包括第 179 条适用的林地被清理后的采伐。

处置设施是指——

(a)处置废物的设施,包括垃圾填埋场;

(b)处置的废物包括并非完全来自建造、翻新或拆除房屋的家庭废物;

(c)至少经营废物处置业务;但是

(d)不包括为发电或工业热力而燃烧废物的设施或设施的一部分。

处置,就废物而言——

(a)是指——

(i)将废物永久或长期弃置在为该目的而划定的土地上;

(ii)通过焚烧的方式分解或降解废物的焚化行为;但是

(b)不包括为修复或其他有益目的而存放生物固体。

文件是指任何形式的文件,不论是否经其制作者签署、草签或以其他方式认证,包括——

(a)材料上的文字;

(b)使用录音机、计算机或其他设备记录或储存的信息,以及通过该信息取得的材料;

(c)用以识别或描述其组成部分或以任何方式附着在其上的标签、标记或其他文字;

(d)书籍、分布图、平面图、图表或绘图;

(e)照片、胶卷、底片、磁带或其他装置,包含一个或多个视觉图像,便于复制(无论借助或不借助其他设备)。

电气开关装置指用于——

(a)控制电力分配的配件;

(b)控制或保护电路及电气的设备；

(c)电力传输的配件。

合格活动是指——

(a)合格农业活动；

(b)合格工业活动。

合格农业活动是指附件3第5编所列的，根据本法该主体因排放量而被要求清缴排放单位的活动或活动子类。

合格工业活动指根据第161A条制定的法规所规定的合格工业活动。

合格主体是指符合下列获得新西兰排放单位配额相关要求的主体：

(a)第80(1)条；

(b)第85(1)条；

(c)根据本法制定的法规；

(d)1990年前林地配额计划。

排放量——

(a)就第1A、1B编而言，指温室气体的排放量；

(b)就附件3或附件4所列活动而言，指该活动的温室气体排放量的二氧化碳当量。

排放预算是指各排放预算期内允许的排放量，以二氧化碳当量的净额表示。

排放预算期指以5年为一个周期，但是，第5X(3)条规定的2022年至2025年的第一个4年期除外。

减排计划指根据第5ZG条至第5ZI条编制的实现排放预算的计划。

排放申报——

(a)是指——

　　(i)根据第65条提交的年度排放申报；

　　(ii)根据第66条提交的季度排放申报；

　　(iii)根据第118条提交的最终排放申报；

　　(iv)根据第5编或附件1AA的规定提交的排放申报；

(b)以下各项视为排放申报：

　　(i)经环保署根据第120条修订的排放申报；

　　(ii)环保署根据第121条对本应并入排放申报的事项所作的评估；

(c)包括一份告知无责任的排放申报。

排放交易计划是指(除第3条外)根据本法建立的温室气体排放交易计划。

实体，就一个组织而言，是指——

（a）2013年《财务报告法》第5(a)条所定义的报告实体；

（b）第(a)项所述报告实体的子公司(在2013年《财务报告法》第5条的含义范围内）。

环保署(EPA) 是指根据2011年《环保署法》第7条设立的环境保护行政机构。

排放交易计划参与者条款 指本法第4至5D编。

豁免土地(exempt land)——

（a）指已被申报为豁免土地的1990年前林地——

 （i）根据第183条或第183B条；

 （ii）根据第184条,且满足第184(6)条的条件；

（b）不包括符合第(a)项定义但已被砍伐的林地,若该林地非豁免土地,则与附件3第1编所列活动相关的本应清缴的排放单位数量,已按第187(2)条清缴。

外来森林树种 是指非本土森林树种的森林树种。

出口 与2018年《关税和消费税法》第5(1)条中规定的含义相对应。

农场乳制品 与1999年《动物产品法》第4(1)条规定的含义相同。

财政年度 与1989年《公共财政法》第2(1)条规定的含义相同。

《食品标准法》 与1999年《动物产品法》第4(1)条规定的含义相同。

林地——

（a）指面积至少为1公顷的土地,每公顷森林树种的树冠覆盖率超过30%；

（b）包括因人为干预或自然因素暂时不符合第(a)项的规定,但很可能会恢复为符合第(a)项规定的土地；

（c）不包括——

 （i）由树种组成的防护林带,其树冠覆盖的平均宽度小于或可能小于30米；

 （ii）森林树种有或可能有树冠覆盖的平均宽度小于30米的土地,除非该区域与符合第(a)或(b)项规定的土地毗连。

森林树种 是指在其所在地区成熟时能达到至少5米高的树种,但不包括主要为生产水果或坚果而种植管理的树种。

林业活动 是指——

（a）附件3第1编或第1A编所列的活动(砍伐1990年前林地或1990年前补偿林地)；

（b）附件4第1编所列活动(1989年后林地)。

林地分类 具有第196条所赋予的含义。

逸散性煤层气 是指采煤活动所释放的气体,依照本法规定计算。

总分类注销账户 是指在登记处开立的账户,用于代表政府持有的,因任何原因被取消的排放单位。

货物是指包括机动车在内的各种动产。

货物税是指根据第227(1)(b)条征收的合成温室气体税。

温室气体是指——

(a)二氧化碳(CO_2);

(b)甲烷(CH_4);

(c)一氧化二氮(N_2O);

(d)氢氟碳化物;

(e)全氟碳化物;

(f)六氟化硫(SF_6)。

总排放量是指新西兰农业、能源、工业加工和产品使用以及废物管理部门的总排放量(根据新西兰温室气体清单所列)。

组织与2013年《财务报告法》第5条规定的含义相同。

持有账户是指为持有排放单位而在登记处设立的账户。

进口与2018年《关税和消费税法》第5(1)条中进口的含义相对应。

进口商与2018年《关税和消费税法》第5(1)条规定的含义相同。

本土森林树种是指自然生长于新西兰或未经人类协助抵达新西兰的森林树种。

间接温室气体——

(a)是指——

(i)与其他气体反应形成温室气体;

(ii)一种改变大气化学成分的气体,可以增加其他温室气体的存在时间;

(b)包括但不限于一氧化碳、氮氧化物、非甲烷挥发性有机化合物和二氧化硫。

工业或贸易场所是指用于工业或贸易目的的场所,用于储存、转移、处理或移除废物的场所,或用于其他废物管理的场所;但是,不包括生产用地。

国际气候变化义务是指新西兰根据《公约》、《议定书》或《巴黎协定》承担的国际义务。

国际交易机构是指确认与温室气体排放核算有关的交易有效性的指定机构。

发放,就经批准的境外排放单位而言,是指——

(a)境外登记处的发放;

(b)经国际交易机构批准的其他发放。

清单编制机构指行政长官。

土地所有人——

(a)就政府土地而言,指相应的部长(1991年《政府矿产法》第2A条已对此界定）；
(b)就政府土地以外的土地而言,指——
(i)土地永久所有权的合法所有人；
(ii)若该土地是毛利人的习惯土地(根据1993年《毛利人法》第4条的规定),则为根据1993年《毛利人法》确定享有土地所有权的主体；
(iii)若该土地是毛利人的永久所有权土地(根据1993年《毛利人法》第4条的规定),则为土地的合法所有人。

可征税货物是指含有特定合温室气体的货物,但不包括机动车的空调系统。

可征税机动车是指载有空调系统的机动车,该空调系统含有特定的合成温室气体。

征税年度是指自1月1日起至12月31日止的12个月。

地方当局是指2002年《地方政府法》所指的地方当局。

强制性排放申报期是指以下期间：
(a)自2008年1月1日起至2012年12月31日止的第一个承诺期；
(b)自2013年1月1日起至2017年12月31日止的5年期；
(c)自2018年1月1日起至2022年12月31日止的5年期；
(d)自2023年1月1日起至2025年12月31日止的3年期；
(e)自2026年1月1日起至2030年12月31日止的5年期；
(f)此后每一个连续的5年期。

毛利人土地与1993年《毛利人法》第4条规定的含义相同。

成员,就非法人组织而言,指合伙人、合营人、受托人、土地共同所有人或该组织的其他成员。

商用木材指来自树龄超过10年树木的木材,不包括——
(a)树桩；
(b)腐烂或严重变形的木材；
(c)去除树皮后直径小于10厘米的木材。

采矿与1991年《政府矿产法》第2(1)条规定的含义相同。

部长是指在授权令或总理授权下,负责执行本法的部长。

机动车与1998年《陆路运输法》第2(1)条规定的含义相同。

机动车税是指第227(1)(a)条征收的合成温室气体税。

天然气是指——
(a)油井生产的所有气态碳氢化合物,包括湿气和从湿气中提取凝析油后剩余的气体；

(b)从湿气中提取并作为天然气液体出售的液态碳氢化合物(凝析油除外),例如液态石油气;

(c)煤层气。

净核算排放量是指总排放量和土地利用、土地利用变化和林业(新西兰温室气体清单所报告的)排放量的总和,减去——

(a)移除量,包括土地利用、土地利用变化和林业的移除量(如新西兰温室气体清单所报告的);

(b)离岸减排量。

新西兰温室气体清单是指《公约》第4条和第12条、《议定书》第7.1条以及《巴黎协定》第13.7条所要求的,并根据第32(1)条所编写的报告。

新西兰排放单位是指经登记官发放并指定为新西兰的排放单位。

指定实体是指根据第150(4)(b)条或第152(3)(b)条任命的合并组织的指定实体。

义务燃料是指根据本法制定的法规中规定的义务燃料。

义务航空燃料是指根据本法制定的法规中规定的义务航空燃料。

补偿林地是指环保署根据第186B条批准的补偿林地。

离岸减排量是指满足以下条件的减排量和移除量,或排放交易计划的配额——

(a)源自新西兰境外;

(b)以二氧化碳当量表示;

(c)为避免重复计算而经过严格核算;

(d)或者——

(i)现存额外的、可测量的和可核实的二氧化碳当量的减少量或移除量;

(ii)因排放交易计划配额产生的二氧化碳当量的减少量。

操作,就处置设施而言,指控制该设施。

一般营业时间是指星期一至星期五的上午8点至下午6点。

境外登记处是指指定的境外登记处,排放单位可从该境外登记处转入或转出登记处账户。

《巴黎协定》——

(a)是指2015年12月12日在巴黎签订的《巴黎协定》,其英文文本载于附件2A;

(b)包括对《巴黎协定》所作的现在或将来对新西兰具有约束力的修正案。

参与者是指根据第54条属于参与者的主体。

生产性能,就反刍动物和其他养殖家畜而言,指这些家畜的生产统计数据,包括但不限于体重、产奶量、产羔率、产犊率和产毛量。

1989 年后林地是指——

(a)存在下列情形之一的林地：

(i)在 1989 年 12 月 31 日前不是林地；

(ii)在 1989 年 12 月 31 日前为林地，但在 1990 年 1 月 1 日至 2007 年 12 月 31 日期间内被毁林；

(iii)1990 年前的林地，豁免林地以下情形除外——

(A)2008 年 1 月 1 日后被毁林；

(B)因附件 3 第 1 编所列活动而产生清缴排放单位的责任已履行的土地；

(iv)在 2013 年 1 月 1 日后被毁林，并被 1990 年前补偿林地所抵消的 1990 年前林地（豁免土地除外）；

(v)1990 年前补偿林地（于 2013 年 1 月 1 日后被毁林），其因附件 3 第 1A 编所列活动而产生清缴排放单位的责任已履行；

(vi)以下土地——

(A)已被毁林的豁免土地；

(B)若该土地非豁免土地，则就附件 3 第 1 编所列活动被要求清缴的排放单位数量，已经根据第 187(2)条清缴；

(vii)8 年前被毁林的豁免土地；

(b)非补偿林地或非 1990 年前补偿林地。

1990 年前林地——

(a)指以下林地——

(i)在 1989 年 12 月 31 日为林地；

(ii)在 2007 年 12 月 31 日仍为林地[考虑到第(5)款]；

(iii)在 2007 年 12 月 31 日林地上的森林树种主要是外来森林树种；

(b)符合(a)项定义，但存在以下情形的，不属于 1990 年前林地——

(i)已毁林，而就附件 3 第 1 编所列活动产生清缴排放单位的责任已履行的林地；

(ii)已申报为豁免土地（但已遭毁林）：就附件 3 第 1 编所列活动须清缴的排放单位数量已根据第 187(2)(b)条清缴的林地（假若该土地并非豁免土地）。

1990 年前林地配额计划是指根据第 70 条就 1990 年前林地发布的配额计划。

1990 年前补偿林地是指根据第 186D(3)条，在登记册上注明为 1990 年前补偿林地的林地。

主要代表是指由账户持有人根据第 2 编制定的法规委任为账户持有人的主要代表人。

生产用地是指用于生产初级产品（包括农业、畜牧业、园艺和林业产品）的土地；但不包括场所。

《议定书》——

(a)指 1997 年 12 月 11 日在京都签订的《联合国气候变化框架公约议定书》，该议定书的英文文本载于附件 2；

(b)包括对《议定书》所作的不定期修正，该修正案对新西兰即时或即将产生约束力。

临时配额是指根据第 81 条分配的临时配额。

公告是指在奥克兰、惠灵顿、克赖斯特彻奇和达尼丁的城市日报上刊登的公告，并可通过互联网查阅。

公开，就文件或信息而言，指该文件或信息在合理时间都可以在互联网网站上免费获取。

回收利用，就处置而言，是指——

(a)指从废物中提取材料或能量以供进一步使用或加工；

(b)包括将废物制成堆肥。

再循环，就处置而言，指对废物进行再处理以生产新材料。

登记——

(a)就机动车而言，与 1998 年《陆路运输法》第 2(1)条规定的含义相同；但是

(b)其余指根据本法进行的登记。

登记林权是指根据 1983 年《林权登记法》登记的林权。

登记租赁——

(a)对于根据 2017 年《土地转让法》登记的土地租赁而言，是指根据该法登记的租赁；

(b)对于未根据 2017 年《土地转让法》登记的土地租赁而言，是指根据 1908 年《契约登记法》登记的租赁。

登记官是指根据第 11 条委任的主体。

机动车登记官与 1998 年《陆路运输法》第 233(1)条规定的含义相同。

登记处是指为第 10 条之目的，在新西兰设立的登记处。

移除活动是指附件 4 第 1 编或附件 4 第 2 编所列活动。

移除量——

(a)就移除活动而言,是指——

(i)因移除活动,从大气中移除的温室气体的二氧化碳当量;

(ii)因移除活动,未释放到大气中的温室气体的二氧化碳当量;

(iii)下列报告中的减排量:

(A)根据《公约》或《议定书》的要求,新西兰根据第32条提交的年度清查报告;

(B)新西兰根据后续国际协定提交的排放申报;

(b)根据第1B编、净核算排放量和离岸减排量的定义,指从大气中移除的温室气体的二氧化碳当量。

再利用,就处置而言,是指以现有形式进一步将废物用于组成该种废物的材料或产品的原始目的或用于类似目的。

秘书处是指《公约》的秘书处。

汇活动,就温室气体移除量而言,是指——

(a)《议定书》第3.3条规定的活动;

(b)《议定书》第3.4条选定的活动。

固体生物燃料是指木材、木材废料、硫酸盐碱液或木炭。

特定的合成温室气体是指根据第246(1)(a)条制定的法规中规定的氢氟碳化物或全氟碳化物。

清缴是指将排放单位转至登记处的清缴账户,其效力载于第18CA(2)条。

清缴账户是指登记处的账户,用于存放账户持有人已清缴的排放单位。

合成温室气体是指——

(a)氢氟碳化物;

(b)全氟碳化物。

合成温室气体税或税款是指根据第227条所征收的税款。

海关与2018年《关税和消费税法》第5(1)条中规定的含义相同。

杂木是指——

(a)根据1993年《生物安全法》,在有害生物管理战略中被定义或被指定为有害树种;

(b)根据本法制定的法规被定义或被指定为杂木的树种。

杂木蔓延是指杂木通过自然再生而蔓延。

非法人组织——

(a)是指未注册成立法人组织的个人联合;

(b)包括(但不限于)——
    (i)合伙企业、合资企业或信托受托人；
    (ii)若土地、租赁、林权或政府保护合同不是由合伙企业、合资企业或信托受托人拥有、持有或制定，则(非法人组织)为以下3个或3个以上主体的联合——
        (A)土地所有人；
        (B)承租人；
        (C)登记的林权持有人；
        (D)政府保护合同的当事人；
(c)除非他们是合伙企业、合资企业或信托受托人，否则(非法人组织)不可以由以下主体联合——
    (i)土地所有人；
    (ii)承租人；
    (iii)登记的林权持有人；
    (iv)政府保护合同的当事人。

排放单位是指新西兰排放单位或经批准的境外排放单位。

一般轮伐期，就第186A条规定的补偿林地所申请涉及的土地上的森林树种而言，是指根据本法制定的法规为森林树种规定的一般轮伐期。

废物是指已被处置或弃置的物品——
(a)包括(但不限于)按照其成分或来源(例如，有机废物、电子废物或建筑及拆卸废物)所界定的已处置或弃置的物品；但是
(b)不包括为发电或工业用热而燃烧的固体生物燃料。

年是指截至12月31日的日历年。

(2)本法未作定义，但在《公约》、《议定书》或《巴黎协定》已有定义的，除非上下文另有规定，否则其与《公约》、《议定书》或《巴黎协定》规定的含义相同。

(3)存在以下情形的，视为是一个或多个主体的关联主体——
    (a)各主体均为法人组织，而各法人组织——
        (i)基本上由相同成员或股东组成；
        (ii)由同一主体控制；
    (b)各法人组织——
        (i)有权直接或间接行使或控制行使对方决议中25%以上的投票权；
        (ii)能够委任或控制另一法人组织25%以上股份的其他管理机构。

(4)就处置的定义而言，若在不晚于存放后的6个月内(或行政长官以书面同意

的较晚时间),该废物——

 (a)再利用或再循环;

 (b)回收利用;

 (c)因其他原因而被移出该土地,则废物的存放视为短期存放。

(5)根据本法规定,存在以下情形的,不得被视为1990年前林地——

 (a)在2008年1月1日——

  (i)该土地上没有现存的外来森林树种(无论存活与否),只有或可能会有平均树冠宽度小于30米的外来森林树种;

  (ii)该土地上没有来自外来森林树种的其他商用木材;

 (b)该土地在符合第(a)项条件之日起4年内,不是林地,1990年前林地配额计划也没有为该土地配额。

(6)就本法提交无责任排放申报的参与者的规定而言,若在排放申报所报告的期间内按照附件3或附件4规定的方式,或者在附件3或附件4规定的范围内进行,则活动包括附件3或附件4所列的活动。

(7)就附件3第1编所列活动的土地所有人的定义而言,由同一主体拥有的一块或多块土地(土地A)及其他土地(土地B),存在以下情形的,须视为由不同的主体所有——

 (a)土地A和土地B由不同的信托公司持有;

 (b)每项信托均为相同的受托人;

 (c)受托人以专业受托人身份[定义见第183(7)条]持有土地A及土地B。

4AA. 温室气体定义可予修订,以增加气体类型

(1)总督可根据部长的建议,通过枢密院令——

 (a)修订第4条中温室气体的定义,增加1种及以上其他气体;

 (b)如有必要,可修订附件1AA,以列明有关增补的过渡性条款。

(2)除非部长确信新西兰对增加的气体负有国际气候变化义务,否则不得建议颁布命令。

(3)本条下的命令为二级立法。

4A. 过渡性条款、保留性条款及相关规定

附件1AA中规定的过渡性条款、保留性条款及相关规定,根据其条款发生效力。

5. 本法对政府有约束力

本法对政府有约束力。

第 1A 编　气候变化委员会

第 1 分编　设立和任命

5A. 设立气候变化委员会

设立气候变化委员会。

5B. 委员会的目的

委员会的目的是——

(a)对于减缓气候变化(包括通过减少温室气体排放)和适应气候变化的影响,向政府提供独立的专家咨询意见;

(b)监督和审查政府在实现减排和适应目标方面的进展。

5C. 委员会属于政府机构

(1)根据 2004 年《政府机构法》,委员会属于政府机构。

(2)除本法另有规定外,2004 年《政府机构法》适用于委员会。

5D. 委员会成员

(1)委员会由以下人员组成——

　　(a)主席 1 人;

　　(b)副主席 1 人;

　　(c)其他委员不少于 3 人,不超过 7 人。

(2)委员会成员组成 2004 年《政府机构法》规定的委员会。

5E. 委员会成员的任命程序

(1)满足以下条件的,部长可向总督建议任命特定主体为委员会成员——

　　(a)该主体已由提名委员会提名;

　　(b)部长已考虑第 5H 条中的事项;

　　(c)部长已征询议会中所有政党代表的意见。

(2)部长可以随时向总督建议选任一名现任委员会成员担任委员会主席或副主席。

5F. 提名委员会的成立及其成员

(1)部长必须成立一个提名委员会,向部长提名委员会成员候选人。

(2)提名委员会必须包括——

　　(a)委员会主席;

　　(b)4 名或 4 名以上部长认为具有相关技能或经验的其他人员,以确定合格候选人。

(3)若主席职位空缺,提名委员会必须由部长认为具备相关技能或经验的5名或5名以上成员组成,以确定合格候选人。

5G. 提名委员会的职责

(1)根据部长的要求,提名委员会必须提名1名及以上委员会认为有资格被任命为委员会成员的主体。

(2)在提名候选人之前,提名委员会必须——

(a)公开征集获委任意向;

(b)征询与即将成为委员会成员的人有利害关系的个人或组织的意见,包括——

(i)毛利部落和毛利人代表组织;

(ii)部长认为有利害关系的其他个人或组织。

5H. 部长在建议任命委员会成员之前必须考虑的事项

(1)在建议任命委员会成员之前,部长必须考虑委员会的需求,即任命的成员应该——

(a)了解气候变化的减缓与适应,包括应对气候变化的措施可能产生的影响;

(b)有地方和中央政府工作经验或与之合作的经验;

(c)了解公共和监管政策的形成和实施过程;

(d)具备与以下相关的技术、技能、经验、专业知识,以及对创新方法的理解——

(i)环境、生态、社会、经济、气候变化的分布效应、气候变化政策的干预措施;

(ii)《怀唐伊条约》和毛利人的世界观(包括毛利人的文化习俗、毛利语、传统知识和经济活动);

(iii)了解区域和地方各级的一系列部门和行业。

(2)在本条中——

mātauranga Māori 是指毛利人的传统知识;

te ao Māori 是指毛利人的世界观;

te reo Māori 是指毛利语;

tikanga Māri 是指毛利人的文化习俗。

5I. 成员的任期

在推荐委员会成员任命时,部长必须建议任期,确保在一年内不会有超过2名成员的任期届满。

第 2 分编　委员会的职能、义务和权力

5J. 委员会的职能

委员会的职能是——

(a)审查 2050 年目标,如有必要,建议对该目标进行更改(参见第 5R 至 5T 条);

(b)向部长提供建议,协助其编制排放预算(参见第 5ZA 条);

(c)建议对排放预算进行必要的修订(参见第 5ZE 条);

(d)向部长建议两个相邻排放预算期可结转或预支的排放量(参见第 5ZF 条);

(e)为部长编制减排计划提供建议(参见第 5ZH 条);

(f)监督并报告实现排放预算和 2050 年目标的进展情况(参见第 5ZJ 至 5ZL 条);

(fa)就设定排放单位限额和价格管制向部长提供建议(参见第 5ZOA 条);

(fb)就减少或增加逐步淘汰率向部长提供建议(参见第 5ZOB 条);

(g)编制国家气候变化风险评估(参见第 5ZQ 条);

(h)编制国家适应计划的执行情况报告(参见第 5ZU 条);

(ha)就以下事项已经取得的进展,向部长提供建议(根据第 220 条的要求):

　　(i)履行附件 5 所列主要部门的气候变化承诺;

　　(ii)附件 3 第 5 编第 4 分编所列活动的参与者(适用于动物饲养活动参与者)准备开始履行本法下的报告和清缴义务。

(i)提供部长要求的其他报告(参见第 5K 条)。

5K. 向政府提交的报告

(1)部长可随时要求委员会就减少温室气体排放和适应气候变化影响的有关事项向政府提交报告。

(2)部长在提出要求之前,必须就所要求报告的职责范围咨询委员会,该职责范围包括但不限于规定——

　　(a)报告范围;

　　(b)关于咨询的要求;

　　(c)委员会与其他机构(包括境外机构)就报告主题合作的事项;

　　(d)委员会必须向部长提交报告的日期。

(3)在收到部长的要求后,委员会必须——

　　(a)在切实可行的情况下,尽快公布职责范围;

(b)按照职责范围编制报告；

(c)向部长提交报告。

5L. 委员会报告的提交和公布

(1)本条适用于委员会根据本法向部长提供的文件(如通知、报告、建议或评估)。

(2)部长必须向众议院提交一份文件副本——

  (a)在文件提交给部长后 10 个工作日内；

  (b)若在向部长提交文件后 10 个工作日内没有召开议会,则应在下届议会会议开始后尽快提交。

(3)委员会必须在文件提交给众议院后尽快公开,不得晚于提交给部长后 20 个工作日(即使文件在该日期之前尚未提交众议院)。

5M. 委员会必须考虑的事项

委员会在履行其根据本法规定的职能和义务以及行使其权力时,必须考虑下列相关事项——

  (a)现有的科学知识；

  (b)现有技术和预期技术的发展,包括新西兰早期采用这些技术的成本和收益；

  (c)可能的经济影响；

  (d)社会、文化、环境、生态等方面的情况,包括部门和地区之间的差异；

  (e)收益、成本和风险的代际分配；

  (f)政府与毛利人的关系,毛利人的世界观[定义参见第 5H(2)条],以及对毛利部落和毛利人的具体影响；

  (g)《巴黎协定》或《公约》缔约方已采取或计划采取的应对气候变化措施。

5N. 意见征询

(1)委员会在履行其根据本法规定的职能和义务以及行使其权力时,必须——

  (a)主动与委员会认为与其职能、义务和权力有关的主体进行交流；

  (b)委员会认为有必要的,应当提供公众参与的机会。

(2)委员会可以——

  (a)公开讨论文件及报告草稿,并邀请公众提交意见；

  (b)开展其认为履行本法规定职能和义务所必需的其他意见征询。

5O. 委员会必须保持独立

(1)委员会必须独立履行本法规定的职能和义务,独立地行使权力。

(2)但是,部长可以命令委员会考虑政府政策——

  (a)以便委员会对新西兰排放交易计划排放单位的供应设定提供建议；

(b)以便委员会对新西兰在《巴黎协定》下的国家自主贡献提供建议(参见第5K条要求的报告)。

5P. 保密义务

(1)委员会必须对有关主体根据第99(2)(b)(iiib)条向其披露的所有信息保密。

(2)委员会不得披露该信息,但有以下情形除外——

(a)经该信息的相关方或保密方同意;

(b)该信息已被公众知晓;

(c)该信息为1989年《公共财政法》报告所要求或与之相关;

(d)该信息为本法或其他法所规定的信息;

(e)该信息涉及与违反本法或其他法的罪行或诉讼相关的调查或询问(无论是否为诉讼的预备程序)。

(3)明知而不遵守本条的主体,即属于违反第130条的情形。

第1B编 减 排

第1分编 2050年目标

5Q. 2050年目标

(1)减排目标(2050年目标)要求——

(a)从2050年1月1日开始,除生物甲烷外,每年的温室气体净核算排放量为零;

(b)生物甲烷排放量——

(i)从2030年1月1日开始,排放量比2017年减少10%;

(ii)从2050年1月1日开始,排放量比2017年减少24%至47%。

(2)若减排达到或超过目标,意味着2050年目标实现。

(3)在本条中,2017年的排放量是指自2017年1月1日起的生物甲烷排放量。

5R. 审议将国际航运和航空排放并入2050年目标

委员会必须在2024年12月31日前向部长提供书面建议,说明是否修订2050年目标以将国际航运和航空排放并入其中(若是,应如何修订目标)。

5S. 其他2050年目标的审查

(1)委员会必须审查2050年目标——

(a)在根据第5ZA条为2036年开始的排放预算期拟制排放预算建议时,委员会必须审查2050年目标；

(b)委员会必须在部长提出审查要求时审查2050年目标。

(2)委员会必须将审查结果,包括根据第5T条提出的建议,以书面形式通知部长——

(a)同时就设定的排放预算向部长提供建议[在根据第(1)(a)款要求进行审查的情况下]；

(b)在切实可行的情况下,尽快进行审查(在部长要求进行审查的情况下)。

5T. 修订2050年目标的建议

(1)根据第5S条进行审查后,委员会可建议修订——

(a)实现2050年目标(或部分目标)的时间框架；

(b)2050年目标(或部分目标)所要求的减排水平；

(c)2050年目标(或部分目标)适用的温室气体、排放量和移除量；

(d)如何实现2050年目标(或部分目标),包括对移除量和离岸减排量的限制。

(2)只有在以下情形下,委员会才可以建议对2050年目标进行修订——

(a)自本条生效以来,下列一项或多项与气候变化有关的内容已发生或可能发生重大变化：

(i)全球行动；

(ii)气候变化的科学理解；

(iii)新西兰的经济或财政状况；

(iv)新西兰在相关国际协议下的义务；

(v)技术发展；

(vi)分布影响；

(vii)公平影响(包括代际公平)；

(viii)与减排量和移除量相关的主要风险和不确定性；

(ix)社会状况、文化状况、环境状况、生态状况；

(b)委员会确信有重大改变,有理由修订目标。

5U. 政府对目标审查建议的答复

(1)在收到根据第5R条或第5T条提出的修订2050年目标的建议后12个月内,部长必须以书面形式将政府的答复通知委员会。

(2)答复必须包括不采纳委员会建议的理由。

(3)部长必须公开答复,并在切实可行的情况下,尽快向众议院提交答复副本(不得晚于提交委员会后的10个工作日)。

第 2 分编 设定排放预算

5V. 释义

除非本法另有规定,否则在本分编和本编第 3 分编、第 4 分编中——

建议包括提议;

结转的含义见第 5ZF(1)条;

预支的含义见第 5ZF(3)条。

5W. 本分编的目的

本分编和本编第 3 分编、第 4 分编的目的是要求部长设定一系列排放预算——

(a)以实现 2050 年目标,并为《巴黎协定》下的全球努力作出贡献,将全球平均气温升幅限制在比工业化前水平高 1.5℃范围内;

(b)使这些预算能够在国内实现;

(c)通过提前提供有关减排量和移除量的信息,为家庭、企业和投资者在内的所有受影响主体提供更强的可预测性。

5X. 由部长设定排放预算并确保其实现

(1)部长必须根据本分编为各排放预算期设定排放预算。

(2)从 2022 年 5 月 31 日起,必须有 3 个连续的排放预算,其中 1 个是当前的排放预算,2 个是未来的排放预算。

(3)必须根据第 5ZD 条公布排放预算,并在宪报上公告:

(a)在 2022 年 5 月 31 日之前,为 2022 年至 2025 年的排放预算期设定排放预算;

(b)在 2022 年 5 月 31 日之前,为 2026 年至 2030 年的排放预算期设定排放预算;

(c)在 2022 年 5 月 31 日之前,为 2031 年至 2035 年的排放预算期设定排放预算;

(d)在 2025 年 12 月 31 日之前,为 2036 年至 2040 年的排放预算期设定排放预算;

(e)后续的排放预算期,于该排放预算期开始前 10 年的 12 月 31 日之前完成。

(4)部长应当确保净核算排放量不超过相关排放预算期的排放预算。

(5)为免生疑义,首个排放预算期的排放预算适用于自 2022 年 1 月 1 日起的整个排放预算期(即使该预算期是在该日期之后才设定且通知的)。

5Y. 排放预算的内容

(1)各排放预算必须说明相关排放预算期所允许的总排放量,以二氧化碳当量的净额表示。

(2)各排放预算必须包含所有的温室气体。

5Z. 如何实现排放预算

(1)必须尽可能地通过国内减排量和国内移除量来实现排放预算。

(2)但是,若情况发生了重大变化——

(a)该情况影响到相关排放预算的考虑因素,则可使用离岸减排量;

(b)该情况影响到实现国内相关排放预算的能力,则可以使用离岸减排量。

第 3 分编　委员会对排放预算提供建议的职责

5ZA. 委员会为部长提供建议

(1)委员会必须就制定排放预算的下列相关事项向部长提供建议:

(a)各排放预算期允许的排放量;

(b)用于衡量实现排放预算和 2050 年目标进展的规则;

(c)如何确保实现排放预算,并最终实现 2050 年目标,包括通过定价和政策方法;

(d)国内减排量和国内移除量所能实现排放预算的比例,以及为实现相关排放预算和 2050 年目标,各温室气体应当达到的减排量;

(e)对用于实现排放预算的离岸减排量的适当限制,并说明可以使用离岸减排量的情形(参见第 5Z 条)。

(2)在根据第(1)款为部长拟备建议时,委员会必须考虑第 5ZC 条所述事项。

(3)在委员会就排放预算向部长提供建议之前,必须——

(a)公开拟备的建议,并就该建议征求意见;

(b)允许委员会有充足的时间和机会接收、听取和审议意见书。

(4)委员会必须在以下日期向部长提供建议——

(a)对于前 3 个排放预算——

(i)于 2021 年 2 月 1 日之前;

(ii)在委员会要求延长截止日期后,于 2021 年 8 月 1 日之前(无论延长一次还是多次),该日期由宪报规定。

(b)对于后续的排放预算,必须在根据第 5ZD 条公布排放预算的前 12 个月内进行(若当年要举行大选,则至少应当提前 15 个月)。

5ZB. 部长对委员会的答复

（1）部长制定排放预算之前，必须确认已经进行了充分的意见征询。

（2）若部长对征询的意见不满意，则必须——

　　（a）公开拟议的排放预算；

　　（b）允许部长有充足的时间和机会接收、听取和审议提交的意见书。

（3）当部长在第5X(3)条规定的日期，根据第5ZD条公布排放预算时，必须提供——

　　（a）对委员会提出建议所作的书面答复；

　　（b）包括对相关排放预算期的拟议排放预算的书面答复；

　　（c）将书面答复提交给众议院并公开。

（4）若拟议的排放预算与委员会建议不符，则部长必须——

　　（a）决定是否进一步可能与排放预算有利害关系的主体征询意见；

　　（b）在根据第(3)款作出的答复中，解释不采纳委员会建议的理由。

5ZC. 设定排放预算与提供建议的相关事项

（1）本条适用于——

　　（a）委员会根据第5ZA条为部长拟备建议时；

　　（b）部长确定排放预算时。

（2）委员会和部长必须——

　　（a）考虑如何确保实现排放预算和2050年目标，包括考虑——

　　　　（i）影响新西兰的减排量和移除量的关键因素；

　　　　（ii）与减排量和移除量相关的主要风险和不确定性；

　　（b）考虑下列事项：

　　　　（i）排放预算期中预计的温室气体排放量和移除量；

　　　　（ii）国内外的科学建议；

　　　　（iii）现有技术和预期技术发展水平，包括新西兰在早期采用这些技术的成本效益；

　　　　（iv）需要设定有雄心且在技术和经济上可行的排放预算；

　　　　（v）排放预算的公众咨询结果；

　　　　（vi）为实现排放预算和2050年目标而采取的行动可能产生的影响，包括对适应气候变化能力的影响；

　　　　（vii）这些影响在新西兰各地区和社区的分布以及代际分布情况；

　　　　（viii）经济状况，以及部长在税收、公共支出和公共借贷方面的决定可能产生的影响；

(ⅸ)土地利用变化对社区的影响或潜在影响；

(ⅹ)《巴黎协定》或《公约》缔约方对气候变化已采取或计划采取的应对措施；

(ⅺ)新西兰在国际协定中的相关义务。

5ZD. 排放预算的公布

(1)排放预算在宪报上公布和提交众议院之前,部长必须征询众议院中各政党代表的意见。

(2)当部长根据本分编最终确定排放预算时,排放预算必须——

(a)在宪报上公布,并说明排放预算的开始日期和结束日期；

(b)由部长提交众议院；

(c)在部长的指示下公开。

(3)[已废止]。

修订排放预算

5ZE. 修订排放预算的时间

已公布的排放预算

(1)委员会在根据第5ZA条就未来的排放预算提供意见和建议时,若有以下情况,可建议根据第5ZD条修订已公布的排放预算——

(a)自原排放预算设定以来,测量和报告排放量的方法有所改进；

(b)自原排放预算设定以来,第5ZC(2)条所列的排放预算所依据的考量因素中的一项或多项因素发生重大变化。

(2)在修订2050年目标时,委员会可以建议修订相关的排放预算,以反映2050年目标的变化。

(3)根据第5ZD条公布的排放预算,只有在委员会建议修订的情况下,才可进行修订。

部长的决定

(4)在收到委员会的建议后,部长必须决定是否修订排放预算。

(5)部长必须——

(a)考虑——

(ⅰ)委员会的建议；

(ⅱ)第5ZC(2)条所列事项；

(b)遵循第5ZB条和第5ZD条所规定的程序。

(6)但是,存在以下情形的,部长不得修订排放预算——

(a)排放预算期已经开始,除非有特殊情况；

(b)相关排放预算期已经结束；

(c)若属于第(1)款或第(2)款中规定的情形,部长不得以任何方式修订排放预算。

(7)若部长决定修订排放预算,则必须考虑以下因素,并向众议院说明修订原排放预算的理由——

(a)第(1)(a)款及第(1)(b)款所述事项；

(b)禁止修订排放预算[参见第(6)款]以及导致部长作出决定的例外情形[参见第(6)(a)款]。

结转和预支

5ZF. 结转和预支的权利

结转

(1)若特定排放预算期的总排放量低于该期的排放预算,则额外的减少量可以结转到下一排放预算期。

(2)根据结转规定,下一排放预算期的排放预算将按结转数增加。

预支

(3)若某排放预算期的总排放量大于该期的排放预算,则可以将下一排放预算中的一部分转回前一排放预算期。

(4)根据预支规定,下一排放预算期的排放预算将扣除结转数。

(5)根据第(3)款结转的数额不得超过下一排放预算期中排放预算的1%。

(6)部长必须决定是否结转或预支,且必须限定允许结转或预支的范围。

(7)部长根据第(6)款作出决定之前——

(a)委员会必须在其排放预算期的报告中,就相邻排放预算期可结转或预支的排放量提供建议；

(b)部长必须考虑该建议。

编制减排计划

5ZG. 对减排计划的要求
(1)对于各排放预算期,部长——
 (a)必须编制并公布一份计划,阐明实现相关排放预算的政策和战略;
 (b)可在计划中纳入相关政策与战略,用以实现根据第5ZD条已获通知的、在后两个排放预算期内的排放预算目标。
(2)该计划必须在第5ZI条规定的截止日期前编制并公布。
(3)该计划必须包括——
 (a)减少排放量和增加移除量的特定部门政策;
 (b)以实现排放预算并提高这些部门适应气候变化影响能力的跨部门战略;
 (c)一项可以减轻因减少排放量和增加移除量对雇员、雇主、各地区、毛利部落、毛利人以及更广泛群体的影响,包括对减缓行动拨款的战略;
 (d)部长认为必要的其他政策或战略。

5ZH. 委员会为减排计划提供建议
(1)在排放预算期开始前24个月,委员会必须对该排放预算期减排计划所需的政策指导向部长提供建议。
(2)根据第(1)款规定,第一次建议必须于以下时间提出:
 (a)2021年2月1日之前;
 (b)在委员会要求延长截止日期后,部长在宪报中指定的2021年8月1日前的日期(无论延长一次还是多次)。
(3)委员会在拟备建议时,视同编制减排计划,必须遵守第5ZC(2)条规定。

5ZI. 部长编制并公布减排计划
(1)在编制排放预算期的计划和支持性政策战略时,部长必须——
 (a)考虑委员会根据第5ZH条就实现排放预算提出的建议;
 (b)确保进行了充分的意见征询,包括部门代表、受影响群体、毛利部落和毛利人,在部长认为必要时可以进一步征询意见。
(2)部长必须——
 (a)在根据第5ZD条公布相关排放预算后编制计划;但是
 (b)须在预算期开始前12个月完成下列事项:
  (i)在宪报上公布该计划;

(ii)公开该计划;

(iii)向众议院提交该计划副本。

(2A)但是,对于第一个排放预算期的计划,部长——

(a)可在根据第 5ZD 条公布相关排放预算之前编制计划;

(b)在根据第 5ZD 条公布排放预算的同时或之后(但不晚于 2022 年 5 月 31 日),完成下列事项:

(i)在宪报上公布该计划;

(ii)公开该计划;

(iii)向众议院提交该计划副本。

(3)部长可随时修订计划、支持性政策和战略,以确保其及时性——

(a)适用与编制计划相同的程序;

(b)若是细微调整或技术性修改,则无须重复编制计划的程序。

(4)为免生疑义,首个排放预算期的计划适用于 2022 年 1 月 1 日起的整个期间(即使该计划在此之后公布、提供和提交)。

(5)[已废止]。

第 4 分编　监　　督

5ZJ. 委员会监督实现排放预算的进展情况

(1)委员会必须根据第 5ZK 条和第 5ZL 条(与报告要求相关)定期监督和报告实现排放预算和 2050 年目标的进展情况。

(2)委员会必须根据第 5ZA(1)(b)条履行其监督职能(该条款涉及衡量实现排放预算和 2050 年目标的进展)。

5ZK. 委员会报告年度监督结果

(1)委员会必须编制一份年度报告,其中包括新西兰温室气体清单提供的排放预算期内最近一年——

(a)已测量的排放量;

(b)已测量的移除量。

(2)报告还必须包括——

(a)对当前和未来排放量和移除量的最新预测;

(b)对减排计划的充分性和实施进展的评估,包括减少排放量的新路径。

(3)在新西兰温室气体清单报告公布后 3 个月内,委员会必须向部长提交根据第(1)款编制的年度报告。

(4)在收到委员会根据第(3)款提交的年度报告后3个月内,部长必须向众议院提交并公开一份报告,该报告应当包括以下内容——

(a)列出部长对委员会报告和建议的答复;

(b)介绍实施当前减排计划所取得的进展;

(c)注明对该计划的修订。

5ZL. 委员会在排放预算期结束时的报告

(1)在排放预算期结束后2年内,委员会必须向部长提交一份报告,评估在该排放预算期内实现排放预算的进展情况,包括——

(a)评估减排计划对该进展的贡献程度;

(b)对结转和预支提出妥善建议;

(c)考虑到委员会根据第5ZA(1)(e)条提出的限制,评估为实现该期间的排放预算所需的离岸减排量。

(2)部长必须向众议院提交一份报告,列出部长对委员会报告的答复——

(a)在收到委员会报告后3个月内;

(b)议会闭会期间,应当在下一届议会会议开始后尽快进行。

(3)部长对委员会报告的答复必须——

(a)提供未能达到相关排放预算和不采纳委员会建议的理由;

(b)公开发布。

第5分编 2050年目标和排放预算的效力

5ZM. 未能达到2050年目标和排放预算的效力

(1)除本条规定情形外,对于未能实现的2050年目标或排放预算,无任何补救或减缓措施,且无法通过法院强制执行。

(2)若未能实现2050年目标或排放预算,法院可以对此作出宣告,并对费用作出裁决。

(3)如果诉权到期或经裁决作出终局性宣告的,部长必须在切实可行的情况下尽快向众议院提交一份文件——

(a)提请众议院注意该宣告;

(b)就政府对宣告的答复提供意见。

5ZN. 2050年目标和排放预算是许可性考虑因素

任何个人或组织认为适宜的,可在行使或履行法律赋予的公共职能、权力或职责时考虑——

(a)2050 年目标;
(b)排放预算;
(c)减排计划。

5ZO. 部门指导

(1)主管的部长可以就如何在履行职能、行使权利和履行义务(或这些职能、权利和义务的相关类别)时考虑 2050 年目标或排放预算,向各部门发布指导意见。

(2)在该指导意见发布后,主管的部长必须在切实可行的情况下尽快公开。

第 6 分编　关于制定法规的建议

5ZOA. 关于设定排放单位限额和价格管制的建议

(1)本条在部长制定第一个排放预算之后适用。

(2)部长被要求根据第 30GB 条建议制定法规时,委员会必须向部长建议设定限额和价格管制,包括可行的排放价格。

(3)委员会的建议必须——
　　(a)涵盖部长的建议中所涉年份的限额和价格管制;
　　(b)根据下列规定作出——
　　　　(i)与第 30GB 条和第 30GC 条[第 30GC(5)(e)条除外]关于部长提出建议的要求相同;
　　　　(ii)其他职责(例如,参见第 5M 条至第 5O 条);
　　(c)在部长被要求就制定法规提出建议之前,为部长留足合理的时间。

5ZOB. 关于减少或增加逐步淘汰率的建议

(1)根据部长的要求,委员会必须考虑并建议是否——
　　(a)应为一项或多项合格工业活动设定一年或数年的逐步淘汰率(根据第 84A 条制定或修订的法规);
　　(b)应为一项或多项合格工业活动设定排放预算期的逐步淘汰率(根据第 84B 条制定或修订的法规)。

(2)若委员会认为将活动移至新西兰境外以减少与排放有关的费用存在持续风险和重大风险,委员会必须建议降低一项或多项合格工业活动的逐步淘汰率。

(3)委员会在考虑到第 84C(3)条所列事项的情况下,若其认为适当,可建议增加一项或多项合格工业活动的逐步淘汰率。

第1C编 适 应

国家气候变化风险评估

5ZP. 国家气候变化风险评估

(1)国家气候变化风险评估必须——
  (a)根据当前和未来气候变化的影响,评估新西兰经济、社会、环境和生态的风险;
  (b)根据风险的性质和严重程度,以及在未来6年内采取协调措施应对这些风险的必要性,确定新西兰所面临的最重大风险。
(2)第5L条和第5ZQ条适用于除第(1)款外的所有国家气候变化风险评估。
(3)第5ZR条适用于第一次国家气候变化风险评估。

5ZQ. 国家气候变化风险评估的编制

(1)委员会必须在最近一次国家气候变化风险评估公开发布之日起6年内——
  (a)向部长提供下一次国家气候变化风险评估;
  (b)公开评估结果。
(2)在公开国家气候变化风险评估的同时[根据第(1)(b)款和第5L(3)条规定],委员会必须将用于支持其编制工作的委托证据公开。
(3)在编制国家气候变化风险评估时,委员会必须考虑到以下事项:
  (a)气候变化的经济、社会、卫生、环境、生态和文化影响;
  (b)气候变化影响在整个社会的分布情况,特别是弱势群体或部门;
  (c)新西兰根据国际协定承担的相关义务;
  (d)评估如何与中央政府机构编制的其他相关国家风险评估保持一致或相关联;
  (e)气候变化的当前影响和可能的未来影响;
  (f)根据第5ZW条接收到的任何信息;
  (g)科学和技术建议。
(4)委员会也应当考虑——
  (a)气候变化给新西兰经济、社会和环境所带来的机遇;
  (b)其认为相关或适当的其他因素。

5ZR.部长应当编制国家气候变化风险的初始评估

(1)部长必须在本编生效后1年内——

  (a)编制国家气候变化风险的初始评估;

  (b)向众议院提交该评估;

  (c)将该评估和用于支持其编制工作的委托材料公开。

(2)第5ZQ(3)条、第5ZQ(4)条经必要修订后适用于本条。

国家适应计划

5ZS.国家适应计划

(1)针对各项国家气候变化风险评估,部长应当编制国家适应计划。

(2)国家适应计划应当设定——

  (a)政府适应气候变化影响的目标;

  (b)政府实现这些目标的战略、政策与建议;

  (c)实施战略、政策与建议的时间框架;

  (d)第(a)至(c)项中的事项如何应对最近一次国家气候变化风险评估中所确定的最重大风险;

  (e)能够定期监督和报告战略、政策和建议实施情况的措施和指标。

(3)国家适应计划可包括部长认为相关的其他事项。

(4)部长在编制国家适应计划时,必须考虑下列事项:

  (a)气候变化的经济、社会、卫生、环境、生态和文化影响,包括对毛利部落和毛利人的影响;

  (b)气候变化的影响在整个社会的分布情况,特别是弱势群体或部门;

  (c)新西兰根据国际协定承担的相关义务;

  (d)根据第5ZW条接收到的任何信息;

  (e)委员会提交的相关建议或报告;

  (f)特定群体或组织承担适应行动的能力,包括行动的资金来源;

  (g)科学和技术建议。

(5)部长还可以考虑其认为相关或适当的其他事项。

(6)在编制国家适应计划时,部长必须就计划草案征询公众意见。

5ZT.国家适应计划必须提交议会并公开

(1)部长必须在最近一次国家气候变化风险评估公开之日起2年内——

  (a)向众议院提交国家适应计划;

(b)公开国家适应计划。

(2)部长可以对国家适应计划进行细微调整或技术性修改,且必须公开新版本(但无须向众议院提交新版本)。

进 展 报 告

5ZU. 国家适应计划的进展报告

(1)委员会必须就各项国家适应计划,在以下时间向部长提供一份进度报告,评估适应计划的实施情况及其有效性——

  (a)适应计划公布后 2 年;

  (b)适应计划公布后 4 年;

  (c)适应计划公布后 6 年。

(2)各进度报告必须包括——

  (a)评估实施计划内的战略、政策和建议方面所取得的进展;

  (b)评估该计划目标的实现程度,以及该计划如何应对气候变化带来的最重大风险;

  (c)确定当前计划在实施和效果方面的已知障碍,包括关于未来如何解决和克服这些障碍的建议;

  (d)支持报告的其他相关事项。

(3)若根据第(1)款向部长提供进度报告的日期比后续适应计划公开日期晚 1 年以上,则委员会无须向部长提供进度报告。

5ZV. 部长必须对进度报告作出答复

部长必须在收到进度报告之日起 6 个月内——

(a)对进度报告作出书面答复;

(b)公开答复,并提交众议院。

要求提供信息的权力

5ZW. 部长或委员会可要求特定组织提供关于适应气候变化的信息

(1)部长或委员会可书面要求报告组织提供下列所有或任一信息:

  (a)该组织在气候变化风险和机遇方面的管理;

  (b)风险和机遇对组织业务、战略和财务规划的实际和潜在影响;

  (c)组织识别、评估和管理风险的流程;

(d)评估和管理风险、机遇的指标和目标,包括相关的时间框架和进度;

(e)法规规定的所有事项。

(2)报告机构必须遵守第(1)款。

(3)部长必须在切实可行的情况下,尽快向委员会提供应部长要求收到的信息副本。

(4)委员会必须在切实可行的情况下,尽快向部长提供应委员会要求收到的信息副本。

(5)部长和委员会不得公开披露应要求而收到的信息,部长或委员会为履行本编规定职能或义务而必须公开的除外。

(6)第(5)款不适用于公众已经知悉的信息。

(7)在公开披露应要求而收到的信息之前,部长或委员会必须向与信息相关的主体征询意见。

(8)就本条和第5ZX条而言,下列机构为报告机构:

(a)2020年《公共服务法》第10条定义的公共服务机构;

(b)2002年《地方政府法》第5(1)条定义的地方当局;

(c)2002年《地方政府法》第6(1)条定义的委员会控制的组织;

(d)2004年《政府机构法》第7(1)条所定义的政府机构,但不包括学校董事会;

(e)1989年《公共财政法》附件4A所列的公司;

(f)1986年《国有企业法》附件1所列的组织;

(g)2002年《民防应急管理法》附件1所列的生命线机构;

(h)新西兰警察;

(i)新西兰国防军。

5ZX. 与要求提供信息有关的法规

(1)总督可根据部长的建议,通过枢密院令,为规定下列事项制定法规:

(a)响应第5ZW(1)条规定而提供信息有关的要求,包括不同部门、活动类型或地理区域的不同要求;

(b)必须向部长提供所需信息的日期或在要求的时间内向部长提供所需信息;

(c)持续性或经常性报告的要求(例如,规定在收到要求后定期提供更多信息);

(d)与答复要求有关的管理事项。

（2）在制定法规时,部长必须考虑——

（a）根据报告机构的规模和能力来调整要求；

（b）气候变化对报告机构职能的潜在影响程度和重要性；

（c）避免在现有报告框架内提供不必要的重复信息。

（3）在建议制定法规之前,部长必须咨询委员会和部长认为可能受拟议法规影响的报告机构。

（4）本条下的法规为二级立法。

第2编 制度安排

第1分编 部长权力

6. 财政部长可指示登记官设立政府持有账户并开展排放单位交易活动

财政部长可代表政府：

（a）指示登记官设立或关闭政府持有账户；

（b）指示登记官将排放单位转入登记处持有账户、境外登记处、国际交易机构；

（c）买卖排放单位,或以其他方式取得或处分排放单位；

（d）签订买卖协议,或以其他方式取得或处分排放单位；

（e）购买或出售、签订买卖协议或以其他方式取得或处分与排放单位或排放单位交易有关的金融衍生品及其他金融工具；

（f）根据财政部长认为适宜的条款和条件,委任代理人开展第（a）至（e）款中的活动。

6A. 部长的拍卖权

根据第30GA条制定的法规规定,部长可代表政府：

（a）在规定的个人和总体限额内以拍卖方式出售新西兰排放单位；

（b）根据部长认为适宜的条款和条件,委任代理人进行销售；

（c）指示登记官将排放单位转入登记处持有账户,以便通过拍卖出售新西兰排放单位。

7. 财政部长可就账户和排放单位事项向登记官发出指示

（1）财政部长可向登记官发出指示,以便——

（a）在政府登记处设立以下账户：

（i）[已废止]。

（ii）[已废止]。

(ⅲ)一般注销账户。

(ⅳ)[已废止]。

(ⅴ)[已废止]。

(ⅵ)[已废止]。

(ⅶ)清缴账户。

(ⅷ)[已废止]。

(b)在限制或禁止范围内,在持有账户间转移排放单位。

(c)[已废止]。

(d)[已废止]。

(da)[已废止]。

(db)[已废止]。

(e)[已废止]。

(2)第(1)款或根据本法制定的法规规定,财政部长不得指示从非政府持有人账户,将排放单位转入登记处的另一账户,但以下情形除外——

(a)财政部长已经取得账户持有人的书面同意;

(b)若未取得书面同意,财政部长应当向账户持有人发出合理通知,并且——

(ⅰ)需要转移资金以履行国际气候变化义务;

(ⅱ)账户持有人未遵守第2编或根据第30G条制定的规定;

(c)适用第30F(3)条。

(3)[已废止]。

8. 登记官必须执行财政部长的指示

(1)登记官必须执行财政部长根据第6、7条所作的指示,并遵守本编第2分编所列的程序及第30G条规定。

(2)为免生疑义,2004年《政府机构法》不适用于财政部长对登记官的指示。

8A. 财政部长必须公布指示

在根据第6、7条发出指示后,财政部长必须尽快在登记处的互联网网站上公布该指示副本。

9. 财政部长可从清单编制机构和登记官处获取信息

为了管理政府持有的排放单位,履行第32(1)(b)条规定的新西兰义务,财政部长可以在其认为适宜的时候——

(a)指示清单编制机构提供信息,预估新西兰温室气体源的人为排放量和汇移除量;

(b)指示登记官提供有关排放单位的信息,包括但不限于以下内容:
   (i)政府持有的排放单位数量;
   (ii)政府已发放或获得、转让、替代和注销的排放单位数量。

第 1A 分编　行 政 长 官

9A. 行政长官的职能

行政长官的职能包括:
(a)向部长提供建议;
(b)成立清单编制机构;
(c)根据本法在互联网上发布信息。

9B. 行政长官的授权

(1)行政长官可将本法规定的职能、责任与权力委托给环保署。
(2)2020 年《公共服务法》附件 6 第 2 条和第 3 条适用于本条规定的授权,将环保署视同行政长官的员工。

第 2 分编　登　记　处

登记处宗旨

10. 登记处的宗旨

登记处设立的目的是:
(a)确保准确、透明和有效地核算——
   (i)新西兰排放单位以及获批的境外排放单位的发放、持有、转让、清缴和注销;
   (ii)根据本法制定的法规,转换新西兰排放单位;
(b)确保登记处、境外登记处和国际交易机构之间准确、透明和有效的信息交流;
(c)为本法赋予职能、责任和权力的主体之间的信息交流提供便利,促使其能够履行职能、职责,行使其权力。

登 记 官

11. 环保署任命登记官

环保署必须任命一名环保署的员工为登记官。

12. 登记官负责管理登记处

登记官代表政府负责登记处的运行。

13. 登记官可以拒绝访问登记处或中止登记处的运行

存在以下情形之一的,登记官可以拒绝访问登记处,或以其他方式暂停登记官的(全部或部分)运行:

(a)为了维护;

(b)应对技术困难;

(c)为确保登记处的安全性与完整性;

(d)为履行国际气候变化义务。

14. 登记官必须执行指示

登记官必须执行部长或环保署根据本法发出的指示(包括排放单位的转让)。

15. 登记官应当分配唯一编号

(1)登记官应当根据本法的规定,在创建账户时为各账户分配唯一编号。

(1A)在符合根据本编制定的法规的规定下,登记官可以分配唯一编号给——

(i)新西兰排放单位;

(ii)核准的境外排放单位;

(iii)一类或一子类新西兰排放单位;

(iv)一类或一子类核准的境外排放单位。

(2)[已废止]。

16. 特定京都排放单位的结转

[已废止]

17. 承诺期准备金

[已废止]

17A. 登记官的权力转授

(1)登记官可以书面形式将其根据本法拥有的所有职能、权力和应履行的责任委托给受雇于环保署或国家服务部门的主体,但本授权除外。

(2)在符合登记官发出的一般或特别指示的条件下,根据本条被授予职能、责任或权力的主体,必须以同样的方式和效果履行其职能、职责和行使权力。

(3)在没有相反证据的情况下,任何声明根据本条授权行事的人,被推定为按照授权的条款行事。

(4)根据本条作出的转授,可以是对特定主体或特定类别主体的转授,也可以是对特定司职人员或特定类别司职人员的转授。

(5)本条下的各项授权均可由登记官以书面形式撤销,且不得阻止其行使职能或履行权力。

(6)本条所规定的各项授权,在被撤销前,即使作出该授权的登记官已停止任职,其内容继续有效。

(7)就本条而言,国家服务与2020年《公共服务法》第5条的含义相同。

排放单位登记表

18. 排放单位登记表的形式和内容

(1)登记处的排放单位登记表应当:

 (a)采用电子形式;

 (b)可通过登记处的互联网网站访问;

 (c)持续运行,除非登记官根据第13条或法规规定暂停其(全部或部分)运行。

(2)排放单位登记表应当包括:

 (a)在新西兰持有账户中的排放单位的持有记录;

 (b)交易事项,包括但不限于排放单位的发放、转让、替换、清缴、转换、注销等事项;

 (c)本法或根据本法制定的法规规定的,需要登记的其他事项。

(3)记录于排放单位登记表上的排放单位性质:

 (a)具有不可分性,即排放单位登记表内排放单位的发放、持有、转让、替换、清缴、注销和转换不可分割;

 (b)具有可转让性,但受限于根据本法制定的法规——

  (i)在排放单位登记表中记录的排放单位可转让;

  (ii)在排放单位登记表、境外登记处或国际交易机构之间可转让。

18A. 开设持有账户

(1)任何主体都可向登记处提出申请,要求在排放单位登记处开立一个或多个持有账户,适用根据本法制定的法规所规定的形式,并支付费用(如有)。

(2)登记官可以在不违反本法规定情况下批准开设账户。

(3)若登记官批准开立持有账户的申请,则必须在可行情况下尽快:

(a)以申请人的名义开立持有账户;

(b)向申请人提供一个账户编号。

(4)若申请不完整,登记官必须在可行情况下,尽快要求申请人提供完成申请所需的资料或费用(如有)。

(5)登记官可以拒绝向未提供完整信息的申请人开立持有账户。

(6)持有账户受根据本法制定的规定之约束。

18B. 关闭持有账户

(1)账户持有人可以向登记官提出申请,通过使用根据本法制定的法规中规定的形式,并支付费用(如有),要求关闭该账户持有人在排放单位登记表中的一个或多个持有账户。

(2)环保署可向登记官发出关闭持有账户的指示,前提是——

(a)环保署得到账户持有人的书面同意;

(b)没有书面同意的,则:

(i)环保署对账户持有人发出合理通知;

(ii)前提是:

(A)[已废止];

(B)账户持有人未遵守本条或第30G条所列事项;

(C)环保署确信账户持有人不再需要该账户。

(3)若持有账户在关闭时仍有排放单位留存,则——

(a)这些排放单位将被政府没收;

(b)登记官必须在可行情况下尽快将这些排放单位转入政府持有账户。

(4)若申请不完整,登记官必须在可行情况下,尽快要求账户持有人提供完整的所需信息或费用(如有)。

(5)若账户持有人的申请不完整,登记处不得关闭持有账户。

(6)根据第(2)(b)(i)条,合理通知是指有充足机会——

(a)在作为关闭指示对象的持有账户被关闭之前,将排放单位转入另一账户;

(b)若不符合规定,则须遵守本编或根据第30G条制定的法规;

(c)若环保署确信账户持有人不再需要持有账户,须在关闭账户之前,就为账户持有人保留账户的必要性向环保署提交书面意见。

(7)登记官须根据本编所列程序并依据第30G条制定的法规,执行环保署根据第(2)款发出的指示。

18C. 排放单位的转移

(1)账户持有人可通过使用根据本法制定的法规中规定的形式和支付费用(如有),向登记官申请将排放单位从持有账户转入另一账户中,该账户记录于——

　　(a)排放单位登记表中;

　　(b)境外登记处或国际交易机构中。

(2)登记官必须按要求转移指定排放单位,遵守根据本法制定的法规。

(3)[已废止]。

(4)接收排放单位的账户持有人没有义务启动登记程序。

18CA. 清缴与注销的效力

(1)转入注销账户的排放单位不得再转移、清缴或注销。

(2)转入清缴账户的排放单位只有按照财政部长根据第6、7条发出的指示,或环保署根据第124条发出的指示,才能进一步转让。

18CB. 对清缴指定排放单位数量的限制

[已废止]

18CC. 对清缴第一个承诺期发放的指定排放单位数量的限制

[已废止]

18CD. 清缴限制性指定排放单位数量的效力

[已废止]

18D. 继承

(1)本条适用于以下情形:账户持有人——

　　(a)是自然人,且死亡;

　　(b)不是自然人,且被清盘、清算、解散或以其他方式消灭。

(2)若本条适用,在持有账户上被列为账户持有人代表的主体,可以支配该持有账户,直至:

　　(a)确定继任者;

　　(b)登记官已将继任者登记为账户持有人。

(3)在以下情形中,登记官可以将继任者登记为账户持有人——

　　(a)按照根据本法制定的法规所规定的形式提出申请,并支付费用(如有);

　　(b)符合法规的规定。

(4)但是,若账户持有人是一家公司,并且根据1993年《公司法》第324(1)条,其持有账户中的排放单位都归属于政府,则——

　　(a)不适用第(2)款和第(3)款;

　　(b)环保署必须在知道根据《公司法》第324(3)条发出的关于排放单位归

属的公告后,在实际可行的情况下,尽快指示登记处将排放单位转入政府持有账户,并关闭账户持有人的持有账户。

18E. 破产人的信托、代表和受让人

(1)除第(1A)款规定外,对于信托通知,无论是明示、默示还是推定,均不得记入排放单位登记表。

(1A)若信托受托人根据第18A条申请开立持有账户,那么——

  (a)受托人可明确以该信托的名称作为持有账户名称;

  (b)登记官可在排放单位登记表上记入该信托的名称作为该持有账户的名称。

(2)根据第18D条规定,支配已死亡账户持有人的持有账户代表,或支配已清盘、清算、解散或以其他方式消灭的持有账户代表,不构成信托通知。

(3)破产人财产的受让人,可以作为破产人排放单位的受让人,列入排放单位登记表。

19. 政府收回京都排放单位

[已废止]

20. 交易须登记

(1)发放、转让、注销、清缴、转换或替换排放单位的交易必须登记于排放单位登记表中。

(2)但是,在以下情形中,登记官可以不在排放单位登记表上登记交易:

  (a)登记官收到国际交易机构的通知,该通知表明该交易存在分歧;

  (b)该交易没有以规定形式提交;

  (c)未向登记处支付费用(如有规定),除非根据本法制定的法规已经作出支付安排。

21. 京都排放单位的登记程序

[已废止]

21AA. 新西兰排放单位和核准的境外排放单位的登记程序

(1)在收到环保署通知时,或者根据本法授权的部长发出有关新西兰排放单位或核准的境外排放单位的指示,或者账户持有人提出有关新西兰排放单位或核准的境外排放单位的交易登记申请,且满足登记处的申请条件时,按照本法制定的法规,登记处必须——

  (a)创建唯一的交易编号;

  (b)若拟议的交易涉及境外登记处或国际交易机构,则根据其要求,将拟议交易的记录发送给境外登记处或国际交易机构;

(c)若拟议的交易不涉及境外登记处或国际交易机构——
    (i)在排放单位登记表上记录指示或申请中列明的交易详情；
    (ii)将交易已记录在排放单位登记表中的电子通知发送至：
        (A)若是指示，则至环保署或发出指示的部长；若指示为新西兰排放单位或核准的境外排放单位将被转入非政府主体的持有账户，则至该账户持有人；
        (B)若是申请，则至提交申请的账户持有人，以及在申请中指定的将新西兰排放单位或核准的境外排放单位转入其持有账户的主体。

(2)若登记官根据第(1)(b)款向境外登记处或国际交易机构发送了拟议交易的记录，并收到了该机构的通知，即该交易没有任何分歧，登记官必须在切实可行的情况下，尽快——
    (a)在排放单位登记表中记录该指示或申请中所列的交易明细；
    (b)向境外登记官或国际交易机构发送通知，说明该交易已被记录于排放单位登记表；
    (c)为以下主体发送电子通知，说明该交易已记录于排放单位登记表——
        (i)若是指示，则为环保署或发出指示的部长；
        (ii)若是申请，则为账户持有人。

(3)若登记官收到境外登记处或国际交易机构的通知，该通知表明与新西兰排放单位或核准的境外排放单位有关的拟议交易存在分歧，登记官——
    (a)不得登记该交易；
    (b)必须终止该交易；
    (c)必须将终止交易的事项通知境外登记处或国际交易机构；
    (d)将交易已被终止的电子通知发送至以下主体——
        (i)若是指示，则为部长或发出指示的环保署；
        (ii)若是申请，则为账户持有人。

21A. 电子登记

部长或环保署根据本法向登记处发出指示，或者账户持有人提出交易登记申请，必须——
    (a)通过登记处的互联网网站，以规定的电子形式作出，并附规定形式的详细说明；
    (b)附根据本法制定的法规中规定的费用(如有)；
    (c)符合根据本法制定的法规。

21B. 瑕疵申请

(1)若申请有瑕疵,登记官可以通过电子通知,以书面形式提示申请人在指定期间内更正错误。

(2)若未在指定期间更正错误,登记官可以拒绝——

(a)继续登记程序;

(b)登记该交易。

(3)若对瑕疵申请未予更正,则向登记官支付的费用不予返还。

22. 交易经登记生效

(1)交易在登记时生效。

(2)当登记人作出以下行为时,交易即被登记——

(a)为交易指定登记号码、日期和时间,以及本法可能要求的其他信息;

(b)在排放单位登记表上输入详细信息。

23. 从境外登记处接收京都排放单位

[已废止]

23A. 从境外登记处或国际交易机构接收新西兰排放单位和核准的境外排放单位

(1)若登记官收到境外登记处或国际交易机构的通知,建议将新西兰排放单位或核准的境外排放单位转入登记官账户中,并且登记官确信该交易没有分歧,则登记官必须按照该通知登记该交易。

(2)若登记官收到境外登记处或国际交易机构的通知,建议将新西兰排放单位或核准的境外排放单位转入登记官账户中,并且登记官确信该交易存在分歧,则登记官——

(a)不得登记该交易;

(b)必须终止该交易;

(c)必须通知境外登记处或国际交易机构终止交易。

(3)从境外登记处或国际交易机构转让新西兰排放单位或核准的境外排放单位,须遵守根据本法制定的法规。

24. 登记优先权

(1)部长或环保署根据本法向登记处发出的指示,或者账户持有人提出交易登记的申请,在切实可行的情况下,登记处应当尽快按照收到的时间顺序处理。

(2)当指示或申请被下载至维持排放单位登记表运行的电脑时,视为登记官已收到该指示或申请。

(3)若申请符合登记官的要求,且遵守根据本法制定的法规,则第(1)款适用于交易登记的申请。

25. 排放单位登记表的更正

(1)若排放单位登记表记录的某项交易不准确,且该不准确是登记官在登记该交易时出现错误或遗漏造成的,则可以通过以下方式提出更正——

 (a)若登记官在收到部长或环保署的指示后登记该交易,则由环保署或发出指示的部长提交更正申请;

 (b)通过申请登记该交易的账户持有人提出更正申请。

(2)该请求——

 (a)可以随时提出;

 (b)必须说明——

  (i)不准确之处;

  (ii)要求进行的更正;

 (c)必须采用根据本法制定的法规中规定的形式,并支付费用(如有)。

(3)登记官认为排放单位登记表确实存在登记不准确的,登记官可以——

 (a)纠正相应的排放登记;

 (b)在排放单位登记表上记录——

  (i)更正的性质;

  (ii)更正的时间;

 (c)在切实可行的情况下,尽快向以下主体发出更正通知——

  (i)登记官认为受更正影响的主体;

  (ii)国际交易机构(如有要求);

  (iii)境外登记处(如有要求)。

26. 排放单位登记表必须公开以供查阅

(1)除第13条规定外,排放单位登记表必须随时公开,以供主体通过登记处的互联网网站查询。

(2)登记处无须公开第27条中未列出的信息。

27. 可供查阅的信息

(1)下列信息可以通过查阅排放单位登记表获取:

 (a)账户的以下最新信息:

  (i)账户持有人名称;

  (ii)账户类型;

  (iii)账户号码;

  (iv)账户持有人的主要代表的全名、邮寄地址、电话号码、传真号码和电子邮件地址;

(b)账户持有人名单；

(c)对于持有核准的境外排放单位的账户,包括《议定书》规定的与该账户相关的承诺期；

(d)根据本编制定的法规中规定的其他信息。

(2)以下信息必须通过查阅排放单位登记表获取,该信息须在每年的1月31日之前提供,须显示上一年度末的相关总量,包括：

(a)[已废止]；

(b)[已废止]；

(c)该年内根据第68条或第178B条发放的新西兰排放单位总量；

(d)该年内为各移除活动转让的新西兰排放单位总量；

(e)登记处持有的新西兰排放单位总持有量；

(f)登记处核准的境外排放单位的总持有量；

(g)登记处核准的各类境外排放单位的总持有量；

(h)该年内发放核准的各类境外排放单位的总量；

(i)[已废止]；

(j)关于在该年内转入登记处的排放单位的以下信息：

　　(i)转让排放单位的总量；

　　(ii)各类转让排放单位的总量；

　　(iii)转让登记处或机构的身份,包括——

　　　　(A)从各登记处或机构转让的排放单位总量；

　　　　(B)从各登记处或机构转让的各类型的排放单位总量；

(k)该年度从登记处转出的排放单位的下列信息：

　　(i)转让排放单位的总量；

　　(ii)各类型的转让排放单位的总量；

　　(iii)取得排放单位的登记处或机构的身份,包括以下总量——

　　　　(A)转让给各登记处或机构的排放单位总量；

　　　　(B)转让给各登记处或机构的各类排放单位总量；

(l)该年度在登记处的持有账户之间转让的排放单位总量；

(m)该年度在登记处的持有账户之间转让的各类排放单位的总量；

(n)[已废止]；

(o)该年度转入汇注销账户的核准的境外排放单位总量；

(p)该年度转入不符合规定的注销账户的核准的境外排放单位总量；

(q)该年度转入各一般注销账户的排放单位总量；

(r)[已废止];

(s)该年度清缴的排放单位总量;

(t)该年度清缴的各类排放单位总量;

(u)根据本法制定的法规,新西兰排放单位被转换成的各类排放单位的总量;

(v)[已废止];

(w)[已废止]。

(3)下列信息应当显示上一年年初的相关总量,并记录于排放单位登记表内以供查阅:

(a)在登记处的各持有账户(包括政府持有账户)中持有的各类核准的境外排放单位的总持有量,这些排放单位在以下期间发放:

(i)自2008年1月1日起至2012年12月31日止的第一个承诺期;

(ii)自2013年1月1日起至2020年12月31日止的第二个承诺期;

(b)登记处的各类核准的境外排放单位的总量。

28. 排放单位登记表的查阅

个人可通过使用规定的表格并在支付费用后(如有),按照本法和根据本法制定的法规,查阅排放单位登记表,打印查询结果。

29. 打印的查询结果可作证据

登记官发放的查询结果印刷本或其副本可作为证据使用,在没有相反证据的情况下,可证明排放单位登记表中记录的以下事项,包括(但不限于)——

(a)排放单位所有权;

(b)交易登记的日期和时间;

(c)登记处掌握的信息。

30. 费用追缴

(1)未按照根据本编制定的法规支付费用的,可由环保署通过有管辖权的法院向有义务支付该费用的主体主张收回。

(2)环保署可根据其认为合适的条款,与任何主体订立协议。

(3)环保署可根据其认为合适的条款,与任何主体订立协议,并收取或协助收取应支付的费用。

30A. 特定情形下,政府或登记官对查阅结果不负责

不得就以下原因导致的损失或损害,向政府或登记官提起诉讼:

(a)排放单位登记表的查阅结果不准确;

(b)排放单位登记表中的记录不准确或遗漏,若该不准确或遗漏是由于登记官

合理信赖从以下途径取得的信息而产生的——

(i) 国际交易机构；

(ia) 境外登记处；

(ib) 第三方；

(ii) 账户持有人。

长期核证减排单位和临时核证减排单位期满

[已废止]

30B. 长期核证减排单位期满

[已废止]

30C. 替换特定长期核证减排单位

[已废止]

30D. 临时核证排放单位期满

[已废止]

其 他 规 定

30E. 将新西兰排放单位转换为指定配额排放单位以供境外销售或注销

[已废止]

30F. 对分配给 1990 年前林地所有者的特定新西兰排放单位限额

(1) 本条适用于 2012 年 12 月 31 日之后根据第 70 条颁布的 1990 年前林地配额计划转移或已转移的所有新西兰排放单位。

(2) [已废止]。

(3) 如附件 3 第 1 编所列的活动被废除,财政部长可以根据第 7 条向登记官发出指示,将本条适用的所有新西兰排放单位从持有账户转入注销账户。

30G. 第 2 编相关法规

(1) 总督可根据部长的建议颁布枢密院令,为下列任一或全部目的的制定法规:

(a) 根据第 1 分编规定与财政部长权力有关的程序和要求；

(b) 规定有关事项,包括(但不限于)对下列事项的限额、条件、豁免、要求或禁止:

(i) 转移排放单位,包括(但不限于)以下排放单位:

(A) 将排放单位从账户持有人持有的账户转入境外登记处或国际

　　　　　交易机构的账户；
　　　　（B）排放单位登记表内部的排放单位转移；
　　　　（C）境外登记处或国际交易机构的排放单位转移；
　　　　（D）禁止为将有关排放单位存入排放单位账户而进行的转移；
　　（ii）开立或关闭持有账户；
　　（iii）将继受人登记为账户持有人；
（c）规定有关排放单位持有、清缴、转换和注销的事项，包括（但不限于）限额、约束、条件、豁免、要求、程序或阈值；
（d）[已废止]；
（e）就排放单位登记及其运行，规定程序、要求及其他事项，包括但不限于与下列有关的事项：
　　（i）查阅排放单位登记表；
　　（ii）排放单位登记表的定位；
　　（iii）查阅排放单位登记表的时间；
　　（iv）排放单位登记表使用的唯一编号格式；
　　（v）向新西兰排放单位和经核准的境外排放单位分配唯一序列号；
　　（vi）在下列项之间交换数据——
　　　　（A）登记处及境外登记处；
　　　　（B）登记处和国际交易机构；
　　（vii）交易登记；
　　（viii）排放单位登记表的形式和内容；
（f）根据本编或按照本编制定的法规，规定缴付费用的事项、金额及支付程序；
（g）规定用于确认登记的电子核证声明形式、使用及方式的程序、要求和其他有关事项；
（h）规定有关检索排放单位登记表的程序、要求和其他事项，包括但不限于下列事项：
　　（i）检索引导标准；
　　（ii）披露方式；
　　（iii）检索结果的形式；
　　（iv）可能在检索结果中使用的缩写、扩展词或符号；
（i）规定为本条目的或依据本条制定的法规的形式和通知；
（ia）根据第4条中国际交易机构的定义，规定与温室气体排放核算有关交易有效性的机构；

(j)根据境外登记处的定义，规定可以将排放单位转入账户或清缴账户的境外登记处种类；

(k)规定境外登记处或国际交易机构发放的可转移至登记册账户内的排放单位；

(l)规定经批准的境外排放单位的交易程序；

(m)根据 1999 年《个人财产保全法》第 18(1A)(b)条，规定有关持有排放单位的事项；

(n)就本编而言，履行国际气候变化义务，包括根据国际气候变化义务通过、协商、制定或批准的任何决定、法规、准则、原则、措施、方法、模式、程序、机制或其他事项；

(o)对有利于促进本编生效和管理的有关事项作出规定；

(p)[已废止]；

(q)[已废止]。

(2)根据第(1)款制定的法规，可对不同排放单位、交易、主体、排放单位类别与次类别、交易类别或主体类别作出规定。

(3)根据第(1)(b)(i)款或第(1)(c)款制定的法规只适用于下列排放单位：

(a)该法规生效时在登记册内没有账户的排放单位；

(b)在 2021 年 1 月 1 日(第三个承诺期开始)之前批准的境外排放单位。

(3A)根据第(1)(f)款制定的法规所规定的费用数额，不得超过登记官在履行本编规定职能时产生的直接和间接必要费用数额。

(4)根据第(1)款制定的法规必须符合国际气候变化义务。

(5)本条下的法规是二级立法。

30GA. 拍卖新西兰排放单位的法规

(1)总督可根据部长的建议颁布枢密院令，根据本条制定法规，规定与部长根据第 6A 条拍卖新西兰排放单位的权力有关的事项。

(2)根据本条制定法规的，部长应当建议制定以下法规：

(a)指定以拍卖方式出售新西兰排放单位的日期；

(b)制定计划举行拍卖的明确时间表；

(c)明确不得举行拍卖的情形；

(d)明确拍卖的形式(例如，单轮竞拍、密封式拍卖)；

(e)制定拍卖形式的法规(例如，如何出价和如何解决捆绑出价的规则)；

(f)规定主体参加拍卖必须满足的标准和登记要求;

(g)明确主体在参与拍卖时必须遵循的财务流程,包括财务保证、付款和交付的要求;

(h)规定每次竞投的结果必须公开。

(2A)如须根据本条制定法规,则:

(a)部长在考虑本法第30GC(5)条和第30GC(6)条的主要及附加事项后,可以建议通过法规规定一种方法,举行拍卖的主体必须使用该方法计算最低价格——

(i)如价格高于第30GB(2)(e)(ii)条规定的最低触发价格,则须重新计算触发价格(以重新计算结果为准);

(ii)如该价格(按重新计算的价格,如不是,则按最初计算的价格)大于第30GB(2)(e)(iii)条规定的最低价格,则成为保密底价,低于该价格的新西兰排放单位不得在拍卖中出售;

(b)部长在建议根据第(a)项制定法规时,必须同时建议以下事项:

(i)明确部长决定制定方法的标准或要求,包括确保该方法符合保密底价之目的;

(ii)明确规定保密底价的目的是防止根据第6A条以明显低于当时以其他方式(二级市场)出售的新西兰排放单位的价格进行拍卖,防止拍卖销售对二级市场产生不良影响;

(iii)规定对方法和所有经过计算得出的价格保密,避免向参与拍卖的潜在买家透露信息;

(iv)在一次或多次拍卖后,要求拍卖运营主体在指定时间,向行政长官提供以下信息:

(A)价格计算方法的详细说明;

(B)以不透露投标人身份的形式公布拍卖出价细节,以便行政长官评估保密底价的运行。

(3)如根据本条制定法规,部长可以建议为以下任一或所有目的制定法规:

(a)规定在拍卖开始日期前后进行试拍;

(b)规定违反本条或根据第30GD条所订法规的违法行为与刑罚;

(c)规定违反本条或第30GD条所规定法规的违法行为,并就该行为——

(i)罚款——

(A)对个人,最高处3000新西兰元;

(B)对除个人外的其他主体,最高处6000新西兰元;

(ii)侵权费用——
(A)对个人,最高处 1000 新西兰元;
(B)对除个人外的其他主体,最高处 2000 新西兰元;
(d)对一次、二次或数次侵权规定不同数额的侵权费用;
(e)规定部长认为有利于拍卖有效进行的其他相关拍卖事项。
(4)本条下的法规是二级立法。

30GB. 有关排放单位限额和价格管制的法规
(1)总督可根据部长的建议颁布枢密院令,根据本条制定法规。
(2)如根据第 30GA 条制定法规,部长必须根据本条建议制定以下法规——
(a)规定一个日历年内的以下限额:
(i)对新西兰可拍卖排放单位的限额(单项限额);
(ii)对经核准的境外排放单位的使用限额(另一单项限额);
(iii)以下各项总和的限额(总限额):
(A)新西兰可拍卖的排放单位;
(B)以其他方式提供的新西兰排放单位;
(C)经核准使用的境外排放单位;
(b)规定——
(i)不能超过单项限额;
(ii)总限额——
(A)同时对可拍卖的新西兰排放单位和经核准的境外排放单位设定限额,两者均不得超过总限额;但是
(B)不对以其他方式获得的新西兰排放单位设定限额,因为其可能超过总限额;
(c)规定根据第 86C(5)(b)条分配的所有额外排放单位不计算在以其他方式获得的新西兰排放单位内;
(d)规定在拍卖中通过竞价达到或超过触发价格时,新西兰排放单位的储备数量在拍卖中出售的方式,除非储备数量和最低价格根据第(e)项设定为零;
(e)规定以下价格管制设定:
(i)新西兰排放单位储备数量的各触发价格,储备数量可以为零;
(ii)一个或多个触发价格,除非储备数量为零;
(iii)低于最低价格的排放单位不得拍卖,该最低价格可以为零。
(3)部长必须根据本条建议制定法规,以便——

(a) 首次制定法规时，规定今后每 5 年或每 6 年的年度限额和价格管制；

(b) 对法规进行修订，确保可随时对未来每 5 年各年的限额和价格控制进行规定。

(4) 每次部长建议根据第 (3)(b) 款对法规进行修订以适用于下一年时，部长——

(a) 必须考虑是否建议在下一年前的 2 年内设定新限额和价格控制；

(b) 可建议在作出修订的年份后 2 年内，为此后一年或两年设定新限额和价格控制。

(5) 但是，当且仅当存在以下情形时，部长可以根据第 (4)(b) 款提出建议：

(a) 在作出修订的当年，该价格管制已因以下条件生效：

(i) 发售储备数量的排放单位；

(ii) 以最低价格出售排放单位；

(b) 部长认为因下列特殊情形进行的修订具有正当性：

(i) 部长在建议修改限额和价格管制时，根据第 30GC 条必须要考虑的事项发生重大变化；

(ii) 第 30GC(2)(a) 条或第 30G(2)(b) 条中所述的该修正案适用的年度预算或贡献发生变更；

(iii) 不可抗力事件。

(6) 根据第 (2)(a)(ii) 款制定的法规，可就不同排放单位、交易、主体、排放单位类别与次类别、交易类别或主体类别作出规定。

(7) 有关本条的要求，参见第 30GC 条。

(8) 本条中：

经批准的境外排放单位是指参与者在一个日历年内使用的经批准的境外排放单位，例如通过转入持有账户或清缴等方式使用的排放单位；

可拍卖的新西兰排放单位是指在一个日历年内通过拍卖出售的新西兰排放单位数量；

以其他方式获得的新西兰排放单位是指在一个日历年内分配给合格活动或提供给温室气体协议参与者的新西兰排放单位数量。

(9) 本条下的法规是二级立法。

30GC. 有关排放单位限额和价格管制的法规要求

(1) 部长必须遵守本条规定：

(a) 根据第 30GB(2) 条、第 30GB(3) 条或第 30GB(4)(b) 条的建议规定单项限额、总体限额或价格管制；

(b)根据第 30GB(4)(a)条考虑是否建议在延长一个日历年之前的 2 个日历年内规定新的单项限额、总体限额和价格管制。

(2)部长必须确保限额和价格管制符合以下条件：

(a)新西兰在《巴黎协定》下的排放预算和国家自主贡献,适用于——

(i)在限额或者价格控制规定的期间内；

(ii)此后有预算或贡献的任何期间；

(b)2050 年目标。

(3)但是,部长在考虑本条的其他事项后认为与预算或贡献不一致具有正当性,则无须严格遵守预算或贡献。

(4)部长必须考虑：

(a)主要事项；

(b)只与价格管制有关的附加事项。

(5)主要事项包括以下：

(a)当前年份后 5 年内,新西兰温室气体排放预测趋势,包括——

(i)排放交易计划适用的预期温室气体排放量(根据本法要求,参与者提交报告或清缴排放单位的排放量)；

(ii)不适用排放权交易计划的预期温室气体排放量；

(b)排放交易计划的正常运行；

(c)为在其碳市场上实现减排,新西兰与其他司法管辖区承担的国际气候变化义务以及文书与合同；

(d)为实现减排目标,对新西兰可能采取的温室气体减排方法进行的可行性评估和成本预算；

(e)气候变化委员会根据第 5ZOA 条提出的建议；

(f)部长认为相关的其他事项。

(6)附加事项包括以下：

(a)排放价格对家庭和经济的影响；

(b)国际排放价格的水平与趋势(包括相关市场的价格控制)；

(c)通货膨胀。

(7)如部长就限额或价格管制提出的建议与委员会根据第 5ZOA 条提出的建议不同,部长必须在合理可行的情况下尽快准备一份差异原因报告；并且——

(a)向众议院提交一份报告副本；

(b)公开报告。

30GD. 有关拍卖监督人的法规

(1)总督可根据部长的建议颁布枢密院令,根据本条制定法规。

(2)根据第30GA条制定法规的,部长可以建议为以下任一或所有目的,根据本条制定法规:

 (a)规定部长指定拍卖监督人的方法和程序,该方法和程序必须:

  (i)要求该监督人独立于所有拍卖代理人和其他潜在拍卖参与者;

  (ii)明确拍卖监督人的职能——

   (A)确认拍卖结果;

   (B)发布拍卖结果报告;

 (b)明确拍卖监督人的职能包括:

  (i)监督拍卖代理人和拍卖参与者的行为;

  (ii)定期评估拍卖制度,并提出改善建议;

  (iii)计算有关拍卖过程和拍卖结果的额外指定指标(例如,投标量统计数字和相关汇总信息);

  (iv)部长认为与有效履行拍卖监督人职责相关的其他职能。

(3)在本条和第30GE条中——

 拍卖代理人指根据第6A(b)条指定进行拍卖的代理人。

 拍卖监督人指根据第(2)(a)款部长建议的法规任命的拍卖监督人。

 拍卖参与者是指参与拍卖的潜在买家。

(4)本条下的法规是二级立法。

30GE. 与拍卖监督人共享信息

(1)本条目的是为以下主体获取信息提供便利——

 (a)环保署、登记官、行政长官或拍卖代理人(信息提供方);

 (b)拍卖监督人(如有任命)。

(2)提供者必须向拍卖监督人提供信息,如该信息:

 (a)是拍卖监督人要求的;

 (b)拍卖监督人要求协助履行其职能。

30GF. 拍卖监督人的保密义务

(1)本条适用于拍卖监督人(如有任命)执行职务或行使职权期间及以后。

(2)拍卖监督人:

 (a)必须对其执行职务或者行使职权所知悉的情况保密;

 (b)不得披露信息,除非:

  (i)该信息相关主体或保密主体同意;

(ii)在某种程度上,该信息已属于公共领域范畴;

(iii)为执行职务或行使职权的目的或与之相关;

(iv)本法或其他法另有规定;

(v)与违反本法或其他法的犯罪或诉讼有关的调查或询问(无论是否为诉讼的初步程序);

(vi)为遵守国际气候变化义务。

(3)拍卖监督人明知而违反本条,即属第30GG条所规定的犯罪。

(4)第(2)款不得视为禁止拍卖监督人——

(a)提供或发布与其职能相关的一般信息;

(b)在获得部长事先批准的情况下,统计信息并以不识别个人信息的形式提供给他人。

30GG. 违反拍卖监督人保密义务的犯罪

拍卖监督人明知第30GF条规定而违反的行为,即构成犯罪,一经定罪,可处下列任一项或合并两项刑罚:

(a)最高处6个月监禁;

(b)最高处15,000新西兰元罚款。

30H. 与排放单位和拍卖相关法规的意见征询和生效

(1)本条适用于根据以下条款制定的法规:

(a)第30G(1)(b)(i)条、第30G(1)(c)条、第30G(1)(j)条或第30G(1)(k)条(对应第2编的排放单位);

(b)第30GA条(拍卖新西兰排放单位);

(c)第30GB条(对排放单位的限额和价格控制);

(d)第30GD条(拍卖监督人)。

(2)有关适用于制定法规的磋商事宜,参见第3A条和第3B条。

(3)根据本条规定制定的法规生效日期为:

(a)根据2019年《立法法》,自公布之日起3个月,或法规规定的其他推迟日期;

(b)部长认为紧急立法符合国家利益的,可早于前述日期制定法规。

30I. 参引合并根据第30G条制定的法规

(1)下列书面信息可通过参引并入根据第30G条制定的法规:

(a)国际或国内组织根据国际气候变化义务通过、协商、制定或批准的决定、规则、指导方针、原则、措施、方法、模式、程序、机制或其他事项;

(b)标准、规定或建议做法是——

(i)根据国际气候变化义务国际或国内组织通过、协商、制定或批准提出的；

(ii)由国家或司法管辖区根据国际气候变化义务通过、协商、制定或批准的规定。

(2)书面信息可通过以下方式参引并入法规：

(a)全部或部分参引并入；

(b)法规中规定的修改、补充或变更。

(3)法规中参引的书面信息作为法规的组成部分具有法律效力。

(4)第170条至第177条适用于根据第30G条参引并入法规的信息，视为参引有关授权条款即参引第30G条；凡言及行政长官，即视为司法常务官。

30IA.部长必须减少温室气体以平衡过量的排放单位

(1)本条适用于下列新西兰排放单位(如有)，只要其超过排放预算期的排放预算：

(a)以储备数量发售后，该期间内以拍卖方式售出的排放单位；

(b)在该期间分配给合格活动或根据温室气体协议提供给参与者的排放单位。

(2)部长必须确保或签订协议，通过国内方法或离岸减排，减少温室气体排放或增加大气中温室气体的移除量，以二氧化碳当量(公吨)为单位。

(3)部长应在排放预算期结束后，在合理可行的情况下尽快执行该事项。

30J.签署根据第30G条或第30GA条制定的法规中的虚假声明

任何人签署根据第30G条或第30GA条制定的法规中的虚假声明，或明知该声明是虚假的仍签署的，则——

(a)构成犯罪；

(b)一经定罪，最高处5000新西兰元罚款。

30K.向登记官提供虚假或误导性信息

(1)任何人明知而向登记官提供虚假或误导性信息的，即属犯罪，一经定罪，可处罚款，但：

(a)个人，最高处50,000新西兰元；

(b)公司，最高处200,000新西兰元。

(2)任何人因疏忽向登记官提供虚假或误导性信息，即属犯罪，一经定罪，最高处2000新西兰元罚款。

第3分编 侵权违法行为

30L. 侵权违法行为和侵权费用的含义

在本分编内——

侵权费用是指依本法制定的法规所规定的对侵权违法行为的罚款。

侵权违法行为是指根据本法制定的法规规定的侵权违法行为。

30M. 关于侵权违法行为的法规

(1)总督可根据部长的建议颁布枢密院令,为以下任一或全部目的制定法规:

　　(a)通过以下条款规定侵权违法行为:

　　　　(i)根据第30J条、第30K(1)条、第46条、第47条、第48条、第129条、第131条、第132(1)(a)条、第132(1)(b)条和第132(1)(f)条至第132(1)(i)条、第259条、第260条、第261(1)(a)条、第261(1)(b)条、第261(1)(d)条和第261(1)(e)条、第264条规定行为或类似行为要素的义务、限制或禁止;

　　　　(ii)规定违反义务、限制或禁止的行为属侵权违法行为;

　　(b)对侵权违法行为的处罚——

　　　　(i)罚款——

　　　　　　(A)对个人,最高处3000新西兰元;

　　　　　　(B)对其他主体,最高处6000新西兰元;

　　　　(ii)侵权费用——

　　　　　　(A)对个人,最高处1000新西兰元;

　　　　　　(B)对其他主体,最高处2000新西兰元;

　　(c)对一次、二次或数次侵权违法行为规定不同数额的侵权费用;

　　(d)规定为实施本款或使本款生效所必须的其他事项。

(2)在部长建议根据第(1)(a)款制定法规之前,必须与司法部长协商,确保违反每项义务、限制或禁令的行为足以构成侵权违法行为。

(3)任何主体即使其行为构成或可能构成侵权违法行为,仍可因违反第(1)(a)(i)款的规定而被起诉和定罪。

(4)本条下的法规是二级立法。

30N. 关于侵权违法行为法规的意见征询和生效

(1)本条适用于根据第30M条制定的法规。

(2)有关制定法规的意见征询要求,见第3A条和第3B条。

(3)根据2019年《立法法》,法规自颁布之日起3个月后生效,或在法规规定的其他推迟日期生效。

30O. 侵权违法行为的诉讼程序

(1)可以通过以下方式,指控犯侵权罪的主体——

 (a)根据2011年《刑事诉讼法》第14条提交指控文件;

 (b)根据第30Q条开具处罚通知书。

(2)根据第(1)(a)款启动的程序无须适用1957年《简易程序法》第21(1)(a)条获得地区法院法官或登记官的许可。

(3)关于开具处罚通知书适用的程序,见1957年《简易程序法》第21条。

30P. 任命执法人员

(1)环保署可任命1名及以上环保署职员为执法人员,行使本款赋予执法人员的职权。

(2)该项任命适用第93(2)条至第93(5)条。

30Q. 开具处罚通知书的时间

(1)执法人员有正当理由认为某人正在进行或已构成侵权违法行为,可向该主体开具处罚通知书。

(2)执法人员可要求该主体提供其全名及其他信息,以便其开具处罚通知书。

30R. 处罚通知书可撤销

(1)在法院根据1957年《简易程序法》第21条发出支付违法费用或罚款支付令之前,执法人员可以撤销处罚通知书。

(2)以书面形式通知撤销处罚通知书。

(3)根据本条撤销处罚通知书,不影响就同一事项对收到该通知的主体采取其他强制措施。

30S. 处罚通知书必须包含的内容

(1)处罚通知书应当采用规定格式,并载明下列事项:

 (a)涉嫌侵权违法行为的详情说明,充分告知犯罪的性质,包括适用范围、违法行为发生的时间和地点;

 (b)违法费用金额;

 (c)环保署地址;

 (d)违法费用支付方式;

 (e)违法费用支付截止时间;

 (f)1957年《简易程序法》第21(10)条的概要;

 (g)说明受送达人有权要求举行听证会;

(h)说明受送达人既不支付违法费用,又不要求举行听证会的法律后果;
　　　(i)法规规定的其他事项。
　(2)通知内有关第(1)(d)款的内容,至少应当有一种亲自付款的方式。
30T. 处罚通知书的送达
　(1)执法人员认为某人正在实施侵权行为或已构成侵权违法行为,可以通过下列方式向其送达处罚通知书:
　　　(a)直接交付当事人,当事人拒收的,向当事人发出通知;
　　　(b)已知当事人的最后居住地,将文书交给另一名年满14周岁的人保管;
　　　(c)将文书留在当事人营业地或工作地点,由他人保管;
　　　(d)以预付方式邮寄给当事人的,邮寄地址为——
　　　　　(i)环保署根据本法为当事人或其主要代表(以二者是账户持有人为前提)保存的登记册中记录的地址;
　　　　　(ii)已知当事人最后的居住地或营业、工作地点;
　　　(e)将其邮寄至——
　　　　　(i)当事人是账户持有人的,则在环保署根据本法为当事人或其主要代表保存的登记册中记录的电子地址;
　　　　　(ii)当事人在新西兰没有场所或业务地点的,则发送至当事人提供的电子地址。
　(2)根据第(1)款以预付方式邮寄的处罚通知书(或通知书副本),自发出之日起第5个工作日,视为送达。
30U. 侵权费用的支付方式
　所有因侵权违法行为支付的侵权费用必须存入政府银行账户。
30V. 催告通知
　催告通知必须采用法律规定的形式,且必须包括与处罚通知书基本相同的详情说明。

第4分编　有关碳定价的法规

30W. 有关碳定价的法规
　(1)为第134至134D条及根据本条制定的其他规定之目的,总督可根据部长的建议颁布枢密院令,制定法规——
　　　(a)规定确定碳定价的方法;
　　　(b)适用该方法确定碳的价格。

(2)在建议制定法规前,部长必须考虑以下事项:
 (a)前12个月内政府年度财务报表中,用于计算排放交易计划收入的排放单位价格;
 (b)前12个月内以拍卖方式售出的新西兰排放单位价格;
 (c)排放交易计划在运行中发生变化而影响到的清缴排放单位的价格,或可能在下一征税年度结束前影响到排放单位的价格。

(3)根据第(1)(a)款制定法规进行意见征询的要求,见第3A条和第3B条。

(4)就第(1)(a)款制定的法规,根据2019年《立法法》,自发布之日起3个月后生效,或在法规规定的推迟日期生效。

(5)本条下的法规是二级立法。

第3编　清单编制机构

31. 温室气体的含义

在本编,尽管有第4条规定,温室气体是指地球大气中具有强烈吸收作用并重新释放红外线辐射的气体,包括间接温室气体。

32. 清单编制机构的主要职能

(1)清单编制机构的主要职能是——
 (a)评估新西兰每年温室气体源的人为排放量和汇移除量;
 (b)为履行新西兰义务编制以下报告:
  (i)新西兰根据《公约》第4条和第12条以及《议定书》第7.1条提出的年度清单报告,包括(但不限于)到期或被替换、淘汰或注销的长期核证减排单位和临时核证减排单位的数量;
  (ia)新西兰根据《巴黎协定》第13条提出的信息报告;
  (ii)新西兰根据《议定书》第7.2条和《公约》第12条提交的国家信息通报(或定期报告);
  (iii)[已废止]。

(2)清单编制机构在履行其职能时,应当——
 (a)确定源类别;
 (b)通过以下方式收集数据——
  (i)自愿收集;
  (ii)向政府机关和其他持有相关信息的机构收集;
  (iii)按照本编制定的法规收集数据(如有);

（c）通过碳汇评估各源类别的排放量和移除量；

（d）评估不确定性；

（e）采用相关程序核实数据；

（f）保留信息和文件以证明评估过程。

33. 部长指导下的清单编制机构

（1）清单编制机构必须遵守部长根据本编履行职责所作出的指示。

（2）在发出指示后,部长必须在切实可行的情况下,尽快制作一份指示副本,以便通过清单编制机构的互联网网站查阅。

34. 保存记录

清单编制机构必须——

（a）记录每年收集的数据发生的变更；

（b）记录每年在使用方法和排放因素方面发生的变更。

35. 公布

清单编制机构必须以电子形式公布新西兰的年度清单报告、国家清单报告和国家信息通报（或定期报告），并在清单编制机构的互联网网站发布，确保访问公开。

检 查 员

36. 检查员的授权

（1）部长可以授权下列具备相应资格和受过培训的主体,行使本编下检查员的权力,履行检查员的义务：

（a）清单编制机构的雇员；

（b）第一产业和法规规定的其他公共服务部门的雇员；

（c）新西兰森林研究有限公司、新西兰土地保护研究有限公司、农业研究有限公司的雇员,以及法规规定的其他政府研究机构（1992年《政府研究机构法》）的雇员；

（d）环保署的雇员。

（2）授权须以部长和机构行政长官认可的条款和条件为准,其中该机构为获授权的检查员所在机构。

（3）部长必须向检查员提供一份授权令,明确检查员的权力和职责。

（4）检查员在行使或打算行使本编授予的权力时,如有要求,必须携带并出示——

（a）授权令；

(b)身份证明。

(5)持有根据本条发出的授权令的检查员,在其授权终止时,必须将授权令交还部长。

37. 进入土地或场所收集信息以评估温室气体排放量或移除量的权力

(1)为了收集信息以协助评估新西兰的温室气体源的人为排放量和汇移除量,经部长书面授权后,检查员可在正常工作时间内的合理时间,进入或再次进入可能饲养牲畜的土地或场所(不包括住宅),以——

(a)进行勘测、调查、测试或测量(包括将测量设备置于土地或场所);

(b)采集水、空气、土壤或有机物的样本。

(2)为免生疑义,部长可授权进行一系列勘测、调查、测试、测量或抽样。

(3)必须向拟进入的土地或场所的占有人(如有)发出相应的书面通知,说明——

(a)进入的时间与方式;

(b)进入的目的;

(c)进入的依据是本条授权。

(4)为根据第(3)款向该土地或场所的所有人发出通知作出相应努力。

(5)若未通知所有人,则必须尽力以其他方式确定圣地区(wāhi tapu)[①]和考古遗址。

(6)根据本条行使进入权的检查员,可以获得为行使该权力而合理且必要的协助。

(7)根据第(6)款提供协助的主体,可行使根据第(1)款赋予检查员的权力。

38. 对第 37 条进入权的限制

部长只有在确信信息——

(a)收集须以特定专业技术为必要时,才可授权检查员行使第 37 条的进入权;

(b)无法从土地或场所的占有人或所有人处获取时,才可授权检查员行使第 37 条的进入权。

39. 进入检查的权力

(1)经清单编制机构书面授权的检查员,可在正常营业时间内的合理时间,进入土地或场所(不包括住宅)进行检查,以确定该主体是否遵守根据第 50(2)(a)条、第 50(2)(c)条、第 50(2)(e)条或第 50(2)(f)条制定的法规。

(2)在检查期间,检查员可以——

[①] 被认为是毛利人"神圣不可侵犯"的区域,包括墓地、战地旧址或摆放圣物的地方等。——译者注

(a)要求出示、检查和复制任何文件或业务记录(包括电子文件或记录);

(b)抽取水、空气、土壤或有机物的样本;

(c)进行勘测、调查、测试或测量(包括将测量设备置于土地或场所);

(d)要求占有人提供其他信息,该信息是检查员为确定根据第50(2)(a)条、第50(2)(c)条、第50(2)(e)条或第50(2)(f)条制定的法规是否得到遵守而必要的信息。

(3)检查员根据本条行使检查权时,必须向占有人或所有人发出合理通知,告知检查员将进入土地或场所的事项,告知将妨碍其进入该土地或场所的除外。

(4)根据第(3)款发出的通知,必须说明——

(a)进入的时间;

(b)进入的目的;

(c)进入的依据是本条授权。

(5)根据本条行使检查权的检查人员,可由为协助其进行检查而合理需要的一名或多名人员陪同。

(6)根据第(5)款提供协助的人员,可行使根据第(2)(a)款至第(2)(c)款赋予检查员的权力。

(7)本条规定不限制当事人无须自证其罪的权利。

40. 申请搜查令

(1)清单编制机构授权的检查员经宣誓提出书面申请后,地区法院法官有正当理由认为在土地、场所或住宅内存在文件或其他记录或物品(包括样本),可作为第46条规定违法行为的证据,则可发出搜查令,授权进入并搜查该土地、场所或住宅。

(2)搜查令应当授权执行搜查令的检查员——

(a)在搜查令发出之日起30个工作日内,在正常营业的合理时间进入并搜查该土地、场所或住宅;

(b)要求出示、检查和复制文件或业务记录(包括电子文件或记录);

(c)要求占有人为检查员提供合理要求的其他信息,以确定根据第50(2)条制定的法规是否得到遵守;

(d)扣押检查员有正当理由怀疑可能涉及第46条规定违法行为的文件或商业记录作为证据;

(e)采集水、空气、土壤或有机物的样本;

(f)在该情形下使用合理且必要的协助;

(g)在合理情况下,可使用武力进入(破门或其他方式)。

(3)除非有警察陪同,检查员不得进入居民住宅。

(4)根据第(2)(f)款提供协助的主体,可行使根据第(2)(a)款、第(2)(b)款、第(2)(d)款、第(2)(e)款及第(2)(g)款赋予检查员的权力。

(5)本条规定不限制当事人无须自证其罪的权利。

41. 进入国防区域

尽管有第37条、第39条和第40条的规定,检查员仍不得进入国防区域[1990年《国防法案》第2(1)条所指的区域],除非在清单编制机构和国防部长达成的书面协议所规定的日期进入。

42. 出示授权证明

若根据第37条或第39条或第40条行使权力,检查员必须在初次进入时及之后占有人要求时,出示该检查员的——

(a)授权令及其身份证明;

(b)根据第37条或第39条规定的可以进入的书面授权,或根据第40条规定发出的搜查令。

43. 进入的通知书

(1)若根据第37条、第39条或第40条行使权力,在执行书面授权或搜查令时,占有人不在场,且未根据第37条或第39条向所有人发出通知,检查员必须在显眼位置张贴通知书,说明——

(a)进入或搜查的日期及时间;

(b)进入或搜查的目的;

(c)该检查员的姓名或名称和电话号码;

(d)可供查询的地址。

(2)若检查员从土地、场所或住宅取走文件或商业记录,检查员必须将通知送达占有人,或在显眼位置张贴通知书,说明——

(a)被取走的所有物品;

(b)说明物品的存放地(若物品存放于多处,应说明各物品被存放的地点);

(c)说明归还物品必须遵循的程序。

44. 根据第39条或第40条获取的信息,仅在涉嫌违反根据第50(2)条制定的法规的诉讼中使用

根据第39条或第40条从当事人处获取的文件、商业记录或其他信息,不得在刑事或民事诉讼中对当事人产生不利影响,但涉嫌违反第50(2)条的行为除外。

45. 归还扣押物品

1957年《简易程序法》第199条经必要修改后,适用于检查员扣押或拿走的物品,如同——

(a)在该条中,警察是指检查员;
(b)在该条中,该法案第198条是指本法第39条或第40条。

45A. 保护根据本编授权行事的主体

检查员或协助检查员的主体,在履行义务、职责或行使本编授予的权力时,无须就其作为或不作为承担民事或刑事责任,除非行为主体是出于恶意或无正当理由。

违法行为及罚则

46. 未能向清单编制机构提供所需信息

任何主体无正当理由,未根据第50(2)条制定的法规向清单编制机构提供信息——
(a)构成犯罪;
(b)一经定罪——
　　(i)对个人,最高处5000新西兰元罚款;
　　(ii)对法人,最高处30,000新西兰元罚款。

47. 阻挠、妨碍、抗拒或欺骗行使本编权力的主体

各主体——
(a)犯下列违法行为:
　　(i)故意阻挠、妨碍、抗拒或欺骗根据本编或根据本编制定的法规行使权力的主体;
　　(ii)故意干扰检查员根据本编进行的勘测、调查、测试或测量;
　　(iii)拒绝向检查员提供根据第39(2)(d)条或第40(2)(c)条要求其提供的信息,除非以自证其罪为由;
(b)一经定罪——
　　(i)对个人,最高处5000新西兰元罚款;
　　(ii)对法人,最高处30,000新西兰元罚款。

48. 签署根据第50条制定的法规中规定的虚假声明

明知根据第50条制定的法规所规定的声明是虚假的,仍签署该声明的主体——
(a)构成犯罪;
(b)一经定罪,最高处5000新西兰元罚款。

48A. 向登记官提供虚假信息或误导性信息

[已废止]

其他规定

49. 报告

为了履行国际气候变化义务向秘书处报告,部长可在其认为合适的时候,指示清单编制机构或登记官向部长或直接向秘书处提供报告和信息。

50. 法规

(1)总督可通过枢密院令,就下列任一或全部目的制定法规:

(a)[已废止];

(b)其雇员可根据第36条担任检查员的指定机构为——

(i)2020年《公共服务法》第5条定义的部门;

(ii)1992年《政府研究机构法》所指的政府研究机构;

(c)[已废止];

(d)[已废止];

(e)[已废止];

(f)[已废止];

(g)[已废止];

(h)[已废止];

(i)为本编订明形式及通知;

(j)在遵守第2编规定的前提下,履行国际气候变化义务,包括根据国际气候变化义务而通过、协商、制定或批准的决定、规则、指导方针、原则、措施、方法、方式、程序、机制或其他事项;

(k)为充分实施和管理本编拟定的或必要的事项,作出规定。

(2)总督可根据部长的建议,通过枢密院令制定法规,要求有关主体保存信息,并向清单编制机构提供下列任一或全部信息,以评估新西兰温室气体源的人为排放量和汇清除量:

(a)工业或贸易场所向大气中排放的温室气体;

(b)生产、分销、销售或使用燃料的数量及该燃料的使用性能;

(c)工业生产过程,包括工业生产过程的副产品;

(d)车辆总数的构成和车辆的使用,包括但不限于行驶的距离;

(e)氢氟碳化物、全氟碳化物和六氟化硫的进出口;

(f)含有氢氟碳化物、全氟碳化物和六氟化硫的产品的进出口、制造、销售和使用性能;

(fa)各类载有含氢氟碳化物或全氟碳化物的空调系统的汽车登记情况；

(g)废物的组成及其重量、垃圾填埋场的规模特征，以及垃圾填埋场产生和消耗的气体总量；

(h)反刍动物和其他养殖牲畜的数量及其生产性能；

(i)农作物的面积和产量；

(j)氮肥和石灰化肥的使用量；

(k)根据国际气候变化义务，确定土地利用变化所必需的本土树木和种植树木、采收数量、灌丛土地面积以及其他土地用途的土地面积。

(3)总督可根据部长的建议，通过枢密院令制定法规，要求主体向清单编制机构提供其所持有的自1989年起至当前报告年度中第(2)款所述事项的信息。

(4)根据第(2)款制定的法规，可规定须保存及提供记录的方式及形式，包括规定该记录须声明为真实、声明的形式，以及须由谁签署声明。

(5)根据第(1)、(2)款制定的法规，可就不同主体或不同主体类别制定。

(6)根据第(5)款，主体类别包括当地机关。

(7)根据本条制定的法规必须与——

(a)本法一致；

(b)国际气候变化义务一致；

(c)[已废止]。

(8)总督可通过枢密院令，修订或替换附件1、2或2A，使附件列明相关文件(《公约》、《议定书》或《巴黎协定》)的最新形式。

(9)以下是二级立法：

(a)根据本条制定的法规；

(b)根据第(8)款制定的枢密院令。

51. 参引合并根据第50条制定的法规

(1)下列书面材料可通过参引并入根据第50条制定的法规：

(a)国际或国内组织根据国际气候变化义务，通过、协商、制定或批准的决定、规则、指导方针、原则、措施、方法、方式、程序、机制或其他事项；

(b)标准、要求或建议措施——

(i)国际或国内组织根据国际气候变化义务，采用、协商、制定或批准的标准、要求或建议措施；

(ii)国家或管辖区根据国际气候变化义务，采用、协商、制定或批准的标准、要求或建议措施。

(2)材料可以——

  (a)通过参引而全部或部分并入法规；

  (b)通过修改、补充或变更并入法规。

(3)法规中参引的材料作为本法规的一部分具有法律效力。

(4)第170条至第177条适用于根据第50条参引并入法规的材料,对相关授权部分的参引均视为对第50条的参引,对行政长官的参引均视为对清单编制机构的参引。

52. 在制定特定法规之前,清单编制机构必须就特定事项向部长报告

(1)在根据第50(2)条、第50(3)条制定法规之前,清单编制机构必须向部长提交一份报告——

  (a)说明收集的信息(根据法规提供给清单编制机构)是否可以通过其他方式收集,包括但不限于——

    (i)自愿收集；

    (ii)从持有信息的政府机构处收集信息(前提是该政府机构发布的信息符合2020年《私隐法令》第22条规定的信息隐私原则以及收集信息所依据法律的规定)；

  (b)说明使用其他方式收集信息的缺陷,包括但不限于——

    (i)获取所需信息质量方面的缺陷；

    (ii)无法确定是否能够提供所需的所有信息；

  (c)法规是否可能对特定群体造成过重负担。

(2)在根据第(1)款编制报告时,清单编制机构必须向可能受拟议法规影响的主体或政府机构征询意见。

(3)关于根据第(1)款编制的报告——

  (a)部长必须考虑该报告及其征询意见的结果；

  (b)部长可建议根据第50(2)条、第50(3)条制定法规。

(4)部长不得根据第50(2)条和第50(3)条建议制定法规,除非其有正当理由认为,这些法规有益于新西兰履行国际气候变化义务。

53. 附随的修正案

[已废止]

第4编　新西兰温室气体排放交易计划

第1分编　参　与　者

54. 参与者

(1)参与者为——

(a)就附件3所列活动而言——

(i)若主体根据第180、186I、204或213条的规定须被视为从事该项活动的主体,则该主体即为参与者;

(ii)若第(i)目不适用,则为从事该活动的主体;

(b)就附件4所列活动而言——

(i)主体从事该活动,已根据第57条就该活动登记为参与者,且登记已生效;

(ii)根据第5编成为该活动的参与者,且未从该活动的登记册中除名。

(2)排放交易计划参与者条款中从事活动的主体或参与者必须被视为根据第180条、第186I条、第204条或第213条被视为从事活动的主体。若这些条文不适用,则是指从事活动的主体或参与者。

(3)第(1)(a)款受根据第60条作出的枢密院令的豁免所约束。

(4)为本法之目的,曾是第(1)款中的参与者,就其在从事附件3或附件4所列活动期间所产生的义务(包括但不限于根据第67条保留记录的义务)或第64条的权利而言,保留其作为参与者的身份。

(5)为第56条、第57条之目的,环保署必须确保在其互联网网站以适当的形式,将保存的登记册及其所含信息公开,免费供公众查阅。

55. 关联主体

(1)若附件3所列活动低于或高于主体成为参与者的阈值,则本条适用。

(2)若本条适用,为确定是否达到阈值,作为关联主体的多个主体应当被视为一个主体。

(3)若关联主体符合附件3所列某项活动的阈值,则各关联主体——

(a)均应被视为根据本法从事该活动;

(b)可以选择——

(i)作为活动参与者以遵守排放交易计划的参与者条款;

(ii)作为非法人组织的成员以遵守排放交易计划的参与者条款；

(iii)作为第 150 条合并组织的成员以遵守排放交易计划的参与者条款，前提是该关联主体有资格成为合并组织的成员。

56. 登记为附件 3 所列活动的参与者

(1)从事附件 3 所列活动的主体应当——

 (a)通知环保署其为活动参与者；

 (b)若该主体尚无持有账户——

  (i)在其根据第(a)项通知环保署时，可根据第 18A 条申请开立持有账户；

  (ii)在从登记官处收到账户号码后 10 个工作日内，向环保署提供该账户号码，或确保该账户号码已经提交。

(2)根据第(1)(a)款发出的通知应当——

 (a)在该主体成为活动参与者后 20 个工作日内提交给环保署；

 (b)采用规定形式；

 (c)包含以下内容——

  (i)姓名或名称；

  (ii)该主体所从事活动的详情；

  (iii)环保署可能要求的其他信息；

  (iv)若该主体已有一个或多个持有账户，则应提供其为第 61(1)条之目的而选择使用的持有账户号码。

(3)环保署在收到从事附件 3 所列活动的主体根据第(1)(a)款发出的通知后，必须在切实可行范围内尽快——

 (a)在环保署根据本条规定保存的登记册上登记——

  (i)该主体的姓名或名称；

  (ii)该主体所从事的活动；

 (b)通知该主体其姓名或名称及所从事的活动已登记在册。

(4)若环保署收到根据第(1)(a)款发出的通知中，主体的姓名或名称已录入根据第(3)款保存的登记册，则环保署无须在登记册上再录入该主体的姓名或名称，但是，必须在该主体姓名或名称处注明录入通知中指明的活动，并通知该主体该活动已被录入。

(5)为免生疑义，主体没有从事附件 3 所列活动，则无须根据第(1)(a)款通知环保署——

 (a)仅因其砍伐 1990 年前林地，根据第 179A(1)(b)条，不能被视为毁林；

(b)仅因其砍伐的已不再是林地(以及1990年前林地),因为这些林地已被1990年前补偿林地所抵消。

57. 拟登记为附件4所列活动参与者的申请人

(1)从事附件4所列活动,或将在其登记生效时从事该活动的主体,可根据第(2)款向环保署提出申请,就该活动申请登记为参与者。

(2)根据第(1)款提出的申请必须——

 (a)采用规定形式;

 (b)附有——

  (i)环保署可能要求的信息;

  (ii)规定的费用(如有);

 (c)若该主体已有一个或多个持有账户,则应提供其为第61(1)条之目的而选择使用的持有账户号码。

(3)在根据第(1)款提交申请时没有持有账户的主体,必须——

 (a)在提交申请时根据第18A条申请开立持有账户;

 (b)在从登记官处收到账户号码后10个工作日内,向环保署提供持有账户号码。

(4)在收到第(1)款下的申请后,环保署必须按照第(5)款和第(7)款对该主体进行登记,前提是——

 (a)就申请中附件4所列活动而言——

  (i)申请人正于环保署收到申请的年度内从事该活动;

  (ii)申请人将在根据第(8)款登记生效的年度内从事该活动;

 (b)符合排放交易计划参与者条款中有关活动的登记条件;

 (ba)符合有关活动规定的资格标准;

 (c)已缴付规定的费用或收费。

(5)为本条之目的,环保署应当将主体的以下信息录入环保署保存的登记册中——

 (a)申请人的姓名或名称;

 (b)申请人从事的活动;

 (c)根据第(8)款,申请人就该活动登记为参与者的生效日期。

(6)在根据第(5)款对主体进行登记后,环保署必须通知该主体已就该活动登记为参与者,并告知登记生效的日期。

(7)若环保署根据第(1)款收到关于附件4第2、3或4编所列活动的申请,环保署必须在收到申请后20个工作日内——

(a)拒绝申请;

(b)根据第(5)款对申请人进行登记。除非环保署要求申请人提供更多信息,以确信申请人正在从事申请中列明的活动。在此种情形下,环保署必须在收到信息后20个工作日内,对申请人进行登记,或者拒绝该申请。

(8)对主体的登记自环保署根据第(5)款将其姓名或名称记入登记册之日起生效,或在第198(2)条或第209(2)条规定的推迟日期生效。

(9)若环保署收到从事附件4所列活动,或将在其登记生效时从事该活动的主体根据第(1)款提出的申请中,申请人的姓名或名称已录入根据第(3)款保存的登记册,则环保署无须在登记册上再录入该主体的姓名或名称,但是,必须在该主体姓名或名称处注明录入通知中指明的活动,并通知该主体该活动已被录入。

58. 将附件4所列活动的参与者从登记册中除名

(1)根据第57条就附件4所列活动登记为参与者的主体,可根据第(2)款向环保署提出申请,要求将其姓名或名称从该活动的登记中删除。

(2)根据第(1)款提出的申请必须——

(a)采用规定形式;

(b)须附上规定费用(如有)。

(3)在收到第(1)款下的申请后,环保署必须——

(a)在登记册上说明——

(i)申请人已就该活动申请除名;

(ii)根据第(4)款除名的日期;

(b)通知申请人根据第(4)款从登记册中除名或将从登记册中除名的日期。

(c)[已废止]。

(4)环保署必须立即或按照第188(7)、198(3)或209(3)条规定的推迟日期,根据第(1)款将申请人的姓名或名称从登记册中删除。

59. 将附件3及附件4所列活动的参与者从登记册中除名

(1)根据第56条或第57条就附件3或附件4所列活动进行登记的主体,若在该年度剩余时间及下一年度全年停止或将停止从事该活动,必须在切实可行的情况下,尽快通知环保署。

(2)环保署在收到第(1)款规定的通知或以其他方式确信该主体已在该年度剩余时间及下一年度全年停止进行该活动后,必须——

(a)立即将该主体从登记册除名,若通知指明该主体将在未来特定日期停止该活动,则在该日除名;

(b)通知该主体,其姓名或名称——

　　(i)已就该活动从登记册中删除;

　　(ii)若该主体的姓名或名称将于未来特定日期在登记册上删除,则在该日就该活动从登记册上删除其姓名或名称。

(3)本条受第 200 条及第 211 条规定约束。

59A. 将未从事过活动的参与者从登记册中除名

(1)若环保署确信特定主体没有从事该活动,并且从未从事过该活动,则环保署必须将此主体的姓名或名称从该活动的登记册中删除。

(2)在将此主体从登记册中除名前 60 日内,环保署必须通知此主体——

　　(a)环保署拟将该主体的姓名或名称从登记册中删除;

　　(b)除名的原因;

　　(c)该主体可以采取行动防止被除名(例如,提供该主体实施该活动的证据)。

(3)通过合理方式未找到该主体或其所在地,导致无法将通知送达该主体的,环保署仍可根据本条规定采取行动。

60. 附件 3 所列活动的豁免

(1)总督可根据部长的建议,通过枢密院令,豁免从事附件 3 所列活动的主体或一类主体,包括以下方面——

　　(a)避免其因从事该活动成为本法规定的参与者;

　　(b)避免其因从事部分活动成为本法规定的参与者;

　　(c)避免其因从事该活动产生一定排放量而成为本法规定的参与者;

　　(d)避免其因第(a)至(c)项所列事项成为本法规定的参与者。

(1A)根据第(1)款作出的枢密院令可规定总督认为合适的条款及条件(包括但不限于施加地理或行动限制的条款及条件)。

(1B)为免生疑义,根据第(1)款作出的命令可豁免特定主体就该命令生效之前或之后从事某种活动或产生排放量而成为参与者。

(2)在建议根据第(1)款下达命令之前,部长必须确保——

　　(a)该命令不会对排放交易计划的环境完整性造成实质性破坏;

　　(b)制定该命令的成本不超过其收益。

(3)在决定是否建议根据第(1)款作出命令时,部长必须考虑以下事项:

　　(a)需要保持排放交易计划的环境完整性;

　　(b)将遵守和管理排放交易计划相关的成本降至最低的可取性;

　　(c)豁免是否产生成本,以及由谁承担该成本;

(d)可用于实现部长关于给予豁免的目标的替代方案;

(e)部长认为相关的其他事项。

(4)根据本条作出的命令生效时,该主体或该类主体无须遵守排放交易计划参与者条款中的参与者义务。

(5)有关根据本条作出或撤销命令意见的征询要求,参见第3A条和第3B条。

(6)尽管有第(2)款或第(3)款的规定,存在以下情形的,部长仍可建议根据第(1)款对已与政府签署温室协议的主体下达命令——

(a)该经谈判达成的温室协议是在2005年12月31日之前签署的;

(b)该命令涉及经谈判达成的温室协议中的活动;

(c)该命令的有效期不超过经谈判达成的温室协议的期限,包括根据该协议作出的延长期限。

(7)本条下的命令为二级立法。

60A. 附件4第1编所列活动参与者的豁免

(1)总督可根据部长的建议,通过枢密院令,豁免从事附件4第1编所列活动的主体或一类主体,免受——

(a)第4编或第5编条款的限制;

(b)根据第4编或第5编制定的法规的限制。

(2)根据本条作出的命令可以——

(a)规定总督认为适合的豁免条款及条件;

(b)豁免特定主体、特定行为、事项或事物,或豁免特定类别的行为、事项或事物;

(c)就该命令作出之前发生的特定事项豁免特定主体;

(d)要求环保署处理排放申报或申请,更新登记,或对豁免的行为、事项或事物采取其他行动。

(3)部长不得根据本条建议作出命令,除非满足以下条件——

(a)该命令不会对排放交易计划的环境完整性造成实质性破坏;

(b)制定该命令的成本不会超过其收益。

(4)在决定是否根据本条建议制定命令时,部长必须考虑以下事项:

(a)需要保持排放交易计划的环境完整性;

(b)将遵守和管理排放交易计划相关的成本降至最低的可取性;

(c)豁免是否产生成本,以及由谁承担该成本;

(d)可用于实现部长关于给予豁免的目标的替代方案;

(e)部长认为相关的其他事项。

(5)有关根据本条作出或撤销命令的意见征询要求,参见第3A条和第3B条。

(6)本条下的命令为二级立法。

60B. 参引合并根据第60条或第60A条作出的命令

(1)下列书面材料可通过参引并入根据第60条或第60A条作出的命令:

 (a)决定、计算机程序、规则、标准、原则、措施、方法、方式、程序、机制或其他事项;

 (b)政府机构、标准制定组织或专业团体的标准、要求或建议措施。

(2)材料可以——

 (a)通过参引的方式全部或部分并入命令中;

 (b)通过修改、补充或变更的方式并入命令中。

(3)命令中参引的材料作为本命令的一部分具有法律效力。

(4)第170至177条适用于通过在命令中参引并入的材料,如同——

 (a)提述的法规,或根据相关授权条文制定的法规,是指本命令或根据第60条或60A条制定的其他命令(视情况而定);

 (b)第173(2)(c)条、第173(4)(b)条、第174(1)(d)条规定以目标通知(targeted notice)代替宪报通知,但第174(1)(d)条不适用于第174(2)(b)条规定的材料。

(5)在第(4)(b)款中,目标通知是指向行政长官认为可能因制定有关法规而受实质影响的主体发出的通知,或指可能引起行政长官注意的通知。

61. 持有账户的要求

(1)参与者或合格主体必须为下列目的而持有账户——

 (a)根据排放交易计划的参与者条款,要求清缴排放单位或返还排放单位;

 (b)根据排放交易计划的参与者条款,参与者或合格主体有权获得新西兰排放单位。

(2)尽管第(1)款有规定,若主体已履行第56(1)(b)条或第57(3)条的规定,在成为参与者时无持有账户,也视为遵守了第(1)款(视情况而定)。

(3)尽管本法有规定,根据第18A(5)条,登记官必须以下列主体的名义开立持有账户——

 (a)包括——

  (i)根据第56(1)(b)条或第57(3)条申请开立持有账户主体的名义;

  (ii)以其姓名或名称已录入为第56条或第57条之目的而保存的登记册主体的名义;

(b)以合格主体的名义。

62. 对排放量和移除量的监督

参与者必须就其在一年内进行的附件3或附件4所列活动——

(a)收集规定的数据或其他信息(若根据本法制定的法规要求,数据或信息必须由环保署根据第92条认可的个体人或组织核实);

(b)按照根据本法制定的法规中的方法计算该活动的排放量和移除量;

(c)根据本法制定的法规,由环保署根据第92条认可的个体人或组织核实计算结果;

(d)以规定的形式(如有)保存数据、记录信息及计算。

63. 清缴排放单位以替代履行排放责任

(1)参与者在进行附件3或附件4所列活动时,每排放1公吨二氧化碳,则须清缴1个排放单位,且——

(a)依照本法计算;

(b)在本法规定的时间内。

(2)若参与者有义务根据本法清缴排放单位,则参与者必须根据第18C条提出申请,将所需的排放单位数量从参与者的持有账户转入环保署指定的清缴账户。

(3)第(1)款受第191(1)(c)条约束。

(4)若本法规定了清缴或返还排放单位的责任,但未规定清缴或返还排放单位的截止日期,则截止日期为环保署向当事人发出要求清缴或返还通知后60个工作日。

63A. 修改清缴排放单位责任以替代履行特定排放

[已废止]

64. 因移除活动取得新西兰排放单位的权利

(1)根据本法计算,参与者有权就其移除活动产生的每1公吨移除量,获得1个新西兰排放单位。

(1A)第(1)款不适用于参与者无权获得排放单位的移除量。[根据第197条(赠款资助森林)]

(2)若参与者向环保署提交的排放申报中包含了参与者获得新西兰排放单位的权利评估,则环保署必须在收到排放申报后20个工作日内指示登记官将评估报告中包含的新西兰排放单位数量转入参与者的持有账户中。

(3)第(2)款不适用于——

(a)环保署或执行人员在收到排放申报后20个工作日内,根据第94条向参

与者发出通知,要求参与者就排放申报所载的事项提供信息;

(b)第(4)款要求将排放单位转入其他账户。

(4)在以下情形中,环保署必须适用第64A条:

(a)参与者有权获得的排放单位是潜在转让排放单位;

(b)参与者是接收者;

(c)与排放申报的报告期结束时间相关。

(5)[已废止]。

(6)[已废止]。

64A. 转让已分配的、有权接收的、补偿的排放单位,必须扣除清缴或返还的排放单位

(1)若本条适用,环保署必须通过以下方式计算指定排放单位(如有),即在下列时间之前,计算接收者被要求清缴或返还(但没有)至政府持有账户的排放单位:

(a)被要求清缴或返还排放单位的最早日期;但是

(b)当其数量等于潜在转让排放单位值时(如有),即停止。

(2)若有指定排放单位,环保署必须通知接收者以下信息:

(a)要求清缴的指定排放单位数量;

(b)要求返还的指定排放单位数量;

(c)当指定排放单位被转让给接收者时,指定排放单位将从潜在转让排放单位中扣除,不包括已经清缴的或返还的指定排放单位。

(3)环保署必须指示登记官——

(a)将需要清缴的指定排放单位转入环保署规定的清缴账户;

(b)将需要返还的指定排放单位转入环保署规定的政府持有账户;

(c)将扣除指定排放单位后剩下的潜在转让排放单位转入接收者的持有账户。

(4)但是,登记官转入——

(a)第(3)款的排放单位,不得包括在当时已经清缴或返还的指定排放单位;

(b)可先将第(3)(a)款或第(3)(b)款下的指定排放单位转入接收者的持有账户,随后立即从该持有账户转出。

(5)指定排放单位的清缴或返还需满足以下条件——

(a)接收者有转让相关排放单位的权利;

(b)接收者有清缴或返还相关排放单位的义务。

(6)为免生疑义,接收者有责任清缴或返还尚未计入指定排放单位的排放单位

(因为其超过了潜在转让排放单位的数量)。

65.年度排放申报

(1)在每年1月1日起至3月31日的期间内——

    (a)参与者必须就其在前一年从事附件3或附件4第2、3或4编所列的活动,向环保署提交一份年度排放申报;

    (b)若参与者的补偿林地申请被视为根据第186D(2)条被撤销,或根据第186G(1)条被撤销,则参与者必须就附件3第1编所列活动向环保署提交一份年度排放申报,该活动的期间为——

        (i)自该活动首次发生之日起;

        (ii)至撤销之日。

(1A)就年度排放申报而言,在第(1)(b)款规定期间内从事的活动,须视为在前一年从事的活动。

(2)对于参与者在申报所涉年度内所从事的活动,年度排放申报必须——

    (a)记录参与者的活动;

    (b)记录参与者根据第62(b)条及第62(c)条计算及(如有需要)核实的排放量及移除量;

    (c)包含对参与者下列事项的评估——

        (i)参与者因排放量而需清缴排放单位的责任;

        (ii)参与者因移除量而获得新西兰排放单位的权利;

    (d)附可能规定的其他信息;

    (e)附规定的费用(如有);

    (f)由参与者签名。

(2A)若第186E(1)条适用,则——

    (a)第(2)(b)款及第(2)(c)款不适用;

    (b)年度排放申报必须根据第186D(3)(c)条,将1990年前林地的排放量记录为附件3第1A编所列活动参与者的排放量,该活动参与者有责任清缴排放单位。

(3)参与者必须按照规定的方式和形式提交第(1)款规定的年度排放申报。

(4)在根据第(1)款提交年度排放申报后——

    (a)参与者(从事附件3第5编所列活动的参与者除外)必须在5月31日前,清缴根据第(2)(c)(i)款参与者评估的排放单位数量或根据第(2A)(b)款记录的排放单位数量;

    (b)从事附件3第5编所列活动的参与者必须在5月31日前清缴根据

第(2)(c)(i)款进行的参与者评估中所列的排放单位数量,并扣除根据第86BA条在该评估中的相关年度分配给参与者的排放单位数量。

(5)为免生疑义,主体未从事附件3所列的活动,则无须根据第(1)(a)款提交年度排放申报——

  (a)仅因其砍伐1990年前林地,而根据第179A(1)(b)条,不能被视为毁林;

  (b)仅因其砍伐非林地(以及1990年前林地),这些林地已被1990年前补偿林地所抵消。

66. 其他移除活动的季度申报

(1)根据本法规定,附件4第2编所列活动的参与者可在下列日期后20个工作日内提交符合第(2)款的排放申报:

  (a)3月31日;

  (b)6月30日;

  (c)9月30日。

(2)第(1)款所述的排放申报应当——

  (a)只与附件4第2编所列的主体为参与者的活动有关;

  (b)就申报所涉的各项活动而言——

    (i)从以下较晚的日期开始——

      (A)该主体成为该活动参与者之日;

      (B)参与者就该活动最后一次排放申报所涉期间结束次日;

    (ii)截止于第(1)款规定的日期;

  (c)包含申报期间根据第65(2)条规定的信息;

  (d)根据第65(3)条提交。

(3)尽管有第65条规定,在任一年根据本条提交活动申报的参与者,其年度排放申报应当只涉及本条未涵盖在申报内的年度。

67. 排放记录的保留

(1)参与者必须保存足够的记录,以便环保署就参与者从事或实施附件3或附件4所列活动的年度核实——

  (a)参与者所从事的活动;

  (b)根据第62(b)条及第62(c)条计算并核实(如有需要)该活动的排放量与移除量;

  (c)该参与者就下列事项的评估:

(ⅰ)清缴排放单位的责任;

(ⅱ)获得新西兰排放单位的权利;

(d)参与者提交的排放申报中包含的其他信息。

(2)第(1)款所规定的记录必须——

(a)包含第62(d)条所规定的记录;

(b)若有关的活动列于附件3或附件4第1编,则须在相关年度结束后保留至少20年;

(c)在其他情形下,在相关年度结束后,至少保留7年。

第2分编　新西兰排放单位的发放和分配

68.发放新西兰排放单位

(1)部长可不定期指示登记官将新西兰排放单位发放至政府持有账户。

(2)在发出指示之前,部长必须——

(a)咨询财政部长;

(b)考虑下列事项:

(ⅰ)[已废止];

(ⅱ)气候变化国际义务;

(ⅲ)排放交易计划的正常运行;

(ⅳ)部长认为相关的其他事项;

(c)若第(1)款下的指示涉及在2031年1月1日或之后向政府持有账户发放新西兰排放单位,且若《巴黎协定》没有规定从该日开始的承诺期,则应考虑以下事项:

(ⅰ)指示年份前5年(有记录)的新西兰年度排放量;

(ⅱ)最近一次根据第160(1)条完成的审查报告;

(ⅲ)气候变化国际义务;

(ⅳ)新西兰预计的未来国际义务。

(3)登记官必须执行部长根据第(1)款发出的指示。

(4)发出第(1)款的指示后,在切实可行的情况下,部长必须——

(a)在宪报上公布相关指示副本;

(b)确保该指示可通过环保署的互联网网站访问;

(c)向众议院提交一份指示副本。

(5)第(4)款下的每一份指示副本必须附有一份声明,说明部长如何处理第(2)

(b)款中的事项,若相关,还应说明第(2)(c)款中的事项。

69.关于新西兰排放单位的意向通知

[已废止]

1990 年前林地的新西兰排放单位配额

70.已发布的配额计划

(1)根据本条制定 2010 年《气候变化(1990 年前林地配额计划)令》,以发布 1990 年前林地的配额计划。

(2)配额计划可以撤销,但不得修改或替换。

(3)配额计划自提交众议院之日起生效。

(4)配额计划是二级立法。

71.更正配额计划

[已废止]

72.1990 年前林地的配额

[已废止]

73.部长任命主体持有特定新西兰排放单位

[已废止]

74.分配给渔业配额所有人的额度

[已废止]

75.1990 年前林地配额计划的意见征询程序

[已废止]

76.渔业配额计划的意见征询程序

[已废止]

77.根据配额计划作出决定

[已废止]

78.撤销和替换决定的权力

[已废止]

79.新决定的效力

[已废止]

工业和农业领域的新西兰排放单位的分配

80. 工业领域新西兰排放单位的分配标准

(1)若主体在一年中的任何时候从事合格工业活动,其就有资格获得该年的新西兰排放单位配额。

(2)第(1)款受第86E条和第161D(7)条约束。

81. 合格工业活动获得临时配额的权利

(1)根据第82条,合格主体有资格获得新西兰排放单位的临时配额,用于合格工业活动,为期一年,按照以下公式计算:

$$PA = LA \times \sum (PDCT \times AB)$$

PA 是该主体获得本年度内合格工业活动临时配额的权利。

LA 是本年度合格工业活动的资助水平(the level of assistance)——

(a)对于合格的中等排放密集型工业活动——

(i)至2020年(含2020年),每年为0.6;

(ii)2020年之后的每一年,为前一年的资助水平减去适用的逐步淘汰率;

(b)对于合格的排放密集型工业活动——

(i)至2020年(含2020年),每年为0.9;

(ii)2020年之后的每一年,为前一年的资助水平减去适用的逐步淘汰率。

$\sum$ 为计算 PDCT × AB 的求和符号。

PDCT 是指根据本法制定的法规规定,在临时配额的前一年,由主体从合格工业活动中生产的指定产品的数量(如相关)。

AB 是指根据本法制定的法规,要求合格主体使用的适当产品所指定的分配基准。

(2)本条中适用的逐步淘汰率为——

(a)若没有根据第84A条或第84B条制定与合格工业活动有关的法规,则——

(i)2020年以后至2030年(包括)的每一年,为0.01;

(ii)2030年以后至2040年(包括)的每一年,为0.02;

(iii)2040年以后每年,为0.03;

(b)若根据第84A条或第84B条制定的法规对该年度合格工业活动设定了

不同的逐步淘汰率,则以法规设定的逐步淘汰率为准。

82. 合格工业活动在未获临时配额的情形下获得配额的权利

(1)在一年内的任何时候从事合格工业活动,但并未在前一年内从事该活动的合格主体(新进入者),无权获得根据第 81 条计算的临时配额,但有权获得根据第(2)款计算的配额。

(2)新进入者或其他合格主体,若在一年内未获得合格工业活动的新西兰排放单位临时配额,有权获得根据第 83(2)条的公式计算出的该年度合格工业活动的新西兰排放单位配额。

83. 年度配额调整

(1)在遵守第 84 条规定的情况下,主体在某一年内获得合格工业活动的新西兰排放单位临时配额,必须计算出该活动的年度配额调整数——

(a)按照第(2)款的公式,确定主体在该年度内就合格工业活动的最终配额权利;

(b)并按照第(3)款的公式,决定每年的配额调整。

(2)主体的最终配额权利计算公式如下:

$$FA = LA \times \sum (PDCT \times AB)$$

FA 是主体对本年度合格工业活动的最终配额权利。

LA 是本年度合格工业活动的资助水平——

(a)对于合格的中等排放密集型的工业活动——

(i)至 2020 年(含 2020 年),每年为 0.6;

(ii)2020 年之后的每一年,为前一年的资助水平减去适用的逐步淘汰率;

(b)对于合格的排放密集型工业活动——

(i)到 2020 年(含 2020 年),每年为 0.9;

(ii)2020 年之后的每一年,为前一年的资助水平减去适用的逐步淘汰率。

$\sum$ 为计算 PDCT × AB 的求和符号。

PDCT 是指根据本法制定的法规规定,在临时配额相关的前一年,由主体从合格工业活动中生产的指定产品的数量(如相关)。

AB 是指根据本法制定的法规,要求合格主体使用的适当产品所指定的分配基准。

(2A)在第(2)款中,适用的逐步淘汰率为——

(a)若未根据第 84A 条或第 84B 条制定与合格工业活动有关的法

规,则——
  (i)2020 年以后至 2030 年(包括)的每一年,为 0.01;
  (ii)2030 年以后至 2040 年(包括)的每一年,为 0.02;
  (iii)2040 年以后各年,为 0.03;
 (b)若根据第 84A 条或第 84B 条制定的法规对该年度合格工业活动设定了不同的逐步淘汰率,则以法规设定的逐步淘汰率为准。
(3)主体的年度配额调整的计算公式如下:

$$AA = PA - FA$$

AA 是指该主体在该年度合格工业活动中的年度配额调整排放单位。
PA 是指环保署根据第 86B 条通知的合格工业活动主体的临时配额。
FA 是根据第(2)款计算的该年度合格工业活动中主体的最终配额权利。
(4)根据第(3)款公式计算的 AA——
 (a)若为负数,则主体有权在该年度配额调整中分配到排放单位;
 (b)若为正数,则主体有责任在该年度配额调整中返还排放单位。
(5)若合格主体有权获得年度配额调整中的排放单位数量,则——
 (a)在年度配额调整所涉及的下一年度,对同一合格工业活动提出临时配额申请的,则该主体必须在其下一年度的临时配额申请中记录该调整;
 (b)该主体未在年度配额调整所涉及的下一年度对同一合格工业活动提出临时配额申请的,则可根据第 86 条就年度配额调整的排放单位数量提出单独的配额申请。
(6)若合格主体有责任返还年度配额调整中的排放单位数量,则——
 (a)在年度配额调整所涉及的下一年度,对同一合格工业活动申请临时配额的——
  (i)该主体必须在申请下一年度的临时配额时记录该年度的调整;
  (ii)根据第 86B 条的规定,环保署必须从下一年的临时配额中扣除调整的排放单位数量,除非临时配额中的排放单位数量少于调整数,在这种情况下,该主体必须在收到环保署关于排放单位数量不足的通知后 20 个工作日内,将相关排放单位数量转入环保署指定的政府持有账户,以返还差额;
 (b)没有在年度配额调整所涉及的下一年就同一合格工业活动提出配额申请的,则该主体必须——
  (i)在年度配额调整所涉下一年度的 4 月 30 日前,将该主体的年度配额调整通知环保署;

(ii) 在年度配额调整所涉下一年度的 5 月 31 日前,将年度配额调整中的排放单位数量转入环保署指定的政府持有账户。

(7) 主体须根据本条返还排放单位的,所返还的排放单位必须是可转入清缴账户的排放单位类型。

84. 结转配额调整

(1) 获临时配额而从事合格工业活动达一年的合格主体,若在该年内停止从事该活动,必须在停止后 20 个工作日内——

(a) 按照第 83(2) 条的公式计算该主体在该年度活动的最终配额权利;

(b) 使用第 83(3) 条的公式计算该主体的结转配额调整,为此,第 83(3) 条作出必要的修改后可适用,将结转配额调整视同年度配额调整;

(c) 结转配额调整——

(i) 若为负数,则可根据第 86 条向环保署申请结转配额调整中的排放单位数量配额;

(ii) 若为正数,则将主体的结转配额调整通知环保署,并通过将排放单位转入环保署指定的政府持有账户,返还结转配额调整中的排放单位数量。

(2) 就第(1)款而言,已就合格工业活动获得为期一年的临时配额且暂时未从事该活动的主体——

(a) 不应立即被视为已停止从事该活动;但是

(b) 若该主体在一年内有 3 个月未从事该活动,则必须在 3 个月期满后尽快将该事实通知环保署;

(c) 若环保署[在收到主体根据第(b)项发出的通知后]通知该主体,环保署认为该主体已停止从事该年度的活动,并要求其遵守第(1)款,则在环保署发出通知之日起的 20 个工作日内,该主体必须遵守第(1)款。

(3) 根据第(4)款,在主体停止从事合格工业活动的年份内,第(1)款规定的合格主体——

(a) 无须就该活动遵守第 83 条;

(b) 不得在该年度计算根据第 83 条作出的年度配额调整。

(4) 在任一年内根据第(1)款申请或通知结转配额调整,但在同年重新从事该活动的主体——

(a) 可按下列公式计算该年的年度配额调整:

$$AA = PA - FA - CAA$$

AA 是指主体在合格工业活动中的该年度配额调整排放单位。

PA 是指环保署根据第 86B 条通知的合格工业活动的临时配额。

FA 是指该年度合格工业活动的最终配额权利[必须按照第 83(2)条计算]。

CAA 是指该主体对合格工业活动的结转配额调整。

(b)有权根据第 83(5)条,在该主体的年度配额调整[根据第(a)项计算]中分配排放单位数量。

(5)第 83(7)条适用于根据本条返还的排放单位,该排放单位视为根据第 83 条被要求返还。

84A. 设定减少的逐步淘汰率的法规

(1)总督可根据部长的建议,通过枢密院令,制定或修订法规——

(a)为第 81(1)条及第 83(2)条之目的,为一项或多项合格工业活动制定减少的逐步淘汰率;

(b)规定自 2031 年 1 月 1 日开始或之后一年或数年的减少的逐步淘汰率。

(2)部长不得建议根据本条制定或修订法规,以设定合格工业活动的减少的逐步淘汰率,除非——

(a)气候变化委员会(根据第 5ZOB 条)建议,应为该活动设定减少的逐步淘汰率;

(b)部长采纳该建议,并遵守第 84C 条的规定。

(3)法规必须在年度开始前制定或修改,才可适用于该年度。

(4)在本条中,减少的逐步淘汰率是指——

(a)低于第 81(2)(a)条和第 83(2A)(a)条规定的比率,即使该比率超过根据本条制定的法规先前规定的比率;

(b)至少——

(i)2031 年 1 月 1 日起至 2040 年 12 月 31 日,该期间每一年至少为 0.01,即使该比率超过根据本条制定的法规先前规定的比率;

(ii)2041 年 1 月 1 日起至 2050 年 12 月 31 日,该期间每一年至少为 0.02,即使该比率超过根据本条制定的法规先前规定的比率。

(5)本条下的法规为二级立法。

84B. 设定增加的逐步淘汰率的法规

(1)总督可根据部长的建议,通过枢密院令,制定或修订法规——

(a)为第 81(1)条及第 83(2)条之目的,为一项或多项合格工业活动设定增加的逐步淘汰率;

(b) 为自 2026 年 1 月 1 日开始或其后的排放预算期设定增加的逐步淘汰率。

(2) 就排放预算期制定的法规必须包括一份声明,说明部长在之后的排放预算期设定逐步淘汰率的计划。

(3) 部长不得建议根据本条制定或修订法规,为合格工业活动设定增加的逐步淘汰率,除非——

(a) 气候变化委员会(根据第 5ZOB 条)对是否应为该活动设定增加的逐步淘汰率提出建议;

(b) 部长采纳该建议,并遵守第 84C 条的规定。

(4) 为适用于排放预算期,法规必须在排放预算期开始之前制定或修订。

(5) 但是,在以下情形中,即使法规在该期间制定或修订,仍可适用于排放预算期——

(a) 排放预算期的排放预算已经修改;

(b) 部长确信,自制定或上次讨论法规以来,第 84C(3) 条所列的考虑因素发生重大变化。

(6) 本条中,增加的逐步淘汰率是指超过或等于第 81(2)(a) 条及第 83(2A)(a) 条中的比率,即使该比率低于根据本条制定的法规先前所规定的比率。

(7) 本条下的法规为二级立法。

84C. 制定有关逐步淘汰率的法规的程序

(1) 在建议根据第 84A 条或第 84B 条制定或修订法规之前,部长必须确保法规或修正案符合其生效时适用的排放预算。

(2) 根据第 84A 条或第 84B 条制定或修订法规的意见征询要求,参见第 3A 条及第 3B 条。

(3) 在就符合条件的工业活动建议根据第 84B 条制定或修订法规之前,部长必须考虑——

(a) 为减少温室气体排放而设定的目标或预算;

(b) 新西兰根据《巴黎协定》的国家自主贡献;

(c) 排放泄漏的风险水平(例如,由于新西兰减少排放,为了降低活动相关的排放成本,将一项活动迁至新西兰境外,导致境外排放量增加),基于——

(i) 竞争性管辖区的相关排放成本和政策;

(ii) 该活动生产的产品的国际贸易市场;

(iii) 受影响的合格主体将增加的成本转嫁给顾客的能力;

(d)该活动的配额价值将超过履行与活动相关的排放交易计划义务成本的风险;

(e)排放交易计划中的其他供应来源,包括离岸减排量;

(f)该活动的低排放技术的可用性;

(g)国际气候变化义务;

(h)排放交易计划的正常运行;

(i)纳税主体为该活动提供配额的成本;

(j)气候变化委员会根据第5ZOB条提出的建议;

(k)部长认为相关的其他事项。

(4)第(5)款适用于以下情况——

(a)部长决定建议根据第84A条或第84B条制定法规,但不采纳委员会的建议;

(b)部长决定建议根据第84A条或第84B条修订法规,但委员会——

(i)建议进行不同的修订;

(ii)反对进行任何修订;

(c)尽管委员会提出建议,但部长反对根据第84A条或第84B条制定或修订法规。

(5)在收到委员会建议后的16周内,部长必须在合理可行的情况下尽快就部长和委员会的建议之间的差异编制一份原因报告,并——

(a)向众议院提交报告副本;

(b)将报告公布于众。

85.农业领域的新西兰排放单位配额

(1)若主体在一年内的任何时候从事合格农业活动,其就有资格获得一年的新西兰排放单位配额。

(2)合格主体有权按照下列公式计算在该年度内获得合格农业活动的配额:

$$A = LA \times \sum (PDCT \times AB)$$

A是指该年度获得合格农业活动的配额权利。

LA是指该年度合格农业活动的资助水平——

(a)在该活动适用清缴义务的第一年为0.95;

(b)在该活动适用清缴义务第一年之后每年,比前一年的资助水平降低0.01(合格农业活动的逐步淘汰率)。

$\sum$ 为计算 PDCT × AB 的求和符号。

PDCT是根据本法制定的法规确定的(若相关),该年度主体在合格农业活动中生产的各类产品总量。

AB 是对适用产品所规定的分配基准。

(3)尽管有第86(1)(c)条,在一年内停止从事合格农业活动的主体,可以在停止从事该活动后20个工作日内,根据第86条,申请根据第(2)款公式计算的该年度的配额。

(4)特定主体——

(a)就第(3)款及第59条而言,若主体在一年内没有持续从事某项合格农业活动,该主体不得被视为已停止从事该项活动;但是

(b)若该主体在一年内有3个月未从事合格农业活动,则必须被视为已停止从事该年度的活动。

(5)根据第(6)款的规定,已按第(3)款申请特定年度(结转年度)配额的合格主体,不得在该结转年度根据第86条申请更多的配额。

(6)已根据第(3)款在结转年度申请配额,但在同年重新从事活动的合格主体,可以根据第86条在重新从事活动日期之后的该年度的部分时间申请配额[根据第(3)款提出的申请不包括该活动],为此目的,适用第(2)款,该年视为主体重新从事活动之日起年度中的一部分。

85A. 根据第85(2)条中止推行逐步淘汰率

(1)本条的目的是中止根据第85(2)条逐步取消资助的比率,直至相关参与者完全履行清缴义务。

(2)尽管第85(2)条规定——

(a)在下列期间,该条中的逐步淘汰率不得将合格活动的资助水平,从适用于该活动完全清缴义务的第一年水平上降低——

(i)自本条生效之日起;

(ii)就上述一项或全部活动而言,在总督根据部长的建议,通过枢密院令,为本条目的而规定的终止日期结束;

(b)逐步淘汰率适用于该命令规定的该年终止日期之后的每一年。

(2A)在建议根据第(2)(a)(ii)款向理事会发出命令之前,部长必须考虑气候变化委员会关于是否应继续中止逐步淘汰率的建议。

(3)部长不得在相关参与方履行清缴义务之前,根据第(2)(a)(ii)款提出建议。

(4)本条在根据第(2)(a)(ii)款作出的枢密院令规定的终止日期之次日即废除,第(2)(a)(ii)款规定本条下的所有中止结束。

(5)本条下的命令为二级立法。

85B. 中止合格农业活动获得配额的权利

［已废止］

86. 工业和农业领域新西兰排放单位的配额申请

(1)除非本分编另有规定,否则合格主体旨在分配到新西兰排放单位,用于本分编规定的合格工业活动或合格农业活动,则须在第(1A)款规定的相关期限内向环保署提出申请。

(1A)申请必须在以下时间提出——

(a)合格工业活动的临时配额,为申请配额年度的1月1日起至4月30日;

(b)合格工业活动的配额(临时配额除外),为申请配额年度下一年的1月1日起至4月30日;

(c)合格农业活动的配额,为申请配额年度下一年的1月1日起至3月31日。

(2)根据第(1)款提出的申请必须——

(a)采用规定的形式;

(b)如有需要,应包含申请人以下方面的评估——

(i)就合格工业活动而言,包含该主体——

(A)根据第81条计算的年度临时配额权利;

(B)根据第83(2)条计算的前一年的最终配额权利;

(C)根据第83(3)条或第84(4)条计算的前一年的年度配额调整;

(D)根据第84(1)(b)条计算的年度结转配额调整;

(ii)就合格农业活动而言,包含该主体——

(A)根据第85(2)条计算的上一年的配额权利;

(B)若第85(3)条适用,在该主体停止从事合格农业活动当年的配额权利;

(c)附——

(i)环保署可能要求的其他信息;

(ii)规定的费用(如有);

(d)包含第61条所要求的合格主体持有账户的账户号码。

86A. 2013年及以后工业领域的临时配额

尽管有第86(1A)(a)条规定,若第161A(1)(a)条在2013年1月1日至2013年12月31日或其后的年份(规定年份)规定合格工业活动,在该规定年份的前一年从事该活动的合格主体可在以下期间为该规定年份的合格工业活动申请临时配额——

(a)自规定该活动为合格工业活动的法规生效之日起;

(b)截止日期为第(a)款所述日期后 3 个月。

86B. 工业领域新西兰排放单位配额申请的决定

(1)在收到根据第 86 条就合格工业活动提出的申请后,环保署必须决定——

    (a)申请人是否有资格就申请获得配额;

    (b)若环保署认为申请人有资格就该申请获得配额,则申请人有权就该申请获得配额的排放单位数量,若该申请涉及一项合格工业活动的临时配额,则必须——

        (i)包括该主体在前一年的年度配额调整中有权获得的排放单位;

        (ii)减去根据第 83(6)(a)条要求从主体的临时配额权利中扣除的排放单位。

(2)若环保署根据第(1)款决定申请人有权就该申请获得配额,则环保署必须——

    (a)通知申请人——

        (i)申请人就该申请已分配的排放单位数量,以及环保署根据第(1)款对该配额作出的调整;

        (ii)该主体根据第 144 条对配额决定进行复审的权利;

    (b)即使根据第(1)款调整后,只要分配的排放单位数量大于零,即应遵守第 86BB 条。

(3)若环保署根据第(1)款决定,申请人不符合就该申请获得配额的条件,或者该主体在申请中有权获得的配额等于或少于该主体根据第 83(6)(a)条在申请中记录的年度配额调整中有责任返还的排放单位数量,则环保署必须通知申请人——

    (a)环保署的决定;

    (b)决定的理由;

    (c)若该决定的结果是主体有责任返还的排放单位数量超过在申请中有权获得的排放单位数量,则通知不足的排放单位数量;

    (d)该主体根据第 144 条要求对配额决定进行复审的权利。

(4)若主体未按照第 83(6)(b)条或第 84(1)(c)(ii)条向环保署通知年度配额调整或结转配额调整,或者若环保署认为主体根据第 83(6)(b)条或第 84(1)(c)(ii)条向环保署通知的年度配额调整或结转配额调整有误,则环保署可以对该主体的年度配额调整、结转配额调整、正确的年度配额调整或结转配额调整作出决定。

(5)环保署必须在切实可行的情况下,在决定合格主体对合格活动一年内的最终配额后,尽快——

(a)在宪报上公布有关决定；

(b)确保可通过环保署的互联网网站获取。

(6)就第(5)款而言——

(a)收到合格工业活动临时配额的主体的最终配额,是该年度活动的年度配额调整(或结转配额调整,视情况而定)调整后的该年度活动的临时配额；

(b)若环保署认为发布该信息可能会不合理地损害获得配额的合格主体的商业地位,则环保署无须公布一年内某项合格活动的合格主体的最终配额,或确保其可通过互联网访问。

86BA. 农业领域新西兰排放单位配额申请的决定

(1)本条适用于——

(a)环保署收到根据第86条提出的关于合格农业活动的申请；

(b)申请人已经提交到期的排放申报。

(2)环保署必须决定——

(a)申请人是否有资格就申请获得配额；

(b)若环保署认为申请人有资格获得配额,则申请人有权获得配额的排放单位数量。

(3)若环保署决定申请人有权得到配额,那么环保署必须——

(a)通知申请人——

(i)已分配给申请人的排放单位数量；

(ii)该主体根据第144条对配额决定进行复审的权利；

(b)遵守第86BC条。

(4)若环保署决定申请人不符合获得配额的资格,那么环保署必须通知申请人——

(a)环保署的决定；

(b)决定的理由；

(c)主体根据第144条对配额决定进行复审的权利。

(5)环保署必须在确定合格主体对合格农业活动一年的配额后,在切实可行的范围内尽快——

(a)在宪报上公布有关决定；

(b)确保可通过环保署的互联网网站获取。

(6)但是,若环保署认为发布该信息可能会不合理地损害获得配额的合格主体的商业地位,则环保署无须公布合格主体在一年内从事合格农业活动的配额,或确保该信息可通过互联网获取。

86BB. 将已分配的排放单位转让给工业须减除必须清缴或返还的排放单位

环保署必须按以下规定适用第64A条：

(a)在根据第86B(1)条进行调整后，按照第86A条分配给申请人的排放单位为潜在转让排放单位；

(b)申请人是接收者；

(c)与配额相关的年份的开始为相关时间。

86BC. 将已分配的排放单位转让给农业须减除必须清缴或返还的排放单位

(1)本条适用于根据第86BA条分配给申请人的排放单位(潜在转让排放单位)。

(2)环保署必须按照以下顺序计算指定排放单位，一旦其等于潜在转让排放单位的数量(如有)，就停止计算：

(a)首先，根据配额相关年度的评估结果而要求清缴的排放单位；

(b)其次，申请人因前一年的评估而被要求(但没有)清缴或返还给政府持有账户的排放单位(如有)，从最早被要求清缴或者返还排放单位时开始。

(3)环保署必须通知申请人以下事项：

(a)根据第(2)(a)款计算的须清缴的指定排放单位数量；

(b)根据第(2)(b)款计算的须清缴的指定排放单位数量；

(c)根据第(2)(b)款计算的须返还的指定排放单位数量；

(d)在潜在转让排放单位转让给申请人时，指定排放单位将从该等排放单位中扣除，但不包括已经清缴或返还的指定排放单位。

(4)环保署必须指示登记官——

(a)向环保署指定的清缴账户清缴所要求的指定排放单位；

(b)向环保署指定的政府持有账户返还所要求的指定排放单位；

(c)将指定排放单位扣除后剩下的潜在转让排放单位转入申请人的持有账户。

(5)但是，登记官在转让——

(a)第(4)款下的排放单位时，不得包括当时已清缴或返还的指定排放单位；

(b)第(4)(a)款或第(4)(b)款的指定排放单位时，可先将其转至申请人的持有账户，然后立即将其从该持有账户转出。

(6)指定排放单位的清缴或返还需满足——

(a)申请人有转让排放单位的权利；

　　(b)申请人有清缴或返还有关排放单位的义务。

　(7)为免生疑义,申请人仍有责任清缴或返还未计入指定排放单位的排放单位(因为其超过了潜在转让排放单位的数量)。

86C. 重新考虑分配决定

　(1)在没有第144条限制的情形下,若环保署认为根据第86B条或第86BA条作出的决定已经或将导致主体因下列原因接收有误的配额,则可重新考虑、更改或撤销该决定——

　　(a)计算主体在本分编下的配额权利或返还排放单位的责任时出现错误；

　　(b)申请人在申请中提供了篡改的、虚假的、不完整的或具有误导性的信息。

　(2)若作出的决定,或者变更、撤销该决定,会减少主体的配额,则环保署不得根据第86B(4)条就年度配额调整或结转配额调整作出决定,也不得在与该决定有关的年度或其他期间届满后的4年内更改或撤销第(1)款下的决定。

　(3)但是,若环保署认为根据第83(6)(b)条或第84(1)(c)(ii)条提交的通知或配额申请,或根据第86条、第86E条或第144条提交的其他文件,是出于欺骗目的而提交的,环保署可根据第86B(4)条作出年度配额调整或结转配额调整的决定,或随时更改、撤销根据第(1)款作出的决定,以减少分配给与该通知或申请有关主体的排放单位数量(包括将该数量减少到零)。

　(4)若环保署根据第86B(4)条作出有关年度配额调整或结转配额调整的决定,或根据第(1)款更改或撤销决定,则环保署必须在作出该决定后,在切实可行的范围内,尽快通知根据第83(6)(b)条或第84(1)(c)(ii)条规定的发出或应当发出通知的主体或申请人(视情况而定)——

　　(a)该决定,或该决定的变更、撤销；

　　(b)该决定或变更、撤销的理由；

　　(c)主体根据第144条要求对配额决定进行复审的权利。

　(5)若根据第86B(4)条作出的与年度配额调整或结转配额调整相关的决定,根据第(1)款作出的配额决定的变更或撤销,或根据第144条进行的审查,存在以下情形——

　　(a)已分配的排放单位主体无权获得,或其返还的排放单位过少,则该主体必须在第(4)款的通知发出之日起60个工作日内,通过将排放单位转入环保署指定的政府持有账户,返还该主体的排放单位数量；

　　(b)已分配的排放单位少于该主体有权获得的排放单位,或已返还的排放单位过多，环保署必须在第(4)款下的通知日期之后，在切实可行的范围内，指示登记官将该通知中记录的新西兰排放单位数量转入该主体申请中指明的持有账户(或该主体指明的其他持有账户)。

(5A)[已废止]。

(6)第83(7)条适用于根据第(5)款返还的排放单位，视为根据第83条返还。

86D. 保留与分配有关的记录和材料

(1)因合格活动而获得新西兰排放单位的主体必须保存充足的记录，使环保署能够在该主体获得配额的年份核验——

(a)该主体的合格主体身份；

(b)根据第81条至第85条中的相关条文，计算该主体有权获得的新西兰排放单位或返还排放单位的责任；

(c)根据本法制定的法规，主体该年度的合格活动中生产的产品总量(如相关)；

(d)规定的其他信息。

(2)第(1)款规定的记录——

(a)必须包括——

(i)根据第86条向环保署提出的申请副本或根据第83(6)(b)条或第84(1)(c)(ii)条向环保署发出的通知副本；

(ii)用于编制申请或通知的信息；

(b)在申请或通知所涉年度结束后，至少保留7年。

86E. 环保署为履行本分编规定的职能可要求提供更多信息

(1)为根据第86B条或第86BA条作出决定，环保署可向下列主体发出通知，要求其向环保署提供更多信息：

(a)申请新西兰排放单位配额或通知进行年度配额调整、结转配额调整的主体；

(b)未根据第83(6)(b)条或第84(1)(c)(ii)条通知进行年度配额调整、结转配额调整的主体；

(c)可能受复审影响的主体。

(2)在作出决定前，必须发出第(1)款的通知。

(3)根据第(1)款发出的通知，可要求提供必要的信息，以确定主体是否——

(a)有资格获得新西兰排放单位配额；

(b)有权获得主体已经申请或收到的配额(涉及年度配额调整或结转配额调整)。

（4）为了核实根据第86B条或第86BA条作出的决定是否正确或是否应该重新考虑，环保署可以向根据该条获得新西兰排放单位的主体发出通知，要求该主体向环保署提供与配额有关的记录、数据或其他信息。

（5）根据本条收到通知的当事人，必须在通知规定的期限内提供所要求的信息。

（6）当事人若未能在根据本条发出的通知所指明的期限内遵守该通知，或未在与环保署协商的其他期限内遵守该通知，即使已根据第86条申请配额，无权就该申请获得配额。

86F. 调整期结束或其他结算日的排放单位余额

［已废止］

第3分编　环　保　署

一般行政规定

87. 环保署的职能

（1）环保署的职能包括：

　　（a）根据第56条将从事有关活动的主体以及将根据第57条登记为参与者的主体登记在册；

　　（b）收集整理参与者根据排放交易计划参与者条款提供的数据和其他信息；

　　（ba）根据第80至86E条管理与工业和农业有关的配额；

　　（c）批准参与者根据第91条使用特别排放系数；

　　（d）指示登记官将参与者从碳移除活动中获得的新西兰排放单位转入参与者的持有账户；

　　（e）确保参与者和合格主体遵守排放交易计划参与者条款，并采取适当措施来执行相关条款及根据该条款制定的其他法规；

　　（f）根据第89条发布信息；

　　（g）发布排放裁决，帮助当事人履行排放交易计划参与者条款的义务。

（2）环保署必须遵守部长根据第88（1）条作出的指示。

（3）为免生疑义，环保署代表国家履行第（1）款所列职能。

87A. 环保署的授权

（1）环保署不得转授根据第11条任命登记官的权力。

(2)其他情形适用2004年《政府机构法》第73条,但是该条第(1)款第(d)项视为废除,并由以下款项代替:

(d)特定主体或公共服务部门员工的任命,由该政府机构的部长核准。

88.对环保署的指示

(1)部长可以就环保署根据排放交易计划参与者条款或根据该条款制定的其他法规行使权力和履行职能,向环保署发出指示。

(2)第(1)款未授权部长就特定主体行使权力和履行职能作出指示。

(3)根据第(1)款发出指示后,部长必须尽快:

(a)在公报刊登指示副本;

(b)提供一份可通过环保署网站查阅的指示副本;

(c)向众议院提交指示副本。

(4)在根据第(1)款发出指示之前,部长必须遵守2004年《政府机构法》第115条第(1)款。

89.环保署特定信息公布

(1)环保署必须在各报告年度公布以下信息:

(a)就附件3所列活动而言——

(i)根据第56条登记的参与者总数;

(ii)根据第59条从登记册中除名的参与者总数;

(b)就附件4所列活动而言——

(i)根据第57条登记的参与者总数;

(ii)根据第58条第(4)款及第59条从登记册中除名的参与者总数;

(c)排放申报中的活动总数和类型;

(d)排放申报中的排放量和移除量;

(e)[已废止];

(f)未能履行以下责任的参与者总数:

(i)提交本法要求的排放申报;

(ii)按照本法要求清缴或返还排放单位;

(g)清缴的排放单位总数;

(h)为移除活动转移的新西兰排放单位总数;

(i)根据本编第2分编分配的新西兰排放单位总数减去已返还的排放单位数额;

(j)根据第178A(2)(a)(ii)条、第178(2)(a)(iii)条存入政府银行账户的款项总额;

(k)环保署根据第178A(2)(b)(ii)条或第178(2)(a)(iii)条支付的款项总额。

(1A)环保署必须在各报告年度公布以下相关信息：

(a)该报告年度内施加的每项合格处罚；

(b)在上一个报告年度处罚的，但仍然存在未清偿款项的每项合格罚款。

(1B)每项处罚所需信息有——

(a)被处罚主体的姓名或名称；

(b)处罚依据；

(c)罚款金额；

(d)最后一笔罚款的到期日，如已全额缴纳罚款，则指全额缴纳罚款的日期；

(e)根据第134条施加处罚的，当事人有责任清缴或返还排放单位；

(f)根据第134A至134D条施加的处罚是针对疏忽大意行为或故意行为。

(1C)在第(1A)款中，合格处罚是指：

(a)根据第134条施加的处罚；

(b)如环保署确信该处罚是针对疏忽大意或故意行为的，则指根据第134A至134D条施加的处罚。

(2)环保署——

(a)必须在报告年度结束后尽快公布第(1)至(1B)款所列信息；

(b)可以在其他时间以环保署认为适当的形式发布第(1)至(1B)款所列全部或部分信息。

(2A)在本条中，报告年度是指从每年7月1日起到次年6月30日止的12个月。

(3)[已废止]。

(4)[已废止]。

89A. 环保署发布参与者的排放和移除数据

(1)环保署必须为排放申报的各参与者或合并组织公布以下信息——

(a)参与者的姓名或名称，或合并组织中参与者的姓名或名称；

(b)报告所涉期间；

(c)第(d)至(f)项中的数据，排放单位为以二氧化碳当量(公吨)，并且——

(i)如报告涉及1名以上参与者，则按参与者细分；

(ii)如报告涉及多项活动，则按活动细分，但林业活动参与者的排放量或移除量必须合并用于其所有林业活动；

(d)参与者或组织的报告中列出的排放量(如适用)；

(e)参与者或组织的报告中列出的移除量(如适用)；

(f) 如无法取得第(d)项和第(e)项中的数据,则应在参与者或组织的报告中列出净排放量或移除量。

(2) 环保署——

(a) 必须至少每年公布一次信息,并在排放申报到期日后尽快公布;

(b) 可在其他时间发布全部或部分信息。

(3) 环保署必须以其认为适当的形式发布信息。

(4) 在发布信息前,环保署至少提前10个工作日在其网站上通知其将发布信息的日期。

90. 环保署可规定特定文件的形式

(1) 根据排放交易计划参与者条款和第2编,环保署可以规定:

(a) 所有表格、申请、报告、申请和报告所附信息的形式和电子格式,或根据本法制定的法规中无另行规定的其他文件形式和电子格式;

(b) 为不同类别的参与者、活动或目的规定不同的形式或格式;

(c) 根据排放交易计划参与者条款或第2编(如法规中未另行规定)提交申请、报告、信息或其他文件的方式。

(2) 环保署必须通过其官方网站发布第(1)款规定的形式。

(3) 在诉讼及其他程序中,除非有相反证据,环保署出示规定形式的文件、摘录或其副本,推定为证明已规定表格形式或电子格式的充分证据。

(4) 为免生疑义,环保署根据第(1)款已规定电子形式的,则其可以要求电子形式中相关签名须为电子签名。

91. 批准特别排放系数

(1) 在以下情况下,环保署可以批准参与者在计算第62(b)条规定活动的排放量或移除量时使用特别排放系数:

(a) 根据第164条制定的法规为参与者申请批准使用特别排放系数的活动提供了机制;

(b) 环保署认为,参与者申请使用的特别排放系数符合根据第164条制定的法规。

(2) 根据第(1)款作出的批准——

(a) 可能受环保署认为适当条件的约束;

(b) 于下列最早日期停止生效:

(i) 批准所依据的信息或条件发生重大变化的日期;

(ii) 本法或与批准有关的法规发生重大变化的日期;

(iii) 不再满足批准所附加条件的日期。

(3)如环保署批准根据第(1)款使用特别排放系数,环保署必须:

(a)将批准通知申请人;

(b)在公报刊登——

(i)参与者姓名或名称;

(ii)活动说明;

(iii)环保署已批准参与者在计算活动的排放量或移除量时使用的特别排放系数的详细信息。

91A. 特别排放系数的修正

(1)如环保署认为,根据第91条,因各种因素错误地为参与者批准特别排放系数,环保署可以修改批准并更正特别排放系数。

(2)环保署必须——

(a)将修改后的批准通知申请人;

(b)在公报上发布公告,详细说明——

(i)参与者姓名或名称;

(ii)活动说明;

(iii)环保署在修正后,批准参与者在计算活动的排放量或移除量时使用的特别排放系数的详细信息(修正后的特别排放系数);

(iv)修正后,特别排放系数的生效日期不得早于特别排放系数未修正前的日期。

(3)修正后的特别排放系数自公报公告指定之日起生效,即使已过该日期。

(4)为第120条之目的,基于错误的特别排放系数,在该日期之后的排放申报信息,可能被视为有误(使得环保署可以根据该修正排放申报,确定正确的特别排放系数)。

92. 核查者的认可

(1)环保署可以根据第163条制定的法规,认可具有专业知识、技术能力或资格的个体或组织,作为可以根据第62(a)条和第62(c)条或根据第164条制定的有关批准特别排放系数程序的法规,承担核查职能的个体或组织。

(2)行政长官可确认个体或组织能够核查以下信息或特别排放系数:

(a)一种或多种类型的数据、信息、排放量、移除量的计算;

(b)附件3或附件4中的一项或多项活动。

(3)环保署可以根据第163条中止或撤销根据本条赋予的认可。

核证与调查

93. 执法人员的任命

（1）环保署可以任命1名及以上的环保署员工作为执法人员，行使多项权力，履行本编赋予的职能（涉及是否遵守排放交易计划参与者条款的核证与调查）。

（2）如环保署将任命执法人员的权力授予特定公共服务部门的行政长官，则只有候选主体受雇于政府部门时，行政长官才可作出任命。在该情形下，行政长官应当根据2020年《公共服务法》进行任命。

（3）环保署必须向执法人员提供授权书，明确说明其权力和职能。

（4）行使或意图行使本法所赋予权力的执法人员，必须携带并出示（如有需要）——

  （a）授权书；

  （b）身份证明。

（5）终止任命后，执法人员必须向行政长官交还授权书。

（6）[已废止]。

94. 获取信息的权力

（1）为以下目的，环保署、行政长官或执法人员可通知相关主体，提供合理且必要的信息——

  （a）确定当事人是否遵守排放交易计划参与者条款；

  （b）确定环保署或行政长官（如适用）应否或如何行使排放交易计划参与者条款下的权力。

（2）根据第（1）款规定，提供的信息必须：

  （a）如经环保署、行政长官或执法人员要求，须附法定声明，证明所提供资料的真实性；

  （b）提供信息应当——

    （i）以环保署、行政长官或执法人员指定的形式；

    （ii）在通知要求的合理时间内提供；

    （iii）免费提供。

95. 调查权

（1）为第94（1）条之目的获取信息，或为管理或执行排放交易计划参与者条款所需的其他信息，环保署或行政长官可要求：

  （a）于通知的时间及地点，向环保署、行政长官或执法人员提供证据；

(b)出示通知中当事人管理或控制的文件或文件类别。

(2)环保署、行政长官或执法人员可要求其进行宣誓,并以口头或书面形式提供证据;为此目的,环保署、行政长官或执法人员可主持宣誓。

96. 地区法院法官的调查

(1)为第94(1)条之目的获取信息,或为管理或执行排放交易计划参与者条款所需的其他信息,环保署或行政长官认为有必要的,可向地区法院法官书面申请根据本条开展调查。

(2)为根据本条开展调查之目的——

(a)地区法院法官——

(i)可就调查的相关事宜,对环保署、行政长官或其他利害关系人要求调查的主体进行传唤和审查;

(ii)传唤和审查的管辖权与权限,与法官在普通管辖权范围内的民事诉讼中具有的管辖权限相同。

(b)接受传唤和审查的主体,享有在法官普通管辖权范围内的民事诉讼中作为证人的一切权利,并承担责任。

(3)环保署、行政长官和其他因调查受重大影响的主体,可以由一名大律师或事务律师作为代表,依据惯例,对根据第(2)款被传唤的主体进行审查、盘问和复审。

(4)根据本条进行的各项审查必须在内庭进行。

(5)受审查主体的陈述——

(a)必须——

(i)以书面形式记录,并由当事人在地区法院法官在场下签字;

(ii)交付行政长官;

(b)不构成法庭记录的一部分。

97. 不得就第95条或第96条作出的陈述提起刑事诉讼

(1)根据第95条或第96条被传唤或审查的主体,均不得以回答可能使其入罪、受到处罚、剥夺权利为由拒绝回答问题。

(2)被审查主体的证词在针对其的刑事诉讼中不可作为证据使用,除非指控其为伪证。

98. 与调查有关的费用

环保署或行政长官可向根据第95条接受环保署、行政长官、或执法人员调查的主体,或根据第96条接受地区法院调查的主体,支付(或者地区法院可以责令环保署或行政长官支付)其认为该主体的旅费及其他费用等合理款项。

99. 保密义务

(1) 本条适用于——

  (a) 行政长官、环保署、执法人员,以及根据排放交易计划参与者条款履行行政长官、环保署或执法人员的职能或行使权力的其他主体;

  (b) 在履行职能或行使权力的期间及之后的任何时间。

(2) 适用本条的主体——

  (a) 必须对根据排放交易计划参与者条款履行职能或行使权力时知悉的所有信息保密;

  (b) 不得披露第(a)项规定的信息,除非——

    (i) 经与信息相关的主体或须对信息保密的主体的同意;

    (ii) 该信息已属于公共领域范畴;

    (iii) 为行使本编所赋予的权力,或为实施本法;

    (iiia) 为1989年《公共财政法》之目的或与之相关的报告要求;

    (iiib) 为协助气候变化委员会履行其职责,行使本法赋予的权力;

    (iv) 根据本法或其他法的规定;

    (v) 与就违反本法或其他法的违法行为进行的调查或询问(无论是否为初步程序)有关;

    (vi) 为遵守国际气候变化义务。

(3) 适用本条的主体,如故意违反本条,则构成第130条的违法行为。

(4) 第(2)款规定不得被视为禁止行政长官或环保署履行以下职能——

  (a) 就排放交易计划参与者条款提供或发布一般性指导;

  (b) 经部长事先批准,以不识别主体身份的形式编制信息,并向公众提供统计信息;

  (c) 向公众提供信息,说明——

    (i) 特定土地是否属于特定林业类别或属于非采矿作业的土地;

    (ii) 认为特定土地是否可以根据第196(a)条给予特定林业分类的土地。

100. 调查时的进入权

(1) 执法人员可在正常营业期间的合理时间进入土地或场所(不包括住宅或房屋),调查当事人是否遵守排放交易计划参与者条款。

(2) 调查期间,执法人员可以:

  (a) 要求出示、检查和复制文件;

  (b) 采集水、空气、土壤、有机物或其他物品的样本;

(c)进行调查、测试、检查或测量(包括将测量设备置于土地或场所上进行测量);

(d)要求占有人为执法人员提供其合理要求的其他信息,以确定当事人是否遵守交易排放计划参与者条款。

(3)根据本条行使调查权的执法人员,必须向占有人或所有者发出合理通知,告知执法人员将进入土地或场所的事项,除非这样做会妨碍进入该土地或场所。

(4)根据第(3)款发出的通知必须明确:

(a)何时进入;

(b)要求进入的目的;

(c)根据本条授权进入。

(5)在合理且必要的情况下,根据本条行使调查权的执法人员可由协助调查的人员陪同。

(6)根据第(5)款提供协助的主体可以行使根据第(2)(a)款至第(2)(c)款赋予执法人员的权力。

(7)本条规定不限制当事人无须自证其罪的权利。

101. 搜查令的申请

(1)地区法院法官、治安法官、社区治安法官或其他法院登记官,经由环保署授权的执法人员宣誓作出书面申请,确信有正当理由认为在土地、场所、住宅或会堂内的文件或其他记录或物品(包括样品),可以作为第129、132 或 133 条规定的违法行为的证据,则可以签发搜查令,授权进入并搜查土地、场所、住宅或会堂。

(2)搜查令可授权执行搜查令的执法人员做出以下事项:

(a)在正常营业期间内的以下合理时间,进入并搜查土地、场所、住宅或会堂——

(i)搜查令发出之日起 10 个工作日;

(ii)如法官或签发搜查令的其他人认为特殊情况需要延长期限,搜查令规定日期不超过 20 个工作日;

(b)没收执法人员有正当理由怀疑可能是第 129、132 或 133 条下违法行为证据的文件或其他物品;

(c)采集水、空气、土壤、有机物或其他东西的样本;

(d)允许在该情形下合理必要的协助;

(e)使用在特定情况下合理的武力进入方式(无论是破门还是其他方式);

(f)进行调查、测试、检查或测量(包括将测量设备置于土地或场所上进行测量)。

(3)除非有警察陪同,执法人员不得进入住宅或会堂。

(4)根据第(2)(d)款提供协助的主体可以行使根据第(2)款的第(a)、(b)、(c)和(f)项授予执法人员的权力。

102. 必须出示授权证明

如根据第 100 条或第 101 条行使权力,执法人员必须在首次进入时,以及在占有人要求时,出示以下证明以供检查——

(a)执法人员的授权证明及其身份证明;

(b)根据第 100(3)条发出的通知或根据第 101 条签发的搜查令(视情况而定)。

103. 进入通知

(1)根据第 100 条或第 101 条行使权力时,占有人不在场,则执法人员必须在明显的位置张贴通知书,说明——

  (a)进入或搜索的日期和时间;

  (b)进入或搜索的目的;

  (c)执法人员的姓名和电话号码;

  (d)根据 1982 年《政府信息法》,有权获取并申请搜查令以及行使搜查权有关的文件;

  (e)搜查文件签发的地址。

(2)如执法人员从土地、场所、住宅或会堂中取走文件或其他物品,执法人员必须向占有人送达通知书或在明显的位置张贴通知书:

  (a)列明取走的物品;

  (b)说明——

    (i)存放物品的地址;

    (ii)若物品存放于多处,应说明分别存放的地点;

  (c)提供以下相关信息——

    (i)就受特殊法律保护的材料或机密材料被扣押提出索赔应遵循的程序;

    (ii)获取和处置扣押的物品。

104. 根据第 100 条或第 101 条获取的信息,只得在涉嫌违反排放交易计划参与者条款义务的诉讼中受理

根据第 100 或 101 条,从特定主体处获得的文件或其他信息,在任何刑事或民事诉讼中均不可作为对当事人的不利证据,但涉嫌违反排放交易计划参与者条款规定义务而提起的诉讼除外。

105. 归还扣押物品

经以下必要修改,1957 年《简易程序法》第 199 条适用于执法人员扣押或取走的任何财产——

(a) 该条中所指警察是指执法人员;

(b) 该条对该法第 198 条的参引即对本法第 100 条或第 101 条的参引。

106. 保护根据本编授权行事的主体

执法人员或协助执法人员的主体,在履行义务、执行职责或行使本编授予的权力时,无须就其作为或不作为承担民事或刑事责任,除非行为主体是出于恶意或无正当理由。

排 放 裁 决

107. 申请排放裁决

(1) 任何人可就下列一项或多项规定向环保署申请排放裁决:

 (a) 当事人是否——

  (i) 正在开展附件 3 或附件 4 所列活动;

  (ii) 拟开展的活动将列入附件 3 或附件 4;

 (b) 当事人是否——

  (i) 是附件 3 所列活动的参与者,或有资格登记为附件 4 所列活动的参与者;

  (ii) 如某些提议得到实施或发生特定事件,将属于上述任一情况;

 (c) 就当事人的申请中的特定事项,正确适用根据第 161A、161G、163、164、167、168、186F、194C、196F 或 197A 条制定的法规所载的条文;

 (ca) 对于环保署可以就当事人拥有权益的土地上的林地作出的决定,如执行了某些提议或发生了某些事件,是否满足或可以满足本法案有关的任何要求——例如,必须满足的要求如下——

  (i) 对于根据第 179A 条(就本法而言)被清理的林地,不应视为毁林;

  (ii) 对于 1990 年前林地有资格根据第 184(5)(a) 条(对有树木杂草的林地毁林的豁免)作出决定;

  (iii) 环保署批准与林地有关的申请;

 (d) 根据第 168(1)(b) 条制定的法规所规定的其他事项。

(2) 根据第(1)款提出的申请必须——

 (a) 采用规定形式;

(b) 说明申请人的姓名或名称、地址；

(c) 具体说明申请人寻求裁决的事项；

(d) 具体说明申请人对裁决的意见；

(e) 包含或已附上与适当考虑申请有关的所有信息；

(f) 附规定费用(如有)。

(3) [已废止]。

107A. 对整个申请裁决所提供的信息不足

(1) 如环保署认为根据第 107 条提出的申请所依据的信息不包括与适当考虑申请相关的所有信息，环保署必须通知申请人——

(a) 要求申请人提供环保署认为必要的详细信息，以协助审议该申请；

(b) 如环保署已经掌握与申请相关的信息，则陈述该信息并邀请申请人对信息发表评论或提出反对。

(2) 环保署必须——

(a) 为申请人提供答复通知的合理期限；

(b) 作为申请的一部分，考虑——

(i) 申请人提供的更多信息；

(ii) 环保署已经持有的与申请相关的信息，以及申请人对该信息的评论或反对。

(3) 如在此之后，环保署认为其有充足信息仅对申请的部分事项(例如，活动的一部分或地理区域的一部分)作出裁决，环保署可以：

(a) 将该决定通知申请人；

(b) 根据第 109 条仅就该部分事项作出裁决。

108. 环保署可拒绝作出排放裁决的事项

(1) 环保署不得作出排放裁决——

(a) 关于授权或要求环保署作出以下事项的条款——

(i) 施加或免除处罚；

(ii) 查询特定主体提供的排放申报或其他信息的正确性；

(iii) 起诉特定主体；

(iv) 追讨特定主体所欠债务；

(b) 附随裁决申请提交的资料，包括(但不限于)根据第 107A(1) 条提交的资料，表明环保署为作出裁决尚有需要确定的事实问题。

(2) 在以下情形中，环保署可拒绝作出排放裁决：

(a) 环保署认为裁决的正确性取决于对未来事件或其他事项的假设；

(b)要求裁决的事项正在接受审查或被上诉,或属于诉讼事由(无论是与申请人或其他人有关);

(c)申请人有与先前排放裁决申请有关的未付费用;

(d)环保署认为申请是无意义的或无根据的;

(e)要求裁决的事项涉及清缴已到期的应付排放单位的义务,除非在该义务产生之前收到申请;

(f)已就拟议裁决适用的同一主体、活动和期限进行评估或修订(除非环保署在评估或修订日期之前收到申请);

(g)环保署认为——

(i)环保署没有充足信息作出裁决,但受第107A条约束;

(ii)鉴于环保署的现有材料,作出裁决不具有合理性。

109. 排放裁决的作出

(1)环保署必须在收到以下信息后尽快就申请事项作出排放裁定——

(a)填妥的裁决申请;

(b)环保署认为与考虑申请相关的所有信息,包括第107A条要求的信息。

(2)除第114(2)条另有规定外,裁决自作出之日起生效。

(3)可以根据环保署认为适当的条件作出裁决,包括执行提议或发生特定事件的条件[参见第107(1)(b)(ii)条]。

> **举 例**
> 环保署可裁定当事人有资格登记为附件4第1编所列活动的参与者,条件是相关土地已种植森林树种且符合林地定义。

(4)第(1)款受第108条和环保署在第107A(3)(b)条中的自由裁量权的约束,仅对部分事项作出裁决。

110. 排放裁决的通知

环保署必须在切实可行的情况下尽快通知申请人:

(a)排放裁决,包括裁决理由以及裁决所适用的条件(如有);

(b)拒绝作出排放裁决的决定以及理由。

111. 排放裁决依据的确认

在作出排放裁决后,环保署可以通知申请人在收到通知后20个工作日内,以环保署认为适当的方式,满足环保署的要求——

(a)排放裁决所依据的信息仍然准确;

(b)裁决所适用的条件(如有)已经、一直并将继续得到满足或遵守。

112. 通知环保署有关排放裁决的变化或未能遵守的情况

(1)主体必须在切实可行的情况下,将与申请有关的重大变化尽快通知环保署,如当事人:

  (a)已根据第 107 条申请排放裁决;

  (b)在环保署作出排放裁决之前意识到发生了与申请相关的重大变化。

(2)根据第 109 条已获得排放裁决的主体必须在切实可行的情况下,尽快通知环保署:

  (a)与裁决有关的重大变化;

  (b)未能遵守裁决的原因。

(3)主体根据第(1)款或(2)款发出的通知,必须说明其知悉重大变化或未能遵守的日期。

113. 排放裁决的更正

(1)环保署可以修改排放裁决,以纠正环保署认为裁决中存在的错误。

(2)环保署必须在作出更正后尽快通知申请人更正后的裁决。

(3)对裁决的更正自向申请人发出更正裁决通知之日起适用于申请人。

(4)在第(3)款约束下,更正后的裁决具有以下效力——

  (a)在一年内要求增加当事人清缴的排放单位数量,或减少当事人有权获得的新西兰排放单位数量,则在根据本条更正前作出的裁决必须适用于该年;

  (b)在一年内要求减少当事人清缴的排放单位数量,或增加当事人有权获得的新西兰排放单位数量,则更正后的裁决必须适用于该年度。

114. 排放裁决的终止

(1)排放裁决最早于下列日期停止生效:

  (a)裁决所依据的信息或事实发生重大变化的日期;

  (b)本法或与裁决有关的法规发生重大变化的日期;

  (c)裁定所适用的条件不再得到满足或遵守的日期;

  (d)未能满足环保署根据第 111 条规定的日期。

(2)如排放裁决所依据的信息在主要方面不准确,则该裁决不发生效力。

115. 对环保署决定的诉讼

(1)申请人如对排放裁决或拒绝作出排放裁决的决定不服,可在作出裁决或决定通知之日起 20 个工作日内,就该裁决或决定向地区法院提起诉讼。

(2)地区法院可以确认、推翻或变更该排放裁决或决定。

(3)根据本条提起诉讼的排放裁决或决定,在诉讼作出裁决之前继续有效,任何主体不得以诉讼未决为由不遵守本法的规定。

116. 排放裁决的效力

(1)排放裁决是确定被裁定事项的确定性证据。

(2)如环保署根据第 109 条作出排放裁决,则——

  (a)该裁决适用于被裁定事项;

  (b)如申请人遵守裁决,环保署必须根据裁决将本法适用于该事项。

(2A)但是,排放裁决仅针对申请人,不适用于也不能转让给其他人(包括与裁决相关的土地转让)。

(3)本条受第 113 条、第 114 条以及地区法院根据第 115(2)条作出的决定的约束。

117. 环保署可以公布排放裁决的部分信息

(1)为就排放交易计划参与者条款的适用提供一般性指导,环保署在作出排放裁决后,可以以环保署认为适当的形式发布相关裁决信息。

(2)环保署不得根据第(1)款发布能够识别与裁决相关当事人的信息。

(3)任何主体不得将根据第(1)款发布的信息视为具有第 116 条规定效力的排放裁决。

排 放 申 报

118. 提交最终排放申报

(1)第(2)款适用于下列主体:

  (a)环保署认为当事人即将——

    (i)停止其参与的附件 3 或附件 4 所列活动;

    (ii)离开新西兰;

  (b)已停止在新西兰从事任何活动的参与者;

  (ba)已根据第 59 条向环保署发出通知,表明已在当年剩余时间停止或将和将在下一年度全年停止从事该活动的参与者;

  (c)已故参与者的遗嘱执行人或遗产管理人;

  (d)已破产或已进入清算阶段的参与者。

(2)环保署可随时要求适用第(1)款的主体提交与附件 3 或附件 4 所列特定活动有关的最终排放申报。

(3)下列主体可随时提交与附件 3 或附件 4 所列特定活动有关的最终排放

申报：
 (a)有以下情况的主体：
  (i)已停止其参与的附件3或附件4所列活动；
  (ii)离开或即将离开新西兰；
 (b)已停止在新西兰从事活动的参与者；
 (c)已故参与者的遗嘱执行人或遗产管理人；
 (d)已破产或已进入清算阶段的参与者。
(4)根据第(2)款或第(3)款提交的最终排放申报必须：
 (a)包含第65(2)条的年度排放申报中要求的所有信息，但仅限于以下期间：
  (i)如报告是根据环保署在第(2)款中的要求提交，则为环保署规定的期间；
  (ii)如报告是根据第(3)(a)款、第(3)(b)款作出，则期间为——
   (A)自提交报告当年的1月1日起算，或自当事人为活动提交的最后一份排放申报所涵盖的期间结束之次日起算，以二者中较晚者为准；
   (B)自当事人停止开展特定活动之日或报告所涵盖的最后一次特定活动之日结束；
  (iii)如报告是根据第(3)(c)款或第(3)(d)款作出，则为提交者确定的期间；
 (b)根据第65(3)条提交。
(5)在根据本条提交最终排放申报后，提交报告的主体必须在20个工作日内，根据第65(2)(c)(i)条清缴评估的排放单位数量。
(6)在第(3)款规定下——
 (a)符合该款条件且(在符合该等条件时)是合并组织成员的，不得提交最终排放申报；
 (b)当事人所属合并组织的指定实体不得提交关于当事人的最终排放申报。
(7)为免生疑义，根据本条提交特定活动最终排放申报的主体——
 (a)无须根据第65条提交年度排放申报，以涵盖根据本条提交的报告所涉期间的活动；但是
 (b)如最终排放申报未涵盖参与者在一年中从事活动的全部期间，则必须根据第65条就该活动提交一份年度排放申报，以涵盖参与者在该年从

事的未包含在根据本条提交的报告中的活动。

119. 延长提交排放申报日期的权力

在以下情形中,环保署可以延长提交排放申报的时间,但不得超过 20 个工作日:

(a)参与者在提交排放申报到期日前申请延期;

(b)环保署认为参与者无法在到期日前提交排放申报。

120. 环保署对排放申报的修正

(1)除第 127 条另有规定外,如环保署认为排放申报信息有误,可以随时修改排放申报,并在其认为合适的情况下,评估参与者在排放申报中清缴排放单位的责任或获得新西兰排放单位的权利。

(2)环保署提议修改当事人的排放申报,必须在切实可行的情况下尽快通知当事人。

(3)如环保署认为排放申报的信息无误,则:

    (a)环保署必须将该事实和第(b)项的效力通知当事人;

    (b)适用第 123 条应当视为环保署已经根据第 121 条评估排放申报事项。

120A. 修正排放申报的责任、罚款和利息

(1)环保署(在初始通知日期)根据第 120(2)条通知当事人建议修改原排放申报的,适用本条。本条中使用的术语贯穿本条始终。

(2)环保署发出修正通知以修改原排放申报之前——

    (a)当事人无须在到期日前清缴或返还在原排放申报下负有责任的排放单位;

    (b)环保署不得就原排放申报向当事人发出处罚通知;

    (c)环保署已就原排放申报向当事人发出处罚通知的,其无须在到期日前缴纳罚款或利息。

(3)环保署在评估修改原排放申报所须的事项时,必须计算以下所有内容:

    (a)根据修正的排放申报,当事人有责任清缴或返还的排放单位数(修正的总排放单位数);

    (b)当事人根据原排放申报应当清缴或返还的排放单位数(原总排放单位),以及——

        (i)不超过原总排放单位的修正的总排放单位数(基本排放单位);

        (ii)修正的总排放单位数超过原总排放单位的排放单位数(额外排放单位);

    (c)在初始通知日前,未清缴或未返还基本排放单位的(未支付的基本排放

单位),根据第 134 条对未支付的基本排放单位处以罚款(修正的罚款);

(d)如环保署已经发出处罚通知,指明与原排放申报有关的罚款(原始罚款)——

(i)原罚款超过修正罚款的金额(超支罚款);

(ii)如在初始通知日前,存在应就原罚款支付的利息(原利息)——

(A)在该日期之前,根据修正的罚款而非基于原罚款应付的利息(修正利息);

(B)原利息超过修正利息的金额(超支利息)。

尚未发出的处罚通知

(4)如存在未支付的基本排放单位,且环保署尚未就原排放申报发出处罚通知,环保署必须在修正通知中列明对未支付基本排放单位的处罚(明确修正后的处罚)。

已经发出的处罚通知

(5)如存在未支付的基本排放单位,且环保署已就原排放申报发出了处罚通知,环保署必须在修正通知中列明对未支付的基本排放单位的处罚——

(a)遵守第 134 条,包括——

(i)按照第 134(3)(d)条规定明确修改后的处罚;

(ii)按照第 134(3)(f)条规定明确新的到期日;

(b)同时——

(i)明确修改后的利息数额,并说明根据修改后的罚款应支付的利息;

(ii)说明无须支付修改后的罚款自初始通知日起至新到期日结束这一期间内的利息;

(iii)明确当事人超支的罚款或利息数额,并说明环保署应予以返还。

(6)根据第(5)款发出的处罚通知据其条款生效,而非根据已发出的处罚通知生效。

其 他 规 定

(7)为免生疑义,本条——

（a）不影响环保署在根据本条要求当事人清缴或返还排放单位，或缴纳罚款或利息时，考虑其先前的清缴、返还或支付行为；

（b）不影响第134条单独适用于额外排放单位（未在到期日前清缴或返还）。

（8）在本条中——

修正的排放申报是指由环保署根据第120条修正原排放申报后的排放申报，如修正通知中所列；

修正通知是指环保署根据第123(1)条就修正的排放申报发出的通知；

利息是指根据第137条应当支付的罚款利息；

原排放申报是指环保署建议进行修改的当事人排放申报；

处罚通知指根据第134(3)条（因当事人未能在到期日前清缴或返还排放单位）向当事人发出的通知。

121. 违规提交排放申报的评估

（1）本条适用于以下情形：

（a）参与者未能按照本法规定提交排放申报；

（b）环保署有理由认为当事人应当提交排放申报，但未履行提交义务。

（2）如适用本条，环保署可以对当事人的排放申报中本应涵盖的事项进行评估。

122. 修正或评估推定为正确

根据第120条对排放申报所作的修正，或根据第121条进行的评估，应当视为正确，除非复审或诉讼中作出不同的修正或评估。

123. 修正或评估的效力

（1）如环保署根据第120条作出修正或根据第121条作出评估，环保署必须在作出修正或评估后尽快通知参与者——

（a）修正或评估的详情；

（b）修正或评估所依据的理由或信息；

（c）当事人根据第144条要求复审的权利。

（2）根据第(1)款发出的通知（如相关），必须附上根据第134A条、第134C条或第120A条作出的处罚通知。

（3）修正或评估导致当事人有义务清缴排放单位或额外排放单位的，参与者必须在根据第(1)款发出通知之日起60个工作日内清缴排放单位。

（4）修正后发现参与者超额清缴排放单位的，环保署必须在根据第(1)款发出通知之日起20个工作日内，根据第124条，向参与者返还错误清缴的排放单位数。

（5）修正或评估使得参与者有权因移除活动获得新西兰排放单位的，环保署必须指示登记官将参与者有权获得的新西兰排放单位数转入其账户。

(6)修正后发现为参与者转入用于移除活动的新西兰排放单位超额的,参与者必须在根据第(1)款发出通知之日起60个工作日内,将修正后参与者无权获得的排放单位数转入环保署指定的政府持有账户,以返还排放单位数。

(7)任何主体根据第(6)款返还的排放单位必须属于在返还排放单位时可转入清缴账户的类型。

(8)根据第124(3)条就返还的排放单位进行磋商,致使环保署无法按期返还排放单位的,不受第(4)款的时限约束。

124. 环保署返还排放单位

(1)本法要求环保署向当事人返还排放单位的,环保署必须指示登记官将一定数量的新西兰排放单位或经批准的境外排放单位从适当的清缴账户或政府持有账户转入当事人的持有账户。

(2)但是,第(1)款不适用于第(2A)款将排放单位转入其他账户的情形。

(2A)环保署必须按以下方式适用第64A条:

　　(a)当事人有权受偿的排放单位是潜在的转移排放单位;

　　(b)当事人是接收者;

　　(c)要求返还的日期是相关日期。

(3)环保署在决定返还排放单位的类型时,必须考虑接收者对返还排放单位的类型的意见。

125. 错误情形下当事人对排放单位的返还

(1)如环保署认为,由于存在错误,根据排放交易计划参与者条款,当事人无权获得的排放单位已从政府持有账户或政府持有的其他账户转入当事人持有账户,可通知当事人要求其返还该排放单位数。

(2)当事人必须在发出通知后30日内,将排放单位转入通知中指定的政府持有账户,以返还排放单位数。

(3)已返还的排放单位必须为返还时可以转入清缴账户的类型。

126. 清缴或返还排放单位的义务不因复审或诉讼而中止

(1)根据第123条或第125条清缴或返还排放单位的义务不因复审或诉讼程序而中止。

(2)如复审申请人或起诉人胜诉,环保署必须向其返还超过确定需要清缴或返还的排放单位数。

(3)但是,在根据第146条作出裁决之前,环保署应当中止根据第(2)款须承担的义务。

127. 修正排放申报的时限

(1)参与者已就下列条款履行清缴与排放申报相关的排放单位义务——

    (a)除第(b)项外,自提交排放申报之日起,环保署不得在年底或其他排放申报期满4年后修改排放申报,或修正对清缴或获得的排放单位的评估或修正第187条或第191条相关报告,如修正将——

        (i)增加参与者被要求清缴的排放单位数;

        (ii)更改参与者有权获得的用于移除活动的新西兰排放单位数;

    (b)根据第189条或第193条,环保署不得在年底或其他相关期间届满7年后修改排放申报或对清缴或获得的排放单位作出的评估,如修正将——

        (i)增加参与者被要求清缴的排放单位数;

        (ii)更改参与者有权获得的用于移除活动的新西兰排放单位数。

(2)但是——

    (a)环保署可随时修正排放申报或评估,以确保根据第91A条对特别排放系数进行修正;

    (b)环保署认为排放申报具有欺诈性、存在故意误导或故意遗漏需提交的排放量或移除量的,环保署可随时根据第120条修正排放申报,以——

        (i)增加参与者被要求清缴的排放单位数;

        (ii)减少参与者有权获得的用于移除活动的新西兰排放单位数。

    (c)当事人在收到环保署根据第134A(1)条发出的通知后提交排放申报,环保署可以自提交排放申报之日起计算第(1)(a)款或第(1)(b)款规定的4年或7年的期间。

(3)不限于第(2)(b)款,环保署认为当事人的登记申请具有欺诈性或故意误导性的,则该款可适用于当事人就某项活动所提交的所有排放申报。

128. 以电子方式进行的修正和评估

为本法之目的,环保署通过计算机或其他电子方式自动生成修订或评估,该修订或评估是计算机或其他电子媒介中输入或保存的信息的反馈结果——

    (a)必须被视为由环保署作出或在其适当授权下作出的修正或评估;

    (b)不因自动生成而无效。

第4分编　违法行为和处罚

129. 未遵守各项规定的相关违法行为

(1)任何主体存在以下情形,即构成违反本法:

　　(a)当事人是任一年的参与者,在无正当理由的情况下,未遵守第62条规定(提交计算有误的排放申报除外);

　　(b)无正当理由——

　　　(i)未根据第56条通知环保署其正在从事的附件3所列活动;

　　　(ii)未按要求提交排放申报;

　　　(iia)未遵守第83条或第84条下有关年度配额调整或结转配额调整的计算、申请或通知的规定,包括环保署根据第84(2)(c)条要求遵守第84(1)条第(a)至(c)项的规定;

　　　(iii)未按以下规定保存记录——

　　　　　(A)根据第67条或第86D条;

　　　　　(B)[已废止];

　　　　　(C)1990年前林地配额计划;

　　　(iv)未将根据第112条需要告知的事项通知环保署;

　　　(v)未在规定时间内通知环保署根据第84(2)(b)条或第192(3)条须告知的事项。

(2)凡被裁定具有第(1)款违法行为的,一经裁定,须承担以下法律责任:

　　(a)当事人首次被裁定有该违法行为的,最高处8000新西兰元罚款;

　　(b)当事人第二次被裁定有该违法行为的,最高处16,000新西兰元罚款;

　　(c)其后每次被裁定有该违法行为的,最高处24,000新西兰元罚款。

130. 违反第99条的违法行为

凡为第99(1)条适用的主体,故意违反第99条的,即构成犯罪,一经定罪:

(a)最高处6个月监禁;

(b)最高处15,000新西兰元罚款;

(c)两者并罚。

131. 未能提供信息或文件的违法行为

(1)任一主体在没有正当理由的情况下,存在以下情形的,即为违反本法的行为:

　　(a)未根据第94条向环保署或执法人员提供信息;

(b)未根据第95条与环保署或执法人员会面,或未能出示文件。
(2)凡被判定有违反第(1)款的行为的,一经定罪,即须承担以下法律责任:
　　(a)对个人,最高处12,000新西兰元罚款;
　　(b)对法人,最高处24,000新西兰元罚款。

132. 其他违法行为

(1)任一主体存在以下情形,即违反本法:
　　(a)根据第95条拒绝宣誓;
　　(b)根据第95条拒绝回答任何问题;
　　(c)当事人是任一年的参与者,且故意不遵守第62条(提交计算有误的排放申报除外);
　　(d)故意不按要求提交排放申报;
　　(da)故意不遵守第83条或第84条[包括当环保署根据第84(2)(c)条要求遵守第84(1)条第(a)至(c)项时]下有关年度配额调整或结转配额调整的计算、申请或通知的要求;
　　(e)故意不按以下规定保存记录——
　　　　(i)第67条或第86D条;
　　　　(ii)[已废止];
　　　　(iii)1990年前林地配额计划;
　　(f)就排放交易计划参与者条款中的任一事项,故意向部长、环保署或其他人提供篡改的、虚假的、不完整的或误导性信息(包括排放申报);
　　(g)故意阻挠、妨碍、抗拒或欺骗他人行使排放交易计划参与者条款赋予的权力;
　　(h)故意干扰执法人员或协助执法的人员根据第100条进行调查、测试或测量;
　　(i)拒绝向执法人员提供根据第100(2)(d)条要求当事人提供的信息。
(2)凡被判定有违反第(1)款的行为,一经定罪,即须承担以下法律责任:
　　(a)对个人,最高处25,000新西兰元罚款;
　　(b)对法人,最高处50,000新西兰元罚款。

133. 逃避或类似违法行为

(1)凡故意欺骗,或以获取重大利益或避免任何重大损害为目的,实施以下行为的,即构成违法——
　　(a)未遵守第62条规定;
　　(b)未按要求提交排放申报;

(ba)未遵守第 83 条或第 84 条[包括当环保署根据第 84(2)(c)条要求遵守第 84(1)条第(a)项至第(c)项时]下有关年度配额调整或结转配额调整的计算和申请或通知的要求；

(c)未能按以下规定保存记录——

(i)第 67 条或第 86D 条；

(ii)[已废止]；

(iii)1990 年前林地配额计划；

(d)未能按照排放交易计划参与者条款向环保署或其他人提供信息；

(e)就排放交易计划参与者条款中的事项向部长、环保署或他人提供篡改的、虚假的、不完整的或误导性信息(包括排放申报)。

(2)凡有违反第(1)款的行为,须承担以下责任——

(a)最高处 5 年监禁；

(b)最高处 50,000 新西兰元罚款；

(c)二者并罚。

134. 未在到期日前清缴或返还排放单位的处罚

(1)当事人在到期日前未履行以下义务的,则适用本条——

(a)清缴当事人必须清缴的排放单位；

(b)返还当事人必须返还的排放单位。

(2)当事人必须(清缴或返还排放单位除外)向环保署缴纳罚款,计算如下：

$$3 \times a \times b$$

其中——

a 是当事人未能在到期日前清缴或返还的排放单位数量；

b 是根据第 30W 条或根据该条制定的法规所设定的到期日每公吨碳定价(以新西兰元为单位)。

(3)环保署必须通知当事人：

(a)指出当事人未能在到期日前清缴或返还的排放单位,以及当事人有责任清缴或返还排放单位的规定；

(b)指出环保署就清缴或返还排放单位的要求向当事人发出的相关通知[例如,根据第 123(1)条发出的通知]；

(c)指明当事人必须清缴或返还的排放单位数；

(d)指明当事人根据本条必须缴纳的罚款金额；

(e)告知当事人可根据第 135A 条要求订立延期缴纳协议；

(f)告知当事人,除非清缴或返还有关排放单位,并在发出通知后 20 个工作日内全额缴纳罚款,否则将根据第 137 条累计罚款利息。

(4)在本条中,到期日是指当事人被要求清缴或返还排放单位的最后日期。

134A. 未能在到期日前提交排放申报的处罚

(1)本条适用于以下情形——

　　(a)当事人未在到期日前提交排放申报;

　　(b)环保署认为当事人没有采取合理谨慎措施;

　　(c)环保署向当事人发出通知,说明:

　　　　(i)当事人未在到期日前提交排放申报;

　　　　(ii)当事人在发出通知后 20 个工作日内未提交排放申报的,环保署将根据第 121 条进行评估,不排除处以罚款;

　　(d)当事人未在发出通知后 20 个工作日内提交排放申报。

(2)如排放申报用于附件 4 第 1 编所列活动(适用于 1989 年后林地),则当事人的——

　　(a)排放量等于以二氧化碳当量(公吨)为单位的排放量减去移除量(如有),在与清缴或返还排放单位的净额相匹配的范围内评估该报告;

　　(b)移除量等于以二氧化碳当量(公吨)为单位的移除量减去排放量(如有),在与获得或返还排放单位的净额相匹配的范围内评估该报告。

(3)如排放申报用于其他活动,则——

　　(a)排放量等于为申报而评估的以二氧化碳当量(公吨)为单位的排放量;

　　(b)移除量等于为申报而评估的以二氧化碳当量(公吨)为单位的移除量。

(4)如当事人有——

　　(a)排放量,则其必须向环保署缴纳根据第(5)款计算的罚款;

　　(b)移除量,则其必须向环保署缴纳根据第(5)款计算的罚款,但最高罚款为 1000 新西兰元;

　　(c)既没有排放量也没有移除量的,无须缴纳罚款。

(5)计算公式是——

$$a \times b \times c$$

其中——

a 是当事人的排放量或移除量,排放单位为二氧化碳当量(公吨)(如适用);

b 是根据第 30W 条或根据该条制定的法规所设定的到期日每公吨碳定价(以新西兰元为单位);

c是根据第(6)款确定的罪责因素。

(6)当事人的罪责因素是环保署根据下表适用的最大罪责因素：

当事人的罪责程度	在被环保署告知之前，当事人是否自愿向环保署披露疏忽或错误？	罪责因素
未采取合理谨慎措施	是	0.1
	否	0.2
疏忽大意	是	0.2
	否	0.4
故意	是	1.0
	否	1.0

处罚通知书

(7)当事人必须缴纳罚款的，环保署应当通知当事人——
 (a)指出当事人未在到期日前提交排放申报，以及当事人必须提交报告的规定；
 (b)指出根据第(1)(c)款发出的通知；
 (c)指明当事人根据本条必须缴纳的罚款金额；
 (d)告知当事人可根据第135A条要求订立延期缴纳协议；
 (e)告知当事人除非在发出通知后20个工作日内全额缴纳罚款，否则将根据第137条累计罚款利息。

到期日的含义

(8)本条中，到期日——
 (a)当事人的最后期限——
  (i)指最初被要求提交排放申报的最后期限；
  (ii)在当事人遵守本法的情形下，要求提交排放申报的最后期限；
 (b)不包括第(1)(d)款作出的延期。

134B. 未能在到期日前提交年度配额调整或结转配额调整的处罚

(1)本条适用于以下情形——
 (a)当事人未在到期日前提交第83条下的年度配额调整或第84条下的结

转配额调整；

(b)环保署认为当事人没有采取合理谨慎措施；

(c)环保署向当事人发出通知,说明——

(i)当事人未在到期日前提交配额调整；

(ii)当事人在发出通知后20个工作日内未提交配额调整的,环保署将根据第86B(4)条作出决定,不排除适用罚款；

(d)当事人未在通知发出后20个工作日内提交分配调整。

(2)根据第86B(4)条作出决定的效力——

(a)当事人有义务清缴或返还排放单位的,应当向环保署缴纳根据第(3)款计算的罚款(清缴或返还的排放单位除外)；

(b)当事人有权获得排放单位的,应当向环保署缴纳根据第(3)款计算的罚款,但最高罚款为1000新西兰元；

(c)当事人权利义务没有变化的,无须缴纳罚款。

(3)计算公式为——

$$a \times b \times c$$

其中——

a 是当事人在以下情形中的排放单位数量——

(i)当事人有义务清缴或返还的排放单位数量；

(ii)当事人有权获得的排放单位数量。

b 是根据第30W条或根据该条制定的法规所设定的到期日每公吨碳定价(以新西兰元为单位)。

c 是根据第(4)款确定的罪责因素。

(4)当事人的罪责因素是环保署根据下表适用的最大罪责因素：

当事人的罪责程度	在被环保署告知之前,当事人是否自愿向环保署披露疏忽或错误？	罪责因素
未采取合理谨慎措施	是	0.1
	否	0.2
疏忽大意	是	0.2
	否	0.4
故意	是	1.0
	否	1.0

(5)当事人应当缴纳罚款的,环保署必须通知当事人——

(a)指出当事人未在到期日前提交的配额调整,以及当事人必须提交配额调整的规定;

(b)指出根据第(1)(c)款发出的通知;

(c)指明当事人根据本条必须缴纳的罚款金额;

(d)告知当事人可根据第135A条要求订立延期缴纳协议;

(e)告知当事人除非在发出通知后20个工作日内全额缴纳罚款,否则将根据第137条累计罚款利息。

(6)在本条中,到期日——

(a)指最初要求当事人提交配额调整的最后期限;

(b)不包括第(1)(d)款规定的延期。

134C. 提交错误排放申报的处罚

(1)本条适用于以下情形——

(a)环保署根据第120条修正当事人的排放申报;

(b)由于当事人未采取合理谨慎措施,环保署认为有必要进行修正。

(2)特别是——

(a)排放申报为附件4第1编所列活动(1989年后林地),则适用第(3)至(5)款;

(b)排放申报是用于其他活动,则适用第(6)至(8)款。

与 1989 年后林业有关的活动

(3)当事人的——

(a)排放量等于以二氧化碳当量(公吨)为单位的排放量减去移除量(如有),在与清缴或返还排放单位的净额相匹配的范围内评估报告;

(b)移除量等于以二氧化碳当量(公吨)为单位的移除量减去排放量(如有),在与清缴或返还排放单位的净额相匹配的范围内评估该报告。

(4)对于修正的结果——

(a)排放量较多、移除量较少或移除量已转为排放量的,必须向环保署缴纳根据第(5)款计算的罚款;

(b)移除量较多、排放量较少或排放量转为移除量的,必须向环保署缴纳根据第(5)款计算的罚款,但最高罚款为1000新西兰元;

(c)排放量或移除量没有变化,则无须缴纳罚款。

(5)计算公式为——

$$a \times b \times c$$

其中——

a 是以下数量中的较小者——

 (a)修正的排放申报中的排放量或移除量；

 (b)两者之间的差额(如适用)——

  (i)修订前后排放申报中的排放量；

  (ii)修订前后排放申报中的移除量；

  (iii)修订前后排放申报中的排放量和移除量,将排放量转化为负数。

b 是根据第 30W 条或根据该条制定的法规所设定的到期日每公吨碳定价(以新西兰元为单位)。

c 是根据第(9)款确定的罪责因素。

其 他 活 动

(6)当事人的——

 (a)排放量等于为报告而评估的以二氧化碳当量(公吨)为单位的排放量；

 (b)移除量等于为报告而评估的以二氧化碳当量(公吨)为单位的移除量。

(7)对于修正的结果——

 (a)排放量较多、移除量较少的,必须向环保署缴纳根据第(8)款计算的罚款；

 (b)移除量较多、排放量较少的,必须向环保署缴纳根据第(8)款计算的罚款,但最高罚款为 1000 新西兰元；

 (c)排放量或移除量没有变化,则无须缴纳罚款。

(8)计算公式为——

$$a \times b \times c$$

其中——

a 是以下数量中的较小者——

 (a)修正的排放申报中的排放量或移除量；

 (b)以下任何一项：

  (i)修订前后排放申报中排放量之间的差额；

  (ii)修订前后排放申报中移除量之间的差额。

b 是根据第 30W 条或根据该条制定的法规所设定的到期日每公吨碳定价(以新西兰元为单位)。

c 是根据第(9)款确定的罪责因素。

罪责因素

(9) 当事人的罪责因素是环保署根据下表适用的最大罪责因素：

当事人的罪责程度	在被环保署告知之前，当事人是否自愿向环保署披露疏忽或错误？	罪责因素
未采取合理谨慎措施	是	0.1
	否	0.2
疏忽大意	是	0.2
	否	0.4
故意	是	1.0
	否	1.0

(10) 当事人应当缴纳罚款的，环保署必须向其发出通知——
 (a) 指出根据第 120 条作出修正；
 (b) 指明根据本条必须缴纳的罚款金额；
 (c) 告知当事人可根据第 135A 条要求订立延期缴纳协议；
 (d) 告知当事人除非在发出通知后 20 个工作日内全额缴纳罚款，否则将根据第 137 条累计罚款利息。

到期日的含义

(11) 本条中，到期日——
 (a) 当事人的最后期限——
  (i) 指最初被要求提交排放申报的最后期限；
  (ii) 在当事人遵守本法的情况下，指被要求提交排放申报的最后期限；
 (b) 不包括根据第 134A(1)(d) 条作出的延期。

134D. 在配额申请或调整中提供错误信息的处罚

(1) 本条适用于以下情形——
 (a) 环保署根据第 86C 条重审、调整或撤销(变更)当事人配额申请或调整的决定；
 (b) 因当事人未采取合理谨慎措施，环保署认为有必要变更。

(2)变更的效力——

(a)当事人有义务清缴或返还额外排放单位,或有权获得较少排放单位的,必须向环保署缴纳根据第(3)款计算的罚款(清缴或返还的排放单位除外);

(b)当事人有义务清缴或返还较少排放单位,或有权获得额外排放单位的,必须向环保署缴纳根据第(3)款计算的罚款,但最高罚款为1000新西兰元;

(c)当事人的权利义务没有变化的,无须缴纳罚款。

(3)计算公式为——

$$a \times b \times c$$

其中——

a 是以下数量中的较小者——

(a)根据变更决定,当事人有义务清缴、返还或有权获得的排放单位总数;

(b)当事人的排放单位数量——

(i)由于变更[如第(2)(a)款适用],现可作为额外排放单位清缴、返还,或不再有权获得的排放单位;

(ii)无须再清缴或返还,或现在有权获得的额外排放单位[如适用第(2)(b)款]。

b 是根据第30W条或根据该条制定的法规所设定的到期日每公吨碳定价(以新西兰元为单位)。

c 是根据第(4)款确定的罪责因素。

(4)当事人的罪责因素是环保署根据下表适用的最大罪责因素:

当事人的罪责程度	在被环保署告知之前,当事人是否自愿向环保署披露疏忽或错误?	罪责因素
未采取合理谨慎措施	是	0.1
	否	0.2
疏忽大意	是	0.2
	否	0.4
故意	是	1.0
	否	1.0

(5)当事人应当缴纳罚款的,环保署必须通知当事人——

(a)指出根据第86C条作出的变更;

(b)指明根据本条必须缴纳的罚款金额;

(c)告知当事人可根据第135A条要求订立延期缴纳协议；

(d)告知当事人除非在发出通知后20个工作日内全额缴纳罚款，否则将根据第137条累计罚款利息。

(6)本条中，到期日——

(a)指最初要求当事人提交配额申请或调整的最后期限；

(b)不包括根据第134B(1)(d)条作出的延期。

135. 缴纳罚款的日期

(1)当事人必须在收到处罚通知后20个工作日内缴纳根据第134至134D条所处的罚款。

(2)但是，如根据第135A条达成延期缴纳协议，必须在该协议约定的一个或多个日期之前缴纳罚款。

135A. 延期缴纳罚款协议

(1)须缴纳根据第134至134D条所处罚款的当事人，可请求与环保署订立协议，使其在第135(1)条规定的日期后一次缴纳或分期缴纳罚款。

(2)环保署必须考虑该请求，并考虑当事人在提出请求时的财务状况。

(3)环保署可以——

(a)接受该请求；

(b)要求当事人提供更多信息；

(c)降低罚款数额；

(d)如符合第(5)款规定的情形，则拒绝该请求。

(4)环保署要求当事人提供更多信息或作出相反提议的——

(a)当事人应当在提出请求或提议后20个工作日内，或环保署允许的更长期限内，提供信息或答复该提议；

(b)当事人晚于所要求的时间提供信息或答复提议的，则该信息或答复应被视为订立协议的新要约。

(5)环保署认为存在以下情形的，可以拒绝与其订立协议——

(a)当事人有能力立即缴纳所有罚款；

(b)当事人的请求无意义或无根据；

(c)当事人未履行先前协议中的义务。

(6)对协议进行重新协商，视为订立协议的新要约。重新协商可以——

(a)由当事人在任何时间发起；

(b)由环保署在协议签订之日起12个月后发起。

(7)在以下情形中，环保署可解除协议——

(a)协议是根据当事人提供的虚假或误导性信息订立的；

(b)当事人没有履行其在协议下的义务。

136. 罚款是对政府的债务

根据第134至134D条判处的罚款金额，以及该罚款产生的利息，构成对政府的债务，环保署可通过有管辖权的法院收回。

137. 逾期缴纳罚款的利息

(1)本条适用于以下情形：

(a)当事人须缴纳根据第134至134D条所处的罚款；

(b)当事人未在罚款到期日前缴纳罚款(参见根据有关条款发出的通知)；

(c)在根据第134条处以罚款的情形下，当事人没有清缴或返还与罚款有关的排放单位。

(2)如适用本条，当事人有义务支付全额罚款的利息——

(a)按照总督通过枢密院令规定的利率；

(b)期间从应缴付罚金之日起至罚金和应付利息付清为止，在根据第134条处以罚款的情形下，当事人应已清缴或返还与罚款有关的排放单位。

(3)[已废止]。

(4)在本条规定下，环保署认为存在以下情形的，可以免除因本条累计的任何利息：

(a)由于发生当事人无法控制的事件或状况，当事人未能遵守清缴或返还排放单位并缴纳罚款的要求；

(b)由于该事件或状况，其有正当理由不遵守规定；

(c)当事人在切实可行的范围内尽快纠正了未能遵守的情况。

(5)在不限制环保署根据第(4)款的自由裁量权的情况下，事件或状况可能包括：

(a)事故、灾难；

(b)疾病、情绪或精神困扰。

(6)在本条规定下，环保署认为收取全部或部分利息金额明显不公平或不公正，则环保署可以免除根据本条应计的全部或部分利息。

(7)为本条之目的，事件或状况不包括：

(a)当事人的代理人作为或不作为，除非环保署认为该作为或不作为是由该代理人无法控制的事件或状况引起的——

(i)无法预料的；

(ii)其影响无法通过遵守公认的商业组织标准和专业行为标准而避免；

(b)当事人的财务状况。

(8)第(2)(a)款下的命令是二级立法。

138. 缴付罚款的义务不因诉讼而中止

(1)根据第134至134D条所处以的罚款、根据第137条所累计的利息、支付义务以及收取和追讨的权利,不因复审或诉讼而中止。

(2)如复审申请人或起诉人胜诉,则其缴纳的罚款或利息金额必须由环保署予以退还,无须转入政府持有账户或清缴的排放单位必须根据第124条规定的程序返还。

(3)但是,在法院依据第146条的规定作出裁决之前,环保署应暂停其根据第(2)款承担义务。

(4)环保署必须支付退还的罚款利息,利息按照以下公式计算:

$$(X \times Y) \div 365 \times Z$$

其中——

X是期间内的天数——

(a)自向环保署提交相关罚款之日起算;

(b)至环保署退还相关罚款之日结束;

Y是已缴纳的罚款和利息金额,根据胜诉裁决予以退还;

Z是总督根据第137(2)(a)条通过枢密院令规定的利率。

138A. 罚款应存入政府账户

环保署必须根据第134至134D条或第137条将根据第134至134D条或第137条从当事人处收取的罚款和利息存入政府银行账户。

139. 法人的责任

就本编规定的违法行为对法人提起诉讼的过程中,有必要确定法人的意志,若足以证明该法人的董事、员工或代理人在其实际或形式上的权限范围内行事,应视为是该法人的意志。

140. 公司董事和经理的责任

法人被裁定有本编规定违法行为的,如证明存在以下情形,则法人管理层的各董事及相关主体也构成该违法行为——

(a)构成违法行为的作为或不作为是在董事或相关主体的授权、许可或同意下进行的;

(b)该董事或相关主体知道该违法行为将要或正在发生,而没有采取一切合理措施防止或制止的。

141. 公司及相关董事、代理人或员工等主体的责任

（1）就本法而言，委托人的董事、代理人或员工代表法人或其他人（委托人）的任何作为或不作为，也应被视为委托人的作为或不作为。

（2）根据第（1）款规定，委托人因代理人违反第 132（1）条第（c）至（f）项或第 133 条规定的作为或不作为被控有违法行为的，如委托人证明其已采取一切合理措施防止该违法行为或同类违法行为的发生，则抗辩成立。

142. 诉讼时效

（1）尽管有 2011 年《刑事诉讼法》第 25 条规定，以下条款中的违法行为的诉讼时效为——

(a) 对于第 131 条或第 132（1）条第（a）、(b)、(g)、(h) 或 (i) 项，于违法行为发生之日起 2 年终止；

(b) 对于第 129 条、第 130 条或第 132（1）条第（c）至（f）项，于违法行为发生之日起 7 年终止。

（2）第（1）款的规定不影响 2011 年《刑事诉讼法》第 25 条对该款未涵盖的违法行为的适用。

143. 诉讼程序中的证据

（1）在违反排放交易计划参与者条款的诉讼中，以下任何种类的许可证或文件（包括电子副本）均可作为证据，且在没有相反证据的情形下，推定该许可证或文件（视情况需要）中所述事项为充分证据：

(a) 一份由环保署下属机构在特定日期或期间签署的许可证，明确——

(i) 当事人是或曾是（或者不是或曾不是）执法人员或根据第 92 条被认可的个体或组织；

(ii) 当事人已就或未就附件 4 所列活动登记为参与者；

(b) 一份由某一主体向另一主体或符合要求的某类主体授权行使其在排放交易计划参与者条款下各种职能的许可证，声明该主体已授权——

(i) 另一主体行使该许可证中的特定权力或履行该许可证中的特定职能；

(ii) 符合要求的某类主体行使该许可证中的特定权力或履行该许可证中的特定职能。

（2）出示第（1）款的许可证或文件，为证明该许可证或文件的初步证据，而无须再证明——

(a) 签署该文件的主体签名的真实性；

(b) 该文件的性质。

第5分编 复审与申诉条款

144. 请求对决定进行复审

(1)受环保署根据排放交易计划参与者条款作出的决定影响的主体,对该决定不服的,可请求环保署复审该决定。

(1A)该请求须在以下期限或环保署允许的延长期限内发出:

 (a)该主体收到决定通知后 20 个工作日内;

 (b)环保署根据第 196F 条规定,在公布后 20 个工作日内,决定是否对某块土地进行一项新的或变更的林业分类。

(2)请求须说明重新审查原决定的理由。

(3)为复审之目的,环保署可以——

 (a)要求提出复审请求的主体提供所需的补充信息;

 (b)存在以下情形的,环保署须考虑已经掌握的与复审相关的信息——

  (i)环保署向要求复审的主体发出说明有关信息的通知,并邀请其提出意见或异议;

  (ii)考虑相关意见或异议。

(4)复审后,环保署可以其认为合适的方式确认、撤销或变更该决定。

(4A)在撤销或变更某块土地的林业分类之前,环保署须根据第 196F 条制定的法规,与可能因撤销受到实质性影响的主体商榷(若有)。

(5)在环保署变更之前,被要求复审的决定仍然有效。

(6)环保署须在可行的情况下通知请求复审决定的主体,并说明理由。

(7)环保署根据本条作出的决定为最终决定,除非法院根据第 145 条或第 146 条的上诉作出另外的决定。

(8)本条既不适用于环保署根据第 90 条作出的决定,也不适用于环保署根据第 107 条至第 117 条作出的与排放裁决相关的决定(包括拒绝作出裁决的决定)。

145. 向地区法院申诉的权利

(1)受环保署根据第 144 条作出决定而影响的主体,有权向地区法院申诉。

(2)法院可确认、撤销或变更申诉决定。

(3)对根据本条申诉的每项决定,在法院对此作出裁决之前继续有效,任何主体不得以申诉未决为由不遵守本法的规定。

146. 仅就法律问题向高等法院上诉

若根据第 145 条在地区法院进行诉讼的一方认为地区法院存在法律观点错误,

对地区法院的裁定不服,该主体只得就法律问题向高等法院提出上诉,请求高等法院发表意见。

第6分编 其他规定

147. 环保署发出通知

(1)若本法要求环保署向当事人发出通知,则适用本条。

(2)若适用本条,环保署——

 (a)须以书面形式通知——

  (i)当事人;

  (ii)获授权代表当事人行事的代理人;

 (b)通过以下方式发出通知——

  (i)专人送达给非法人主体;

  (ii)专人送达给法人,若亲自送达是在工作时间内,则须送达其办公室;

  (iii)根据2017年《合同和商业法》第4编的规定,向当事人提供电子送达方式;

  (iv)邮寄至——

   (A)当事人通常或最后已知的居住地的街道地址;

   (B)当事人通常或最后已知的营业地点的街道地址;

   (C)当事人告知环保署其接收通知的其他地址。

(3)根据第(2)(b)(iv)款以邮寄方式发出的通知,则通知在正常邮寄过程中送达的时间,视为该通知的送达时间。

148. 向环保署发出通知

(1)若本法要求当事人向环保署发出通知,则适用本条。

(2)若适用本条,通知须以书面形式按下列方式送达环保署办公室:

 (a)工作时间内通过专人送达;

 (b)根据2017年《合同和商业法》第4编,通过电子方式送达;

 (c)邮寄至办公室的邮政信箱编号。

(3)根据第(2)(c)款以邮寄方式发出的通知,则通知在正常邮寄过程中送达的时间,视为其送达时间。

149. 共享信息

(1)本条旨在促进本法赋予职能或权力的主体、登记官和清单编制机构之间的信息交流。

(2)第(1)款中提及的主体(主体A)须向该款中提及的另一主体(主体B)提供信息,若该信息——

  (a)是主体B要求的;

  (b)是主体B根据在本法下的职责要求其协助履行的。

150.合并组织的设立

(1)就排放交易计划参与者条款而言,一个组织中的任意2个及以上成员可就附件3或附件4中所列活动,选择组成一个合并组织,但林业活动除外。

(2)合并组织可以由下列任意一项组成:

  (a)一名或多名参与者;

  (b)一项合格活动的一名或多名合格主体;

  (c)若该实体将成为指定实体,则为一名非参与者或非合格主体的其他成员。

(3)根据第(1)款进行的选择须以规定形式通知环保署。

(4)根据第(3)款发出的通知必须——

  (a)包括——

    (i)合并组织中成员的各实体名称(包括未登记为参与者成员的详细联系方式);

    (ii)成员选择被视为合并组织的活动;

  (b)指定通知中所列实体之一(指定实体)作为合并组织在通知和排放交易计划参与者条款中规定活动方面的代理人;

  (c)包含一份由通知中列出的合并组织成员作出的协议,该协议须表明合并组织中的各成员——

    (i)与合并组织的其他成员共同承担根据排放交易计划参与者条款就通知中具体规定的活动引起的排放量和移除量或与之有关的配额、罚款或利息所承担的义务;

    (ii)将通知中所列合并组织的成员就其通过移除活动获得的排放单位或从合格活动中获得的配额单位转入合并组织的持有账户。

(5)环保署须在收到第(3)款规定的通知后1个月内向该组织的所有成员发出通知,确认合并组织成立。

(6)根据排放交易计划参与者条款,依第(1)款做出选择的两个或两个以上实体被视为合并组织成员的时间如下——

  (a)若环保署在任一年的9月30日之前收到合并组织成立的通知,则从该年年初开始;

(b)若环保署在任一年的9月30日之后收到合并组织成立的通知,则从下一年开始。

(6A)尽管有第(1)款规定,若一个组织的2个及以上成员选择就第(1)款适用的活动组成一个合并组织,其可以根据第(3)款向环保署发出通知的同时——

(a)根据第56条就该活动向环保署发出通知;

(b)根据第57条就该活动提交申请;

(c)根据第86条就该合格活动提交申请。

(6B)存在下列情形的,尽管有第56(1)条、第57(3)条和第61条规定,根据第(6A)款向环保署发出通知的实体无须拥有持有账户以履行其作为第(3)款通知中规定活动的参与者或合格主体的义务,且根据第56条发出通知或根据第57条、第86条就活动提出申请时,无须开立持有账户——

(a)根据第(6A)款发出的通知在发出当年的9月30日之前被环保署收到;

(b)根据第(6A)款发出的通知中指定实体已经以合并组织的名义申请持有账户。

(7)为免生疑义,参与者或合格主体可就不同活动成为多个合并组织的成员。

151. 合并组织的变更

(1)若合并组织已经成立,且持续存在至少一个成员,第150(2)(a)条、第150(2)(c)条中提到的其他主体可以通过环保署认可的形式向环保署发出通知,选择加入合并组织并被视为其成员。

(2)根据第(1)款发出的通知必须——

(a)包括——

(i)选择加入合并组织的实体名称(若其未登记为参与者,还应包括该实体的详细联系信息)以及为环保署提供足够信息,以识别该实体所要加入的合并组织;

(ii)该实体选择作为合并组织成员所从事的一项或多项活动;

(b)包含一份协议,表明该实体——

(i)与合并组织的其他成员共同承担排放交易计划参与者条款下的义务,义务涉及组织成员的活动所产生的排放量和移除量,或与之相关的配额、罚款或利息;

(ii)将通过移除活动获得的排放单位或从合格活动中获得的配额单位转入合并组织的持有账户;

(c)包含合并组织的各现有成员的协议——

(i)与该组织的其他成员共同承担根据排放交易计划参与者条款在加

入实体的活动中产生的排放量和移除量或与之相关的配额义务；

(ii)代表组织将加入实体可能因该实体的一项或多项活动而有权享有的排放单位，或通知中规定的与该实体的合格活动相关的配额，转入合并组织的持有账户。

(3)环保署须在收到第(1)款规定的通知后1个月内，向合并组织中所有成员发出通知，确认成员加入合并组织。

(4)除第(6)款另有规定外，根据第(1)款选择加入合并组织的参与者或合格主体，根据排放交易计划参与者条款从其根据第(1)款发出通知当年的1月1日起被视为合并组织的成员。

(5)根据第(1)款选择加入合并组织的(除参与者或合格主体外)实体，须从环保署收到第(1)款规定的通知之日起，或从通知中规定的推迟日期起，被视为该合并组织的成员。

(6)活动参与者或合格活动中的合格主体可根据第(1)款向环保署发出通知——

(a)根据第56条就该活动向环保署发出通知时同时发出；

(b)根据第57条就该活动提交申请时发出；

(c)根据第86条就该合格活动提交申请时发出。

(7)在下列情形中，尽管有第56(1)条、第57(3)条和第61条规定，根据第(6)款向环保署发出通知的实体无须根据第61条拥有持有账户，以履行其作为第(1)款通知中指定活动的参与者或合格主体的义务，且无须申请持有账户——

(a)根据第56条就该活动向环保署发出通知时；

(b)根据第57条就该活动提交申请时；

(c)根据第86条就该合格活动提交申请时。

151A. 增加合并组织的活动

(1)合并组织的成员可以通过规定形式向环保署发出通知，选择增加该合并组织成员的活动。

(2)根据第(1)款发出的通知必须——

(a)包括该合并组织成员的姓名或名称，以及该成员选择加入的一项或多项活动；

(b)包含一项表明合并组织中各现有成员的协议——

(i)与该组织的其他成员共同承担排放交易计划参与者条款下的义务，义务涉及该成员的活动或通知中明确的活动所产生的排放量和移除量，或与之有关的配额、罚款或利息；

(ii) 就其通过移除活动获得的排放单位或从合格活动中获得的配额单位转入合并组织的持有账户。

(3) 环保署须收到通知后 1 个月内向组织所有成员发出通知,确认该成员已将第(1)款下的通知中规定的一项或多项活动添加到合并组织的活动中。

(4) 若成员已根据第(1)款选择加入合并组织的活动,则该通知所列明的一项或多项活动被添加的时间为——

(a) 若环保署在任一年的 9 月 30 日之前收到通知,则在该年的 1 月 1 日及之后;

(b) 若环保署在任一年的 9 月 30 日之后收到通知,则在下一年的 1 月 1 日及之后。

152. 指定实体

(1) 为排放交易计划参与者条款之目的,合并组织的指定实体都被视为合并组织当时的代理人,且为当时合并组织成员的各实体的代理人,除非本法另有规定。

(2) 除非该实体是合并组织内的成员,否则无法成为合并组织的指定实体。

(3) 作为合并组织的指定实体可以环保署批准的形式通知环保署——

(a) 该实体将不再是合并组织的代理人;

(b) 另一个作为合并组织成员的实体将成为合并组织的代理人。

(4) 实体根据第(3)款发出通知,则自环保署收到通知之日起,或者从通知中可能指定的推迟日期起——

(a) 发出通知的实体不再是合并组织的代理人;

(b) 另一实体成为合并组织的代理人(指定实体)。

153. 成为合并组织成员的效力

(1) 合并组织的指定实体——

(a) 须以合并组织的名义开立持有账户,履行排放交易计划参与者条款规定的成员义务;

(b) 须在该持有账户中记录合并组织所有成员的姓名或名称;

(c) 须提交合并组织的年度排放申报,该报告必须——

(i) 满足第 65(2) 条的要求,涉及第 150(4)(a)(ii) 条或第 151(2)(a)

(ii) 条规定的通知中列出的由合并组织各成员从事的活动;

(ii) 由指定实体按照第 65(2)(f) 条代表合并组织签署;

(d) 替代作为合并组织成员的合格主体,负责根据第 86 条为合格活动申请排放单位配额。

(2) 合并组织各成员均须为合并组织或其成员清缴或返还评估的排放单位数量

承担连带责任。

(3)合并组织各成员共同有权转让任一年为合并组织或其成员评估后的、来自移除活动或新西兰排放单位配额的排放单位数量。

(4)连带责任或共同权利——

 (a)仅适用于为合并组织成员的特定时期的成员；

 (b)取代成员的个别责任或权利；

 (c)须通过将排放单位转入或转出合并组织的持有账户来履行。

(5)尽管有本条规定,在计算合格活动的新西兰排放单位配额或临时配额(包括相关调整或返还)时,只能适用成员个别的责任和权利。

(5A)但是,第(5)款不适用于第86BB条下的碳抵消单位计算,该计算须按照本条进行。

(5B)合并组织各成员就其作为成员的特定时期内被施加的罚款或利息,负有连带责任。

(6)本条——

 (a)不妨碍指定实体——

  (i)根据第66条就合并组织的其他移除活动提交季度排放申报；

  (ii)根据第187条提交与作为合并组织成员的实体排放申报；

 (b)经必要修改后,适用于上述任一情形下的排放申报期。

(7)为免生疑义,合并组织或其成员的排放申报只能由合并组织指定的实体提交。

154. 与附件4第1编中的活动有关的合并组织的排放申报

［已废止］

155. 合并组织成员的身份终止

(1)存在以下情况的,合并组织中的实体成员身份终止——

 (a)该实体选择终止,并以环保署规定的形式通知环保署；

 (b)该实体不再有资格成为合并组织成员；

 (c)该实体不再是参与者或合格主体,除非该实体是指定实体；

 (d)该实体不再是指定实体,且不再是参与者或合格主体；

 (e)该实体是不再拥有指定实体的合并组织的成员。

(2)实体不再被视为合并组织的成员——

 (a)若第(1)(a)款适用,且环保署在以下任一时间内收到该实体作出选择的通知——

  (i)在任一年的9月30日之前,在该年的1月1日及之后；

（ⅱ）在任一年的9月30日之后，次年1月1日及之后；

(b)若第(1)(b)款适用，自该实体不再有资格成为合并组织成员之日起生效；

(c)若第(1)(c)款适用，自以下日期起适用——

（ⅰ）若为参与者，其姓名或名称已根据第58条或第59条从参与者登记册中删除；

（ⅱ）就合格主体而言，自其不再是合格主体之日；

(d)若第(1)(d)款适用，自环保署收到第152(3)条规定的通知之日起生效（通知该实体不再是合并组织的指定实体）；

(e)若第(1)(e)款适用，自合并组织不再拥有指定实体之日起生效。

(3)以下情形中，第(1)(e)款不适用——

(a)指定实体因被清算而不再是指定实体；

(b)在清算的20个工作日内，或在环保署允许的期限内，合并组织中的其他实体选择了另一个指定实体且已通知环保署（此情况下，所选实体被视为指定实体，自清算之日起生效）。

(4)若一个实体有资格成为合并组织的成员而不再是特定组织的成员，或某一实体是不再拥有指定实体的合并组织的成员，则该实体须将此种情况的变化通知环保署。

(5)环保署须在以下日期的1个月内向该成员和合并组织的其他成员发出通知，确认合并组织成员身份的终止——

(a)环保署收到根据以下条款作出的通知——

（ⅰ）第(1)(a)款；

（ⅱ）第152(3)条；

(b)环保署认为第(1)(b)款或第(1)(e)款适用；

(c)根据第58或59条该成员从参与者登记册中被除名。

(6)第(7)款适用于以下实体——

(a)不再是合并组织的成员，但仍然是参与者或合格主体；

(b)无持有账户。

(7)本款适用的实体——

(a)当不再是合并组织的成员时，应根据第18A条立即申请开立持有账户；

(b)自登记官收到持有账户账号后10个工作日内，向环保署提供或确保提供持有账户的账号。

156. 合并组织成员身份终止的效力

若某一实体不再是合并组织的成员,该实体——

(a)在属于合并组织成员的期间内,根据排放交易计划参与者条款,继续与该组织的其他成员对活动所产生的排放量和移除量或与之相关的配额、罚款或利息承担连带责任,并共同享有对该组织为移除活动或合格活动而转让或分配的排放单位配额;但是

(b)在不属于合并组织成员的期间内,不承担根据排放交易计划参与者条款涉及的由其他成员的活动所引起的排放量和移除量的义务,或与之有关的配额、罚款或利息,且无权从该实体其他成员为移除活动或合格活动而转让或分配的排放单位配额中受益。

156A. 取消合并组织的活动

(1)合并组织的成员可按照规定形式通知环保署,选择从该组织的成员活动中取消一项或多项活动。

(2)对于第(1)款通知中所指明的一项或多项活动,其取消时间为——

    (a)若环保署在某年的9月30日之前收到选择通知,则在该年的1月1日及之后取消;

    (b)若环保署在某年的9月30日之后收到选择通知,则在次年的1月1日及之后取消。

(3)环保署须在收到通知后1个月内向该组织的所有成员发出通知,确认根据第(1)款通知已取消其在该合并组织成员中的一项或多项活动。

(4)若取消了某一成员在该合并组织成员中的一项或多项活动,对于其在该合并组织成员期间内的有关活动,该成员根据排放交易计划参与者条款继续与其他成员共同承担与该活动有关的排放、移除和分配方面的连带责任,(若该活动为一项移除活动或合格活动)且有权共同享有该活动转让的排放单位配额。

(5)合并组织的成员存在以下情形的,适用第(6)款——

    (a)取消了某一成员在该合并组织成员中的一项或多项活动;

    (b)仍是其中一项或多项活动的参与者;但是

    (c)没有自己的持有账户。

(6)合并组织成员适用本款必须——

    (a)取消其在该合并组织成员中的一项或多项活动后,根据第18A条立即申请开立持有账户;

    (b)在登记官收到持有账户账号后10个工作日内,向环保署提供或保证提供其持有账户的账号。

157. 非法人组织

(1)非法人组织成员存在以下情形的,适用本条——

    (a)共同从事一项合格活动;

    (b)根据第 180 条、第 204 条或第 213 条的要求视为共同从事附件 3 所列活动;

    (c)若第(b)项不适用,则为共同从事附件 3 或附件 4 所列活动。

(2)若本条适用——

    (a)非法人组织的成员不得单独视为从事该活动的主体;

    (b)该活动是一项合格活动的——

        (i)非法人组织的成员不得就第 86 条规定的合格活动单独申请新西兰排放单位配额;但是

        (ii)该非法人组织可根据第 86 条作为合格主体提出申请;

    (c)该活动是附件 3 或附件 4 所列活动的——

        (i)非法人组织的成员——

            (A)不承担法律责任,且不得根据第 56 条就该活动登记为参与者;

            (B)不得根据第 57 条就该活动登记为参与者;

        (ii)非法人组织——

            (A)须通知环保署其为第 56 条规定活动的参与者(若该活动是附件 3 所列活动);

            (B)可根据第 57 条就该活动申请登记为参与者(若该活动是附件 4 所列活动);

            (C)在根据第 56 条发出通知或根据第 57 条申请登记时(视情况而定),须告知环保署非法人组织的名称,并将其记录于根据第 56 条或第 57 条保存的参与者登记册中;

        (iii)(若适用)为第 56(3)条或 57(5)条之目的,环保署须根据第 56 条或第 57 条将非法人组织的名称记录于保存的登记册中;

    (d)在申请配额时,或根据第 56 条通知环保署时,或根据第 57 条向环保署申请登记为参与者时,非法人组织须提供——

        (i)该组织的成员姓名及联络信息;

        (ii)代表该组织接收通知的主体的姓名和联系信息;

    (e)除第(3)至第(5)款另有规定外,非法人组织成员的变更不影响本法实施。

(3)不再是非法人组织成员的主体,就其现为或曾为该非法人组织成员期间——

(a)对该非法人组织作为合格主体(或已获排放单位配额的主体)或作为活动参与者的义务承担连带责任；

(b)以合格主体或参与者身份共享非法人组织的利益。

(4)本法要求合格主体(或已分配排放单位配额的主体)或非法人组织的参与者或其代表行事的——

(a)该非法人组织的所有成员对作出行为承担连带责任；

(b)非法人组织的成员作出上述行为,即属符合该项规定。

(5)向非法人组织发出通知,同时向该法人组织根据第(2)(d)(ii)款提及的主体或根据第157A(2)(a)条通知的主体发出通知,应视为向该非法人组织及其所有成员发出的通知。

(6)为免生疑义,本法要求将土地所有人、登记承租人、登记林权持有人或政府保护合同的当事方视为开展合格活动或附件3或附件4所列活动的主体,且土地、登记租赁、登记林权或政府保护合同由两名主体共同持有或制定(视情况而定)的,则该两名主体——

(a)为本法之目的,均应视为从事该活动的主体；

(b)是合格活动的共同主体或附件3所列活动的共同参与者,或可登记为附件4所列活动的共同参与者；

(c)与合格主体(或已获得排放单位配额的主体)或活动参与者对其义务承担连带责任,有权共享收益。

157A. 作为参与者的非法人组织的变更

(1)若有以下情形,则适用本条——

(a)非法人组织的成员加入或退出已登记为参与者的非法人组织；

(b)接收通知的主体姓名或名称或联系方式发生变化；

(c)非法人组织准备更改其所登记为参与者的姓名或名称。

(2)若适用本条——

(a)非法人组织必须——

(i)在该主体加入或退出非法人组织的20个工作日内,向环保署发出通知——

(A)加入或退出的主体名称和联系方式；

(B)该主体加入或退出的日期；

(ii)在通知接收主体的名称或联系方式发生变化的20个工作日内,向环保署发出通知；

(iii)若非法人组织准备根据第56或57条更改该组织保存的登记册上

记录为参与者的姓名或名称,须向环保署发出通知;

(b)环保署须在收到通知后——

(i)修改——

(A)所作记录以反映非法人组织成员的变更,通知接收主体的名称变更或联系方式的变更;

(B)根据第 56 条或第 57 条规定进行的登记(视情况而定),记录非法人组织的名称变更;

(ii)将该非法人组织的成员变化、接收通知的主体姓名或联络信息变更,或该非法人组织的名称变更,通知登记官;

(iii)将对环保署记录或参与者登记册的修改通知该非法人组织,并告知登记官。

(3)根据第(2)款发出的通知须——

(a)符合规定格式;

(b)涵盖环保署可能要求的其他信息;

(c)列明费用(如有)。

(4)根据第(1)款,下列转让应当视为非法人组织成员的变更,而非第 192(1)(a)条所指的权益转让:

(a)在非法人组织的成员间转让土地,且转让后至少 60% 的非法人组织成员是相同的;

(b)在非法人组织的成员间转让与 1989 年后林地相关的登记租赁、登记林权或政府保护合同且转让后至少 60% 的非法人组织的成员是相同的。

158. 因公共工程承担清缴排放单位配额责任时对参与者的补偿

(1)因与公共工程有关的权力而被要求从事附件 3 所列活动的参与者,适用本条。

(2)若适用本条,行使权力的主体须在参与者未根据其他法获得补偿的情况下,补偿参与者因行使权力而产生的清缴排放单位配额的责任。

(3)除非协议另有约定,否则第(2)款下的所有补偿要求须按照 1981 年《公共工程法》规定的方式确定,适用该法中与补偿相应的条款。

(4)本条所述公共工程的含义与 1981 年《公共工程法》第 2 条中的含义相同。

159. 费用追缴

(1)以下情形适用本条,即主体——

(a)被要求清缴或返还排放单位配额,但在根据第 134 条发出的与排放单位配额有关的处罚通知日期后 90 日内仍未清缴或返还,或没有清缴或返

还全部排放单位配额;

(b)已参与并进入破产程序。

(2)若适用本条,行政长官可在有司法管辖权的法院向该主体追偿——

(a)该主体所欠排放单位配额的费用;

(b)破产参与者根据本法(本条款除外)被要求清缴或返还的排放单位配额的费用;

(c)保全和执行该项诉讼的其他费用。

(3)就第(2)(a)款而言,应当适用以下公式计算排放单位的总费用:

$$A = B \times C$$

其中——

A 是排放单位的总费用;

B 是排放单位数;

C 是根据第 30W 条或根据该条制定的法规所设定的有关日期的每公吨碳定价(以新西兰元为单位)。

(4)根据第(2)款因追偿所产生的行政费用,以及根据第 134 至 134D 条所产生的罚款,均构成对政府的债务,可由行政长官通过具有司法管辖权的法院追偿。

(5)本条所述,破产程序指参照 1993 年《破产管理法》的破产管理程序、1993 年《公司法》的清算程序或 2006 年《破产法》的破产程序;相关日期指以下日期中的较早日期——

(a)处罚通知后 90 日的日期;

(b)该主体进入破产程序的日期。

160. 排放交易计划的运行审查

(1)部长可不定期对排放交易计划的运行和有效性进行审查。

(2)通过部长认为的合适方法进行审查。

(3)在不限制部长根据第(1)、(2)款的自由裁量权的情况下,部长可任命审查专家组——

(a)根据第(1)款进行审查;

(b)根据职权范围提出报告。

(4)若部长任命了专家组,部长必须——

(a)规定审查的书面职权范围;

(b)公开专家组的报告;

(c)向众议院提交报告。

(5)若部长启动了审查,但未任命专家组,则部长必须——

（a）向其认为可能与审查有关的主体（或其代表）征询意见；

（b）征求其认为可能对审查有利害关系的毛利人部落代表的意见；

（c）规定审查的书面职权范围；

（d）建立其认为适当、公平、符合职权范围的程序。

161. 审查专家组的任命和运行

（1）若部长根据第160条任命审查专家组，则必须——

（a）确保成员不少于3人，但不多于7人；

（b）确保大多数成员不是2020年《公共服务法》规定的员工；

（c）根据其意见，考虑该成员是否具备进行审查的知识、技能和经验，包括——

（i）本法；

（ii）国际气候变化义务和其他相关国际协定；

（iii）排放量交易计划的运行，包括其对环境、社会和经济影响；

（d）任命1名成员为专家组主席。

（2）部长须书面通知专家组并说明其进行审查的职权范围。

（3）审查专家组须完成审查报告草案，并在职权范围所规定的日期前向部长提交报告。

（4）审查专家组必须——

（a）给予部长至少10个工作日对草案的报告内容作出回应和评论；

（b）在综合部长的答复和意见（若有）后，编写一份最终报告，并在职权范围所规定的日期前向部长提交。

（5）在进行审查时，审查专家组——

（a）须建立一个适当、公平、符合审查职权范围的程序；

（b）须咨询专家组认为可能与审查有利害关系的人（或其代表）；

（c）可要求相关主体提交意见。

161A. 关于合格工业活动的规定

（1）总督可根据部长的建议发布枢密院令，为以下任一或多个目的制定法规：

（a）为本编第2分编之目的，规定合格工业活动；

（b）每项合格工业活动规定（若适用）——

（i）关于活动描述，包括（但不限于）

（A）投入；

（B）一项或多项产出；

（C）将投入转化为产出的物理、化学或生物转化；

(ⅱ)该活动是否为——

(A)高度排放密集型活动；

(B)中度排放密集型活动；

(ⅲ)将产品作为相关活动获得新西兰排放单位配额的基础；

(ⅳ)为第81条至第84条的目的,计算每种指定产品数量的方法；

(c)对指定产品作出规定——

(ⅰ)一个或多个分配基准；

(ⅱ)就第81条至第84条,从事活动的主体在计算这些条款规定的分配权利时须使用的分配基准(包括特定主体)；

(d)规定一个或多个分配系数,适用于——

(ⅰ)电力；

(ⅱ)天然气原料；

(e)规定为第86D条之目的须保留的信息。

(2)根据第(1)款制定的法规可允许主体申请并在以下时间开始接收配额——

(a)该法规制定年份的1月1日,即使该规定在该年之后的日期生效；

(b)在该法规制定年份的前一年的1月1日或7月1日,但该规定须在2012年12月31日或之前生效。

(3)部长可根据第(1)(a)款建议制定特定活动为合格工业活动的法规,前提是部长确信该活动是——

(a)中度或高度排放密集型活动；

(b)受贸易影响的活动。

(4)尽管有本条或第161C条规定,但不得根据第(1)款制定规定发电行业为合格工业活动的法规。

(5)根据第(1)款制定的以下法规根据2019年《立法法》,自颁布之日起5年后生效,或自法规规定的推迟日期起生效:

(a)撤销规定特定活动为合格工业活动的法规；

(b)修正规定合格工业活动为中度或高度排放密集型活动的法规。

161B. 澳大利亚合格工业活动

[已废止]

161C. 合格工业活动

(1)第161A(3)条所述的活动为——

(a)中度排放密集型,该活动的指定排放量大于或等于该活动指定收入800公吨/百万新西兰元,但低于该活动指定收入1600公吨/百万新西兰元；

(b) 高度排放密集型,该活动的指定排放量大于或等于该活动指定收入 1600 公吨/百万新西兰元;

(c) 受贸易影响的活动,除非部长认为——

(i) 该活动的产出不存在跨洋国际贸易;

(ii) 该活动的产出在进出口经济上不具有可行性。

(2) 若某项活动符合第 161A(3) 条第(1) 款中的标准,则应将该活动规定为合格工业活动,以及用作新西兰排放单位配额基础的产品法规须规定各产品的分配基准,根据以下公式计算:

$$AB = SE/STA$$

其中——

AB 是产品的分配基准;

SE 是活动的指定排放量;

STA 是活动中产品的指定总量。

(3) 就本条而言——

(a) 活动的指定收入指根据第 161D(1) 条中包含活动说明的通知,向部长提供第 161D(1)(e)(i)(A) 条所述信息的各主体的活动收入总和;

(b) 就活动的排放强度而言,指定排放量指根据第 161D(1) 条中包含活动说明的通知,向部长提供第 161D(1)(e)(i)(B) 条中所述信息的主体的活动所产生的总排放公吨数;

(c) 就活动的分配基准而言,指定排放量指根据第 161D(1) 条中包含活动说明的通知,向部长提供第 161D(1)(e)(i)(C) 条所述信息的各主体活动所产生的总排放量总公吨数之和;

(d) 该活动指定的产品总量指根据第 161D(1) 条中包含活动说明的通知,向部长提供第 161D(1)(e)(i)(D) 条所述信息的各主体生产的产品总量之和。

(4) 尽管有第(3)(c) 款规定,部长可以调整第 161D(1)(e)(i)(C) 条规定信息中显示的排放总量,该信息是由从事根据第 161D(1) 条发出的通知中所列活动的主体所提供,在考虑到导致电力成本增加的通知之日生效的相关合同后,该主体将面临本法对参与者施加的清缴排放单位配额的义务,或提供与此类合同有关的信息。

(5) 若部长根据第(4) 款调整了一个主体或多个主体的排放公吨数,部长既可以使用原来所提交的信息,也可以使用调整后的信息来计算相关产品的不同分配基准。

161D. 工业分配的信息请求权

(1) 为第(3)款之目的,部长可以作出通知——

 (a) 明确对某项活动的描述,包括第 161A(1)(b)(i) 条所列事项;

 (b) 若该活动在法规中被规定为合格工业活动,则应明确该活动可使用的产品,以及该活动中新西兰排放单位配额分配的基础(指定产品);

 (c) 明确与活动相关的内容——

  (i) 根据第(e)项提供的信息,须包括的排放量;

  (ii) 除根据第(e)项外,提供信息中的排放量;

 (d) 明确须根据第(e)项提供信息的财政年度;

 (e) 要求进行第(a)项规定活动的所有主体在通知所载日期向部长提供——

  (i) 通知中所规定的财政年度以下的所有信息:

   (A) 按照第(g)(i)项规定的方法计算的总收入,以及体现该主体在相关年度从活动中获得的总收入的财务报表;

   (B) 按照第(g)(ii)项(排放密度)规定的方法计算的,体现该主体在相关年度从事活动所产生的排放总公吨数的信息;

   (C) 按照第(g)(iii)项(分配基准)规定的方法计算的,体现该主体在相关年度从事活动所产生的排放总公吨数的信息;

   (D) 按照第(g)(iv)项规定的方法计算的,体现该主体在相关年度生产的每种具体产品数量信息;

  (ii) 在通知之日有效的与电力有关的合同副本,或与此类合同有关的信息,由于本法对参与者规定了清缴排放单位配额的义务,这些合同将影响从事有关活动的主体,导致其电力成本增加;

  (iii) 部长认为有助于确定第(3)款所列事项的其他信息;

 (f) 明确须向部长提供第(e)项要求提供信息的截止日期,该日期不得早于通知日期后 30 个工作日;

 (g) 明确一种或多种计算方法——

  (i) 第(e)(i)(A)项所述的活动收入;

  (ii) 第(e)(i)(B)项所述的活动排放量(排放密度);

  (iii) 为第(e)(i)(C)项之目的,活动的排放量(分配基准);

  (iv) 第(e)(i)(D)项所述的来自该活动的具体产品数量。

(2) 根据第(1)(g)款在通知中规定的方法可以参引合并第 169(1) 条中所提及的信息,若参引合并第 169(2) 条、第 169(3) 条、第 170 条和第 177 条,须经必要修改后适用。

(3)根据第(1)款发布通知旨在向部长提供必要信息,以确定以下任一或多个事项:

 (a)活动是否符合第161A(3)条中列出的标准,若符合,确定——

  (i)该活动为高度排放密集型或中度排放密集型;

  (ii)活动中每种产品适当的分配基准;

 (b)是否有必要根据第161C(4)条,调整相关主体根据第161D(1)(e)(i)(C)条持有的排放量总公吨数;

 (c)第161A(1)条就活动列出的其他事项;

 (d)相关事宜是否应根据第160条进行审查。

(4)本条下的通知是二级立法。

(5)在根据第(1)(e)款提供信息后,部长可通知该主体——

 (a)要求进一步提供其认为的必要信息,以便能够核实信息的准确性;

 (b)进一步规定提供信息的截止日期。

(6)若被要求遵守第(1)款或第(5)款规定的通知主体,未能在通知日期前提供所需信息,部长可向其发出通知,要求其在10个工作日内提供,并告知若通知中指定的活动被规定为合格工业活动,未能在该期限内提供信息将导致其没有资格获得新西兰排放单位配额。

(7)除本法另有规定,若根据第(1)(a)款作出的通知中指定的活动被规定为合格工业活动,下列主体没有资格根据本编第2分编就合格工业活动获得新西兰排放单位配额:

 (a)在通知日期内进行该活动,且无正当理由未在根据第(6)款发出的通知所指明的日期前提供所要求的数据及信息;

 (b)与(a)款所提及主体关联的主体。

161E. 根据第161D条发出通知的要求

(1)在根据第161D(1)条发出通知之前,部长须考虑以下事项:

 (a)要求参照投入转化为产出的物理、化学或生物转化来界定每项活动;

 (b)参照所采用的技术、使用的燃料、工厂的厂龄或开展活动时所使用原料类型的质量来界定活动的不可取性;

 (c)界定活动的可取性——

  (i)在各行业中保持一致和公平;

  (ii)考虑可能对商业投资、地理位置和活动结构产生的影响;

  (iii)考虑开展活动时产生的中间投入取代买进投入的可能性;

 (d)活动定义间不重叠;

(e)[已废止];
(f)部长认为相关的其他事项。
(2)第161D(1)(c)条所述,
 (a)根据第161D(1)(e)(i)(B)条、第161D(1)(e)(i)(C)条提供的信息中必须涵盖的排放,只得包括——
  (i)因以下原因导致的温室气体排放——
   (A)作为活动的一部分,直接使用煤炭、天然气、地热流体或废油;
   (B)作为活动的一部分,直接使用煤炭、天然气、地热流体或废油而产生蒸汽;
   (C)作为活动的一部分,从事附件3第4编所列的活动;
   (D)在固定设备中直接使用液体化石燃料;
   (E)从用作部分活动的煤炭中抽取逸散性煤层气,或生产用于部分活动的蒸汽;
  (ii)就本条、第161C条和第161D条而言,须视为活动排放的排放量(单位:公吨),按照以下公式计算:

$$E = MWh \times pEAF$$

其中——
E是根据第161D(1)(e)(ii)条、第161D(1)(e)(iii)条提交的信息中活动排放的总公吨数;
MWh是从事活动时使用的电力,单位为兆瓦时;
pEAF是规定的电力分配系数;
 (b)未包含在根据第161D(1)(e)(ii)条、第161D(1)(e)(iii)条提交的信息中的排放,须包括(但不限于)由以下原因产生的排放——
  (i)使用与活动进行时发生的物理、化学、生物或其他转化不可或缺的机械和设备以及其他程序;
  (ii)在开展活动时使用的原材料提取或生产;
  (iii)将活动中使用的进口货物运输到开展活动的地点储存;
  (iv)将活动的出口货物从开展活动地点的仓库运输到另一地点;
  (v)在开展活动的不同地点之间运输中间产品;
  (vi)与开展活动相匹配的运营,包括(但不限于)包装、总部运营、行政管理和营销(在开展活动的同一地点或另一地点进行);
  (vii)在开展活动的地点发电;
 (c)在发出排放通知之前,(该排放必须包括或排除根据第161D条发布的

通知中规定的信息,)部长必须考虑以下事项:
(i)第(1)款所列的事项;
(ii)根据第161D条发出的所有通知,应与通知中所规定的包括或排除的排放量类别一致。

(3)若主体在2006年7月、2007年8月或2008年9月中的某个财政年度从事根据第161D条发出的通知中规定的活动,则该通知须指明该财政年度为必须根据该通知提供信息的财政年度。

(4)但是,若根据第161D条发出通知旨在向部长提供必要信息,以确定所有事项是否应根据第160条进行审查,则第(3)款不适用。

(5)关于根据第161D(1)(a)条发出明确对某项活动描述通知的意见征询要求,参见第3B条。

161F. 潜在合格工业活动的意见征询

[已废止]

161G. 关于合格农业活动的规定

(1)总督可根据部长的建议颁布枢密院令,为以下任一或多个目的制定法规:
(a)就每项合格农业活动规定(若适用)——
(i)活动的一种或多种产品;
(ii)每种产品的分配基准;
(b)为第(2)款之目的,规定——
(i)一种或多种方法用于计算——
(A)在规定年份为生产指定产品进行的合格农业活动所产生的甲烷和一氧化二氮排放总公吨数;
(B)在规定年份从合格农业活动中生产的指定产品总量;
(ii)第(i)目所述的一年或数年;
(c)为第85条及第161H条之目的,规定计算合格农业活动的指定产品的数量方法;
(d)规定为第86D条的目的而须保留的信息。

(2)第(1)(a)(ii)款所指合格农业活动各指定产品的分配基准,按照以下公式计算:

$$AB = \sum(E) / \sum(PDCT)$$

其中——

AB 是产品的分配基准;

E 是在规定的一年或几年内,为生产该产品而进行的合格农业活动所产生的甲

烷和一氧化二氮排放的总公吨数,根据本法规定的方法计算;

PDCT 指在规定的一年或几年内,合格农业活动所生产的产品总量,根据本法规定的方法计算;

Σ 既是(根据本法有关规定须计算的)一年或几年间 E 的总和,也是一年或几年间 PDCT 的总和。

(3)在根据第(1)(a)(ii)款制定法规以规定合格农业活动的分配基准之前,部长必须——

 (a)考虑最新的新西兰温室气体清单;

 (b)遵守第 3A 条和第 3B 条中的意见征询要求;

(4)有关适用于制定其他法规的意见征询要求,参见第 3A 条;

(5)对于每项合格农业活动,部长——

 (a)在活动参与者清缴(排放单位配额)义务开始之前,不得建议根据本条制定法规;

 (b)至少每 5 年审查一次该法规;

 (c)该活动存在清缴义务时,不得建议制定可能导致本条不适用该活动的法规;

(6)在根据第(5)(b)款进行审查时,部长须遵守第(3)款和第(4)款;

(7)本条下的法规是二级立法。

161H. 合格农业活动产出的信息请求权

(1)部长可在 2011 年 1 月 1 日之后,作出通知——

 (a)明确须根据第(d)项提供信息的合格农业活动;

 (b)就第(a)项所明确的合格农业活动,具体说明该合格农业活动中须根据第(d)项提供有关信息的一种或多种产品;

 (c)明确须根据第(d)项提供信息的年度;

 (d)要求开展合格农业活动的主体在通知所载日期向部长提供信息,表明该主体在通知的一年或几年中所从事活动的指定产品的数量,(若相关)该数量根据规定的方法确定;

 (e)明确提供信息的截止日期,不得早于通知日期后 30 个工作日。

(2)若被要求遵守根据第(1)款发出的通知的主体,未能在通知日期之前提供所需信息,部长可向该主体发出书面通知,要求其在 10 个工作日内提供信息,并告知其若未能在该期限内提供信息,将无资格获得与该活动相关的新西兰排放单位配额。

(3)若根据第(1)款要求特定主体提供有关合格农业活动的信息通知已发出,下列主体无资格根据本编第 2 分编分配有关合格农业活动的新西兰排放单位配额:

(a)任何主体——
  (i)在根据第(1)款发出通知的日期从事该活动；
  (ii)在无正当理由的情况下,未根据第(2)款在规定日期前提供所需数据和信息；
(b)第(a)款规定主体的关联人。
(4)本条下的通知是二级立法。

162. 增加附件4第2编活动的枢密院令

(1)总督可根据部长的建议,通过枢密院令修正附件4第2编,增设该编的活动。
(2)有关根据第(1)款制定枢密院令的征询意见要求,参见第3A条和第3B条。
(3)[已废止]。
(4)根据第(1)款作出的枢密院令,对移除活动或其他有关活动的生效时间为——
  (a)若在某一年6月30日或之前作出,则自下一年1月1日起生效；
  (b)若在某一年7月1日或之后作出,则自下一年7月1日起生效。
(5)本条下的命令——
  (a)是二级立法；
  (b)须由本法确认(见2019年《立法法》第5编第3分编)。

162A. 命令是可确认文书

[已废止]

163. 关于核查者和方法学的规定

(1)总督可根据部长的建议颁布枢密院令,为以下任一或多个目的制定法规：
  (a)规定根据第62(a)条须就某项活动收集的数据或其他信息,以及收集的机制或方法；
  (ab)对于林业活动,授权环保署规定收集第(a)项规定的数据或其他信息的地点和设备；
  (b)为第62(b)条之目的,规定计算一项活动的排放量或移除量的一种或多种方法；
  (c)规定数据或其他信息、排放量或移除量的计算(须由环保署根据第92条确认的个体或组织进行核查)；
  (d)授权环保署以通知的形式发布以下事项的指导方针或标准——
    (i)根据第(a)项规定的事项；
    (ii)确定林地空间范围的方法和形式；

(e)为执行第92条,规定——
  (i)该个体或组织作为第62(a)条、第62(c)条的核查者的程序,或规定第164条的特别排放系数;
  (ii)该个体或组织能够核实与一种或多种类型的数据或信息有关的特别排放系数、计算一项或多项活动的特定类型的排放量或移除量所需的专门知识、技术或资格;
  (iii)其他方面包括——
    (A)认可特定组织为核查者的要求;
    (B)对该组织的员工在履行获认可的职责方面的限制;
  (iv)该个体或组织获认可的期间,以及延长认可的程序;
  (v)认可条件,可能包括(但不限于)持续能力和专业标准要求、专业组织的成员资格以及向环保署提供报告;
  (vi)暂停或撤销认可的程序和情形;
  (vii)环保署收回因进行认可而产生直接和间接成本的费用,该费用可能因该个体或组织的核查类型而异。
(2)根据第(1)款制定的法规可——
  (a)普遍适用或适用于不同类别的活动、主体、新西兰的部分地区或其他特定事项;
  (b)在不同情况下适用于相同类别的活动、主体、新西兰部分地区或其他特定事项;
  (c)普遍适用或在每年的特定时间适用。
(3)根据第(1)(a)款至第(1)(d)款制定的法规,若从制定该法规的年度开始时适用,或就制定该法规的年度内特定日期后的期间适用,则该法规可具有溯及力。
(4)根据第(1)(b)款或第(1)款的其他项制定的有关法规——
  (a)在不限制第(1)款的情况下,可涉及以下排放量或移除量——
    (i)直接源于某项活动;
    (ii)与活动内的产品或其他事物相关联;
  (b)可能要求使用环保署网站提供的计算机程序;
  (c)不得涵盖另一主体需要清缴排放单位的排放量,或另一主体有权获得新西兰排放单位的温室气体移除量。
(5)在根据第(1)(a)款或第(1)(b)款建议制定法规时,部长须考虑与收集数据和信息以及测量活动的排放量和移除量相关的国际气候变化义务(若有)。

(6)[已废止]。

(7)在没有相反证据的情况下,遵守环保署在根据第(1)(d)款制定的法规中发布的指南或标准的主体,被推定为遵守与这些指南或标准相对应的法规中规定的相关要求。

(8)本条下的法规——

(a)是二级立法;

(b)即使尚未颁布,仍根据第(3)款产生效力。

(9)法规授权环保署根据第(1)(d)款发布指南或标准的——

(a)该指南或标准是二级立法;

(b)法规须对此作出声明。

164.关于特别排放系数的法规

(1)若根据第163(1)(b)条制定的法规要求参照默认排放系数计算排放量或移除量,总督可以根据部长的建议,通过枢密院令制定法规——

(a)为参与者提供向环保署申请批准使用特别排放系数的程序;

(b)规定须收集的信息以提交特别排放系数使用申请;

(c)规定特别排放系数的标准,包括(但不限于)——

(i)特别排放系数在默认排放系数基础上变化的百分比,特别排放系数相较默认排放系数有一定程度的变化是申请特别排放系数的前提;

(ii)特别排放系数应反映的温室气体类型;

(iii)计算特别排放系数的方法;

(iv)设定默认排放系数的标准应当考虑第163(4)条所述事项;

(v)要求特别排放系数须经有资质的核查者核证。

(2)本条下的法规是二级立法。

165.关于1990年前林地补偿的规定

[已废止]

166.关于方法学、核查者和特别排放系数的法规的意见征询和生效

(1)根据以下条款制定的法规,则适用本条——

(a)第163条(核查者和方法学);

(b)第164条(特别排放系数)。

(2)有关制定法规的意见征询要求,参见第3A条和第3B条。

(3)根据2019年《立法法》,法规自公布之日后3个月生效,或自法规规定的推迟日期生效。

167. 关于费用的规定

（1）总督可通过枢密院令制定法规，规定根据排放交易计划参与者条款应缴付的费用数额和支付程序。

（2）总督可通过枢密院令制定法规，规定以下主体应当缴付的费用——

  （a）根据第 107 条，申请排放裁决的主体，以便环保署收回在以下方面全部或部分的直接和间接费用——

    （i）接收和处理申请；

    （ii）考虑是否作出裁决、是否接受作出裁决或拒绝作出裁决；

  （b）移除活动的参与者或已申请成为移除活动参与者的主体，以便环保署收回在采取以下一项或多项行动时的全部或部分直接和间接费用；

    （i）向主体宣传和通报排放交易计划参与者条款的运行情况；

    （ii）确保排放交易计划参与者条款的运行；

    （iii）执行和监管对排放交易计划参与者条款的遵守情况；

    （iv）完成排放交易计划参与者条款授权或要求的其他事项；

  （c）根据第 194A 条提交投入报告，使环保署在根据第 194B 条进行计算和发出通知时能够收回全部或部分直接和间接费用。

（3）根据第（2）款可收回的费用包括（但不限于）：

  （a）处理申请和报告的费用；

  （b）提供、操作和维护系统、数据库和其他与以下内容相关的程序的费用——

    （i）作出排放裁决；

    （ii）与移除活动有关的排放交易计划参与者条款的管理；

    （iii）投入报告；

  （c）第三方服务费。

（4）根据第（2）款制定的法规可——

  （a）明确须缴付规定费用或固定费用的主体或一类主体；

  （b）规定对一类主体收回部分费用，对另一类主体收回全部成本（若有利于推进本法的目的实现）；

  （c）规定可收回直接及间接成本的事项；

  （d）规定费用标准，或根据执行职能、任务或行使职权所需的时间制定费率；

  （e）规定费用标准，或针对具体职能、权力或任务制定费用；

  （f）规定费用的计算公式；

  （g）规定年度费用，或适用于全部参与者或不同类别参与者的收费；

(h)规定缴付费用的时间、收取费用的方法,以及负责缴付费用的主体;

(i)授权环保署在法规规定的情况下,从第三方收回服务的全部成本(规定收费的服务除外);

(j)授权环保署针对费用全额或部分豁免、减免或退款。

(5)第(2)款受第173(2)条及第174(1)条的限制(该两条涉及信息的参引合并)。

(6)本条下的法规是二级立法。

(7)若法规授权环保署授予第(4)(j)款中提及的豁免、减免或退款——

(a)授予豁免、减免或退款的文书是二级立法,除非其仅适用于一名或多名指定主体;

(b)法规须包含这方面的声明。

168. 其他规定

(1)总督可通过枢密院令为以下任一或多个目的制定法规:

(a)明确本法规规定的义务燃料和义务航空燃料;

(b)规定可申请排放裁决的事项;

(c)[已废止];

(ca)规定根据第183条向环保署提交申请的截止日期;

(d)规定属于杂木的树种;

(e)规定碳核算区的标准;

(f)根据第195条规定环保署通报林地状况或其变化;

(g)规定土地登记局局长、毛利土地法院登记官或契约登记官须取消林地状况通知的情况;

(h)[已废止];

(i)[已废止];

(j)规定根据第62(d)条保留记录的格式;

(k)规定根据排放交易计划参与者条款须提交或通知的申请、报告、通知或其他文件的形式,和在申请、报告或其他文件中应提供的详细信息;

(l)规定根据排放交易计划参与者条款须在申请或其他文件中提供的信息;

(m)为附件4第2编所列移除活动规定阈值;

(n)规定登记为下列活动参与者的标准——

(i)附件4第2编第1分编;

(ii)附件4第2编第2分编,包括该主体可登记为参与者的二氧化碳捕获和储存类型的标准;

(ⅲ)附件4第2编第3分编；

(na)规定根据本法计算或在本法中提及的排放单位数量的四舍五入规则；

(nb)根据第179A条,规定国家最佳森林管理方法的含义(或其含义中所含内容)；

(o)规定排放交易计划参与者条款或附件3和附件4所涵盖的其他事项,以便开展行政管理或确保其全面实施。

(2)根据第(1)款规定申请、报告、通知或其他文件格式的权力,包括规定用于向计算机或跨计算机以电子方式传输数据的电子格式的权力。

(3)根据第(1)(nb)款制定法规的有关意见征询要求,参见第3A条及第3B条。

(4)本条下的规定是二级立法。

169. 参引合并特定法规

(1)以下书面材料可通过参引并入根据相关授权条款制定的法规中：

(a)决定、计算机程序、规则、指导方针、原则、措施、方法、模式、程序、机制或其他事项；

(b)政府机构、标准的制定组织或专业机构的标准、要求或推荐做法。

(2)材料可通过以下形式参引并入法规中——

(a)全部或部分并入；

(b)经规定指明的修改、增补或更改。

(3)通过参引并入法规的材料视为法规的一部分。

(4)在本条以及第170条至第174条中,有关的授权条文指第161A条、第161G条、第163条、第164条、第167条、第168条、第186F条、第194C条、第196F条或第197A条。

170. 法规修订、替换、参引并入材料的效力

(1)第(2)款适用于对材料的修订或替换,若该材料——

(a)以参引方式并入根据相关授权制定的法规(原始法规)；

(b)被国际政府机构、国际组织或国际专业机构采纳、同意、制定或批准。

(2)只有在原始法规制定后,根据相关授权条款制定的法规规定该修订或替换具有法律效力时,该材料的修订或替换才可作为法规的一部分而具有法律效力。

(3)第(4)款适用于对材料的修订或替换,若该材料——

(a)以参引方式并入根据相关授权制定的法规(原始法规)；

(b)非第(1)(b)款所描述的材料。

(4)该材料的修订或替换作为原始法规的一部分,即时产生法律效力(无须修订原始法规或制定其他法规说明其效力)。

171. 参引合并材料的证据

(1) 通过参引并入法规的材料副本,包括修订或替换副本,必须——

　　(a) 经行政长官核证属于该材料的正确副本;

　　(b) 由行政长官保管。

(2) 在没有相反证据的情况下,诉讼程序中出示以参引并入材料的核证副本,即足以证明所出示材料是以参引方式并入法规的。

172. 参引合并材料的到期效力

(1) 本条适用于以参引方式并入根据相关授权制定的法规的材料,该材料在未经修改或替换的情况下到期、撤销或停止生效。

(2) 只有在根据授权制定的法规规定该材料不再具有法律效力时,该材料才不再作为法规一部分具有法律效力。

173. 征询意见的要求

(1) 本条适用于根据有关授权制定的法规,该法规——

　　(a) 以参引方式并入材料;

　　(b) 按照第170(2)条的要求,说明参引合并材料的修订或替换作为法规一部分,具有法律效力。

(2) 在制定适用本条的法规之前,行政长官必须——

　　(a) 制作被提议参引合并的材料副本、修订或替换参引合并的材料副本,在合理时间内置于行政长官办公室,免费供查阅;

　　(b) 以合理的价格提供可供购买的拟议材料副本;

　　(c) 在公报上发布公告,说明——

　　　　(i) 拟议材料可在工作时间内免费查阅;

　　　　(ii) 可查阅拟议材料的地点和期间;

　　　　(iii) 可购买拟议材料的副本;

　　　　(iv) 可购买拟议材料的地点;

　　(d) 提供合理的机会以便相应主体对拟参引合并的材料发表意见;

　　(e) 考虑相应主体提出的其他意见。

(3) 第(2)款中的材料(若非新西兰官方语言),须提供新西兰官方语言的准确译文。

(4) 在制定本条适用的法规之前,行政长官——

　　(a) 可以其认为适当的其他方式(如通过互联网网站)提供拟议材料的副本;

　　(b) 在第(a)项适用的情况下,须在公报上刊登公告,说明可取得该拟议材料的其他方式,并说明获取详细信息的地点与方式。

(5)未遵守本条并不影响参引合并材料的法规效力。

174. 参引合并材料的公开

(1)行政长官——

(a)须将第(2)款所指的材料,于办公时间内置于行政长官办公室以供免费查阅;

(b)以合理的价格提供可供购买的拟议材料副本;

(c)以行政长官认为适合的其他方式(如通过互联网网站)提供该材料的副本;

(d)须在公报上发布公告,说明——

(i)该材料已并入法规中——

(A)该法规的制定日期;

(B)若该材料根据第170(4)条具有即时法律效力,则说明该材料具有法律效力的日期;

(ii)该材料可在工作时间内免费查阅;

(iii)可供查阅的地点;

(iv)该材料的副本可供购买;

(v)购买材料的地点;

(vi)若该材料副本是根据第(c)项提供,则该材料可通过其他方式获得,以及获取该材料的详细信息的地点与方式。

(2)材料指——

(a)以参引方式并入根据有关授权条文制定的法规的材料;

(b)对并入法规的材料或第(a)项中规定材料的修订或替换;

(c)若第(a)项或第(b)项中并非新西兰官方语言,则须提供新西兰官方语言的准确译文。

(3)未遵守本条不影响参引合并材料的法规效力。

175. 2019 年《立法法》对参引合并材料的适用

2019 年《立法法》第 3 编第 1 分编和第 114 条不适用于参引合并材料。

176. 1989 年《法规(否决)法》对参引合并材料的适用

[已废止]

177. 不影响 2015 年《标准和认证法》的适用

第 169 条至第 176 条不影响 2015 年《标准和认证法》第 29 条至第 32 条的适用。

178. 费用追偿

(1)未按照本编规定支付的费用可由环保署在有管辖权的法院向有责任支付该费用的主体追偿。

(2)环保署可根据其认为合适的条款与主体签订协议,并收取或协助收取相应费用。

178A. 以付款替代清缴、返还或补偿排放单位

(1)本条适用于以下情形——

 (a)以下两者之一——

  (i)主体被要求清缴或返还排放单位配额——

   (A)因提交排放申报;

   (B)根据第123(3)条、第123(6)条或第183A(2)(b)条;

  (ii)环保署根据本法规向任一主体补偿排放单位;

 (b)须清缴、返还或补偿的排放单位——

  (i)对于1989年后林地活动,指根据第178C(3)条,归属于拍卖开始日期之前结束的日历年的排放量或移除量;

  (ii)拍卖开始日期之前结束的日历年中发生的其他活动的排放量或移除量;

  (iii)在拍卖开始日期之前,主体停止参与并已提交排放申报的活动。

(1A)若第(1)(b)(i)款适用,本条所述日历年的排放量或移除量单位须四舍五入到最接近的整数(四舍五入)。

(2)若本条适用,主体可以通过以下方式履行其清缴、返还或补偿排放单位的义务——

 (a)环保署以外的主体——

  (i)按照有关规定清缴或返还排放单位;

  (ii)在规定的期限内,按照固定价格支付将该主体须清缴或返还的排放单位,并将款项支付至政府银行账户中;

  (iii)兼采第(i)目和第(ii)目规定的行动;

 (b)环保署——

  (i)按照第124条规定的程序向该主体补偿排放单位配额;

  (ii)按照固定价格将款项支付到该主体指定的银行账户中;

  (iii)兼采第(i)目和第(ii)目规定的行动。

(3)第(2)(a)(ii)款、第(2)(a)(iii)款规定,该主体清缴或返还排放单位的义务,只有在支付至政府银行账户的资金被结清时才得以履行。

（4）就第（3）款及第178B（1）条而言，凡存入政府银行账户的资金不再退回，且该款项可供官方使用时，即视为已结清。

（5）在本条及第178B、178C条中——

固定价格的含义见第178C条；

拍卖开始日期指根据第30GA（2）（a）条制定的法规规定开始拍卖新西兰排放单位的日期。

178B. 发放新西兰排放单位以履行清缴义务

（1）根据第178A（2）（a）（ii）条、第178A（2）（a）（iii）条，若主体选择支付固定价格而非清缴排放单位，当资金已结清时，登记官必须——

  （a）向政府持有账户发放一定数量的新西兰排放单位，其数量与该主体已按固定价格支付的排放单位数量相同；

  （b）将新西兰排放单位转入该主体根据第61（1）条持有的账户；

  （c）完成第（b）项的转移后，立即将新西兰排放单位转入环保署指定的清缴账户。

（2）根据第（1）（a）款，登记官可发放若干新西兰排放单位，该排放单位的数量等于一个或多个主体已根据第178A（2）（a）（ii）条、第178A（2）（a）（iii）条按固定价格支付的排放单位数量。

（3）若本法要求环保署向主体补偿排放单位，并根据第178A（2）（b）（ii）条、第178A（2）（b）（iii）条向该主体支付固定价格的排放单位来履行补偿义务，则登记官须——

  （a）从适当的清缴账户中转移一定数量的新西兰排放单位至该主体根据第61（1）条持有的账户，该新西兰排放单位的数量等于环保署按固定价格支付的排放单位数量；

  （b）完成第（a）项的转移后，立即将新西兰排放单位从该主体的持有账户转入注销账户。

（4）为免生疑义，第68条不适用于根据本条发放的新西兰排放单位。

（5）若第（1）款适用，则本法在作必要修改后适用，相当于该主体按照固定价格支付排放单位以及登记官根据本条对排放单位的转移，等同于该主体已清缴排放单位。

（6）尽管有第18CA（2）条规定，根据第（1）（c）款转入清缴账户的新西兰排放单位可根据第（3）（a）款进一步转移。

178C. 固定价格（用于以付款替代清缴、返还或补偿排放单位）

（1）为第178A条和第178B条之目的，设定排放单位的固定价格。

(2)若须清缴、返还或补偿的排放单位与某一日历年发生的排放量或移除量有关,则——

(a)于2019年或之前,固定价格为25新西兰元;

(b)于2020年或之后,至拍卖开始日期之前,固定价格为35新西兰元。

(3)就第178A条而言,若排放申报涵盖1989年后林地上超过1个日历年的活动,则排放量和移除量应按该年度占排放申报期的比例归入并视为发生在该年。

第5编 特定部门规定:林地

第1分编 毁 林

179. 特定情形下林地被视为毁林

(1)不受第4(1)条中有关"毁林"的第(a)项定义限制,根据本法,若1公顷林地上的森林树种被移除,且存在以下情形,该公顷林地应当被视为毁林——

(a)在移除后4年,下列各项条件均不满足:

(i)该公顷土地至少有500棵外来森林树种;

(ii)该公顷土地已重新种植至少100株柳树或杨树,其方式与治理水土流失相一致;

(iii)该公顷土地以本土森林树种为主,在砍伐10年后,该公顷土地很可能是林地;

(b)在移除后10年——

(i)主要为外来森林树种,但该公顷土地上超过5米高的树木的树冠覆盖率不超过30%;

(ii)主要为本地森林树种,但该公顷土地不是林地;

(c)在移除后20年,主要为本地森林树种在生长,但该公顷土地上超过5米高的树木的树冠覆盖率不超过30%。

(1A)第(1)(a)(ii)款只有在相关地方当局确定土地的土壤侵蚀风险至少为中等时才适用。

(2)若林地根据第(1)款被视为毁林——

(a)该毁林行为应视为在移除森林树种后4年、10年或20年(视情况而定)进行;但是

(b)有关毁林行为责任必须根据4年、10年或20年前移除树木的树龄和森林树种来计算,具体视情况而定。

(3)本条无权限制环保署就毁坏某公顷林地行使第121条规定的权力,只要环保署认为——

  (a)该公顷土地已转为非林地;

  (b)未履行本法规定的禁止毁林义务。

179A. 特定情形下林地不得被视为毁林

(1)尽管有第179条规定,第4(1)条也对"毁林"作出了规定,但是——

  (a)就1990年前林地而言,根据本法目的,若被移除的土地是豁免土地或有以下情形,被移除的1990年前林地不得被视为毁林——

    (i)被移除的土地与2007年12月31日尚存的1990年前林地相邻;

    (ii)被移除的土地面积不足1公顷,或最宽处不足30米;

    (iii)被移除的土地是为实施新西兰的最佳森林管理实践而必须被移除或持续移除;

    (iv)被移除的土地仅用于实施新西兰的最佳森林管理实践。

  (b)若1990年前林地是环保署根据第186B条批准的补偿林地,则在以下情形中,1990年前林地的移除不能被视为毁林——

    (i)若被移除的土地,在以下期间被转换为林地以外的用途(例如,牧场):

      (A)自批准之日起;

      (B)截至批准之日后2年或1990年前林地被移除之日后4年;

    (ii)若被移除的土地,在以下期间未改作其他用途,仍视为林地:

      (A)自1990年前林地被移除之日开始;

      (B)截至1990年前林地被移除后4年;

  (c)就1989年后林地而言,在以下情形中,被移除的1989年后林地不得被视为毁林——

    (i)被移除的土地与登记之日尚存的1989年后林地相邻;

    (ii)被移除的土地面积不足1公顷或最宽处不足30米;

    (iii)被移除的土地是为实施新西兰的最佳森林管理实践而必须移除或持续移除;

    (iv)被移除的土地仅用于实施新西兰的最佳森林管理实践。

(2)若环保署根据第186G(1)条撤销其对补偿林地申请的批准,则第(1)(b)款不适用。

(3)本条适用于在本条生效前、生效时或生效后已移除的土地。

(4)若法规规定了新西兰最佳森林管理实践的含义,则该术语在本条中适用该含义。

第 2 分编 1990 年前林地

180. 1990 年前林地的参与者

(1)若从事附件 3 第 1 编所列活动,1990 年前林地的土地所有人将被视为从事该活动的主体,除非环保署认为——

(a)无论是在 2008 年 1 月 1 日之前还是之后,1990 年前林地的砍伐决定权由土地所有人授予第三方;

(b)土地所有人无权干涉该决定。

(2)若环保署认为符合第(1)(a)款和第(1)(b)款规定的标准,则第三方应当被视为从事活动的主体。

(3)为免生疑义,就本法而言,除土地所有人或[在第(2)款规定情形下]第三方外,任何主体不得被视为从事附件 3 第 1 编所列活动的主体。

181. 当 1990 年前林地被视为毁林的效力

(1)本条适用于将被转为非林地的每公顷 1990 年前林地。

(1A)在第一次对其采取行动之日,若该公顷林地与仍为林地的林地不一致,则该公顷林地应被视为毁林。

(2)但是,第(3)款适用于以下情形——

(a)在林地转让给土地所有人之前,该公顷林地已被移除但未被毁林;

(b)在林业权、政府林业许可证、租约或与土地有关的其他协议期满或终止后,林地控制权归还给土地所有人之前,该公顷林地已被移除但未被毁林。

(3)在以下情形中,该公顷林地在第一次对其采取行动之日即视为毁林——

(a)该公顷林地与仍为林地的林地的公顷数不一致;

(b)发生于该公顷林地在土地转让之日或林业权、政府林业许可证、租约或其他与土地相关的协议期满或终止之日之后。

(3A)除适用第 186(2)条的情形外,在任何情况下,有关毁林行为的责任必须根据树木被移除时的树龄和森林树种来计算。

(4)相较于本条,第 4(5)条的适用具有优先性。

(5)本条不适用于环保署根据第 186B 条批准的补偿林地申请主体的 1990 年前林地。

182. 关于 1990 年前林地的补偿

[已废止]

183. 不足 50 公顷 1990 年前林地的豁免申请

(1) 本条适用于以下主体——

(a) 1990 年前林地配额计划发布之日，为 1990 年前林地的土地所有人；

(b) 2008 年 1 月 1 日至 1990 年前林地配额计划发布之日（如有），为 1990 年前林地的土地所有人，土地在该计划下被转为非林地。

(2) 凡适用本条规定的主体，在下列情形中，可向环保署申请将 1990 年前林地申报为豁免土地——

(a) 面积少于 50 公顷；

(b) 至 2007 年 9 月 1 日，该土地由一个或多个主体以及关联主体所有，1990 年前林地的总面积不到 50 公顷；

(c) 在 1990 年前林地配额计划下，未向土地所有人分配配额排放单位。

(3) 根据第(2)款提出的申请必须——

(a) 通过以下日期提交环保署——

(i) 根据第 168(1)(ca) 条制定的法规所规定的日期之前；

(ii) 根据第 168(1)(ca) 条制定的法规没有规定日期的情况下，在环保署发出的公告规定的日期提交；

(b) 须采用规定的形式，并附费用（如有）；

(c) 必须载有申请书所涉及的 1990 年前林地的区域详细信息；

(d) 附证据证明该土地是 1990 年前林地；

(e) 附法定声明——

(i) 若土地是由唯一的专业受托人所有或仅由专业受托人所有，则须由作为豁免申请对象的信托受托人提供，说明截至 2007 年 9 月 1 日该信托持有的 1990 年前林地的总数——

(A) 面积小于 50 公顷；

(B) 由唯一的专业受托人所有或仅由专业受托人所有；

(ii) 在其他情况下，由 2007 年 9 月 1 日拥有该土地的各主体（专业受托人的联权共有人除外）提供，说明该主体与其关联主体在 2007 年 9 月 1 日前所有的 1990 年前林地总数少于 50 公顷；

(f) 由申请人签署；

(g) 附规定的其他信息。

(4) 若环保署认为申请人是适用本条的主体，该土地为 1990 年前林地，且符合第 2(a) 款至(c) 款所列的各项标准，则环保署必须——

(a) 申报该土地为豁免土地；

(b)通知申请人该土地已被申报为豁免土地。

(5)尽管有第(3)(a)款规定,环保署仍可自行决定在第(3)(a)(ii)款规定的公告日期或根据第168(1)(ca)条制定的法规所规定的日期之后接受申请。

(6)根据第(2)(b)款,以下规则适用于确定1990年前林地区域在2007年9月1日是否由一个或多个主体所有,该主体及关联主体拥有的总面积是否达到50公顷:

    (a)环保署必须只考虑主体或关联主体在2007年9月1日是土地所有人的1990年前林地;

    (b)若土地由联权共有人所有,则——

        (i)联权共有人中有一名或多名专业受托人的,除专业受托人以外的每名联权共有人必须是拥有1990年前林地不超过50公顷的土地所有人;

        (ii)若联权共有人中没有专业受托人,则每名联权共有人都必须是拥有不超过50公顷1990年前林地的土地所有人;

    (c)若土地为联权共有人享有,则各共有人在土地上的权益须于2007年9月1日被视为分割;

    (d)若土地由唯一的专业受托人拥有或仅由专业受托人拥有,截至2007年9月1日,该信托机构持有的1990年前林地总面积少于50公顷。

(7)就本条及第183B条而言——

所有,就1990年前林地而言,是指土地所有人;

专业受托人——

    (a)是指其专业、工作或业务是或包括作为受托人或代表他人投资的受托人;

    (b)包括根据1993年《毛利人法》赋予财产的受托人。

183A. 第183条未另行许可的特定申请

(1)尽管有第183(2)(c)条、第183(3)(a)条规定,在以下情形中,主体可在2013年12月31日前根据第183条提出申请——

    (a)截至2007年9月1日,相关区域由一名专业受托人或仅由专业受托人拥有;

    (b)在2012年《气候变化应对(排放交易和其他事项)修正案》生效前,已经就1990年前林地配额计划下的区域进行分配。

(2)若环保署建议接受申请,则环保署必须通知申请人——

    (a)其打算接受申请;但是,

    (b)申请人首先必须在收到通知后30个工作日内,将通知中所列明的排放单位数量清缴或返还给通知所指定的政府持有账户；

(c)若相关排放单位没有按照第(b)项清缴或返还,则拒绝该申请。

(3)第(2)款所述的排放单位,必须与根据1990年前林地配额计划下相关土地的分配和转让的排放单位数量相同。

(4)环保署必须——

(a)若该排放单位在30天内已被清缴或返还,则接受申请,并申报有关区域为豁免土地；

(b)若在30天届满时,该排放单位未被清缴或返还,则拒绝申请。

(5)为免生疑义——

(a)第183条(经2012年《气候变化应对(排放交易和其他事项)修正案》修订)适用于本条允许的申请,但须遵守本条作出的修改；

(b)若申请获批,特定区域被申报为豁免土地,则相关土地在1990年前林地配额计划下获得排放单位的权利即被撤销。

183B. 毛利人土地或拥有10名及以上所有人的土地的豁免申请

(1)本条适用于1990年前林地的区域,该区域——

(a)小于50公顷；

(b)在2007年9月1日——

(i)所有1990年前林地都在一份文件中保有,该文件相当于2017年《土地转让法》中规定的所有权记录,若没有此类文件,则在另一份法律文书中保有；

(ii)是毛利人的土地或有10名以上所有人；

(c)在下列日期(资格日期)为1990年前林地的区域:

(i)1990年前林地配额计划发布之日；

(ii)在2008年1月1日至1990年前林地配额计划发出日的期间内,该区域已转为非林地的日期(如有)；

(d)在资格日期后——

(i)由信托机构的受托人所有；

(ii)若为毛利人永久所有权土地,根据1993年《毛利人法》为其任命一名代理人,该代理人有权根据本条提出申请；

(e)没有按照1990年前林地配额计划将排放单位配额分配给土地所有人。

(2)第(1)(d)款所述的受托人或代理人可向环保署申请将1990年前林地的区域申报为豁免土地。

(3)该申请——

(a) 可随时提交给环保署；

(b) 须采用规定的形式,并附费用(如有)；

(c) 须载有申请书所涉及的 1990 年前林地区域的详细资料；

(d) 须附证据证明该土地是 1990 年前林地；

(e) 须附有申请人的法定声明,说明在 2007 年 9 月 1 日,1990 年前林地的区域均属于记录在特定文件中的 1990 年前林地,该文件相当于 2017 年《土地转让法》中规定的所有权记录,若不存在该文件,则应在另一份法律文书中记录；

(f) 必须由申请人签署；

(g) 必须附有规定的其他信息。

(4) 若环保署认为申请人是第(1)(d)款所述的一名或多名受托人或代理人,该土地为 1990 年前林地,且符合第(1)(a)款至第(1)(e)款所述的各项标准,则环保署必须——

(a) 申报该土地为豁免土地；

(b) 通知申请人该土地已被申报为豁免土地。

184. 杂木土地毁林的豁免

(1) 可根据本条提出申请,将 1990 年前林地申报为豁免土地(与毁林有关),若——

(a) 该土地上存在特定种类的杂木；

(b) 2008 年 1 月 1 日后,在毁林过程中移除了特定种类的杂木。

(2) 有关申请可由下列主体提出——

(a) 1990 年前林地的所有人；

(b) 适用第 180 条的第三方。

(3) [已废止]。

(4) [已废止]。

(5) 环保署必须根据规定的标准和优先事项来考虑申请,并且——

(a) 若满足以下条件,可申报该土地部分或全部为豁免土地——

(i) 申请人有资格根据第(3)款申请豁免；

(ii) 该土地为 1990 年前林地；

(iii) 符合第(1)款所规定的标准；

(b) 若环保署申报某一土地为豁免土地,必须通知申请人——

(i) 该申报；

(ii) 环保署决定对土地被豁免的主体施加的要求或条件。

(6)在土地被申报为豁免土地之前未移除的杂木——

(a)必须在豁免通知发出日起24个月内开始移除；

(b)必须在授予豁免的强制排放申报期结束前完成。

(7)根据本条申报为豁免土地,若违反第(6)款所规定的条件,即停止申报为豁免土地。

(8)若特定主体因根据本条提出的申请而被裁定为违反第132条或第133条规定的违法行为,则——

(a)该主体必须被视为未按本法要求就附件3第1编所列活动提交年度排放申报的主体；

(b)环保署必须对主体的年度排放申报中应当包含的事项进行评估,以及如果土地没有被豁免,该主体可能会清缴的排放单位数量；

(c)该主体有责任根据第(b)项清缴评估中的排放单位数量；

(d)第123(1)条至第123(3)条以及本法的其他规定适用于第(b)项下的评估,与第121条中的评估具有同等效力。

(9)[已废止]。

185. 豁免的效力

1990年前林地作为豁免土地与普通土地的效力相同,不受土地所有权变化的影响。

186. 8年或更短时间内移除1990年前林地的方法学

(1)第(2)款适用于从事附件3第1编活动的主体从1990年前林地中移除树龄未满8年的树木的情形。

(2)若本款适用——

(a)就第62(b)条和第65(2)(b)条而言,参与者必须采用规定的方法学,计算和记录活动的排放量,将从1990年前林地移除的树木视为1990年前林地在过去9年(不包括1990年前林地暂时没有储备的期间)中移除的主要树种中年龄和种类最老的树木(根据第163条制定的法规确定)；

(b)参与者必须根据第(a)项计算和记录的排放量,清缴本法下的排放单位。

(3)根据第163条制定的法规所规定的附件3第1编活动中计算排放量的方法学,必须涉及毁林活动从1990年前林地上移除的树木。

第 3 分编　1990 年前补偿林地

1990 年前补偿林地
[已废止]

186A. 1990 年前林地的所有人有权向环保署提交补偿林地申请

(1) 1990 年前林地的所有人可以向环保署提交补偿林地的申请,若该林地——

(a)在 1990 年 1 月 1 日前首次种植;

(b)在 1960 年 1 月 1 日之后采伐并重新种植。

(2)若被提议的补偿林地和 1990 年前林地属于同一主体所有,则必须由该主体提交申请。

(3)被提议的补偿林地和 1990 年前林地属于不同主体所有,则必须由这些主体共同提出申请。

(4)为免生疑义,在本条生效前已移除但未被毁林的 1990 年前林地,如符合第(1)款所规定的要求,则有资格获得补偿。

186B. 批准补偿林地申请的标准

(1)满足以下条件,环保署必须批准土地为补偿林地——

(a)该土地——

(i)补偿林地的申请主体——

(A)采用规定的形式,并附规定费用;

(B)符合根据第 186F 条制定的有关法规;

(C)附环保署可能要求的其他相关信息;

(ii)该土地——

(A)在 1989 年 12 月 31 日之后为非林地;

(B)在 1989 年 12 月 31 日是林地,在 1990 年 1 月 1 日至 2007 年 12 月 31 日被毁林,且(在提出补偿林地申请时)为非林地;

(C)是 2008 年 1 月 1 日之后被毁林的 1990 年前林地(豁免土地除外),且已就附件 3 第 1 编所列活动履行清缴排放单位的义务,且(在提出补偿森林申请时)为非林地;

(D)是 2013 年 1 月 1 日之后被毁林的 1990 年前林地(豁免土地除外),且由 1990 年前补偿林地所补偿,(在提出补偿林地申请时)为非林地;

(E)是被毁林的豁免土地,若该土地并非豁免土地,则已就附件3第1A编所列活动履行清缴排放单位的义务,且(在提出补偿林地申请时)为非林地;

(b)该土地——

(i)总面积(不论是否相邻)等于或大于被该土地所补偿的1990年前林地的总面积(不论是否相邻)。

(ii)构成补偿林地总面积的单块土地面积在1公顷以上,平均宽度在30米以上;

(c)环保署认为——

(i)该土地很可能会在1990年前林地的森林树种的一般轮伐期内,达到该土地所要补偿的碳当量;

(ii)在该土地所补偿的1990年前林地被毁林前成为林地;

(d)本法或根据本法制定的法规所规定的有关补偿的其他要求均已满足。

(2)环保署有权拒绝不符合第(1)款规定的全部或部分要求的申请。

186C. 补偿林地的适用条件

(1)若环保署批准补偿林地的申请,则适用以下条件:

(a)补偿林地必须——

(i)在相关的1990年前林地被毁林之前成为林地;

(ii)通过直接种植活动设立,包括直接播种,但不包括天然林再生;

(iii)在环保署批准申请中指定的土地上设立;

(iv)与相关的1990年前林地相加达到碳当量;

(b)1990年前林地的所有人必须清缴或返还根据第186H条要求的排放单位;

(c)必须符合根据第186F条制定的法规所规定的有关条件。

(2)第(1)(a)(i)款受第179A(1)(b)条的约束。

186D. 补偿林地的要求

(1)拥有1990年前林地的主体必须在第179A(1)(b)条规定的相关期间结束之前,以规定的形式向环保署提交一份声明,说明该补偿林地已成为林地。

(2)在相关的1990年前林地被毁林之前,若环保署认为已获批准的补偿林地申请的土地不应成为林地,则——

(a)该申请将根据第186G条被撤销;

(b)拥有1990年前林地的主体必须清缴被毁林的1990年前林地的排放单位。

（3）在1990年前林地被毁林之前，若环保署认为补偿林地已成为林地，就本条而言，环保署必须在登记册上注明——

(a)补偿林地为1990年前补偿林地；

(b)根据第186C条或第186F条施加于该林地上的条件；

(c)相关的1990年前林地的排放量。

（4）应相关1990年前补偿林地或相关1990年前林地所有人（或其潜在受让人）的书面要求，环保署必须向该主体或潜在受让人（视情况而定）提供一份包含第（3）款规定信息的声明。

186E. 在1990年前林地森林树种的一般轮伐期之前，砍伐1990年前补偿林地

（1）若1990年前补偿林地的所有人，在相关1990年前林地一般轮伐期结束之前从事附件3第1A编的活动，则所有人必须清缴与相关1990年前林地排放量相应的排放单位。

（2）若第（1）款适用，环保署必须从第186D（3）条规定的登记册中删除1990年前补偿林地。

186F. 有关补偿的法规

（1）总督可根据部长的建议，通过枢密院令，为下列任一或多个目的制定法规：

(a)规定特定森林树种的一般轮伐期；

(b)规定——

(i)补偿林地申请所涉及的土地在环保署批准申请之前必须满足的条件；

(ii)补偿林地申请所涉及的土地在环保署批准申请之后必须满足的条件；

(c)确定及计算碳当量的方法学；

(d)为第186B条和第186C条所拟定的其他事项，制定为执行其所必须或为使其完全生效所必须的法规。

（2）有关适用于制定法规意见的征询要求，参见第3A条和第3B条。

（3）根据2019年《立法法》，法规自发布之日起3个月后生效，或在法规中指定的推迟日期生效。

（4）本条下的法规为二级立法。

186G. 环保署在特定情形下可以撤销批准

（1）存在以下情形的，环保署可对第186A（2）条或第186A（3）条中规定的主体撤销其根据第186B条作出的批准——

(a)该主体未能遵守第186C条；

(b)环保署没有在第186D(3)条所规定的登记册上注明补偿林地是1990年前补偿林地。

(2)若环保署撤销批准,除第179A(1)(b)条外,本法的规定适用于相关的1990年前林地,视为未提出过相关的补偿林地申请。

186H. 对被补偿的1990年前林地配额的处理

(1)本条适用于——

 (a)根据第186B条批准的申请1990年前林地为补偿林地的所有人;

 (b)1990年前林地配额计划(在本条生效之前或之后)的1990年前林地的所有人。

(2)若本条适用,1990年前林地的所有人必须在环保署发出通知之日起30个工作日内——

 (a)根据第18A条开立经登记官批准的持有账户(如所有人无持有账户);

 (b)清缴或返还等于第二批分配给1990年前林地的排放单位,将其转入政府持有账户(无论配额时是否实际转移)。

(3)第(2)款所述的通知必须规定——

 (a)必须返还的排放单位数量;

 (b)该排放单位必须转入政府持有账户。

(4)若1990年前林地的所有人遵守第(2)款,但根据第186G条撤销其批准,或根据第186D(2)(a)条视为撤销批准,则环保署必须根据第124条,就所有人根据第(2)款清缴或返还的排放单位补偿给所有人。

(5)根据1990年前林地的所有人或潜在受让人的书面要求,环保署必须向该主体或潜在受让人(视情况而定)提供一份关于1990年前林地配额计划下的分配声明(如有)。

(6)就第(2)款的配额而言,第二批是指在2013年1月1日之后根据1990年前林地配额计划分配给特定主体的排放单位。

186I. 1990年前补偿林地的参与者

从事附件3第1A编所列活动的1990年前补偿林地的土地所有人,将被视为从事该活动的主体。

186J. 在一般轮伐期结束后移除1990年前补偿林地的方法学

(1)第(2)款适用于在一般轮伐期结束后,从事附件3第1A编活动的主体在1990年前补偿林地上移除未满8年树龄的树木的情形。

(2)若本款适用,参与者必须——

 (a)就第62(b)条和第65(2)(b)条而言,采用规定的方法学,计算和记录活动的排放量,将从1990年前补偿林地中移除的树木视为1990年前补偿林地在过去9年(不包括1990年前林地暂时没有储备的任何时期)移除的主要树种中树龄和种类最老的树木(根据第163条或第186F条制定的法规确定);

(b)根据第(a)项计算和记录的排放量,清缴本法下的排放单位。

(3)根据第163条或第186F条制定的法规所规定的计算附件3第1A编活动排放量的方法学,必须包括毁林活动从1990年前补偿林地上移除的树木。

第4分编 1989年后林地

1989年后林地

[已废止]

187.1989年后林地的特定活动参与者的登记条件

(1)任何主体不得就附件4第1编所列活动,根据第57条登记为参与者——

(a)除非该主体是1989年后林地的土地所有人,并且——

(i)该土地上没有登记林权或登记租赁;

(ii)该主体与该土地登记林权或登记租赁的持有人达成书面协议,并将其作为参与者登记;

(b)该主体不得就附件4第1编所列活动(该活动涉及持有1989年后林地的登记林权或作为登记租赁的承租人)根据第57条登记为参与者,除非该主体——

(i)是登记林权的权利人或登记租赁的承租人;

(ii)已获得该土地所有人针对林权人或承租人(视情况而定)登记为参与者一事的书面同意。

(2)主体不得根据第57条就附件4第1编所列活动就8年前或更短时间内被毁林的豁免土地登记为参与者,除非该主体——

(a)已经向环保署提交了一份排放申报——

(i)该排放申报记录了因毁林而产生的排放量——

(A)若土地没有被申报为豁免土地,则根据第65条在年度排放申报中记录毁林所产生的排放量;

(B)根据附件3第1编所列毁林活动所规定的适用于该土地被毁林时的方法学来计算毁林所产生的排放量;

(ii)该排放申报载有一份评估,说明若该土地未被申报为豁免土地,因毁林而可能产生的清缴排放单位的责任;

(iii)该排放申报随附规定的费用(如有)和规定的其他信息;

(iv)该排放申报由提交申请的主体签署;

(b)在环保署向该主体发出要求清缴排放单位的通知后60个工作日内,已根据第(a)(ii)项的规定清缴评估中列出的排放单位数量;

(c)遵守第(1)款(如适用)。

(3)为免生疑义,若有主体就1989年后林地从事附件4第1编所列活动而登记为参与者,则其他主体不得就该土地上从事附件4第1编所列其他活动而登记为参与者。

(4)主体不得根据第57条就1989年后林地从事附件4第1编所列活动登记为参与者,除非——

(a)自2008年1月1日起,该主体就1989年后林地采取的行动(包括但不限于在土地上种植森林树种之前移除现有的植被)均符合1991年《资源管理法》,包括该法中的计划,或采取行动时符合生效的1949年《森林法》;

(b)若1989年后林地受1993年《生物安全法》规定的有害生物管理计划约束(该计划对土地上的森林树种有要求)——

(i)则该主体须遵守该要求;

(ii)该主体须核实其他需要遵守要求的主体是否已经履行。

(5)主体就1989年后林地从事附件4第1编所列活动,而该林地上的森林树种主要是自然再生杂木,则不得根据第57条登记为参与者,除非环保署认为杂木从该申请登记的土地蔓延的风险较低。

(6)第(5)款不适用于在2013年1月1日前已登记的参与者。

187A. 环保署公布评估杂木蔓延风险的标准

环保署必须向公众公布评估杂木从根据第57条规定申请登记的土地上蔓延的风险标准。

188. 登记为1989年后林地的参与者

(1)根据第57条提出就附件4第1编所列活动申请登记为参与者——

(a)可就申请人进行活动的所有1989年后林地或申请人进行活动的部分土地提交申请;

(b)必须界定申请人成为参与者的一个或多个碳核算区;

(c)须附一份采用规定形式的声明,说明——

　　　　(i)自2008年1月1日起,申请人就提交申请的1989年后林地采取的行动(包括但不限于在土地上种植森林树种之前移除现有植被)均符合1991年《资源管理法》,包括该法中的计划,或采取行动时符合生效的1949年《森林法》;

　　　　(ii)若1989年后林地受1993年《生物安全法》规定的有害生物管理计划约束(该计划对土地上的森林树种有要求)——

　　　　　　(A)则该申请人须遵守这些要求;

　　　　　　(B)该申请人须核实其他需要遵守的主体是否已经履行。

　　(d)必须附有根据本法制定的法规所规定的信息。

(2)环保署必须为附件4第1编所列活动的参与者,保存以下记录——

　　(a)该主体作为参与者的一个或多个碳核算区;

　　(b)根据第190(2)条计算的该主体作为参与者的每个碳核算区排放单位余额。

(3)附件4第1编所列活动的参与者——

　　(a)可向环保署申请——

　　　　(i)在1989年后林地中增加或删除该主体被记录为参与者的碳核算区;

　　　　(ii)在该主体被记录为参与者的碳核算区中删除1989年后林地;

　　(b)出现以下情形,必须在切实可行情况下,尽快通知环保署——

　　　　(i)该主体在某碳核算区或该主体被记录为参与者的碳核算区内停止从事活动;

　　　　(ii)该主体从事活动的1989年后林地,或该主体从事活动的部分土地,受到自然事件的影响,完全无法再造林。

(4)根据第(3)款提出的申请或通知必须——

　　(a)采用规定的形式;

　　(b)附有规定的费用及规定的信息。

(5)环保署不得在该主体被记录为参与者的1989年后林地中增加碳核算区,除非该主体(如适当)有资格根据第187条登记为该林地的参与者。

(6)若环保署——

　　(a)根据第57条将主体登记为附件4第1编所列活动的参与者,环保署必须按照第57(6)条的规定通知该主体;

　　　　(i)[已废止];

　　　　(ii)[已废止];

　　(b)收到增加碳核算区的申请,且符合第(5)款所规定的条件,环保署必须——

　　(i)[已废止];

　　(ii)更新参与者的记录,以反映新增的碳核算区;

　　(iii)通知参与者。

(7)若环保署收到——

　　(a)根据第58条提出的申请,要求就附件4第1编所列活动将主体除名,或根据第59(2)条认为该主体已停止从事活动,则环保署必须——

　　　　(i)[已废止];

　　　　(ii)将该主体从登记册中除名——

　　　　　　(A)在根据第58(3)(b)条发出通知之日后10个工作日内;

　　　　　　(B)根据第59(2)条规定。

　　(b)删除碳核算区的申请,或将主体记录为参与者的碳核算区土地的删除申请,或该主体在全部或部分碳核算区已停止活动的通知,环保署必须——

　　　　(i)[已废止];

　　　　(ii)更新参与者的记录以反映——

　　　　　　(A)若碳核算区被删除或该主体已停止在所有碳核算区进行活动,则将该碳核算区从该主体被记录为参与者的1989年后林地中删除;

　　　　　　(B)若土地已经从碳核算区中删除,或该主体已经停止在部分碳核算区进行活动,新的碳核算区由剩余的土地和根据第190(3)(b)条确定的新碳核算区的剩余排放单位组成;

　　　　(iii)通知参与者。

(7A)若根据第(3)(b)(ii)款通知环保署,环保署认为1989年后林地受到自然事件的影响,该自然事件会永久地阻止在该土地上再造林,则环保署必须遵守第(7)(b)(ii)款和第(7)(b)(iii)款中规定的要求。

(8)根据第(6)(b)(ii)款或第(7)(b)(ii)款对参与者记录所作的更改应在根据第(6)(b)(iii)款或第(7)(b)(iii)款发出相关通知之日起生效(视情况而定)。

(9)特定主体终止根据1949年《森林法》第67ZD条登记的森林碳汇契约,并就该契约所涵盖的1989年后林地登记为参与者,则适用第(10)款规定。

(10)若本款适用——

　　(a)尽管有第57(8)条规定,自根据1949年《森林法》第67ZD条规定在土地上登记契约之日起,登记为参与者的主体应被视为先前契约的标的

土地的参与者;

(b)就第189条至第194条而言,在1989年后林地作为森林碳汇契约的主体时,转让或移交给政府的排放单位,或由政府转让或移交的排放单位,必须视为根据本法从该土地上因移除量而转让或因排放量而清缴的新西兰排放单位;

(c)1989年后林地(原先受契约约束的土地)构成单一的碳核算区,就第(2)款而言,该主体已登记为该区域的参与者。

(11)参见第188B条及第188C条[该两条规定须通知参与者及利害关系人(如有)]。

188A. 若自然事件导致1989年后林地无法再造林,则该主体不再是该林地的参与者

若1989年后林地受到自然事件的影响,无法实现再造林——

(a)就附件4第1编所列活动登记为参与者的主体,不再是受影响的碳核算区或该碳核算区内受影响土地的参与者;

(b)在环保署根据第188(7)(b)(iii)条向该主体发出通知后,该主体将被视为已停止从事附件4第1编所列活动。

188B. 增加或删除林地参与者的登记应通知林地参与者

环保署在实施第5至5D编的事项后,必须在切实可行的情况下,就以下事项尽快向参与者或前参与者发出书面或电子通知:

(a)参与者在某项活动中的登记或除名,以及发生和生效日期;

(b)参与者登记的区域或土地的增加或删减,以及发生和生效日期。

188C. 林地参与者的登记被增删时须通知利害关系人

(1)在收到环保署的通知或知悉该事项后,参与者必须在切实可行的情况下,尽快以书面或电子方式通知利害关系人(如有)下列事项:

(a)参与者在某项活动中的登记或除名,以及发生和生效的日期;

(b)参与者登记的区域或土地的增加或删减,以及发生和生效的日期。

(2)环保署必须向参与者提供其记录的利害关系人地址。

(3)在本条中,利害关系人指——

(a)土地所有人,就以下活动登记的参与者而言——

(i)持有登记林权或登记租赁;

(ii)是政府土地保护合同的一方;

(b)就拥有的1989年后林地登记为活动参与者而言,利害关系人为就该土地持有登记林权或登记租赁的主体。

189.1989 年后林地活动的排放申报

(1) 本条适用于附件 4 第 1 编所列活动的参与者。

(2) 适用本条的主体——

 (a) 不得就该活动提交根据第 65 条规定的年度排放申报或根据第 118 条规定的排放申报；

 (b) 有权按照第(3)款就该活动提交排放申报；

 (c) 必须就该活动提交第(4)款或第 191 或 193 条规定的排放申报；

 (d) 可根据第(4A)款提交排放申报,若——

  (i) 该主体正在考虑进行第 192(1)(a)条、第 192(1)(b)条所指的交易；

  (ii) 第 192(1)(c)条所指的权益即将到期；

  (iii) 在根据第 188(3)(a)(i)条提出申请后 20 个工作日内,将该主体记录为从事附件 4 第 1 编所列活动的土地上删减特定碳核算区,或就附件 4 第 1 编所列活动的所有土地从登记册上将该参与者除名,该主体适用于——

   (A) 根据第 188(3)(a)(i)条,申请增加一个或多个全部由 1989 年后林地组成的碳核算区；

   (B) 根据第 57 条就其已停止登记为参与者的全部 1989 年后林地,申请登记为参与者。

(3) 适用本条的主体,可在每年 6 月 30 日之前提交一份排放申报——

 (a) 该排放申报与前一年或前几年相关；

 (b) 该排放申报与该主体被记录为参与者的所有碳核算区相关；

 (c) 该排放申报涵盖每个碳核算区,其期间——

  (i) 最晚于以下时间开始——

   (A) 要求提交申报的强制性排放申报期的第一天；

   (B) 碳核算区的土地成为 1989 年后林地之日；

   (BA) 若碳核算区是在根据第 188(7)(b)(ii)(B)条将土地从碳核算区删除或根据第 192(3)(b)条转让权益后构成,则为碳核算区构成之日[如第 190(5)条所述]；

   (C) 碳核算区提交最后一份排放申报所涵盖的期间结束后次日；

  (ii) 截至排放申报相关上一年度的 12 月 31 日。

(4) 适用本条的主体若在强制性排放申报期最后一天登记为参与者,必须在该期结束后的 6 个月内,提交一份排放申报——

(a)该排放申报与在强制性排放申报期最后一天该主体被记录为参与者的每一个碳核算区有关；
(b)该排放申报涵盖的每个碳核算区,其期间——
（i）最晚于以下时间开始——
（A）强制性排放申报期结束的第一天；
（B）碳核算区的土地成为1989年后林地之日；
（C）若碳核算区是在根据第188(7)(b)(ii)(B)条将土地从碳核算区删除或根据第192(3)(b)条转让权益后构成,则为碳核算区构成之日[如第190(5)条所述]；
（D）若在强制性排放申报期,已根据第(4A)款提交与碳核算区有关的排放申报,则为在根据第(4A)款提交的该碳核算区最后一次排放申报所涵盖期间结束后次日。
（ii）截至强制性排放申报期结束的最后一天。

(4A)适用本条的主体,在第(2)(d)款规定情形下,可就拟议的交易或到期的权益,或根据第58条、第59条或第188(3)(a)(i)条提出的申请所涉及的碳核算区,在下列期间提交排放申报——
(a)最晚于下列时间开始——
（i）提交申报表的强制性排放申报期的第一天；
（ii）碳核算区的土地成为1989年后林地之日；
（iii）若碳核算区是在根据第188(7)(b)(ii)(B)条将土地从碳核算区删除或根据第192(3)(b)条转让权益后构成,则为碳核算区构成之日[如第190(5)条所述]；
（iv）若在强制性排放申报期内,已经根据本款提交了与碳核算区有关的排放申报,则为在根据本款提交的该碳核算区最后一次排放申报所涵盖期间结束后次日；
(b)截止于提交排放申报之日。

(5)根据第(3)款、第(4)款或第(4A)款提交的排放申报——
(a)对于申报所涵盖的每个碳核算区,必须——
（i）记录该主体作为碳核算区参与者而进行的活动；
（ii）记录根据第62(b)条计算并在必要时根据第62(c)条核实的排放申报期内碳核算区的排放量和移除量；
（iii）包含对参与者因排放量而须清缴排放单位的总责任,或因移除量从碳核算区获得新西兰排放单位权利的评估,该评估考虑第188

(10)条和第190(1)条,但不考虑第(3)款下所涵盖的与排放申报相同时期的申报;

(iv)包含第(6)款所要求的信息(如有关);

(v)包含一份评估,评估参与者在排放申报期因排放量须清缴排放单位的净责任或因移除量从碳核算区获得新西兰排放单位的权利,并考虑到第188(10)条和第190(1)条以及本条第(6)、(7)款;

(b)可包含一份评估,评估第(8)款中所指参与者在申报涵盖的所有碳核算区中清缴或返还排放单位的净责任或获得新西兰排放单位的净权利;

(c)必须——

(i)附——

(A)规定费用(如有);

(B)规定信息;

(ii)由参与者签署;

(iii)以规定方式及形式提交。

(6)若主体根据第(4)款提交的排放申报涵盖第(3)款规定中已提交申报的某一时期的碳核算区,则根据第(4)款提交的申报必须——

(a)根据第(3)款提交的一份或多份申报,记录该碳核算区内因移除量转移的排放单位数量或因排放量清缴的排放单位数量;

(b)包含对以下差值的评估——

(i)在根据第(3)款提交的一份或多份申报中,从该碳核算区因移除量转移的净排放单位数量或因排放量清缴的净排放单位数量(必须通过从该碳核算区因移除量转移的排放单位数量减去在该碳核算区因排放量清缴的排放单位数量来确定);

(ii)对根据第(4)款提交的、根据第(5)(a)(iii)款记录的申报中的碳核算区,评估参与者的清缴责任或有权获得的排放单位总数。

(7)若第(6)(b)款所述评估显示——

(a)就根据第(4)款提交的申报而言,从该碳核算区因移除量而有权获得的排放单位少于根据第(3)款的申报转移的净排放单位,该主体有责任返还超过第(4)款申报所述权利的转移的排放单位数量;

(b)该主体根据第(4)款提交的申报,从该碳核算区因移除量而有权获得的排放单位多于根据第(3)款申报已转移的净排放单位,该主体有权获得的排放单位数量为第(4)款申报应得的数量与第(3)款申报已转让的净排放单位数量之间的差额;

(c) 就根据第(4)款提交的申报而言,该主体有责任就碳核算区的排放量清缴比根据第(3)款申报已清缴的净排放单位数量更多的排放单位,该主体有责任清缴的排放单位数量是清缴的净排放单位数量与根据第(4)款提交的申报被评估为须清缴的排放单位数量之间的差额;

(d) 就根据第(4)款提交的申报而言,该主体在碳核算区因排放量而清缴的排放单位少于根据第(3)款提交的申报中已清缴的净排放单位数量的,环保署必须根据第124条安排对此主体进行补偿,此排放单位数量是清缴的净排放单位数量与根据第(4)款提交的申报被评估为须清缴的排放单位数量之间的差额;

(7A) 第(6)款及第(7)款适用于根据第(4A)款提交的申报,该申报是视为根据第(4)款提交的申报。

(8) 根据本条提交排放申报的主体——

(a) 可在申报中载明对该主体因排放量而清缴或返还排放单位净责任的评估,或主体对新西兰排放单位净权利的评估,计算方法是确定该申报所涵盖的每个碳核算区因排放量而需要清缴的排放单位总数(或,若相关,还有申报所涵盖的碳核算区须返还的排放单位数量),以及该主体从申报所涵盖的每一个碳核算区中因移除量而有权获得的新西兰排放单位总数(或,若相关,还有有权在申报所涵盖的碳核算区得到的补偿)之间的差值;

(b) 可选择根据第(a)项所确定的清缴或返还主体负有责任的排放单位净数量,或接收主体有权获得的排放单位净数量;

(c) 若该主体根据第(b)项作出选择,则须在申报内清楚注明已作出该等选择;

(d) 若排放申报中的评估显示——

(i) 有清缴排放单位的责任或净责任,则清缴该排放单位;

(ii) 有返还排放单位的责任或净责任,则返还该排放单位,通过将需要转让的排放单位数量转入环保署指定的政府持有账户来返还该排放单位,第134条、第134A条和第134C条的规定经必要修改后适用,如同——

(A) 主体需要返还的排放单位是错误转让给主体的排放单位;

(B) 返还排放单位的要求是根据第125条提出的。

(8A) 尽管有第(8)(d)款规定,根据本条提交的排放申报中显示有责任或净责任的主体没有义务清缴排放单位,若——

(a)该排放申报是关于1989年后林地;

(b)土地受到自然事件的影响,无法实现再造林。

(9)在本条中——

就第(3)款的排放申报而言,清缴的排放单位包括本应就申报所涵盖的排放量而被要求清缴的排放单位,但由于根据第(8)款而没有实际清缴的排放单位。

就第(3)款的排放申报而言,因移除量而转移的排放单位,包括主体有权就申报所涵盖的移除量而有权获得的排放单位,但由于根据第(8)款而没有实际转移的排放单位。

190. 关于1989年后林地清缴排放单位的特别规则

(1)尽管有第63条规定,就附件4第1编所列活动而言,现是或曾是参与者的,对全部或部分碳核算区,清缴的排放单位不得超过该碳核算区的排放单位余额。

(2)碳核算区的排放单位余额必须按照以下公式计算:

$$UB = (A - B) + OUB$$

UB为碳核算区的排放单位余额;

A是自碳核算区成立之日起,因移除量而转移的新西兰排放单位净数量[因移除量而转移的排放单位数量减去根据第123(6)条或第189(8)条返还的排放单位数量];

B是自碳核算区成立之日起,因排放量而清缴的新西兰排放单位净数量[清缴的排放单位数量,减去根据第124条或第189(7)条得到补偿的排放单位数量];

OUB是——

(a)若碳核算区是由另一个碳核算区的土地构成(在将土地从碳核算区删除之后,或将根据第192条定义的权益转让之后),则为该碳核算区的期初排放单位余额,根据第(3)款确定;

(b)若碳核算区并非如第(a)项所指,而是由根据1949年《森林法》第67ZD条受森林碳汇契约约束的土地构成,则为碳核算区内作为森林碳汇契约主体的土地转让的净排放单位数;

(c)若碳核算区不是由另一个碳核算区土地或受森林碳汇契约约束的土地构成,则为零。

(3)若本分编要求主体计算新建立的碳核算区的排放单位余额,则适用以下规定:

(a)若碳核算区(CAA2)是根据第192(3)(b)(iii)条从碳核算区(CAA1)的部分权益转让后受影响的CAA1的剩余土地中建立,则该主体必须根据第(4)款计算CAA2的期初排放单位余额,根据计算的目的——

(i) H 为 CAA1 中 1989 年后林地公顷数；

(ii) Hp 为 CAA2 中 1989 年后林地公顷数；

(iii) UB 是根据第(2)款计算的 CAA1 的排放单位余额[包括根据第 193(1)条提交的排放申报中所报告的因移除量或排放量而转移或清缴的排放单位]；

(iv) UBp 是第(2)款中 CAA2 的期初排放单位余额；

(b) 若碳核算区(CAA2)是根据第 188(7)(b)(ii)(B)条从碳核算区(CAA1)的剩余土地中建立,因为该主体已经从 CAA1 移除土地或在 CAA1 部分区域停止进行附件 4 第 1 编所列的活动,CAA2 的期初排放单位余额是根据第 191(4)条为 UB$_r$ 计算的数字,用于该主体根据第 191(3)条进行的排放申报；

(c) 若碳核算区(CAA2)是因第 192(3)(b)(ii)条的实施所构成,该主体必须用以下方法来计算 CAA2 的期初排放单位余额：

(i) 根据第(2)款计算构成 CAA2 一部分的所有碳核算区的排放单位余额,包括(但不限于)根据第 193(1)条的排放申报中报告的为移除量或排放量而转移或清缴的排放单位；

(ii) 根据第(4)款计算构成 CAA2 一部分的任何碳核算区的排放单位余额,为该计算的目的——

(A) H 为碳核算区内 1989 年后林地的公顷数,该部分碳核算区在权益转移之前构成该区域的一部分；

(B) Hp 为碳核算区内 1989 年后林地的公顷数；

(C) UB 是碳核算区的排放单位余额,该碳核算区在权益转移之前构成该区域的一部分,包括(但不限于)根据第 193(1)条在排放申报中报告的因移除量或排放量而转移或清缴的排放单位；

(iii) 将第(i)、(ii)目下所得的排放单位余额相加。

(4) 碳核算区的排放单位余额必须按照以下公式计算：

$$UBp = UB/H \times Hp$$

UBp 为部分碳核算区的排放单位余额；

UB 是碳核算区的排放单位余额,部分碳核算区构成该区域的一部分,根据第(2)款计算；

H 是碳核算区中部分碳核算区所占的公顷数；

Hp 是计算排放单位余额的碳核算区的公顷数。

(5) 就本条而言——

(a)对于碳核算区,为移除、清缴、返还或补偿而转移的排放单位包括主体就该碳核算区有权接收、已被要求清缴或返还但由于就第189(8)条进行的选择而未实际转移、清缴、返还或补偿的排放单位;
　　(b)构成碳核算区的日期为——
　　　　(i)就第188(1)条所述的申请中界定的碳核算区,为该主体根据第57(8)条申请中的活动登记为参与者的日期;
　　　　(ii)根据第188(6)条或第188(7)条更新碳核算区参与者记录的日期,其中土地已从碳核算区删除,主体已停止在碳核算区开展活动,或主体已根据第188(3)(a)(i)款申请增加碳核算区;
　　　　(iii)对于第192(3)(b)条规定的碳核算区,为该条下构成碳核算区的日期;
　　(c)本条所指的公顷数包括该公顷面积的任一部分。

191. 停止登记为1989年后林地的参与者

(1)根据第193条规定,主体是或曾是附件4第1编所列活动的参与者——
　　(a)必须在20个工作日内向环保署提交排放申报——
　　　　(i)该活动从登记册中删除;
　　　　(ii)删除碳核算区或不再是碳核算区的参与者(该主体根据第188条被记录为参与者);
　　　　(iii)从碳核算区删除土地,或停止该主体根据第188条被记录为参与者的碳核算区的活动。
　　(b)对于碳核算区——
　　　　(i)须涵盖于第(2)款下的申报中,有责任清缴的碳核算区内的排放单位余额;
　　　　(ii)须在第(3)款下的申报中涵盖——
　　　　　　(A)根据第(4)款计算的,有权清缴与碳核算区删除土地相关的排放单位余额,或该主体已停止在该土地上进行活动的排放单位余额,增加或减去该主体因排放而被要求清缴的排放单位,或在碳核算区内剩余土地因移除量而有权获得的排放单位;
　　　　　　(B)根据第(4)款计算的,作为参与者从碳核算区的剩余土地中有权因移除量获得的排放单位数量,减去从碳核算区中删除的土地或该主体已停止进行活动的土地相关的排放单位余额。
　　(c)[已废止]。
(1A)[已废止]。

(2) 根据本条提交的排放申报——
　(a) 必须——
　　(i) 若第(1)(a)(i)款适用,则涉及该主体被记录是或曾是活动参与者的所有碳核算区;
　　(ii) 若第(1)(a)(ii)款适用,则涉及因为该主体已停止作为参与者而被删除的一个或多个碳核算区;
　(b) 记录根据第190(2)条计算的第(a)项要求在申报中涵盖的每个碳核算区的排放单位余额。
(3) 因为适用第(1)(a)(iii)款而根据本条提交的排放申报必须——
　(a) 涉及每一个被删除土地的碳核算区,或该主体停止在碳核算区内的部分土地上进行活动的碳核算区;
　(b) 第(a)项规定的申报中涵盖的每一碳核算区——
　　(i) 最晚于以下时间开始——
　　　(A) 强制性排放申报期的第一天,在此期间,土地从碳核算区删除(或该主体停止在碳核算区的土地上开展活动);
　　　(B) 碳核算区土地成为1989年后林地之日;
　　　(C) 若碳核算区是在根据第188(7)(b)(ii)(B)条将土地从碳核算区删除或根据第192(3)(b)条转让权益后构成,则为碳核算区构成之日[如第190(5)条所述];
　　　(D) 若根据第189(4A)条就碳核算区提交了排放申报,则为在根据该条就该碳核算区提交的最后一份排放申报所涵盖期间结束后次日;
　　(ii) 截至该土地从碳核算区删除之日或该主体停止在碳核算区的部分土地上进行活动之日;
　(c) 第(a)项规定的申报所涵盖的每一个碳核算区——
　　(i) 遵守第189(5)(a)条及第(6)款,第189(6)条对该条第4款的参引视为对本条(第191条)的参引;
　　(ii) 记录碳核算区的评估排放单位余额,通过在根据本条提交申报之前获得的碳核算区[根据第190(2)条计算]的排放单位余额进行计算,若根据第189(5)(a)(v)条在申报中记录的评估显示该主体将——
　　　(A) 有权在排放申报期内从碳核算区因移除量获得排放单位,则将该排放单位数量添加到排放单位余额中;

(B)有责任在排放申报期内因碳核算区排放量而清缴排放单位,则将该排放单位数量从排放单位余额中减去;

(iii)根据从碳核算区删除的1989年后林地以及碳核算区内剩余土地,记录该主体根据第(4)款计算的清缴排放单位的净责任或接受排放单位的权利的评估。

(4)就根据第(3)(a)款提交的申报所涵盖的碳核算区而言,对清缴排放单位的净责任或接收排放单位的权利,必须按照下列公式计算:

$$X = UB_{CAA} - UB_r$$

X指——

(a)若为正数,则为该主体必须清缴的与从碳核算区删除的土地相关的排放单位数量,或该主体已停止开展活动的排放单位数量(根据碳核算区剩余的土地中,因排放量而需要清缴的排放单位或有权从因移除量获得的排放单位进行调整);

(b)若为负数,则为该主体有权从碳核算区剩余土地上因移除量而获得的排放单位(根据从碳核算区内删除的土地或该主体已停止活动的土地需要清缴的排放单位进行调整)。

UB_{CAA}是指根据第190(2)条计算的,在删除土地并根据本条提交申报之前,碳核算区的排放单位余额。

UB_r为碳核算区剩余土地的排放单位余额,计算公式如下:

$$UB_r = (NUB_{CAA}/H_{CAA}) \times H_r$$

NUB_{CAA}是根据第(3)(c)(ii)款计算的碳核算区排放单位余额。

H_{CAA}是指在删除土地或停止进行相关土地活动之前,碳核算区内的公顷数。

H_r是碳核算区内的公顷数,减去被删除的公顷数或该主体已停止开展活动的公顷数。

(5)若主体根据第(3)款提交排放申报,则第189(7)条适用于该主体,该条对第(4)款的参引视为对本条的参引。

(6)第189(8)条经必要修改后,适用于以下主体——

(a)根据本条提交排放申报的主体;

(b)就受自然事件影响的1989年后林地提交排放申报的主体,该自然事件因第(1)(a)(ii)款或第(1)(a)(iii)款的适用而永久阻止在该土地上重建森林。

(7)根据本条提交的排放申报必须——

(a)以规定的方式和形式提交;

(b)随附规定的费用和规定的其他信息。

191A. 若参与者从未在碳核算区进行过活动

(1)若环保署认为主体没有或从未在其登记的碳核算区或部分核算区内进行过附件 4 第 1 编中的活动,则适用本条。

(2)环保署必须更改根据第 57 条保存的登记册和更改根据第 188(2)条保存的碳核算区的记录,以删除该主体在碳核算区或部分碳核算区的登记。

(3)该主体必须清缴与碳核算区(或部分区域)相关的排放单位余额。

(4)在更改登记册前 60 天内,环保署必须通知该主体——
  (a)环保署提议将该主体从碳核算区或部分碳核算区的登记中除名;
  (b)拟议除名的原因;
  (c)该主体可以采取行动防止被除名(例如,提供证据证明该主体在碳核算区内开展活动)。

(5)若因为无法合理确定该主体或其地址,导致环保署无法将其提议通知给该主体,环保署仍可根据本条采取行动。

192. 1989 年后林地权益转移的影响

(1)本条适用于——
  (a)在符合第 157A(4)条的规定下,凡就附件 4 第 1 编所列活动登记为参与者且为下表 A 第 1 栏中所述的主体,将下表 A 第 2 栏所述的全部或任何权益,通过出售、转让或法律运作,转让给下表 A 第 3 栏所述的主体;
  (b)若已经登记为附件 4 第 1 编所列活动的参与者且为下表 B 第 1 栏中所述的主体,授予权益或签订下表 B 第 2 栏所述的合同;
  (c)若下表 C 第 2 栏所述的权益到期或终止,且下表 C 第 1 栏所述的主体就该权益登记为附件 4 第 1 编所列活动的参与者。

A 部分

现有的参与者	转让的权益	新的参与者	附件 4 第 1 编的新活动
1989 年后林地的土地所有人	该主体被记录为参与者的 1989 年后林地	新的土地所有人	拥有 1989 年后林地
1989 年后林地上的登记林权持有主体	该主体被记录为参与者的 1989 年后林地上的登记林权	新的林权持有主体	持有 1989 年后林地上的登记林权

续表

现有的参与者	转让的权益	新的参与者	附件4第1编的新活动
1989年后林地上登记租赁的承租人	该主体被记录为参与者的1989年后林地上的登记租赁	新的承租人	作为1989年后林地上登记租赁的承租人
政府保护合同当事人	该主体被记录为参与者的1989年后林地上的政府保护合同	新的政府保护合同当事人	作为政府保护合同当事人

B 部分

现有的参与者	转让的权益	新的参与者	附件4第1编的新活动
1989年后林地的土地所有人	该主体被记录为参与者的1989年后林地上的登记林权	1989年后林地上的登记林权持有主体[在第(1A)款同意的情况下]	作为1989年后林地上的登记林权持有主体[在第(1A)款同意的情况下]
1989年后林地的土地所有人	该主体被记录为参与者的1989年后林地上的登记租赁	1989年后林地上的登记租赁承租人[在第(1A)款同意的情况下]	作为1989年后林地上的登记租赁承租人[在第(1A)款同意的情况下]
政府土地为1989年后林地的土地所有人	该主体被记录为参与者的1989年后林地上的政府保护合同	政府保护合同当事人	作为政府保护合同当事人

C 部分

现有的参与者	到期或终止的权益	新的参与者	附件4第1编的新活动
1989年后林地上的登记林权持有主体	该主体被记录为参与者的1989年后林地上的登记林权	1989年后林地的土地所有人	拥有1989年后林地
1989年后林地上的登记租赁承租人	该主体被记录为参与者的1989年后林地上的登记租赁	1989年后林地的土地所有人	拥有1989年后林地
政府保护合同当事人	该主体被记录为参与者的1989年后林地上的政府保护合同	1989年后林地的土地所有人	拥有1989年后林地

(1A)尽管有第(1)(b)款规定,若该款所涉及的转让人授予第(1)款表 B 第 2 栏所述的登记林权或登记租赁,则本条仅适用于以下情况:在转让日期之前——
 (a)转让人和受让人已书面同意,受让人将成为转让权益所涉及的 1989 年后林地的参与者;
 (b)转让人已就协议向环保署发出书面通知。
(2)在第(1)款、第(1A)款、第(3)至(7)款及第 193 条中——
 (a)受影响的碳核算区——
  (i)是指包含与转让权益有关的 1989 年后林地的碳核算区;
  (ii)若转让权益涉及部分碳核算区的 1989 年后林地,则包括该碳核算区域;
 (b)第(1)款表格第 1 栏所述的每个主体均为转让人;
 (c)第(1)款表格第 3 栏所述的每个主体均为受让人;
 (d)转让的权益是指——
  (i)就第(1)(a)款而言,指 1989 年后林地、1989 年后林地上的登记林权、1989 年后林地上的登记租赁、政府保护合同的转让;
  (ii)就第(1)(b)款而言,指 1989 年后林地上的登记林权、1989 年后林地上的登记租赁、政府保护合同的授予或签订;
  (iii)就第(1)(c)款而言,指 1989 年后林地上的登记林权的权益、1989 年后林地上的登记租赁的权益、政府保护合同权益的到期或终止;
 (e)转让日期是指——
  (i)就第(1)(a)款而言——
   (A)1989 年后林地的转让日期;
   (B)1989 年后林地上的登记林权的转让日期;
   (C)1989 年后林地上的登记租赁的转让日期;
   (D)政府保护合同的转让日期;
  (ii)就第(1)(b)款而言,1989 年后林地上的登记林权的登记日期,1989 年后林地上的登记租赁的登记日期,或政府保护合同的签订日期;
  (iii)就第(1)(c)款而言,1989 年后林地上的登记林权到期或终止日期、1989 年后林地上的登记租赁到期或终止日期、政府保护合同到期或终止日期。
(3)若本条适用,则——
 (a)在转让权益之日起 20 个工作日内——
  (i)转让人和受让人必须将转让情况通知环保署;

(ii)转让人必须按照第193条的要求,就受影响的碳核算区提交一份排放申报;

(b)自转让日起——

(i)转让人不再是本法下与转让权益相关的1989年后林地的参与者,受让人成为附件4第1编所列活动的参与者,该活动在第(1)款中表格第4栏中提及,与转让权益的1989年后林地有关;

(ii)与转让权益有关的1989年后林地区域构成一个新的碳核算区,受让人是该区域的参与者;

(iii)在受影响的碳核算区内剩余的1989年后林地,其与转让权益无关,则构成一个新的碳核算区,转让人是该区域的参与者。

(4)若本条适用是因转让权益是通过法律运作所转让的,则——

(a)根据第(3)(a)(i)款发出的通知,必须在转让日后切实可行的情况下尽快发出;

(b)根据第193条所规定的排放申报,必须在转让日后尽快提交。

(5)根据第(3)(a)(i)款发出的通知必须——

(a)以规定形式;

(b)附规定费用或规定收费的信息;

(c)由转让人和受让人共同签署。

(5A)但是,若转让的权益是已故参与者遗产的一部分,则——

(a)在转让给遗嘱执行主体或遗产管理主体的情况下——

(i)第(3)(a)款、第(4)及(5)款不适用(因此无须通知或排放申报);但是

(ii)第(3)(b)款仍适用,环保署必须根据第(6)款采取行动;

(b)在遗嘱执行主体或遗产管理主体向继承主体转让的情况下——

(i)受让人(非转让人)必须提交第193条所要求的排放申报;

(ii)就排放申报而言,受影响的碳核算区是指与向遗嘱执行主体或遗产管理主体转移有关的区域;

(c)根据本法案,已故参与者的遗产超过一项的,其遗嘱执行人或遗产管理人在任何情况下都被视为每一项遗产的独立参与者。

(6)在收到第(5)款所规定的通知及根据第193条要求的排放申报后,环保署必须采取下列有关行动:

(a)若受让人并未根据第57条进行登记,则就附件4第1编所列的并在第(1)款中表格第4栏内所述的活动,将受让人的姓名或名称作为参与者

记人根据第 57 条保存的登记册中；

(b) 若受让人已根据第 57 条进行登记,但并未就附件 4 第 1 编所列的并在第(1)款中表格第 4 栏内所述的活动进行登记,则修订该登记,以表明受让人目前已是该活动的参与者；

(c) 若转让人仅就与转让的权益有关的 1989 年后林地所进行的附件 4 第 1 编所列活动而根据第 57 条登记,则将转让人的姓名或名称从该活动的登记册中删除；

(d) 通过以下方式,根据第 188(2) 条更新环保署的记录——

(i) 从转让人的记录中删除受影响的碳核算区(若转让人仍是附件 4 第 1 编所列活动的参与者)；

(ii) 在转让人或受让人的记录中记录实施第(3)(b)(ii)款或第(3)(b)(iii)款所构成的新碳核算区；

(iii) 记录根据第 190(3)(a)条或第 190(3)(c)条计算的、第(ii)目所述的碳核算区的期初排放单位余额；

(e) 若适用,将环保署根据第(a)至(d)款采取的行动通知转让人和受让人。

(7) 为免生疑义——

(a) 就第 54(4)条而言,当转让人是与转让权益相关的 1989 年后林地的参与者时,转让人继续承担与碳核算区或部分碳核算区相关的义务(例如,提交第 189 条规定的申报和须清缴的排放单位)；

(b) 若转让的结果是转让人停止进行活动,则转让人无须根据第 59 条另行通知环保署；

(c) 根据本条进行的登记,环保署无须根据第 188(6)(a)条将根据第 57 条登记的受让人通知任何主体。

193. 与转让权益相关的排放申报

(1) 若适用第 192 条,则转让人无须根据第 191 条提交与转让权益相关的 1989 年后林地排放申报,但必须在第 192(3)(a)条或第 192(4)(b)条规定的日期(如适用)之前提交本条规定的排放申报。

(2) 根据本条提交的排放申报必须——

(a) 涉及所有受影响的碳核算区；

(b) 涉及申报所涵盖的每个碳核算区,提交的排放申报——

(i) 最晚于以下日期开始——

(A) 转让权益的强制性排放申报期的第一天；

(B) 受影响的碳核算区的土地成为 1989 年后林地之日；

(C)若碳核算区是在根据第188(7)(b)(ii)(B)条将土地从碳核算区删除或根据第192(3)(b)条转让权益后构成,则为碳核算区构成之日[如第190(5)条所述];

　　(D)若根据第189(4A)条就受影响的碳核算区提交了排放申报,则为在根据该条提交的该碳核算区最后一份排放申报所涵盖的期间结束后次日;

　　(ii)截至转让之日;

(c)遵守第189(5)条和第189(6)条,其中对第(4)款的参引,视为对本条的参引。

(3)若主体根据本条提交了排放申报,则——

(a)第189(7)条适用于该主体,其中对第(4)款的参引视为对本条的参引;

(b)第189(8)条适用于该主体,其中对本条的参引视为对第193条的参引。

关于林地状况的信息

194. 关于林地状况的信息

(1)尽管本法有规定,环保署在收到索要碳核算区或其相关区域信息的书面请求时,必须向下列主体提供一份包含第(2)款所述信息的声明——

(a)就登记林权或登记租赁的持有主体或政府保护合同的一方是参与者而言,为1989年后林地的土地所有人;

(b)潜在受让人、登记林权或登记租赁的持有主体,或政府保护合同的一方(该方已就1989年后林地获得参与者的书面同意)。

(2)根据第(1)款作出的声明必须列明——

(a)自碳核算区成立以来,已就信息申请所涵盖的一个或多个碳核算区提交的排放申报(如有),以及该申报所涵盖的时期;

(b)信息申请所涉及的一个或多个碳核算区的排放单位余额;

(c)[已废止]。

第 5 分编　一　般　规　定

1989 年后林地与 1990 年前林地

[已废止]

投入报告可在实际排放申报之前提交

194A. 可就林地活动的特定排放申报提交投入报告

(1)本条在申请人提交法规中指定类型的排放申报(林地活动)之前适用。

(2)该主体可以首先就排放申报所涉及的活动、一个或多个区域、碳核算区提交一份投入报告,其中包含法规所要求的数据或信息。

(3)投入报告在以下期限提交——

(a)法规规定的期限;

(b)环保署根据法规批准的延长期限。

(4)在本条中,法规是指根据第 194C 条制定的法规。

194B. 环保署可以基于投入报告进行计算

(1)若环保署收到第 194A 条规定的投入报告,则本条适用。

(2)在收到投入报告后,环保署必须在切实可行的情况下尽快——

(a)按照有关排放申报的要求,计算投入报告所涵盖的每个区域或碳核算区的——

(i)参与者的排放量和移除量;

(ii)参与者因其排放量而清缴排放单位的责任,或因其移除量而接受新西兰排放单位的权利;

(b)向参与者发出通知,其中包括——

(i)计算方法和计算数量;

(ii)计算所依据的数据、信息或其他事项;

(iii)一份声明,说明参与者可以选择将计算方法及计算出的数量记入有关的排放申报内;

(iv)关于第(3)款效果的声明。

(3)环保署对根据本条善意进行的计算所产生的结果不承担责任,环保署的计算和通知不影响参与者在本法下的任何义务(例如,提交准确排放申报的义务)。

194C. 投入报告的法规

(1)总督可根据部长的建议,通过枢密院令,就下列任一或多个目的制定法规：

  (a)规定可以提交投入报告的林地活动的一种或多种类型的排放申报,可通过参考以下一种或多种来规定：

    (i)林地活动的类型；

    (ii)与该活动有关的森林或土地特征；

    (iii)其他事项；

  (b)规定必须包含在投入报告或各类型排放申报的投入报告中的数据或信息；

  (c)规定各类型排放申报提交投入报告的限期,而该限期必须是提交排放申报限期前的一段合理期间；

  (d)规定环保署如何延长提交排放申报或每种类型排放申报的投入报告的截止日期及延长时间；

  (e)授权环保署就第(b)至(d)项所述事项发布指导或标准。

(2)适用于制定法规的咨询要求,参见第3A条和第3B条。

(3)本条下的法规为二级立法。

(3A)若法规授权环保署根据第(1)(e)款发布指导或标准,则——

  (a)该指导或标准是二级立法；和

  (b)法规必须载有一份说明。

(4)在没有相反证据的情况下,遵守环保署根据第(1)(e)款制定的法规颁布的指导或标准的主体,推定为已遵守与该指导或标准相对应的法规中规定的相关要求。

林地状况的通知

195. 林地状况的通知

(1)若根据第168条制定的法规,环保署必须将其认为主体已根据第57条登记为参与者的1990年前林地、1990年前补偿林地、1989年后林地的详细情况或环保署已申报为豁免土地,通知给下列主体：

  (a)毛利土地法院的登记官,其管辖范围内的土地与毛利人的土地有关；

  (b)与根据2017年《土地转让法》登记的土地有关的土地总登记官；

  (c)根据1908年《契约登记法》登记的土地的契约登记官。

(2)在收到第(1)款的通知时,土地总登记官、毛利土地法院的登记官或契约登记官必须将该通知记录在 2017 年《土地转让法》的登记册、毛利土地法院的记录或 1908 年《契约登记法》下的契约索引中。

(3)若根据第 168 条制定的法规有要求,土地总登记官、毛利土地法院的登记官或契约登记官必须删除根据第(2)款所记录的通知。

林 地 分 类

196. 林地分类的意义

在本法中,林地分类是指某土地区域的一种或多种分类,该土地区域——

(a)按"是否"或"如何"对该区域进行分类——

 (i)该法案中有关林地的定义或事项"是否"或"如何"适用于该区域;

 (ii)在满足特定要求的情况下,该区域"是否"或"如何"有资格拥有法案中适用于其的定义或事项;

(b)——

 (i)由环保署根据第 196A 条(初始分类)、第 196C 条(更改分类以纠正错误)、第 196D 条(更改分类以及时更新)或第 144 条(分类审查)给出;

 (ii)由地区法院或高等法院根据第 145 条或第 146 条作出的决定给出。

举 例

若法规明确规定,特定土地区域可被划分为——

- 1990 年前林地;
- 1989 年后林地;
- 有资格成为 1989 年后林地的土地(若其成为林地);
- 1990 年前补偿林地;
- 被砍伐的土地,或在特定日期砍伐的土地;
- 有资格根据第 184 条申报为豁免土地的土地(因为杂木);
- 1989 年 12 月 31 日的林地;
- 豁免土地;
- 适用 1990 年前林地配额计划的 1990 年前林地;
- 其他。

196A. 环保署可以对土地区域进行林地分类

环保署可以根据第 196F 条,对特定土地区域进行一种或多种的林地分类。

196B. 林地分类的效力

(1) 对特定土地区域的林地分类是本法案中有关定义或事项如何适用于该区域的确定性证据。

(2) 环保署必须将本法适用于符合林地分类的区域。

(3) 若主体的申请、通知、排放申报或本法规定的其他文件规定了特定土地区域的林地分类，该文件——

　　(a) 无须包括林地分类所涉及的信息；但是

　　(b) 在林地分类中，若该土地区域符合特定条件，则必须包括有关条件是否满足的信息。

(4) 环保署或任何行使其权力、义务或职能的主体——

　　(a) 不保证林地分类的正确性，不受有误的或已发生实质性改变的事物影响；

　　(b) 只要进行林地分类的行为是善意的，对因为林地分类有误或基于有误的、已发生实质性改变的事物影响而产生的结果不负责任。

196C. 变更林地分类以纠正错误

(1) 环保署可以变更土地区域的林地分类，以纠正环保署认为该分类中包含的错误，包括该分类是基于有误的信息。

(2) 环保署必须对根据第 196F 条制定的法规进行变更。

196D. 林地分类变更，以根据变更进行更新

(1) 环保署可以变更某土地区域的林地分类，若——

　　(a) 该分类所依据的信息或事实有实质性改变；

　　(b) 本法或根据本法制定的法规发生实质性改变，影响分类。

(2) 环保署必须对根据第 196F 条制定的法规进行变更。

196E. 分类作出前的林地分类有效

(1) 若林地分类在作出该分类之前已生效，则本条适用，不论是否——

　　(a) 符合环保署第 196A 条、第 196C 或第 196D 条规定，或根据第 144 条审查；

　　(b) 符合法院根据第 145 条或第 146 条对诉讼作出的决定。

(2) 决定之日前的期间，必须忽略林地分类——

　　(a) 在该期间内，其将增加主体被要求清缴的排放单位数量，或减少主体有权接收的新西兰排放单位数量；

　　(b) 根据第 196F 条制定的法规所规定的其他事项。

(3) 在其他方面，林地分类必须适用于该期间。

(4)为免生疑义,若第(2)款忽略林地分类,则适用较早的林地分类(如有)。

196F. 林地分类的法规

(1)总督可根据部长的建议,通过枢密院令,为下列任一或多个目的制定法规:

(a)具体说明环保署可对土地区域进行的林地分类;

(b)规定一种或多种方法或程序,通过该方法或程序,环保署可以对某区域进行新的分类或变更林地分类,而该方法或程序——

(i)可规定是否为主体申请分类;

(ii)可规定申请人就某一分类应支付的费用或收费,以使环保署在以下方面能够收回全部或部分直接、间接费用——

(A)接收和审核申请;

(B)考虑、批准或拒绝申请;

(iii)必须要求环保署首先征询法规规定的可能受到该分类重大影响的主体的意见,除非可能受到该分类重大影响的主体已经申请或同意该分类;

(c)规定林地分类何时生效,例如——

(i)根据第196E条,若根据第196C条或第196D条更改分类,且根据第144条经环保署审查,或根据第145条或第146条向法院提出诉讼,则应在作出决定之日前;

(ii)因不同的林地分类或情况而有所不同,例如,主体是否对第196D(1)(a)条所述的实质性变化负有责任;

(d)规定第196E(2)(b)条所指的事项(在作出决定前的期间内,林地分类不考虑该事项);

(e)规定在一项或多项通知、文书、图像或工具中公布以下信息,可以是电子方式:

(i)对某土地区域进行林地分类的决定;

(ii)目前所有土地区域的林地分类及相关事项。

(2)根据第(1)(b)(ii)款制定的法规可收回成本的例子包括(但不限于)——

(a)提供、操作和维护与应用有关的系统、数据库和其他程序的费用;

(b)第三方提供服务的费用。

(3)第167(4)条也适用于根据第(1)(b)(ii)款制定的法规。

(4)有关适用于根据本条制定法规的意见征询,参见第3A条和第3B条。

(5)根据2019年《立法法》,依据本条制定的法规自发布之日起3个月后生效,或在法规中规定的推迟日期生效。

(6)本条下的法规为二级立法。

赠款资助森林

197. 在赠款资助森林中因移除量而获得排放单位的权利

碳核算区内标准林地或永久林地活动的参与者无权因下列移除量而获得新西兰排放单位——

(a)可归因于参与者已根据第197A条(赠款资助森林)制定的法规所规定的与林地相关赠款计划从政府获得赠款的森林树种移除量；

(b)在根据第197A条制定的法规中规定的该森林休整期发生的移除量。

197A. 赠款资助森林的法规

(1)总督可根据部长的建议，通过枢密院令，就下列一个或多个目的制定法规：

(a)规定与林地有关的政府赠款计划；

(b)规定赠款资助森林的休整期；

(c)规定将移除量归因于赠款资助森林的方法学；

(d)规定第197条所预设的执行该条所必需的或使其充分生效所必需的其他事项。

(2)根据本条制定的法规，可就不同情况按以下因素制定不同条文，包括——

(a)不同的赠款计划；

(b)不同的时间；

(c)不同的森林树种；

(d)新西兰不同的地区。

(3)根据本条制定的法规可以要求使用环保署的互联网网站提供的计算机程序。

(4)根据第(1)(c)款制定的法规，可涉及——

(a)直接源自该活动的排放量或移除量；

(b)与作为活动主体的产品或其他事物有关的排放量或移除量。

(5)本条下的法规为二级立法。

第5A编 特定部门规定:液体化石燃料

第2分编 液态化石燃料部门

[已废止]

198. 将义务燃料购买者登记为参与者

(1)根据第57条就附件4第3编所列活动登记为参与者的申请,可随时向环保署提交。

(2)若环保署根据第57条将主体登记为附件4第3编所列活动的参与者,则该登记在根据第57(6)条发出的通知后12个月生效。

(3)若环保署根据第58条收到了关于将附件4第3编所列活动的参与者姓名或名称从登记册中删除的申请,在根据第58(3)(b)条发出通知后的48个月内,环保署必须根据第58(4)条将申请人姓名或名称从登记册中删除。

(4)根据本条登记或被除名的参与者必须将该事项及该事项发生或生效的日期通知给根据第56条就附件3第2编活动已登记的每个主体。

(5)参与者在收到环保署关于该事项的通知或获悉该事项后,必须将该通知在切实可行的情况下尽快以书面或电子形式发出。

(6)环保署必须向参与者提供其记录的被通知主体的地址。

199. 满足环保署要求的历史信息

(1)进行附件4第3编所列活动的主体,可在根据第57条提交的登记为该活动参与者的申请中,附上该主体在提交申请的前一年(以及该主体希望的其他过往年份)所购买的义务燃料总量的信息。

(2)若环保署根据第57条收到包含第(1)款所述信息的申请,就第57(4)条而言,环保署在该人的登记生效时,可确认该人正在或将基于该信息进行附件4第3部分所列的活动。

(3)本条的规定不妨碍环保署要求第(1)款所述主体提供其所要求的详细信息,以使其确信此主体正在(或将在其登记生效时)进行附件4第3编所列的活动。

200. 购买低于阈值水平义务燃料的效力

若主体是附件4第3编所列活动的参与者,而在任一年度,其购买的义务燃料数量少于或其知道购买数量将少于附件4第3编所规定的阈值——

(a)则该主体无须根据第59(1)条通知环保署其已停止或将停止进行该活动;

(b)环保署不得根据第59(2)条将该主体视为已停止进行该活动；

(c)该主体仍是该活动的参与者,直至其姓名或名称根据本法从为第57条的目的保存的登记册中删除。

201. 义务燃料购买主体登记的效力

就附件3第2编所列活动的参与者而言,其无须对作为附件4第3编所列活动参与者购买的义务燃料清缴排放单位。

202. 附件3第2编新增的活动

(1)根据部长的建议,总督可通过枢密院令修改附件3第2编,增加与下列事项有关的活动：

(a)拥有或经营在新西兰港口装载货物并在新西兰其他港口运输和装卸货物的船舶,若该船舶消耗的燃料为——

(i)在新西兰境外购买的燃料；

(ii)在新西兰购买的燃料,但根据本法,参与者无须清缴排放单位；

(b)在新西兰专属经济区内捕鱼,若用于捕鱼的船只消耗的燃料是在新西兰境外购买的。

(2)满足以下事项,部长才可以建议根据第(1)款发出枢密院令——

(a)在提出建议之前,参与者没有义务就建议所涉及的活动进行时消耗燃料所产生的排放量清缴排放单位；

(b)添加的活动——

(i)必须确保A与B相似,其中——

(A)A是指若该活动被添加,由于本法对该主体施加的义务,从事活动的主体将面临的成本增加,即因在进行活动时燃料消耗所产生的排放量要清缴排放单位；

(B)B是指从事附件3第2编所列活动的主体因本法对其施加的义务而面临的成本增加,即在进行类似活动时,因燃料消耗所产生的排放量而要清缴排放单位；

(ii)不违反国际气候变化义务；

(c)建议该命令不会导致政府的成本超过政府在该命令作出后预期获得的收益。

(3)根据第(1)款发出的枢密院令,相关的移除活动自以下时间起生效——

(a)下一年度的1月1日,如在某年的6月30日或之前作出；

(b)下一年度的7月1日,如在某年的7月1日或之后作出。

(4)根据本条作出的命令——

（a）是二级立法；

（b）必须由法案确认（参见 2019 年《立法法》第 5 编第 3 分编）。

202A. 命令是可确认的法律文件

[已废止]

203. 义务燃料的处理

（1）若参与者违反 2018 年《关税和消费税法》，未能移除作为家庭消费用途的义务燃料，则本条适用。

（2）若本条适用，就本法而言，未被移除的用于家庭消费的义务燃料应被视为根据 2018 年《关税和消费税法》用于家庭消费的义务燃料。

第 5B 编　特定部门的规定：固定能源

第 3 分编　固定能源部门

204. 煤炭或天然气开采的参与者

（1）本条适用于附件 3 第 3 编所列的以下活动——

　　（a）煤炭开采量每年超过 2000 公吨；

　　（b）开采天然气，用于出口除外。

（2）若本条适用，且——

　　（a）根据 1991 年《政府矿产法》，采矿须取得许可证，则持有许可证的主体应被视为进行采矿活动的主体；

　　（b）采矿无须许可证，则矿主应被视为进行该活动的主体。

（3）尽管有第（2）(a)款规定，存在以下情形的，第（4）款仍然适用——

　　（a）与采煤有关的许可证由 2 名及以上主体共同持有，且根据有关条款各持有主体可依许可证按比例开采煤炭；

　　（b）与开采天然气相关的许可证由 2 名或 2 名以上主体共同持有，且根据有关条款个人持有人可依许可证按比例开采天然气。

（4）若本款适用——

　　（a）则第 157 条不适用；

　　（b）第（3）款所指的个人持有人——

　　　　（i）从事其依据许可证进行开采天然气或煤炭（如适用）活动的个人持有人，视为依照第（1）款进行有关活动的主体；

　　　　（ii）必须履行参与者在本法下依据许可证开采天然气或煤炭（如适用）

的义务。

205. 在专属经济区和大陆架开采天然气

（1）本法适用于附件3第3编所列的开采天然气活动（出口除外），前提为该活动在新西兰的领土范围、专属经济区、大陆架之内或之上进行。

（1A）为免生疑义，在新西兰领土范围、专属经济区或大陆架之内或之上从事开采天然气活动（出口除外）的主体，不得视为进口本法所指的从该活动开采的天然气的主体。

（2）为本条之目的，大陆架与1964年《大陆架法》第2（1）条中的含义相同。专属经济区与1977年《领海、毗连区和专属经济区法》第9条中的含义相同。

206. 燃烧旧油、废油和废物的义务

参与者为生产附件3第3编所列的电力或工业热能而燃烧旧油、废油、废轮胎或废物的，无须就下列情况清缴排放单位——

（a）燃烧属于义务燃料的旧油或废油所产生的排放；

（b）有机废物燃烧产生的二氧化碳。

207. 煤炭开采义务

从事附件3第3编所列开采煤炭活动的参与者，一年内开采的煤炭量超过2000公吨的——

（a）无须清缴出口煤炭的二氧化碳排放单位；

（b）须清缴该活动产生的煤层气体排放单位。

208. 从附件3第3编参与者的特定关联公司购买煤炭或天然气

（1）就附件4第4编所列活动而言，开采煤炭或天然气的参与者包括以下主体：

（a）开采煤炭或天然气的参与者的全资子公司；

（b）开采煤炭或天然气的参与者的全资子公司的控股公司；

（c）上述控股公司的另一全资子公司。

（2）在第（1）款中，子公司和控股公司的含义与1993年《公司法》第5条中的含义相同。

209. 将煤炭或天然气购买者登记为参与者

（1）根据第57条提出登记为附件4第4编所列活动参与者的申请，可随时向环保署提出。

（2）若环保署根据第57条规定将主体登记为附件4第4编所列活动的参与者，则该登记将在根据第57（6）条发出通知之日起12个月后生效。

（3）若环保署收到根据第58条提出的申请，要求从登记册中删除作为附件4第4编所列活动参与者的姓名或名称，环保署必须根据第58（4）条规定，在根据第58

(3)(b)条发出通知之日起48个月后,从登记册中删除申请人姓名或名称。

(4)根据本条就某项活动登记或删除的参与者必须将该事项及其生效日期通知以下主体——

(a)开采——

(i)煤炭的主体,若该活动是购买煤炭;

(ii)天然气的主体,若该活动是购买天然气;及

(b)已根据第56条登记的主体。

(5)该通知必须在参与者收到环保署的通知或知道此事后,尽快以书面或电子方式作出。

(6)环保署必须向参与者提供其记录的必须通知的主体的地址。

210. 符合环保署要求的历史信息

(1)进行附件4第4编所列活动的主体,在根据第57条就该活动申请登记为参与者时,可在申请中附该主体在提交申请前一年(及该主体愿意提交的其他年份)购买煤炭或天然气总量的信息。

(2)环保署收到根据第57条提出的申请涵盖第(1)款中规定信息的,环保署可以根据第57(4)条规定,确定该主体正在(或当此主体的登记生效时,将会)开展附件4第4编所列活动,基于该信息,该活动已在申请中明确。

(3)本条规定不妨碍环保署要求第(1)款中规定的主体提供更多信息,以确保该主体的登记生效时,该主体正在或将要从事申请中规定的附件4第4编所列活动。

211. 购买低于阈值水平的煤炭或天然气的效力

参与附件4第4编所列活动的主体,在任一年份购买的煤炭或天然气数量少于(或该主体明知将少于)附件4第4编所列阈值水平的——

(a)根据第59(1)条规定,该主体无须通知环保署其已停止或将停止从事该活动;

(b)根据第59(2)条规定,环保署不得视为该主体已停止从事该活动;

(c)该主体仍然是活动参与者,直至其姓名或名称根据本法从登记册中删除。

212. 煤炭或天然气购买者的登记效力

开采煤炭或天然气的主体从附件4第4编所列活动的参与者处购买煤炭或天然气的,无须对该煤炭或天然气清缴排放单位。

第5C编　特定部门的规定:农业

第4分编　农　　业

213. 附件3第5编第4分编的参与者

(1)若从事附件3第5编第4分编所列活动,则该土地的所有者应视为从事该活动的主体,除非环保署确信土地所有人与第三方之间存在书面协议,该协议——

  (a)允许第三方使用附件3第5编第4分编所列活动的土地,且第三方正在该土地上开展附件3第5编第4分编所列活动;

  (b)签订于——

    (i)根据第2A(5D)条发布的枢密院令指定日期或之后,将附件3第5编第4分编所列活动适用于从事该活动的主体,期限至少为3年;或者

    (ii)根据第2A(5D)条发布的枢密院令指定日期之前,将附件3第5编第4分编所列活动适用于从事该活动的主体,且期限离枢密院令指定日期至少还有3年。

(2)若环保署确信符合第(1)款第(a)和(b)项中规定的标准,第三方应视为实施活动的主体。

(3)为免生疑义,就本法而言,除土地所有人或第(2)款规定情形下的第三方外,任何主体不得被视为从事附件3第5编第4分编所列活动。

214. 与产品混合的化肥无须清缴排放单位

从事附件3第5编第1分编所列活动的参与者进口或制造含氮合成化肥的,无须清缴任何含氮合成化肥的排放单位,只要该化肥——

  (a)作为制造过程的一部分,与产品永久混合;

  (b)不会导致排放。

215. 部长报告农业层面的农业排放替代定价体系

(1)部长和农业部部长必须编制一份报告,概述农业活动(包括但不限于附件3第5编所列活动)的排放定价体系,作为本法目前规定的排放交易计划的替代体系。

(2)报告必须在2022年12月31日前完成并公布。

(3)报告必须讨论与排放交易计划和第(1)款规定的替代体系相关的以下有关事项:

  (a)该等活动排放量的定价和核算;

(b)该体系是否包括其他活动或参与者；

　　　(c)计算排放量和移除量的方法；

　　　(d)向参与者提供的援助(如有)；

　　　(e)如何处理甲烷的排放，包括是否、如何和何种类型的移除量将得到承认；

　　　(f)参与者需要提供哪些信息，以及如何使用、共享或公开该信息；

　　　(g)参与者和相关行业团体将如何参与体系设计、实施和运行；

　　　(h)负责管理该体系的主体；

　　　(i)需要对立法进行何种修订才能使该体系发挥作用。

(4)编制报告前，部长们必须——

　　　(a)根据第5K条要求气候变化委员会提交一份报告，说明应向参与者提供的援助(如有)；

　　　(b)考虑该建议。

(5)在本条中，农业部部长是指根据授权令或总理授权，负责实施1990年《商品征税法》的政府部长。

216. 关于动物饲养或化肥使用活动自愿报告或清缴排放单位的规定

(1)总督可根据部长的建议发布枢密院令，为以下一个或多个目的制定法规：

　　　(a)制定一个程序，使从事化肥使用分编或动物饲养分编(附件3第5编)所述活动的主体可以选择被视为有关活动的参与者；

　　　(b)规定该主体可以选择在以下一项或两项活动中被视为参与者——

　　　　　(i)根据本法有义务报告该活动的排放情况；

　　　　　(ii)根据本法有清缴活动排放单位的义务；

　　　(c)规定须通知下列主体参与相应加工活动的：

　　　　　(i)化肥加工活动的参与者，其活动对应化肥使用活动，参与者有义务根据本法清缴排放单位；

　　　　　(ii)动物加工活动的参与者，其活动对应动物饲养活动，参与者有义务根据本法清缴排放单位；

　　　(d)若已根据第(b)(ii)项制定法规，规定了程序，则该程序中相应加工者活动的参与者——

　　　　　(i)不再受本法规定就该活动排放单位的义务的约束，或受变更后的义务的约束，以确保只有一个主体有责任清缴与相应的加工者活动或其对应活动相关的排放单位；

　　　　　(ii)不再有权就其无须清缴排放单位的活动获得配额。

(2)在建议制定法规之前,部长必须征询农业部部长的意见。

(3)有关制定法规的意见征询要求,见第3B条。

(4)本条下的法规是二级立法。

第5D编　特定部门的规定:过渡性条款

第5分编　过渡性条款

[已废止]

217. 处罚的过渡性条款

(1)本条适用于要求参与者就附件3第5编的第2分编或第4分编所列活动清缴排放单位的第一年。

(1A)第(2)款适用于——

　　(a)提交了第一年的年度排放申报的参与者;

　　(b)关于参与者被要求就该活动清缴的排放单位。

(2)即使本法有其他规定——

　　(a)[已废止];

　　(b)若环保署根据第120条修改了第(1)款适用的参与者的排放申报,则该参与者——

　　　　(i)有责任根据第123(3)条清缴排放单位或额外排放单位,但是

　　　　(ii)无须根据第134、134A或134C条就该排放单位缴付罚款;

　　(c)若第(1)款适用的参与者未能根据第123(3)条的要求清缴排放单位或额外排放单位,则适用第159(1)(a)条,根据第123(3)条发出通知的日期视为根据第134条发出的处罚通知的日期。

(3)参与者——

　　(a)无责任缴付第134B条或第134D条所指的与第一年的排放单位配额有关的罚款;

　　(b)在第一年内无须就任何作为或不作为承担侵权违法行为(如第30L条所定义)的法律责任。

218. 自愿报告的过渡性条款

[已废止]

219. 特定参与者清缴义务的过渡性条款

(1)本条适用于在指定期间(排除期间)进行以下活动的主体：

    (a)自2011年1月1日至下列日期内，从事化肥使用活动的主体——

        (i)2024年12月31日；若在该日期前没有为该活动指定提前结束日期；

        (ii)根据第(3)(a)款作出的枢密院令为该活动指定的提前结束日期；

    (b)第一年的化肥使用活动，其中化肥使用部分适用于从事该活动的主体或一类主体[自根据第2A(5B)条制定的枢密院令指定的日期起]；

    (c)自2011年1月1日至下列日期内从事动物加工活动的主体——

        (i)2024年12月31日，若在该日之前没有为该活动指定提前结束日期；

        (ii)根据第(3)(a)款作出的枢密院令为该活动指定的提前结束日期；

    (d)第一年的动物饲养活动，其中动物饲养分编适用于从事该活动的主体或一类主体[自2024年1月1日起或根据第2A(5D)条颁布的枢密院令指定的推迟日期起]。

(2)即使该主体的排放申报陈述了排除期间的排放量，该主体也没有责任根据本法清缴该等排放量的排放单位。

(3)总督可根据部长的建议颁布枢密院令，指定以下一项或两项(提前结束日期)：

    (a)第(1)(a)(ii)款所指的日期；

    (b)第(1)(c)(ii)款所指的日期。

(4)在建议指定提前结束日期的命令之前，部长必须——

    (a)征询农业部部长的意见(见第215条)；

    (b)参考气候变化委员会根据第220条提供的报告；

    (c)确信第220(b)条的进展不充分。

(5)在建议指定提前结束日期时，部长不得建议早于2022年7月1日的日期。

(6)本条下的命令是二级立法。

220. 委员会报告履行农业层面义务的进展情况

委员会不应晚于2022年6月30日向部长提供以下方面的书面建议——

(a)在履行附件5所列主要部门气候变化承诺方面取得的进展；

(b)附件3第5编第4分编所列活动的参与者在准备开始履行本法规定的与该活动相关的报告和清缴义务方面取得的进展；

(c)阻碍参与者遵守义务的障碍；

(d)初级部门或政府需要采取的进一步措施(如有),使参与者更好地履行义务。

221. 附件 4 第 3 编参与者的附加过渡性条款

[已废止]

222. 以相关法规取代现有排放单位登记表法规的过渡性条款

[已废止]

222A. 为覆盖液体化石燃料、固定能源和工业加工相关的活动的排放而清缴排放单位责任的过渡性条款

[已废止]

222B. 因移除活动而获得新西兰排放单位权利的过渡性条款

[已废止]

222C. 以支付资金替代清缴排放单位的过渡性条款

222D. 发放新西兰排放单位以履行清缴义务

[已废止]

222E. 关于报告的过渡性条款

[已废止]

222F. 工业配额的过渡性条款

[已废止]

222G. 关于禁止出口新西兰排放单位的过渡性条款

[已废止]

222H. 非法人组织的过渡性条款

(1)本条适用于在本条生效前按照第 157 条共同登记为参与者(共同参与者)的 3 名及以上的土地共同所有人、承租人、林权持有人或政府保护合同的当事人。

(2)若本条适用,那么——

 (a)在本条生效之日及之后,共同参与者将被视为作为参与者的非法人组织的成员,但该非法人组织无须——

  (i)通知环保署其是第 157(2)(c)(ii)(A)条中规定的参与者;或

  (ii)申请登记为第 157(2)(c)(ii)(B)条的参与者;

 (b)环保署必须通知共同参与者——

  (i)现在是非法人组织的成员;

  (ii)要求在收到通知后,将第 157(2)(c)(ii)(C)条和第 157(2)(d)条中规定的详细信息在 20 个工作日内提供给环保署;

 (c)环保署必须在收到第(b)(ii)项规定的信息后,更新与共同参与者相关的记录,包括(但不限于)从根据本法保存的登记册中删除共同参与者的姓名或名称,并替换非法人组织的名称。

(3)[已废止]。

(4)[已废止]。

(5)[已废止]。

(6)尽管有第(2)款规定——

(a)在环保署更新与任何共同参与者相关的记录之前,共同参与者仍登记为参与者,承担连带责任,因其参与者身份共享利益;

(b)姓名或名称已从登记册中删除的共同参与者和姓名或名称已在该登记册中替代的非法人组织应被视为同一参与者。

第6编 目 标

223. 家庭基金的设立

[已废止]

224. 在公报上公布目标

[已废止]

225. 与目标有关的规定

[已废止]

第7编 合成温室气体税

[已废止]

226. 本编、2018 年《关税和消费税法》和 1998 年《陆路运输法》中环保署和各机构的职能和责任概述

(1)本条是环保署和各机构在合成温室气体税方面的职能和责任指南,但不影响本编、2018 年《关税和消费税法》或 1998 年《陆路运输法》条款的解释或适用。

(2)根据本编的规定,

(a)环保署的职能是——

(i)根据第 241 条接收和整理来自各机构的信息;

(ii)根据第 250 条发布信息;

(iii)监管本编第 1 分编的遵守情况;

(b)机动车登记官的职能是根据第 228 条征收机动车税；

　　(c)新西兰海关总署的职能是根据第 229 条征收货物税；

　　(d)根据第 230 条，收回未付税款是环保署和各机构的职能。

(3)根据 2018 年《关税和消费税法》，新西兰海关总署的职能是评估和征收货物税，为此目的，

　　(a)评估及征收货物税，视同为一项关税；

　　(b)追缴未付税款，视同为一项未付关税。

(4)根据 1998 年《陆路运输法》，机动车登记官的职能是评估和征收机动车税。

第 1 分编　合成温室气体税

征收的税款

227. 征收合成温室气体税

(1)对以下各项征税——

　　(a)2013 年 7 月 1 日或之后登记的应税机动车，但不对 2013 年 7 月 1 日之前登记并在 2013 年 7 月 1 日或之后再次登记的机动车征税；

　　(b)在 2013 年 7 月 1 日或之后进口到新西兰的应税货物。

(2)但是，若应税机动车在 2013 年 7 月 1 日当天或之后登记超过一次，则只须缴纳一次税款。

228. 应税机动车的登记主体负责缴纳税款

(1)在 2013 年 7 月 1 日或之后登记应税机动车的主体有义务缴纳税款。

(2)税款(包括任何应付的货物和服务税)必须在支付车辆登记费的同时支付给机动车登记官。

229. 应税货物的进口商必须缴纳税款

(1)在 2013 年 7 月 1 日或之后进口应税货物的主体，必须就该类货品按规定税率缴纳税款。

(2)该主体必须向新西兰海关总署缴纳税款(包括任何应付的货物和服务税)，同时支付 1988 年《关税法》规定的关税或货物的同等消费税(若应付)。

230. 税款是欠政府的债务

(1)须缴付的税款是欠政府的债务。

(2)环保署可以代表政府在有管辖权的法院收回债务。

(3)本条不限制——

(a)根据2018年《关税和消费税法》,海关总署将未支付的货物税款作为债务予以收回的权力;

(b)机动车登记官根据1998年《陆路运输法》收回未支付的机动车税款的权力。

231. 对不缴纳税的处罚
[已废止]

232. 2018年《关税和消费税法》条款的适用
(1)2018年《关税和消费税法》中适用于征收关税的条款(包括但不限于该法第3编第8分编)在经过必要修改后,适用于根据本法征收的货物税,该货物税视同关税。

(2)但是——

(a)对于该法第138(2)条的适用,将其援引的应税货物视为本法的应税货物;

(b)对于该法第138(3)、(4)款的适用,对货物的所有者或海关控制区的许可证持有主体不具有效力。

(3)尽管有第(1)款的规定,2018年《关税和消费税法》的以下规定不适用征税:

(a)第139条;

(b)第144条;

(c)第146条;

(d)第147条;

(e)第153条。

税款的计算

233. 合成温室气体的税率
(1)适用于某一征税年度的应税机动车、某一类应税机动车或某一项目或某一类应税货物的税率必须按照以下公式计算。

$$R = A \times B \times GWP$$

其中

A 是该类应税机动车或应税货物,或该类应税货物所含合成温室气体的数量;

B 是由第30W条规定的或根据该条制定的碳定价。若第236(2)条适用,则由该条规定制定;

GWP 是法规中规定的特定合成温室气体的全球变暖潜能值;

R 是税率。

(2)在本条中,数量指根据第 246 第(1)款第(c)项或第(e)项制定的法规中规定的合成温室气体的重量或其他计量单位。

(3)就变量 A 而言,应税机动车或应税货物所含的合成温室气体数量为——
  (a)法规对该类应税机动车或应税货物,或对某一应税货物所规定的数量;
  (b)若法规没有规定数量,则为该应税机动车或应税货物所包含的实际数量。

(4)[已废止]。

(5)[已废止]。

(6)[已废止]。

234. 合成温室气体税的过渡性条款

[已废止]

235. 暂时中止第 233 条规定的征税

[已废止]

236. 用于税款计算的最高碳定价

(1)本条适用于第 233(1)条所列公式中变量 B 的计算。

(2)若第 30W(1)(a)条规定的方法将导致碳定价高于规定征税年度的下列价格(最高价格),则碳定价设定为该征税年度的最高价格,但仅用于第 233 条中的计算:
  (a)25 新西兰元,适用于 2020 年或更早的征税年度;
  (b)35 新西兰元,适用于 2021 年或之后的征税年度,但在拍卖开始日期之前开始。

(3)在本条中,拍卖开始日期是指根据第 30GA(2)(a)条制定的法规所指定的开始以拍卖方式销售新西兰排放单位的日期。

237. 不包括商品及服务税的税率

按照第 233 条计算的税率不包括商品及服务税。

238. 2013 年 7 月 1 日至 12 月 31 日的税率

[已废止]

239. 适用于 2014 年 1 月 1 日及之后的单个日历年的税率

(1)一种税率适用于一个征税年度。

(2)[已废止]。

(3)如在某一征税年度开始前并未设定税率,则该年度的税率与上一征税年度的税率相同。

(4)但是,若税率是在征税年度开始之后为征税年度设定,则新的税率从税率设定日期之后的征税年度的季度开始适用,直至征税年度结束。

(5)就本条及第241条而言——

(a)税率设定于规定该税率的法规生效之日;

(b)一个征税年度的季度是——

(i)1月1日至3月31日;

(ii)4月1日至6月30日;

(iii)7月1日至9月30日;

(iv)10月1日至12月31日。

240. 各机构将税款存入政府银行账户

环保署和机构必须将根据本编收到的所有税款支付到政府银行账户中。

241. 各机构每季度向环保署提供信息

(1)各机构必须在每个征税年度按季度保存记录,并向环保署提供以下所有信息:

(a)收到的税款数额;

(b)以下数量——

(i)登记的应税机动车;

(ii)进口应税货物的托运;

(c)根据第228或229条(视何者适用而定)须缴纳税款的主体数量;

(d)没有按照第228或229条(视何者适用而定)的规定缴纳税款的主体数量;

(e)退还的税款数额;

(f)无法收回的税款数额。

(2)第(1)款所述的信息,必须针对每一类别的应税机动车或每一类别的应纳税货品而提供。

242. 机构和环保署共享信息

第149(2)条适用于环保署和第149(1)条中提到的机构。

243. 退税的情形

(1)第(2)款适用于根据第228条就以下事项支付的税款——

(a)载有应税货物的机动车;

(b)含有合成温室气体的机动车,因为其于2013年7月1日之后进口,受附件3第4编第2分编下的排放交易计划的约束。

(2)在负责支付第228条规定款项的主体提出申请后,环保署必须退还相关机动车的机动车税款,但只有在申请退款的主体证实以下情形且满足环保署的要求时,才可退还税款——

(a)已就有关机动车缴付机动车税款;

(b)该机动车是第(1)款所规定的机动车。

244. 免征合成温室气体税

(1)总督可根据部长的建议,通过枢密院令,豁免任一主体或任一类别的主体,使其免于——

(a)为特定应税机动车或应税货物支付全部或部分税款;

(b)就特定应税机动车或应税货物缴纳全部或部分税款;

(c)第(a)和(b)项所指明事项的组合。

(2)根据第(1)款发布的枢密院令可指明总督认为合适的条款和条件(包括但不限于施加地理或操作限制的条款和条件)。

(3)在建议根据第(1)款发布命令之前,部长必须确信——

(a)该命令不会严重破坏合成温室气体税的环境完整性;

(b)作出该命令的成本不超过作出该命令的收益。

(4)在决定是否建议根据第(1)款发布命令时,部长必须考虑到以下事项:

(a)保持合成温室气体税的环境完整性的需要;

(b)将与合成温室气体税相关的任何合规和行政成本降至最低的可取性;

(c)免征或不免征的相关成本,以及由谁承担成本;

(d)为实现部长免征目标的替代方案;

(e)部长认为相关的其他事项。

(5)在根据本条作出的命令生效期间,该命令所针对的任何主体或任何类别的主体无须履行缴纳税款的义务。

(6)关于根据本条发出或撤销命令的意见征询要求,见第3A条和第3B条。

(7)本条规定的命令是二级立法。

245. 明确税率的法规

(1)总督可根据部长的建议,通过枢密院令为以下一个或多个目的制定法规:

(a)规定适用于一类或多类应纳税的机动车的税率;

(b)规定适用于一个或多个应税货物项目或类别的税率。

(2)根据第(1)(a)款制定的法规可以为不同类别的应税机动车规定不同的税率。

(3)根据第(1)(b)款制定的法规可以为不同类别的应税货物规定不同的税率。

(4)根据2019年《立法法》,根据第(1)款制定的法规在公布之日起3个月后生效,或在法规中规定的推迟日期生效。

(5)本条规定的法规是二级立法。

246. 关于合成温室气体税的法规

(1)总督可根据部长的建议颁布枢密院令,为以下一个或多个目的制定法规:

(a)为征税之目的,将氢氟碳化物或全氟碳化物规定为特定的合成温室气体;

(b)规定应税机动车的类别(可参照其所含合成温室气体的数量);

(c)规定每类应税机动车所含的特定合成温室气体的数量;

(d)规定征税适用的征税货物或征税货物类别(可参照其所含合成温室气体的数量);

(e)规定一项或一类应税货物应被视为含有的特定合成温室气体的数量;

(f)规定征税主体或有责任或可能有责任支付税收的主体必须保存的账户和记录;

(g)规定征收主体必须向环保署提供的信息和必须提供信息的时间;

(h)规定根据第248(1)(a)条必须就某类应税货物或合成温室气体收集的数据或其他信息,且(如适用)必须采用的收集该类数据或其他信息的机制或方法;

(i)规定本编所预设的执行该条款所必需的或使其充分生效所必需的其他事项。

(2)在根据第(1)(a)款建议制定法规之前,部长必须考虑到与合成温室气体有关的国际气候变化义务。

(3)关于根据第(1)款的第(a)至(e)项制定法规的咨询要求,见第3A条和第3B条。

(4)根据2019年《立法法》,根据第(1)款中的第(a)至(e)项制定的法规在自公布之日起3个月后生效,或在法规中规定的推迟日期生效。

(5)本条规定的法规是二级立法。

247. 制定枢密院令和法规的程序

[已废止]

应税货物进口商的义务

248. 收集信息和保存记录

(1)进口商必须就进口含有特定合成气体的应税货物——

(a)收集规定的数据或信息(若法规要求,这些数据或信息必须由环保署认可的个体或组织进行核证);

(b)以规定的格式(如有)保存这些数据或信息的记录;

(c)保存足够的记录,使环保署能够就任一征税年度进行核查——

(i)每一类别的应税货物的进口数量;

(ii)就该类货品缴付的税款总额。

(2)第(1)款所指明的记录必须在其所涉及的年度结束后至少保存7年。

第2分编 行政规定和核查

249. 第88条的适用(对环保署的指示)

第88条适用于环保署根据本编或根据本编制定的任何法规行使权力和履行职能,对排放交易计划参与者条款的援引视同对第7编的援引。

250. 环保署公布与征税有关的信息

(1)环保署必须根据第(2)款的规定,公布与每个报告年度进口的应税货物和登记的应税机动车相关的以下信息:

(a)就每一类别的应税机动车而言,为已登记该类别车辆的主体总数;

(b)就每一种在应税机动车的空调系统中使用特定合成温室气体而言,为已登记的应税机动车总数;

(c)就每类应税货物而言,进口该类应税货物的主体总数;

(d)就每种被视为含于某一类应纳税货品的特定合成温室气体而言,该类货品的进口总量;

(e)就每类应税机动车而言,已登记的应税机动车数量;

(f)就每类应纳税货品而言,进口托运的货物数量;

(g)登记的每类应税机动车空调系统中所含的合成温室气体总量;

(h)进口的每类应税货物中所含的合成温室气体的总量;

(i)征收的税款总额;

(j)未能履行其缴纳税款义务的主体数量。

(2)环保署——

(a)必须在报告年度结束后尽快公布第(1)款中规定的信息;

(b)可以在其他时间,以环保署认为适当的形式公布第(1)款中规定的全部或部分信息。

(3)若环保署确信公布信息会导致特定主体进口的合成温室气体量或特定主体

登记的机动车中合成温室气体量的泄露,则环保署无须公布第(1)款中第(b)、(d)、(g)和(h)项要求的与活动相关的信息,除非——

(a)该信息所涉及的主体已经同意公开该信息;

(b)该信息已经公开。

(4)在本条中,报告年度指自7月1日起至6月30日止的12个月。

251. 对核查者的认可

(1)环保署可按照根据第258条制定的法规,确认具有规定的专业知识、技术能力或资格的个体或组织,就第248(1)(a)条而言,承担核查职能的个体或组织。

(2)个体或组织可以被环保署认可为有能力核查一个或多个类别的应税机动车或应税货物,或一个或多个项目的应税货物的信息。

(3)环保署可以按照根据第258条制定的法规,暂停或撤销任何根据本条赋予的认可。

252. 执法人员

环保署可根据第93条任命1名或多名执法人员,行使1项或多项权力,并履行本编赋予执法人员的职能(与核查和询问本编的遵守情况有关)。

253. 要求提供信息的权力

(1)环保署或执法人员可根据通知要求某当事人提供任何合理必要的信息,以确定:

(a)某当事人是否遵守本编的规定;

(b)环保署是否应行使本编规定的权力。

(2)环保署或执法人员可以要求提供信息的主体同时提供一份法定声明,证明所提供的信息是真实的。

(3)信息必须以下列方式提供——

(a)以要求提供信息的主体所指定的形式提供;

(b)在通知中指明的合理时间内提供;

(c)免费提供。

254. 调查权

(1)本条适用于为第253(1)条之目的获取信息,或为实施或实现本编之目的获取其他信息。

(2)环保署可根据通知,要求当事人——

(a)在通知指明的时间和地点到环保署或执法人员面前提供证据;

(b)出示当事人持有的证件或其他证明信息。

(3)环保署或执法人员可以要求该证据是经宣誓后作出的,可以是口头,也可以是书面。

(4)为第(3)款之目的,环保署或执法人员可以要求进行宣誓。

(5)第97条和第98条适用于根据本条进行的调查。

255. 地区法院法官的席前调查

(1)环保署如认为有必要为第253(1)条的目的获取信息,或为实施或执行本编的目的取得所需的其他信息,可向地区法院法官提出书面申请,要求根据本条进行调查。

(2)第96条中第(2)至(4)款除原条款中的"行政长官"外适用于根据本条进行的调查。

(3)第96(5)条适用于本条,该款中的"行政长官"视同环保署。

(4)第97和98条适用于根据本条进行的调查。

256. 保密义务

(1)环保署和每一位执法人员——

(a)必须对他们在执行本编规定的职能或行使权力时对所知悉的所有信息保密;

(b)不得披露第(a)项描述的任何信息,但第99(2)(b)条规定的情况除外。

(2)但是,为免生疑义,环保署可以:

(a)就本编实施提供或发布一般性指导;

(b)经部长事先批准,编制统计信息并以无法识别特定主体的形式提供给其他主体。

257. 调查时的进入权、搜查令等

(1)本条适用第100条和第102至106条,对排放交易计划参与者条款的援引视同对第7编的援引。

(2)本条适用第101条,对第129、132或133条的援引视同对第259、261和263条的援引。

258. 与核查者有关的法规

(1)总督可以根据部长的建议,通过枢密院令为以下一个或多个目的制定法规:

(a)规定必须由环保署根据第251条认可的个体或组织核查的数据或其他信息;

(b)为第251条的目的,规定以下内容——

(i)为第248条之目的,个体或组织可被确认为有能力核查信息或进行核算程序;

(ii)被认定为能够核查数据或信息的个体或组织所需的专业知识、技能力或资格；
(iii) 其他方面——
(A) 认可某组织成为核查者的要求；
(B) 对该组织的员工可能履行该组织在认可方面的职责的限制；
(iv) 个体或组织获认可的期间，和续展认可的程序；
(v) 认可条件，可能包括(但不限于)持续能力和专业标准要求、专业团体的成员资格和向环保署提供报告；
(vi) 暂停或撤销认可的程序和情形；
(vii) 环保署收回因进行认可而产生直接和间接成本的费用，该费用可能因个体或组织的类别核查类型而异。

(2) 根据第(1)款制定的法规可以——
(a) 普遍适用或适用于不同类别的活动、主体、新西兰的部分地区或其他特定事物；
(b) 在不同情况下适用于相同类别的活动、主体、新西兰部分地区或其他特定事物；
(c) 普遍适用或在每年特定时间适用。

(3) 在根据第(1)(a)款建议制定法规之前，部长必须考虑在收集与特定合成温室气体有关的数据和信息方面的国际气候变化义务。

(4) 关于根据本条制定法规的意见征询要求，见第3A条和第3B条。

(5) 本条规定的法规是二级立法。

第3分编　违法行为和处罚

与合成温室气体税有关的违法行为

259. 未收集数据和保存记录的违法行为

(1) 进口商在没有正当理由的情况下，未遵守第248(1)条(收集数据或其信息并保存记录的要求)，则构成违反本法。

(2) 凡被裁定具有违反第(1)款的违法行为的主体，一经裁定，即应承担以下责任：
(a) 第一次被裁定违法，最高处8000新西兰元罚款；
(b) 第二次被裁定违法，最高处16,000新西兰元罚款；
(c) 此后每次被裁定违法的，最高处24,000新西兰元罚款。

260. 未能提供信息或文件

(1) 任何主体在没有正当理由的情况下,下列行为属于违反本法——

  (a) 未按照第 253 条的要求向环保署或执法人员提供信息;

  (b) 在第 254 条规定的要求下,未出现在环保署或执法人员面前,或没有出示任何证件。

(2) 凡被裁定违反第(1)款的主体,一经裁定,可被处以罚款——

  (a) 对个人,最高处 12,000 新西兰元罚款;

  (b) 对法人,最高处 24,000 新西兰元罚款。

261. 其他违法行为

(1) 任何主体在没有正当理由的情况下,下列行为属于违反本法——

  (a) 在根据第 254 条被要求宣誓时,拒绝宣誓;

  (b) 拒绝回答根据第 254 条被要求回答的任何问题;

  (c) 故意不遵守第 248(1) 条(收集数据或其他信息并保存记录的要求);

  (d) 故意向环保署、执法人员或其他主体提供有关本编事项的篡改、虚假、不完整或误导性信息;

  (e) 故意阻挠、妨碍、抗拒或欺骗——

    (i) 环保署或行使本编所赋予权力的执法人员;

    (ii) 新西兰海关总署、海关官员或海关上诉机构根据 2018 年《关税和消费税法》授予的与货物征税相关的权力;

    (iii) 机动车登记官根据 1998 年《陆路运输法》授予的与机动车征税有关的权力。

(2) 凡被裁定违反第(1)款的主体,一经裁定——

  (a) 对于个人,最高处 25,000 新西兰元罚款;

  (b) 对于法人,最高处 50,000 新西兰元罚款。

262. 违反保密规定的违法行为

凡故意违反第 256 条的主体,即构成违法,一经裁定,可被处以以下一项或两项:

  (a) 最高处 6 个月监禁;

  (b) 最高处 15,000 新西兰元罚款。

263. 逃避

(1) 凡故意欺骗,或以获得任何重大利益或避免任何重大损害为目的,实施以下行为的,即构成违法——

  (a) 未遵守第 248(1) 条(要求收集数据或其他信息并保存记录);

（b）未向以下主体提供信息——

(i) 环保署、执法人员或其他本法要求的主体；

(ii) 未向新西兰海关总署、海关官员或海关上诉机构提供2018年《关税和消费税法》要求的与货物征税有关的信息；

(iii) 未向机动车登记官提供1998年《陆路运输法》要求的与机动车征税有关的信息；

（c）向部长、环保署或其他主体提供有关本编事项的篡改、虚假、不完整或误导性的信息。

（2）凡被裁定违反第（1）款的主体，一经裁定，可被处以下一项或两项处罚——

（a）最高处5年监禁；

（b）最高处50,000新西兰元罚款。

264. 与排放合成温室气体有关的违法行为

（1）当事人在从事第（2）款所述活动中，在无正当理由的情况下，故意将氢氟碳化物、全氟碳化物或六氟化硫排放到大气中，则该主体构成本法规定的违法。

（2）该活动是指安装、操作、维修、修改、拆卸或处置电气开关设备、制冷设备、空调设备或其他传热媒介。

（3）被裁定有违反第（1）款的违法行为的主体，一经裁定——

（a）对于个人，最高处25,000新西兰元罚款；

（b）对于法人，最高处50,000新西兰元罚款。

265. 排放合成温室气体的正当性抗辩

第264（1）条所述主体有正当理由向大气层排放氢氟碳化物、全氟碳化物或六氟化硫的情况包括（但不限于）无法合理地避免排放。

诉讼程序和责任

266. 诉讼时效

尽管有2011年《刑事诉讼法》第25条的规定，以下条款的违法行为的诉讼时效为——

（a）对于第260条或第261（1）条的第（a）、（b）或（e）项，于违法行为发生之日起2年终止；

（b）对于第259条或第261（1）条的第（c）或（d）项，于违法行为发生之日起7年终止。

267. 诉讼程序中的证据

(1)在针对违反本编的违法行为的任何法律程序中,第(2)款所指的任何种类的许可证或文件(包括电子副本)——

    (a)可被接受为证据;

    (b)在没有相反证据的情形下,视为该许可证或文件(视情况需要)中所述事项的充分证据。

(2)该许可证或文件的种类是——

    (a)由环保署下属机构签署的许可证,表明在指定日期或期间,该主体是或曾经是(或者不是或曾经不是)执法人员或根据第 251 条被认可的个体或组织;

    (b)由一主体向另一主体或符合要求的某类主体授权行使其在本编下的各种职能的授权许可证,声明该主体已授权——

        (i)另一主体行使该许可证中的特定权力或履行该许可证中的特定职能;

        (ii)符合要求的特定主体行使该许可证中的特定权力或履行该许可证中的特定职能。

(3)出示的第(2)款中的许可证或文件,即为证明该许可证或文件的初步证据,而无须再证明——

    (a)签署该文件的主体的签名是否真实;

    (b)该文件的性质。

268. 法人组织、公司董事、公司经理、公司和个人对董事、代理人和员工的行为的责任

(1)第 139 条和第 140 条适用于所有针对法人组织有本编规定的违法行为的诉讼程序或裁定,对第 4 编的援引视同对第 7 编的援引。

(2)第 141 条适用于本编,对第 132(1)条中的第(c)至(f)项或第 133 条的援引,视同对第 261(1)条中的第(c)或(d)项或 263 条的援引。

第 4 分编 其他事项

269. 征税情况及有效性的审查

(1)部长可随时启动对合成温室气体税的征税情况和有效性的审查。

(2)审查可以通过部长认为合适的方法进行。

(3)在不限制部长在第(1)和(2)款下自由裁量权的情况下,部长可以任命审查专家组——

　　(a)根据第(1)款进行审查；

　　(b)根据职权范围提出报告。

(4)若部长任命了专家组,部长必须——

　　(a)规定审查的书面职权范围；

　　(b)公开专家组的报告；

　　(c)向众议院提交一份报告。

(5)若部长启动了审查,但未任命专家组,则部长必须——

　　(a)向其认为可能与审查有关的主体(或其代表)征询意见；

　　(b)征求其认为可能对审查有利害关系的毛利部落和毛利人的代表的意见；

　　(c)规定审查的书面职权范围；

　　(d)建立部长认为适当、公平、符合职权范围的程序。

(6)部长在根据第160条对排放交易计划的运行和有效性进行审查的同时,可以(但无须)根据第(1)款启动审查。

270. 独立专家组的任命和运行

(1)若部长根据第269条任命了一个独立专家组,部长必须——

　　(a)确保成员不少于3人,但不多于7人；

　　(b)确保大多数成员不是2020年《公共服务法》规定的员工；

　　(c)根据部长的意见,考虑成员是否具备进行审查的适当知识、技能和经验,包括以下方面的知识、技能和经验——

　　　　(i)本法；

　　　　(ii)国际气候变化义务和其他相关国际协定；

　　　　(iii)合成温室气体税的运行；

　　(d)任命1名成员为专家组主席。

(2)部长必须以书面形式通知专家组,说明专家组进行审查的职权范围。

(3)审查专家组必须完成审查报告草案,并在职权范围中规定的日期之前向部长提交报告。

(4)审查专家组必须——

　　(a)给予部长至少10个工作日的时间对报告草案的内容作出回应和评论；

　　(b)在考虑部长的答复和意见(如有)后,编制一份最终报告,并在职权范围中规定的日期前提交给部长。

(5)在进行审查时,审查专家组——

　　(a)必须建立一个适当、公平、符合审查职权范围的程序；

(b)必须咨询专家组认为可能与审查有利害关系的主体(或其代表);

(c)可要求提交意见。

(6)若部长根据第269(1)条启动了审查,同时根据第160条启动了审查,部长可以任命一个独立专家组同时进行这两项审查。

附件1AA　过渡性条款、保留条款及相关条款

第1编　2019年《气候变化应对法(零碳)修正案》相关条款

1. 任命委员会首批成员

(1)本条适用于委员会7名首批成员的委任。

(2)部长可以向总督建议任命特定主体为委员会成员,若部长在第1A编生效之前或之后——

(a)考虑了第5H条的事宜;

(b)向议会中所有其他政党代表征询意见。

(3)本条优先于第5E条适用。

2. 第一次国家气候变化风险评估的预备工作

(1)若在第1C编生效之前,部长采取了第5ZR(1)条中援引的措施,则本条款适用。

(2)第1C编必须视为在采取该类措施时仍属有效。

(3)若部长在第1C编生效之前公布了国家气候变化风险评估结果——

(a)国家气候变化风险评估必须被视为第1C编下的第一次国家气候变化风险评估;

(b)部长必须向众议院提交第一份国家适应计划,并在第1C编开始之日起两年内公开发布。

3. 根据第224条制定的温室气体排放目标的保留条款

(1)在2019年《气候变化应对法(零碳)修正案》生效前,根据第224条制定的温室气体排放目标——

(a)继续有效,视为第224条尚未被废除;

(b)可被修订或撤销,视为第224条尚未被废除。

(2)本条款不适用于2011年《气候变化应对法(2050年排放目标)公告》(2011年公报,第987页)中设定的目标。

第 2 编　与 2020 年《气候变化应对法（排放交易改革）修正案》有关的条款

4. 释义

在本编中，修正案是指 2020 年《气候变化应对法（排放交易改革）修正案》；

第三强制排放申报期是指从 2018 年 1 月 1 日起至 2022 年 12 月 31 日止的 5 年期间。

第 1 分编　批准后生效的条款

5. 制定法规的要求

(1) 本条款适用于根据本法制定的任何法规的要求。

(2) 本条款生效前所为事项，在生效后完成的，视为满足前款所指的要求。

6. 新法规可在条款生效之时或之后开始实施

本条款生效前，根据本法制定的法规可以在该条款生效之时或之后的任何时间生效，尽管本法有规定阻止其在根据 2019 年《立法法》公布日期后的特定时期内生效。

7. 首次对排放单位的限额和价格控制作出规定

(1) 对于在制定排放预算之前根据第 30GB 条制定的法规，适用第 30GC(2)(a) 条，视为政府为温室气体排放设定的临时预算。

(2) 首次设定排放预算时——

　　(a) 部长必须建议根据第 30GB 条制定法规，设定新的限额或价格控制，使其符合第 30GC(2) 条的要求；

　　(b) 尽管有第 30GB(5) 条的规定，部长可建议在修订年之后的两个日历年中任一或两个日历年设定新的限额或价格控制；

　　(c) 第 30H(3) 条不适用于该等法规。

8. 现有账户继续存在

若登记官设立的账户[例如，根据第 7(1)(a) 条]在本条款生效前已经存在，则其在本条款生效后继续存在。

9. 搜索排放单位登记表获得的信息

若第 27 条适用于修正案之前的信息，则该条继续适用，视同未作修正。

10. 环保署公布的信息

(1)对于 2023 年 1 月 1 日之前开始的报告年度,若环保署确信公布信息会导致参与者的个人排放量或合格主体的自身配额被泄露,则环保署无须公布第 89(1)(e)条规定的有关某项活动的信息或第 89(1)(a)(i)条规定的信息,除非——

　　(a)该信息所涉及参与者或合格主体同意公布该信息;

　　(b)该信息已为公众知晓。

(2)第 89A 条不适用于 2020 年 1 月 1 日之前的排放量或移除量的排放申报,除非——

　　(a)该报告与 2020 年 1 月 1 日之后的期间有关;

　　(b)2020 年 1 月 1 日之前发生的排放量或移除量有可能被排除在公布信息之外。

(3)第 89A 条——

　　(a)适用于根据第 189、191 或 193 条提交的关于 2020 年 1 月 1 日或之后的排放量或移除量的排放申报;但是

　　(b)不适用于在 2023 年 1 月 1 日之前的强制排放申报期内与 1989 年后林地有关的其他排放申报。

(4)第 89(1A)条和第 89(1B)条不适用于主体在 2021 年 1 月 1 日之前未履行公布义务的情形。

11. 现有合并组织成员的连带责任

(1)合并组织的每个成员在本条款生效前就同意的连带责任,被视为对排放交易计划参与者条款下相关活动产生的排放量和移除量,或与相关活动有关的配额分配、罚款或利息等义务承担连带责任。

(2)本条款生效之前,经合并组织各成员同意,向合并组织持有账户(代表组织)转移的排放单位,视为包括成员通过相关合格活动而获得排放单位配额的转移。

12. 林业活动的合并组织

(1)本条款中,现有林业合并组织指——

　　(a)就附件 3 第 1 编或第 1A 编或附件 4 第 1 编中所列一项或多项活动而成立的合并组织;

　　(b)在本条款生效之前就存在的合并组织。

(2)第 150 条和第 151A 条不适用于现有林业合并组织(因此,该组织不得增加成员或活动)。

(3)现有林业合并组织的指定实体——

　　(a)可根据第 189(3)条就该组织成员在某一年度开展的附件 4 第 1 编所列

一项或多项活动提交一份统一的排放申报；

(b) 必须在组织的其他成员被要求提交第 5 编规定的排放申报时，代表该成员提交该报告；

(c) 必须代表组织签署由指定实体按照第 65(2)(f) 条提交的排放申报。

(4) 就现有林业合并组织而言，第 153 条的第(2)至(4)款适用于第(3)款所述的根据排放申报清缴排放单位的责任或获得排放单位的权利，该条中提到的年份视为排放申报所涵盖的期间。

(5) 为免生疑义，只有现有林业合并组织的指定实体可以为该组织提交排放申报。

13. 固定价格（选择支付资金而非清缴或返还排放单位）

若第 178A(1)(a)(i)(A) 条所述的主体的排放申报符合以下情形，则不适用第 178A 条——

(a) 是关于附件 4 第 1 编所列的活动；

(b) 不对申报涵盖的所有碳核算区设定清缴或返还排放单位的净负债。

［例如，根据第 189(8) 条］

第 2 分编　2020 年 11 月 30 日生效的规定

14. 取消曾经批准的境外排放单位

(1) 本条款适用于在 2008 年 1 月 1 日开始至 2012 年 12 月 31 日结束的第一个承诺期间内发放的境外排放单位，而非由政府在政府持有账户或根据第 7 条设立的账户中持有的排放单位。

(2) 凡主体持有境外排放单位，登记官必须将这些排放单位转入注销账户。

(3) 环保署必须指示登记官将一个新西兰排放单位从政府持有账户转入特定主体的持有账户中，以换取该主体的属于下列情形的境外排放单位——

(a) 新西兰配额排放单位（根据 2008 年《气候变化（排放单位登记）法》第 3 条的定义）；

(b) 登记官根据本条款转入注销账户的排放单位。

(4) 登记官对于根据本条款转入注销账户的其他排放单位，无须支付赔偿。

第3分编 自2021年1月1日起生效的规定

15. 关于碳定价的现行法规

(1)本条款适用于在本条款生效前根据第233(4)条制定的法规,这些法规——

　　(a)规定了设定碳定价的方法;

　　(b)通过适用该方法设定碳定价。

(2)在本条款生效后,这些法规继续有效,且应当被视为根据第30W条制定的。

16. 处罚

(1)本条款适用于在本条款生效前存在以下情形的主体——

　　(a)没有在到期日前清缴或返还排放单位;

　　(b)未提交排放申报、年度或结转配额调整;

　　(c)提交错误的排放申报、配额申请或配额调整。

(2)修正案插入的第134至134D条,不适用于因过失或错误而违法的责任主体。

(3)本法在本条款生效前,适用于因过失或错误而违法的责任主体。

17. 对2025年前林业活动的处罚,承担较低数额的责任

(1)本条款适用于以下情形——

　　(a)修正案插入的第134条将适用于该主体(因为他们没有在到期日之前清缴或返还排放单位);

　　(b)清缴或返还排放单位的责任是由以下原因造成的——

　　　　(i)2025年1月1日前进行的林业活动;

　　　　(ii)与该林业活动有关的下列一项或多项内容:

　　　　　　(A)有排放申报期的排放申报,且该期间每年的平均负债少于25,000排放单位;

　　　　　　(B)没有排放申报期的排放申报,且负债小于25,000排放单位;

　　　　　　(C)本法或根据本法制定的二级立法中的其他要求(如根据第125条返还排放单位的要求或清缴与排放单位余额相等的排放单位的要求),对于这些要求,负债少于25,000排放单位。

(2)根据本条款,修改后列明的主体不适用于新的第134条(和本法中援引该条的其他新条款),而是适用以下规定:

未清缴或返还单位的超额排放罚款

(a)对于原第134(1)条第(a)项和(c)项,第134(2)条第(a)项和(b)(i)目及(iii)目,第134(3)条第(a)项,第134(4)条,视为——
    (i)原第134(1)(a)条适用于未清缴排放单位的情形(如有);
    (ii)原第134(1)(c)条适用于未返还排放单位的情形(如有);

未按第134条通知要求清缴或返还排放单位的进一步超标排放处罚

(b)原第134A条;

减少罚款

(c)原第135(1)条和第135(1A)条;

逾期支付罚款的协议

(d)对于新的第135A条,视为——
    (i)根据原第134条、134A条或136条施加的处罚是根据新第134条施加的;
    (ii)新的第135A(1)条援引该条要求的日期[而不是新的第135(1)条];

对明知而超额排放的额外罚款

(e)原第136(1)(a)(ii)条及第(b)(ii)项、第(2)(a)(ii)款及第(2)(b)款和第(3)至(5)款;

逾期付款的利息

(f)原第137(1)(a)条(i)目及第(iii)目及(1)(b)款、第(2)至(5)款及第(7)款,和新的第137条第(6)款;

缴付罚款的义务不因上诉而暂缓执行

(g) 原第 138 条；

罚款应存入政府账户

(h) 原第 138A 条；

复审及上诉

(i) 原第 144 条至第 146 条；

费用追缴

(j) 原第 159 条，如同其第(3)款规定变量 C 是根据原第 134 条或第 136 条发出的与排放单位相关的处罚通知日期 1 年后的每公吨碳的价格（以新西兰元为单位），该价格根据新的第 30W 条确定；

过渡性条款

(k) 原第 217(2)(b)(ii) 条及第 217(2)(c) 条；

其他原条款

(1) 本法的其他原条款，规定了本条款所适用的原条款程序；

环保署公布特定信息

(m) 新的第 89 条，视同根据原第 134、134A 或 136 条施加的处罚，是一项资格罚。

(3) 在本条中，
原条款，指本条款生效前有效的条款；

新条款,指本条款生效之时或之后生效的条款。

附件 1 《联合国气候变化框架公约》

［略］

附件 2 《京都议定书》

［略］

附件 2A 《巴黎协定》

［略］

附件 3 应作为参加者从事的活动

第 1 编 林　　业

若在强制排放申报期内砍伐的森林面积超过 2 公顷,砍伐 1990 年前林地(而不是第 179A 条中规定的林地)不会被视为毁林,但不包括因受自然事件影响,无法在该土地上重建森林的 1990 年前林地。

第 1A 编 1990 年前补偿林地

采伐 1990 年前补偿林地,但不包括受自然事件影响而永久无法在该地重建森林的 1990 年前补偿林地。

第 2 编 液体化石燃料

拥有义务燃料的情形——
(a)在义务燃料被——
　　(i)2018 年《关税和消费税法》取消供家庭消费时;
　　(ii)以其他方式从炼油厂移除时,出口除外;
(b)根据第(a)项移除的义务燃料总量在一年内超过 50,000 升。

第3编 固定能源

第1分编 进口煤炭

在一年中满足以下1项或2项(开采煤炭):
(a)在相关年度开采超过2000公吨煤炭(直接开采煤炭)。
(b)在相关年度开始和下列年份的下一年度开始时拥有至少2000公吨来自该主体直接开采的煤炭(煤炭储存)——
  (i)直接开采煤炭的年份;
  (ii)在最初的直接开采煤炭年度之后,新年度开始时连续1年或更长时间拥有至少2000公吨的煤炭(来自该主体的直接开采煤炭)。

进口天然气,一年内进口的天然气量超过10,000升。
开采天然气,为出口除外。
为发电或工业供热而使用地热流体(仅在初期使用)。
燃烧旧油、废油、废旧轮胎或废物,以发电或提供工业热能。
提炼石油,提炼涉及使用中间原油产品(如提炼燃料和气体)用作能源或原料。

第2分编

只要符合规定阈值,应使用原油或其他液态碳氢化合物(义务燃料或第3编规定的除外)。

第4编 工业加工

第1分编

生产铁或钢。
生产铝,产生阳极消耗或阳极效应。
生产熟料或烧石灰,煅烧石灰石或碳酸钙。
使用纯碱生产玻璃。
生产黄金。

第 2 分编

操作使用六氟化硫的电气开关设备,并达到规定阈值。

进口氢氟碳化物或全氟碳化物,但不包括货物中的氢氟碳化物或全氟碳化物。

制造氢氟碳化物或全氟碳化物,但不是通过生产铝,导致阳极消耗或产生阳极效应。

第 5 编 农 业

第 1 分编 化肥加工

进口或制造含氮的合成化肥。

第 2 分编 化肥使用

购买含氮的合成化肥,用于土地施肥而非用于转售。

第 3 分编 动物加工

屠宰反刍动物、猪、马或家禽,由根据1999年《动物产品法》登记的动物屠宰风险管理计划的经营者进行屠宰。

牛奶或初乳的乳制品加工。

根据动物福利出口证书,从新西兰出口活牛、羊或猪。

第 4 分编 动物饲养

养殖反刍动物、猪、马或家禽,以——
(a)获得报酬;
(b)买卖动物或动物制品。

第 6 编 废 物

经营废物处理设施。

附件4　可以作为参加者从事的活动

第1编　标准林业移除活动

与1989年后林地有关的下列活动[若开展活动的主体选择本编(而不是第1A编)适用于该土地]：

(a)拥有土地,但1989年后受森林碳汇契约约束的林地除外；

(b)持有土地的登记林权或为土地登记租赁的承租人,但受森林碳汇契约约束的1989年后林地除外；

(c)是关于土地的政府保护合同的一方。

第1A编　永久林业移除活动

第1编中指明的1989年后林地活动[若开展活动主体选择本编(而不是第1编)适用于该土地]。

第2编　其他移除活动

第1分编

生产含有某种物质的产品——

(a)该物质——

(i)永久与产品混合；

(ii)暂时与产品混合,且产品在出口时混入该物质；

(b)若不与产品混合,将会导致排放；

(c)若——

(i)根据本法规定,当事人必须清缴该物质未混入产品时会产生的与排放有关的排放单位；

(ii)符合第(a)(i)款或第(a)(ii)款的情况,将导致新西兰根据其国际气候变化义务提供的任何排放申报中的排放量减少；

(iii)达到规定限额。

第 2 分编

捕获后二氧化碳的储存,其中——
(a)根据本法规定,当事人必须清缴在未捕获和储存二氧化碳的情况下会产生的排放单位;
(b)捕获和储存二氧化碳的结果是减少新西兰根据其国际气候变化义务提供的排放申报中的排放量;
(c)达到规定限额。

第 3 分编

出口氢氟碳化物或全氟碳化物,包括货物中的氢氟碳化物或全氟碳化物,并达到规定的限额。在达到任何规定的限额时,销毁氢氟碳化物或全氟碳化物。

第 3 编 液体化石燃料

从 1 个或 1 个以上从事附件 3 第 2 编所列活动的参与者处购买义务燃料,并达到规定的限额。

第 4 编 固定能源

从 1 个或多个开采煤炭的参与者处购买煤炭,且每年购买的煤炭总量超过 250,000 公吨。

从 1 个或多个开采天然气的参与者处购买天然气,且每年购买的天然气总量超过 2 皮焦耳。

第 5 编 农 业

[已废止]

附件 5 主要部门气候变化承诺

[略]

澳大利亚气候变化法[①]

本法于 2022 年 9 月 13 日由澳大利亚议会颁布

本法设定澳大利亚的温室气体减排目标,规定年度气候变化报告,赋予气候变化管理局咨询职能,以及相关目的。

第一编 序　言

1. 简称

本法称为 2022 年《气候变化法》。

2. 生效日期

(1)本法第一栏中规定的条款均根据该表第二栏生效,或被视作已经生效。第二栏中的其他说明根据其条款具有效力。

生效日期信息		
第一栏	第二栏	第三栏
条款	生效日期	日期/细节
本法所有条款	本法得到御准之日起	2022 年 9 月 14 日

注:本表仅涉及本法初次颁布的条文。其将不会因本法后续的任何修订而进行相应修改。

(2)表中第三栏的任何信息均不属于本法内容。在本法的任何版本中,均可在该栏插入信息,或对其中信息进行编辑。

[①] 本法于 2022 年制定,原文来自澳大利亚联邦法律库,网址:https://www.legislation.gov.au/Details/C2022A00037。翻译人:胡卫、唐寅智;校对人:徐榕苑、王璐瑶。

3. 目标

本法目标为：(aa)利用现有的最佳科学知识，推动对气候变化的紧急威胁作出有效和渐进的回应；以及

(a)制定澳大利亚温室气体减排目标，以促进以下全球目标的实现：

　　(i)将全球平均气温较前工业化时期上升幅度控制在2℃以内；

　　(ii)努力将温度上升幅度较前工业化时期限制在1.5℃以内。

(b)通过要求部长进行下列工作以落实问责制和实现追求的目标：

　　(i)编制年度气候变化报告；

　　(ii)将报告副本向参、众两院提交。

(c)确保气候变化管理局提供的独立咨询意见告知：

　　(i)年度气候变化报告的编制；以及

　　(ii)纳入新的或调整后的国家自主贡献中的温室气体减排目标。

4. 本法简明纲要

- 本法设定澳大利亚的温室气体减排目标。
- 部长应当编制一份年度气候变化报告。
- 气候变化管理局将向部长提供编制年度气候变化报告的相关建议。
- 气候变化管理局将就新的或调整后的国家自主贡献中包含的温室气体减排目标向部长提出建议。
- 将定期审查本法的实施情况。

5. 定义

本法中：

年度气候变化报告是指第12条第1款规定的报告。

澳大利亚的温室气体减排目标具有第10条规定的含义。

澳大利亚国家自主贡献是指：

(a)澳大利亚目前根据《巴黎协定》第4条通报的国家自主贡献；或

(b)如果国家自主贡献已根据《巴黎协定》第4条第11款进行调整，则国家自主贡献应不定期进行调整并生效。

《巴黎协定》是指2015年12月12日在巴黎签订、经不定期修订并对澳大利亚生效的《巴黎协定》。

6. 本法对皇室具有约束力

本法对英联邦的皇室权利具有约束力。但其对州、澳大利亚首都地区或北部地区的皇室权利无约束力。

7. 延伸至外部领土

本法适用于任何外部领土。

8. 延伸至专属经济区和大陆架

本法适用于澳大利亚在专属经济区或大陆架上行使主权权利的相关事项。

第二编　澳大利亚温室气体减排目标

9. 本编简明纲要

· 本编设定了澳大利亚温室气体减排目标。

10. 澳大利亚温室气体减排目标

(1) 澳大利亚温室气体减排目标如下：

　　(a) 到2030年将澳大利亚温室气体净排放量减至比2005年的水平低43%：

　　　(i) 作为一个点状目标实施；以及

　　　(ii) 作为涵盖2021~2030年的排放预算实施；

　　(b) 到2050年为止将澳大利亚的温室气体净排放量减少至零。

注：目标的实现包括将澳大利亚的温室气体净排放量减少至达到或低于该目标的水平。因此，第1款中的任何内容均未限制澳大利亚到2030年为止将其温室气体净排放量减少至比2005年水平低43%以上的能力。

(2) 第1款的解释应符合下列内容：

　　(a)《巴黎协定》；以及

　　(b) 澳大利亚国家自主贡献。

州和地区法律的同时实施

(3) 第1款并非旨在排除或限制能够与本法同时实施的某一州或地区的法律的实施。

英联邦的行政权

(4) 第1款不禁止或限制英联邦行使行政权力，以：

　　(a) 根据《巴黎协定》第4条，编制和通报新的国家自主贡献；或者

　　(b) 根据《巴黎协定》第4条第11款调整澳大利亚国家自主贡献。

(5)如果英联邦根据《巴黎协定》第 4 条编制并通报新的国家自主贡献,新国家自主贡献必须代表超越性发展:

(a)根据《巴黎协定》第 4 条通报的澳大利亚目前的国家自主贡献;或

(b)如果国家自主贡献已根据《巴黎协定》第 4 条第 11 款进行了调整,则国家自主贡献应不定期进行调整并生效。

(6)如果英联邦根据《巴黎协定》第 4 条第 11 款调整澳大利亚的国家自主贡献,调整后的国家自主贡献必须代表澳大利亚目标水平的提高。

第三编　年度气候变化报告

11. 本编简明纲要

- 部长应当编制一份年度气候变化报告。
- 将年度气候变化报告副本向参、众两院提交。

12. 年度气候变化报告

(1)在每个财政年度结束后的 6 个月内,部长应当编制一份与以下内容相关的报告:

(a)本年度在实现澳大利亚温室气体减排目标方面取得的进展;

(b)本年度应对气候变化相关国际动态;

(c)气候变化政策;

(d)英联邦政策在促进实现澳大利亚温室气体减排目标和减少政策所涉部门的排放方面的实效;

(e)英联邦为实现澳大利亚温室气体减排目标而采取的气候变化政策对澳大利亚农村和地区的影响,包括政策在澳大利亚农村和地区带来的社会、就业和经济效益;

(f)气候变化影响给澳大利亚带来的风险,如澳大利亚的环境、生物多样性、健康、基础设施、农业、投资、经济或国家安全方面的相关风险。

(2)第 1 款规定的报告即被称为年度气候变化报告。

(3)部长应当在完成报告编制后,于众议院的 5 个会议日内,将年度气候变化报告副本向参、众两院提交。

第四编　气候变化管理局的咨询职能

13. 本编简明纲要

- 气候变化管理局将向部长提供编制年度气候变化报告的相关建议。
- 气候变化管理局将就新的或调整后的国家自主贡献中包含的温室气体减排目标向部长提出建议。

14. 气候变化管理局向部长提供编制年度气候变化报告的相关建议

(1) 气候变化管理局应当向部长提供编制年度气候变化报告的相关建议。

(2) 如果某一时期：
  (a) 被规定在部长和气候变化管理局之间的协议中；以及
  (b) 被协议指定为某一年度气候变化报告的建议期；
第 1 款规定的编制年度气候变化报告的相关建议应当在协议指定的建议期内提出。

(3) 考虑根据第 1 款就首次年度气候变化报告向部长提出的建议时，气候变化管理局可就公众磋商作出规定。

(3A) 根据第 1 款考虑向部长就以下相关事项提出建议：
  (a) 第二年度气候变化报告；或
  (b) 随后的年度气候变化报告；
气候变化管理局应当进行公众磋商。

(4) 如果气候变化管理局根据第 1 款向部长提供编制某一特定年度气候变化报告的相关建议，部长编制该报告时应当考虑该建议。

(5) 第 4 款不禁止部长考虑其他建议。

(6) 如果气候变化管理局根据第 1 款向部长提出书面建议，气候变化管理局应当：
  (a) 根据第 12 条第 3 款，在不迟于该建议所涉年度气候变化报告被提交给参、众两院之日，在其网站上公布该建议的副本；以及
  (b) 将该建议副本向参、众两院提交：
    (i) 在该院向部长提出建议之日起 15 个会议日内；以及
    (ii) 不迟于该建议所涉年度气候变化报告按照第 12 条第 3 款的规定提交给该院之日。

(7)如果：

  (a)气候变化管理局根据第1款向部长提供编制特定年度气候变化报告相关书面建议；以及

  (b)部长决定不接受该建议的一个或多个重要方面；则：

  (c)部长应当编制书面声明，说明决定不接受该建议的某些原因；以及

  (d)部长应当在完成年度气候变化报告编制之后，于众议院的5个会议日内，将理由声明的副本向参、众两院提交。

15. 气候变化管理局就新的或调整后的国家自主贡献中包含的温室气体减排目标向部长提出建议

(1)如果部长提出要求，气候变化管理局应当就以下任何一至两项向部长提出建议：

  (a)气候变化管理局认为应纳入澳大利亚根据《巴黎协定》第4条通报的新的国家自主贡献中的温室气体减排目标；

  (b)气候变化管理局认为应纳入澳大利亚国家自主贡献的温室气体减排目标，作为根据《巴黎协定》第4条第11款进行调整的结果。

(1A)根据第1款提出的建议应当包括以下内容：

  (a)任何新的或调整的温室气体减排目标和相关政策的社会、就业和经济效益，包括对澳大利亚农村和地区的效益；以及

  (b)气候变化对澳大利亚的实际影响，包括对澳大利亚农村和地区的影响。

(2)部长应当根据第1款要求，就第1款a项所述事项至少每5年开展一次磋商。

(2A)英联邦只能在以下情况下根据《巴黎协定》第4条通报新的国家自主贡献，其中应首先包括2035年、2040年或2045年的温室气体减排目标：

  (a)气候变化管理局根据第1款就该目标提出建议；或者

  (b)部长在与气候变化管理局协商后，认为需要紧急通报新的国家自主贡献，以推进《巴黎协定》第2条规定的事项。

注：此要求不适用于对国家自主贡献的调整。上述调整应当代表澳大利亚根据第10条第6款规定的目标水平的提高，并且可以根据第15条第1款b项要求就这种调整提出建议。

(3)考虑根据第1款向部长提出的建议时，气候变化管理局应当就公众磋商作出规定。

(3A)根据第1款提出的建议应当包括解释温室气体减排目标如何考虑到《巴黎协定》第2条规定的事项，包括以下全球目标：

(a)将全球平均气温较前工业化时期上升幅度控制在2℃以内;以及

(b)努力将温度上升幅度较前工业化时期限制在1.5℃以内。

(4)考虑:

(a)应列入澳大利亚根据《巴黎协定》第4条通报的新的国家自主贡献中的温室气体减排目标;或

(b)作为根据《巴黎协定》第4条第11款进行调整的结果,应列入澳大利亚国家自主贡献的温室气体减排目标;

部长应当考虑气候变化管理局根据第1款提出的任何相关建议。

(5)第4款不禁止部长考虑其他建议。

(6)如果气候变化管理局根据第1款向部长提供书面建议,气候变化管理局应当在其网站上公布该建议的副本。

(7)如果气候变化管理局根据第1款向部长提供书面建议:

(a)部长应当在该建议提出之日起6个月内编制一份书面声明,列明:

(i)部长对该建议的回应;以及

(ii)如果部长决定不接受该建议,须说明决定不接受该建议的理由;以及

(b)部长应当在完成声明编写之后,于众议院的15个会议日内将声明副本向参、众两院提交。

第五编　定期审查本法的实施情况

16.本编简明纲要

·对本法的实施进行定期审查。

17.定期审查本法的实施情况

(1)部长应当对本法的实施进行独立审查。

公众磋商

(2)根据第1款进行的审查应当对公众磋商作出规定。

报告

(3)审查人应当向部长提交审查的书面报告。

(4)部长应当在完成审查之后,于众议院的15个会议日内将第3款规定的报告副本向参、众两院提交。

首次审查

(5)根据第 1 款进行的首次审查应当在本条生效后的 5 年内完成。

后续审查

(6)根据第 1 款进行的每次后续审查应当在上一次审查完成之日起 10 年内完成。

审查完成后

(7)就第 4、5 和 6 款,审查应当在根据第 3 款向部长提交审查报告时完成。

巴布亚新几内亚气候变化（管理）法[①]

第一编 序 言

第一节 宪法规定

1. 遵守宪法规定

（1）本法以规定或限制《宪法》第Ⅲ.3.C条（限定权利）中提到的权利或自由为限，包括：

　　(a)第42条赋予的个人自由权；

　　(b)第44条规定的不得随意搜查和非法入侵的权利；

　　(c)第477条规定的和平集会、结社的权利，以及组建、加入或不加入社团的权利；

　　(d)第48条赋予的就业自由权；

　　(e)第49条赋予的隐私权；

　　(f)第51条赋予的信息自由权；

　　(g)《宪法》第53条赋予的保护财产不被非法剥夺的权利，该项权利根据《宪法》第38条制定，以国家目标和指导原则为准，遵循关于可持续利用自然资源和环境的第四个目标，保护他人的权利和自由，并对权利冲突的情形作出规定，是一项为公共目的、公共利益和公共福祉而制定的法律。

（2）根据本法强制征用《宪法》第53条规定的财产或财产权益，必须出于公共目的或旨在推动或管理与气候变化相关的事项，同时，就尊重人类权利和民主社会而言，该征用行为必须具有合理性。

[①] 本法原文来自太平洋岛屿法律信息研究所（PacLII）巴布亚新几内亚独立国法律数据库，网址：http://www.paclii.org/pg/legis/num_act/cca2015192.pdf。翻译人：刘彦；校对人：徐榕苑、叶祖欣、任婧。

(3)为落实《宪法》第255条,本法对与个人或机构之间的磋商进行了规定,以确保所有磋商程序都具有意义,且为真实意见的交换。

2.《省政府和地方政府组织法》条款的适用

(1)为《省政府和地方政府组织法》第41条第(2)款之目的,兹声明本法涉及的国家利益和重要事项。

(2)为《省政府和地方政府组织法》第98条之目的,兹声明本法设立的管理局具有以下权力:

  (a)负责确定根据该条第(2)款向大气层排放温室气体或封存温室气体应支付的利息和税费(如有);

  (b)负责确定该利息和税费(如有)的费率、管理、分摊安排及适用情况;

  (c)负责设立和管理该条第(3)款规定的信托基金(如有),并负责管理和分配利息和税费(如有)的机构。

(3)为《省政府和地方政府组织法》第99条之目的,兹声明:本法规定中央政府与适用本法的省政府和地方政府,在温室气体封存或排放的经济监管制度中获得收入的原则(如有)。

(4)为《省政府和地方政府组织法》第116条之目的,兹声明:本法规定利害关系人之间因发展需要产生温室气体,从而进行磋商的程序。

第二节 解　释

3. 解释

除非本法另有规定,否则:

人为的:与人类对自然环境的影响有关,或因人类对自然环境的影响而产生。

授权管理者:对注册核证人的行为负有法定责任和监管职责的自然人。

管理局:根据第8条设立的气候变化与发展管理局。

基准年:国家元首根据国家执行理事会的建议,为本法目的而指定作为基准年的年份。

委员会:根据本法第12条设立的国家气候变化委员会。

二氧化碳(CO_2):由两个氧原子各自通过共价双键与一个碳原子组成的分子化合物气体。

碳汇:无限期积累含碳化合物的自然或人工储库。

CDM:《京都议定书》下的清洁发展机制,包括其不定期进行的修订。

气候变化:在可比期间内,人类活动直接或间接导致全球大气组成发生自然变异之外的气候变化。

气候变化相关项目协议：管理局、土地和森林资源的传统所有人与项目提议人之间的协议，该协议涉及 REDD、REDD+、CDM 或其他自愿碳抵消项目以及经政府同意的未来气候变化减排机制，该协议将促进可持续发展并减少温室气体排放。

气候变化相关项目或活动：为应对气候变化影响而开展的确保气候抗御力和实施碳中和路径的项目或活动，旨在实现气候的适应性发展。

缔约方大会：《联合国气候变化框架公约》的最高决策机构。

宪法：《巴布亚新几内亚独立国宪法》。

指定国家管理机构：具有《京都议定书》第12条所赋予的含义。

潮间带：海洋平均最高潮位和最低潮位间的区域。

森林：面积超过0.5公顷、树木高于5米、树冠覆盖率超过10%的土地，或指能够在特定环境下达到该阈值的树木，但不包括农用地或城市土地。

自由、事先和知情同意（FPIC）：一种协商过程，即通过与 REDD+ 的倡议者、意图在土地所有人占有或使用的区域建立 REDD+ 的倡议者以及其他气候变化相关项目的倡议者进行公开、知情的对话，以获得受潜在影响的土地所有人的同意。

燃料标准：第67条中提到的燃料标准。

氢氟碳化物（HFCs）：含有碳、氟和氢的多种简单气态化合物之一。

国际报告惯例：国家元首根据国家执行理事会的建议，在《联合国气候变化框架公约》议定书、其他国际协定或部署下报告的公认做法。

IPCC：政府间气候变化专门委员会，负责就气候变化及其应对提供《联合国气候变化框架公约》的技术咨询。

《京都议定书》：于1997年12月11日在日本京都通过的《联合国气候变化框架公约》议定书。

土地包括：

(a)地表及地下；

(b)水；

(c)潮间带，即海洋平均最高潮位和最低潮位间的区域；

(d)巴布亚新几内亚地区的水域包括领海海床，即从海水平均低水位到允许勘探或开采矿物的深度，以及土地上的任何利益。

土地所有人是指：

(a)享有下列传统权利的自然人：

(i)对土地或海洋享有所有权或使用权；

(ii)对生长于陆地或海洋的动植物享有所有权或使用权；

(iii) 与土地或海洋的使用有利害关系；

(b) 根据与国家签订的协议占有政府土地的自然人；

(c) 传统土地或政府土地以外土地的所有人或合法占有人。

常务董事：根据第45条任命并就职的常务董事。

甲烷(CH_4)：一种无色无味的易燃气态烃，是有机物分解和煤碳化的产物。

部长：总理根据《宪法》第148条任命的负责气候变化相关事务的部长。

国家参考水平：巴布亚新几内亚根据第55条确定的基准年的排放参考水平。

一氧化二氮(N_2O)：一种无色气体，可用作牙科麻醉剂和燃料，是一种大气污染物和燃烧产生的温室气体。

巴布亚新几内亚的排放量：源自巴布亚新几内亚的目标温室气体的排放量。

巴布亚新几内亚的移除量：因巴布亚新几内亚的土地利用及变化、海洋利用或森林保护活动而从大气中移除的目标温室气体量。

全氟化碳(PFCs)：所有氢原子都被氟取代的各种碳氢化合物衍生物，包括以乳化形式使用的血液代用品。

PGK：巴布亚新几内亚通用货币。

公共服务：根据2014年《公共服务(管理)法》从事的服务。

REDD：为减少毁林和森林退化造成的排放问题所采取的政策方针和激励措施。

REDD+：《联合国气候变化框架公约》缔约方大会第十六届会议在第1/CP.16号决定中所确定的，为减少发展中国家毁林和森林退化所致排放量，保护、可持续管理森林和提高发展中国家的森林碳储量作用所采取的政策方针和激励措施(可不定期修订)。

受监管部门：第53条规定的受监管的经济部门。

汇：从大气中移除温室气体、气溶胶或温室气体前体的过程、活动或机制。

六氟化硫(SF_6)：可溶于酒精的无色气体，广泛用于公共电力事业的一种温室气体。

目标温室气体：二氧化碳、甲烷、一氧化二氮、氢氟碳化物、全氟碳化物、六氟化硫或国家元首根据第5条建议宣布的其他目标温室气体。

本法：2015年《气候变化(管理)法》及根据该法不定期制定并通过的条例。

二氧化碳当量吨：一公吨二氧化碳或具有同等全球变暖潜能值的其他目标温室气体的数量(按照国际报告惯例计算)。

信托基金：根据第37条设立的气候变化和绿色增长信托基金。

UNFCCC：于1992年5月9日在纽约通过的《联合国气候变化框架公约》，包括议定书、协议、文书及其他部署。

核证：根据《联合国气候变化框架公约》，对受监管部门的个人和单位的目标温室气体排放和移除报告进行核证。

核证员：根据第60条规定注册的核证人员。

巴布亚新几内亚的水域：巴布亚新几内亚主张管辖权或主权的内水，包括江河、溪流、水道、水库、水井、人工蓄水池、水坝、运河、渠道、湖泊、泻湖、沼泽、明渠、地表水、地下水，以及巴布亚新几内亚对其行使或主张管辖权或主权的其他水域，并且包括该水域的海床和底土。

第三节 本法的适用

4. 法案对国家具有约束力

本法对国家具有约束力。

5. 对纳入新温室气体的权力限制

(1)根据部长的建议，国家元首可以在《国家公报》上发布通知，在第3条目标温室气体的定义中不定期增加新的温室气体。

(2)只有国际层面的协定或部署承认该气体(增加该气体有助于减缓气候变化)，国家元首才可以行使第(1)款规定的权力。

(3)可以制定条例以实施本条规定。

6. 适用领域

本法适用于以下领土、领空及地下：

(a)巴布亚新几内亚领域内的陆地、海洋边界；

(b)巴布亚新几内亚行使或主张管辖权或主权的领土水域，包括该水域的海床和底土。

7. 国际运输

(1)除非根据第(2)款制定的条例另有规定，国际航空或国际航运产生的温室气体排放不计入在巴布亚新几内亚境内产生的排放。

(2)国家元首可以根据国家执行理事会的建议制定条例，为本条确定应当被视为国际航空或国际航运的对象。

第二编 机 构 部 署

第一节 气候变化与发展管理局的设立

8. 设立

(1)特此设立气候变化与发展管理局(以下简称管理局);

(2)该管理局:

    (a)是一个永久存续的法人团体;

    (b)应当持有印章;

    (c)可获得、持有和处置财产及其他资产;

    (d)可以以法人名义参加诉讼。

9. 印章的保管和使用

(1)管理局的印章应按委员会的指示进行保管,除非通过委员会决议或本法授权,否则不得使用。

(2)法院、法官及以司法方式行事的其他人员都应将盖印在文件上的管理局印章视作司法通知,并推定该印章已妥为加盖。

10. 目的

管理局的宗旨为:

(a)通过气候变化减缓和适应活动,推动和管理适应气候的发展;

(b)履行国家在适用的国际条例和国际协定下的相关义务,并在自愿基础上,根据《联合国气候变化框架公约》《京都议定书》及其修正案或其他可能取代巴布亚新几内亚已加入的《京都议定书》的新协定,履行巴布亚新几内亚的国家承诺;

(c)为《京都议定书》和《联合国气候变化框架公约》下可能取代《京都议定书》的后续部署或协定之目的,成立巴布亚新几内亚的指定国家管理局或与之等同的机构、协助机构、替代机构以及《联合国气候变化框架公约》下的其他机构;

(d)在委员会的指导下,管理来自国家和国际的补偿金、激励基金、津贴、捐款及其他资金,协助巴布亚新几内亚实施适应气候的经济活动及减缓方案。

11. 管理局的职权

(1)管理局在履行其宗旨时,具有以下职能:

    (a)按照国际报告惯例,在《联合国气候变化框架公约》下编制、定期更新、公布所有目标温室气体的人为排放源和汇移除量的国家清单(同时向缔约方大会提供);

(b) 制定、执行、公布并定期更新国家及地区的措施,即通过解决目标温室气体的人为排放量和汇移除量以减缓气候变化的措施,包括促进适应气候变化的措施;

(c) 促进开发、应用和推广并进行合作,包括转让控制、减少或防止所有相关受监管部门的目标温室气体人为排放的技术、操作与程序;

(d) 促进可持续管理并开展合作,适当保护和增加包括生物质、森林和海洋在内的目标温室气体的汇和(碳)储存库;

(e) 与相关机构、人员合作,制定并实施适应气候变化影响的计划和活动;

(f) 在巴布亚新几内亚境内外设立行政办公室、代理人、顾问,建立气候变化附属设施;

(g) 推动并合作开展与气候系统有关的科学研究、技术研究、工艺研究、社会经济研究及其他研究,以系统观测和开发数据档案作为预防措施,减少气候变化的因素、影响、规模及时间的不确定性;

(h) 推动并合作开展与气候系统和气候变化有关的科学、技术、工艺、社会经济和法律信息的全面公开和即时交换;

(i) 推动并合作开展与气候变化有关的教育和培训,提高公众意识,鼓励个人、团体、法定机构、捐助者和其他相关机构的广泛参与;

(j) 授予其制定交易计划的权力,以控制温室气体排放、鼓励减少排放或从大气中移除温室气体的活动;

(k) 制定、协调和管理任何旨在控制温室气体排放、鼓励减少排放或从大气中移除温室气体活动的交易计划;

(l) 为完善对气候系统和气候影响的理解、建模和预测,加强气候观测,支持开展研究;

(m) 开展气候风险评估和人类系统研究,以确定气候变化影响最小化的适应方案;

(n) 协调气候变化适应举措的规划工作,以应对与气候变化相关的损失和损害;

(o) 从效力、效率及总体效用方面,监测、评估和修订适应项目、政策和方案;

(p) 每年对与气候变化有关的活动进行监测、审查,加强协调,强化问责,推动创新,强化实施并确保执行;

(q) 通过鼓励公平参与影响传统土地沿海海域的气候变化相关项目,推动落实土地所有人的权利;

(r)履行本法或其他法律赋予管理局的其他职能。

(2)必要时,管理局在履行职能过程中可与国家其他部门、机构以及管理局认可的其他机构协商合作,代表国家依法执行法律、制定和执行政策。

第二节 国家气候变化委员会的设立

12. 委员会的设立

特此设立委员会,名称为国家气候变化委员会。

13. 委员会的职权

(1)委员会的主要职能是对管理局的职权行使进行全面指导。

(2)在不限制第(1)款的总体规定的情况下,委员会具有以下职能:

(a)决定管理局的政策;

(b)监督常务董事的工作表现,监督政府根据本法发出的政策指令的执行情况;

(c)通过本法制定的条例,确保对合理受监管事项进行适当的国家监管,包括设立、协调和管理《联合国气候变化框架公约》和《京都议定书》下的交易计划、巴布亚新几内亚为限制本法所界定的温室气体排放而通过的修正案以及可能取代《京都议定书》的其他新协定;

(d)管理适应计划的实施,以确保巴布亚新几内亚适应气候变化的影响,并建立抵御气候变化不利影响的抗御力;

(e)监管从 REDD、REDD+活动以及其他国家或国际气候适应性发展方案中接受捐款资金(如基于成果的资金)的情况;

(f)根据各国国情和国际最佳做法,按照实施 REDD 和 REDD+活动的标准程序确定资格标准;

(g)监测 REDD 和 REDD+活动以及其他国家或国际气候适应发展方案参与者的表现和报告;

(h)对申请参加 CDM、REDD 和 REDD+以及其他国家或国际气候适应发展方案和活动的申请人及项目进行认可和批准。

(3)委员会应履行本法或其他法律所赋予的其他职能,并行使其权力。

(4)委员会为常设机构,应当履行其相应职权,除另有授权外,其他人员不得行使委员会职能。

(5)委员会主席应当根据委员会决议,每 4 个月向部长提交一份报告,说明委员会的程序和决议以及根据决议采取的措施(如有)。

(6)委员会可以向部长传达委员会认为适当的任何事项。

14. 委员会

(1)委员会可以不定期：

(a)任命委员会认为合适的委员会；

(b)决定委员会的职能。

(2)在根据第(1)款设立委员会时,委员会可以：

(a)委任其认为必要的人员,包括委员会成员；

(b)解散、变更或重组委员会；

(c)撤销委员会成员的职务,并任命新成员接替其职务。

15. 授权

(1)委员会可通过书面决议,将其职权全部或部分授予常务董事或任何委员会,但以下职权除外：

(a)授权行为；

(b)第 13 条所赋予的职能。

(2)根据委员会的指示,授予委员会行使的职权,其效力等同于本法所赋予的职权,而非授权。

(3)第(1)款规定的授权可由委员会以书面决议不定期撤销。

(4)授权行为不妨碍委员会履行或行使已授予委员会的职权。

(5)委员会或委员会成员发生变更的,委员会的授权继续有效。

(6)在符合本法和委员会的指示的情况下,委员会可自行设计其程序。

(7)委员会作出的每项决定及其行使的自由裁量权,须连同作出该决定或行使该自由裁量权的理由,一并向委员会报告。

第三节 委员会安排

16. 委员会成员

(1)为免生疑义,2004 年《法定监管机构(特定职位任命)法》不适用于本节对委员会成员的任命。

(2)委员会由 9 名成员组成,包括：

(a)根据第 19 条任命的 2 名成员,其中：

(i)根据 1979 年《全国妇女委员会组织法》,任命 1 名巴布亚新几内亚全国妇女委员会的成员；

(ii)从巴布亚新几内亚工会、矿业与石油商会或其承继单位中任命 1 名

代表私营部门的成员;

(b)7名当然成员,由以下人员组成:

(i)管理局常务董事;

(ii)财政部秘书;

(iii)省级和地方政府事务局秘书;

(iv)巴布亚新几内亚森林管理局常务董事;

(v)国家渔业局常务副局长;

(vi)环境保护局常务副局长;

(vii)石油和能源部秘书。

(3)当然成员只能由其代理人替补。

17. 任命委员会

(1)任命委员会——

(a)特此成立;

(b)具有以下职能:

(i)向国家执行理事会提名委员会非当然成员、董事长和副董事长以及常务董事;

(ii)向国家执行理事会建议肯认委员会当然成员。

(2)任命委员会应当按照部长根据1955年《委员会(费用和津贴)法》确定的条件任职,由以下人员组成:

(a)人事管理部秘书或其候补秘书,担任主席;

(b)公务员事务委员会主席或其候补主席,担任副主席;

(c)国家规划和监测部的秘书或其候补秘书;

(d)农业和畜牧业部秘书或其候补秘书;

(e)巴布亚新几内亚首席法律顾问或其候补顾问;

(f)代表航空或公路运输业的私营部门代表;

(g)巴布亚新几内亚商会提名的民间组织代表,该代表应为巴布亚新几内亚居民。

(3)第(2)款第(a)、(b)、(c)、(d)或(e)项规定的候补委员须在有关部门或机构中担任高管职务,并且须在获得其部门或机构负责人的书面同意后任命。

18. 审查委员会

(1)特此设立审查委员会。

(2)审查委员会的职能是审核下列人员的任命申请:

(a)非依职权申请任命的委员会成员;

(b)常务董事。

(3)审查委员会由5名成员组成,其中至少有1名成员为女性,由国家执行理事会从管理局内部人员中不定期选任。

(4)审查委员会应当在申请截止日期起3周内,向任命委员会提交经审核的申请人,审核顺序为:

(a)非依职权任命的委员会成员;

(b)常务董事。

19.委员会成员的任命

(1)除当然成员外,其他委员会成员均应由国家元首根据国家执行理事会的提议任命。

(2)在国家执行理事会提议国家元首任命特定主体为委员会成员之前,国家执行理事会的所有成员应确保该主体:

(a)根据第21条,有资格被任命为委员会成员;

(b)根据第22条,未丧失成为委员会成员的资格;

(c)任命委员会已经根据候选人名单提名该主体。

(3)委员会的非当然成员:

(a)任期不超过3年,可以连任;

(b)应当按照部长根据1955年《委员会(费用和津贴)法》确定的条件任职;

(c)无论是否连任,任期不得超过两届。

(4)尽管有第(3)款第(a)项的规定,委员会首任成员的任期应为3至6年。

(5)应当制定条例,就以下方面作出进一步规定:

(a)委员会成员的任命程序;

(b)拟定条款和条件的程序,包括委员会成员的薪酬以及其他相关事项。

20.委员会主席

(1)委员会主席和副主席应从委员会成员中选出,并由国家元首根据国家执行理事会的提议任命。

(2)除有资格成为委员会成员外,委员会主席还需满足以下条件:

(a)为巴布亚新几内亚公民;

(b)具有良好的道德地位和声誉;

(c)具备以下方面的经验和专门知识:

(i)为指导相关国家和国际单位出色工作,须具备企业治理和行政管理能力;

(ii)了解气候变化相关事项。

(3) 主席可以辞职,在其提出辞职时:
　　(a) 视为已经辞去主席职务;
　　(b) 国家元首应当根据国家执行理事会的建议,从委员会其他成员中任命一名代理主席。

21. 任命的资格

在第 22 条规定下,如具备以下条件(但不限于这些条件),即有资格被任命为非当然委员会成员:

(a) 在气候变化相关领域具有丰富经验或专业知识;

(b) 在科学领域具有职业信誉和地位;

(c) 具备企业治理能力;

(d) 投资气候融资;

(e) 品行端正,思想独立,信誉良好。

22. 丧失任命资格

有下列情形的,即丧失成为或继续担任非当然委员会成员的资格:

(a) 是或即将成为国民议会、省级或地方级政府议员或候选人;

(b) 是地方政府特殊目的管理局的成员;

(c) 是已登记政党的公职人员或被选举为公职人员的候选人;

(d) 破产或资不抵债;

(e) 曾经或现在是巴布亚新几内亚境内外某一股份有限公司的董事或股东控制人,并且在其担任董事或股东控制人期间曾经或正在进行强制清算,根据有关部门法律其被认定为负有责任;

(f) 已经或正在被巴布亚新几内亚境内外的企业监管机构下令免职,或者暂停其在巴布亚新几内亚境内外获准经营企业的董事、高管或股东控制人的职务,除非该免职或暂停职务是由于政治原因,与其作为获准经营企业的董事、高管或股东控制人的业绩、行为或能力无关;

(g) 根据 1973 年《公共卫生法》和其他有关保护精神不健全者的人身财产法律,被视为精神不健全;

(h) 被判处死刑或监禁,或曾被判处过死刑或监禁;

(i) 根据巴布亚新几内亚法律或外国法律,曾被判处刑事罪行;

(j) 根据《领导人法典》和《领导义务与责任组织法》,因职务上的不当行为被认定为犯罪;

(k) 根据巴布亚新几内亚的法律,已经或即将被禁止成为公司董事或成员,或参与公司的管理。

23. 辞职

(1) 非当然委员会成员辞职的，应当提前一个月以书面形式向委员会主席发出辞职通知，并将副本呈交部长和任命委员会主席。

(2) 第(1)款中的通知期自委员会主席收到通知之日起计算。

(3) 辞职自通知期结束之日起生效。

(4) 委员会成员可于辞职生效前撤回其辞职通知。

24. 罢免

(1) 除第(3)款规定外，国家元首根据国家执行理事会的建议，可以根据本节所列举的任意一条或多条情形免除委员会成员的职务。

(2) 除第(3)款规定外，非当然委员会成员存在以下情形的，应当被免职：

　　(a) 对于主席，在未得到部长批准情况下连续两次缺席委员会会议；

　　(b) 对于其他委员会成员，未经主席批准，连续 3 次缺席委员会会议；

　　(c) 根据第 22 条被取消资格；

　　(d) 未遵守第 29 条和第 30 条规定；

　　(e) 未遵守本法赋予的其他义务或责任。

(3) 根据第(2)款规定，在根据第(1)款向国家元首提出建议之前，国家执行理事会应当确定委员会成员是否有资格继续担任成员。

25. 职位空缺

(1) 在以下情形下，非当然委员会成员的职位空缺：

　　(a) 非当然委员会成员死亡；

　　(b) 根据第 22 条被撤销资格；

　　(c) 任期届满；

　　(d) 辞职；

　　(e) 根据第 24 条规定被免职。

(2) 委员会成员职位空缺的，应当在合理时间内填补。

26. 召集会议

(1) 委员会应当按管理局的业务需要，在委员会决定的时间和地点，或在主席指示下(主席缺席时由副主席作出指示)举行会议，至少每 3 个月举行一次会议。

(2) 委员会收到部长或不少于两名成员要求的，主席(缺席时为副主席)应当在 14 天内召开委员会会议，审议该要求事项。

(3) 就第(1)款而言，主席或副主席至少应当在会议召开前 14 天向各成员发出书面通知。

(4) 部长可提议召开临时会议，就其向委员会提交的事项进行审议并提供意见。

27. 委员会会议

(1)第一届委员会第一次会议的法定人数为委员会全体成员,此后为主席和其他7名委员会成员。

(2)在委员会会议中:

 (a)所有事项须经过半数的出席成员和委员会根据第(6)款确定的其他出席成员通过;

 (b)主席有审议投票权,就某一事项的投票数相等时,主席有权投决定票。

(3)尽管有第(2)款规定,但如果主席:

 (a)无法出席会议;或

 (b)在某一事项的处理上有利害关系;

在满足第(2)款的法定人数要求的情况下,出席会议的委员会成员应当选举一名委员会成员(非当然成员)全权主持本次会议,或者就与主席有利害关系的事项进行审议。

(4)委员会所有会议均应在巴布亚新几内亚举行,除非有特殊情况需要在海外举行委员会会议。

(5)任何委员会成员在某一事项上存在利害关系的,在满足第(1)款的法定人数要求的情况下,除该委员会成员外,其他出席会议的委员会成员应当就与该委员会成员存在利害关系的事项进行审议。

(6)在适当情况下,委员会可以决定未出席成员的出席方式,可以通过电子方式或委员会认为必要的其他形式。

28. 委员会决议的效力

根据《宪法》第155条的规定,在不违背国家法院和最高法院固有司法权力的前提下,委员会决议具有终局性,不得上诉。

第四节　委员会成员的义务和责任

29. 委员会成员的义务和责任

(1)委员会成员不得以违反本法的方式行事或批准委员会行事。

(2)委员会成员在根据本法行使其权力和职责时,应当:

 (a)本着诚实信用和管理局的最佳利益行事;

 (b)以委员会成员在当时情况下可合理预期的谨慎、勤勉和技能为标准。

(3)委员会成员:

 (a)须对委员会所涉事务完全保密;

(b) 不得为自己或他人利益泄露或使用与管理局、委员会或其作为委员会成员职能有关的任何信息,本法或其他法律另有规定的除外。
　(4) 委员会成员在行使权力或履行委员会成员职责时,可以依据以下人士编制或提供的报告、报表和财务数据及其他资料,以及鉴定意见或专家咨询:
　　(a) 委员会成员有合理理由认为该事项属于其专业或专家能力范围内的雇员;
　　(b) 委员会成员有合理理由认为该事项属于其专业或专家能力范围内的专业顾问或专家。
　(5) 违反第(1)、(2)、(3)或(4)款之一的委员会成员,应当承担法律责任并根据第24条进行处理。
　30. 利益冲突
　(1) 为本条之目的,当且仅当存在以下情形时,委员会成员视为在委员会中存在利益冲突或交易中具有重大利益:
　　(a) 为交易一方主体,或可能从交易中获得重大经济利益;
　　(b) 与该交易的另一方有重大经济利益关系;
　　(c) 为另一单位的董事、高管或受托人,或可能从交易中获得重大利益的人,该单位不属于管理局全资控股单位;
　　(d) 为交易一方或可能从交易中获得重大利益的人的父母、子女或配偶;
　　(e) 在其他方面与该交易有直接或间接的重大利益关系。
　(2) 委员会成员对于与委员会存在利益冲突、有重大利害关系的交易或者委员会是当事方的事项或交易有重大利益,委员会成员在知道其对该事项或交易有重大利益后,应当立即以书面形式通知委员会。
　(3) 第(2)款规定的通知应当:
　　(a) 提供以下详细信息:
　　　(i) 该利益的性质和范围,包括该利益的货币价值(如果该价值可以量化);
　　　(ii) 该利益与委员会的关系;
　　(b) 该成员在知悉有关利益后,应当在下一次委员会会议前,尽快以书面形式提交委员会。
　(4) 在根据第(2)款作出披露后,相关成员:
　　(a) 不得出席委员会就该事项或交易进行的审议或作出决定;
　　(b) 不得参与委员会就该事项或交易进行的任何审议或决定;
　　(c) 不得与委员会或其他委员会成员讨论该事项,但根据第(2)款作出的披露除外；

(d) 就该事项或交易进行上述审议或作出决定时，该成员不计入法定人数。

(5) 违反本条规定的委员会成员应当承担法律责任并根据第 24 条进行处理。

31. 赔偿与保险

(1) 管理局应当支付委员会成员在以下诉讼中产生的费用：

(a) 与委员会成员的作为与不作为有关；

(b) 判决对其有利，或被宣告无罪，或诉讼被中止。

(2) 管理局应就以下事项对委员会成员作出赔偿：

(a) 因以委员会成员身份的任何作为或不作为而对他人承担的法律责任；

(b) 委员会成员为与此类责任有关的索赔或诉讼进行辩护或诉讼所产生的费用，但不包括刑事责任或与违反第 29 条规定的义务有关的责任。

(3) 委员会应当就以下事项为委员会成员提供保险：

(a) 法律责任，但不包括以委员会成员身份的任何作为或不作为的刑事责任；

(b) 委员会成员就相关责任的索赔或诉讼进行抗辩或调解所产生的费用。

32. 委员会成员的费用和开支

(1) 管理局应当以部长根据 1955 年《委员会（费用和津贴）法》提出的建议确定向委员会成员支付的费用。

(2) 管理局应当支付委员会成员在履行其职责时产生的合理差旅费及其他费用。

33. 宣誓就职

(1) 委员会成员在履行其职责前，应当进行宣誓或以附表所列形式予以确认。

(2) 宣誓、确认或声明应当在任命委员会或由任命委员会为此目的委任的人面前进行。

34. 年度报告

(1) 委员会应当在每年 3 月 31 日之前向部长提交年度报告，释明在截至 12 月 31 日的前一年内，管理局在其职能方面的进展、绩效和财务状况。

(2) 部长在收到第(1)款的报告后，应当尽快转交下列文件：

(a) 向国家执行理事会提交报告副本；

(b) 通过议长向议会提交报告副本；

(c) 向各省级政府提供报告副本(如适用)。

(3) 部长批准根据第(1)款编制的报告后，该报告应当被视为一份公共文件。

第三编 行政管理

第一节 财务管理

35. 1995 年《公共财政(管理)法》的适用

除本法外,1995 年《公共财政(管理)法》第八编适用于管理局。

36. 审计程序

(1)管理局的账目应当按照 1989 年《审计法》第三编的规定进行审计。

(2)委员会应按照符合 1995 年《公共财政(管理)法》和 1989 年《审计法》的可接受会计原则,安排保存关于管理局收支的适当账簿和其他账目记录。

(3)信托账户及其组成部分应当根据 1995 年《公共财政(管理)法》和 1989 年《审计法》进行定期公开审计和报告。

(4)委员会应当每年聘请一位独立且声誉良好的外部审计师审计管理局的账目。

37. 气候变化和绿色增长信托基金的设立和运作

(1)根据 1995 年《公共财政(管理)法》第 15 条设立的信托基金,包括:

    (a)气候变化信托基金账户;

    (b)气候变化和绿色增长信托基金账户;

    (c)气候变化减缓信托账户;

    (d)气候变化适应信托账户;

    (e)根据法律规定为解决气候变化问题而设立的其他相关信托账户,被视为依据本法设立,应确保其法律地位不受影响,并受本法约束。

(2)根据第(1)款设立的信托基金应当统称为气候变化和绿色增长信托基金。

(3)对于第(2)款规定,负责财政事务的部长应当在本法生效之日起 4 个月内,通过文书将第(1)款所指信托基金贷记的所有款项转入根据第(2)款设立的信托基金。

(4)1995 年《公共财政(管理)法》的规定适用于直接向气候变化和绿色增长信托基金收取和转移公共收入的,应当遵守这些规定。

38. 资金征收安排

(1)管理局应当与负责财政事务的部门及有关单位协商,征收或重新分配进口税或其他费用(视情况而定),该进口税与费用由管理局和负责财政事务的部门及有关单位不定期协商确定。

(2)管理局应当在与相关单位协商后,对工厂、码头、海上设施、近海陆地作业、进出巴布亚新几内亚的危险废物运输及其他可能导致温室气体排放的相关活动征收适当的气候税。

(3)除巴布亚新几内亚政府外,任何个人和单位从国家或国际捐助者、个人、单位处收到的用于气候变化相关活动的所有资金,都应当由管理局申报,按资金总额的7%作为气候管理费支付给信托基金。

(4)任何个人和单位违反第(3)款规定的,即构成犯罪。

处罚:对法人团体,处1,000,000.00(基那)以下罚款;对自然人,处250,000.00(基那)罚款或处不少于7年的监禁,可以并处。

(5)本条规定的所有款项均须存入信托基金的贷方。

(6)应当制定条例明确需要遵守本条规定的部门,在条例生效后至实施前,应当提前4个月向个人和单位发出适用本条的通知。

39. 持有资金的信托基金

(1)信托基金有权持有的资金来源于(包括但不限于)以下方面:

(a)赠予、遗赠、补贴、捐赠或认购;

(b)来自国家和国际的公共或私人捐赠;

(c)中央政府、省政府或地方政府的预算拨款;

(d)法律或行政命令明确分配给信托基金的费用、征税、税收和罚款,包括第38条规定的费用、税款和罚金;

(e)投资收益;

(f)出售、租赁或转让有形和无形财产的收益;

(g)管理局提供服务的收益;

(h)某项法案为执行或实施本法而划拨的所有款项;

(i)信托基金的所有款项或资产(包括委员会行使其职权过程中及其他方面产生的);

(j)通过中央政府、省政府或其他人的赠款、补贴、遗赠、捐赠、赠予或认购,可能积累或归入信托基金的资金或资产;

(k)信托基金通过自愿捐款方式收到的所有款项;

(l)从2000年《银行和金融机构法》第3条定义的授权机构、国际机构组织或外国政府处获得的用于管理局目的的贷款、赠款或援助资金;

(m)管理局在行使和履行其职权期间收到的其他款项;

(n)根据本法应缴纳的罚金;

(o)为信托基金的目的从综合收入基金中拨出的款项;

(p) 捐助国政府或机构的赠款;
(q) 任何政府、超国家机构、管理局或个人因巴布亚新几内亚减少目标温室气体排放或封存目标温室气体排放而支付的补偿费用;
(r) 从清洁发展机制账户中提取的资金,用于管理清洁发展机制项目下批准的特定方案;
(s) 从 REDD 和 REDD+ 中提取或因 REDD 和 REDD+ 而提取的资金,如基于结果的融资(the results-based finance),用于管理根据这些计划批准的特定活动;
(t) 从其他有针对性的温室气体减排、减缓、适应计划中提取的资金,无论该计划如何产生,巴布亚新几内亚政府有责任根据其管理特定计划的条款进行管理;
(u) 此类资金的增值部分;
(v) 管理局认为适当的其他收入来源。

(2) 信托基金有权持有资金,以提供赠款和贷款资金,为巴布亚新几内亚的气候变化相关项目或活动提供资金,包括但不限于:
(a) 以适应或减缓气候变化为重点的小额捐赠计划,该计划以社区为基础,包括清洁发展机制、REDD 以及 REDD+;
(b) 支持妇女、儿童、弱势群体及流离失所者或残疾人的气候变化适应或减缓项目;
(c) 公共、私营、学术和民间团体的气候变化适应或减缓举措[包括国际资助的支持气候变化适应和减缓方案(包括清洁发展机制、REDD 和 REDD+)];
(d) 在海外外交使团设立和运作气候变化专员职位,包括参与《联合国气候变化框架公约》下的国际气候变化谈判。

40. 信托基金的支付

(1) 委员会以规定方式批准的付款应当从信托基金中支付,用于:
(a) 根据第 39 条第(2)款规定提供赠款或贷款资金;
(b) 委员会批准的与执行管理局职责以及管理信托基金有关的行政费用;
(c) 管理局为履行其职责而采取的日常、定期和紧急行动的服务合同;
(d) 管理局为执行有关国家参考水平和目标的特定条例所需的人力技术资源,以及为实施本法所需的其他款项。

除此,无其他目的。

(2) 如果信托基金出现(或根据预算可能会出现)资金短缺,负责财政事务的部长应当确保拨出资金充足,使管理局能够根据本法和其他法律履行其职责。

41. 银行账户

(1)管理局应当在其认为必要时,在国内与委员会认为合适且信誉良好的银行或持牌金融机构开设一个或多个账户,并经营至少一个此类账户。

(2)必要时,根据资金来源作出安排,银行账户中的资金可以定期存款的形式存入信誉良好的商业银行或其他持牌金融机构。

(3)管理局应当将其收到的业务资金或其他资金存入第(1)款所述的账户中,包括信托基金收到的资金。

42. 管理局的投资和借贷

(1)管理局可以将信托基金中的资金进行投资:

(a)投资于国家证券或由国家担保的证券;

(b)作为核准银行或持牌金融机构的存款;

(c)以1995年《公共财政(管理)法》第57条授权的其他方式;

(d)以委员会批准的其他方式。

(2)根据1995年《公共财政(管理)法》第六编规定,管理局可以从信誉良好的金融机构、地区或多边组织或委员会为本法目的确定的主体处获得贷款。

(3)根据第(4)款规定,管理局应当将每年年底业务账户中的资金余额转入信托基金的贷方,并仅用于本法目的。

(4)信托基金中的资金余额应当逐年结转,除非委员会另有决定,否则不得将余额转入综合收益基金。

43. 货物与服务的采购

(1)根据第(2)款的规定,1995年《公共财政(管理)法》适用于管理局直接采购货物和服务时,应当遵守该规定。

(2)委员会可以:

(a)购买和处置财产和股票;

(b)采购工程和服务;

(c)为管理局采购价值不超过1,000,000.00(基那)的工程和服务。

(3)除第(2)款规定的采购外,其他采购应当符合1995年《公共财政(管理)法》或为此目的制定的其他法律。

(4)应当制定条例规定本条的采购程序;条例没有规定的,本条第(2)款所指的采购适用1995年《公共财政(管理)法》。

第二节 管理局的服务

44. 常务董事办公室

(1)为免生疑义,2004年《法定监管机构(特定职位任命)法》不适用于本节对常务董事的任命。

(2)特此设立常务董事一职。

(3)根据第45条,常务董事的任命以满足第45条的择优任命程序为前提,同时还应当满足以下条件:

 (a)具备气候变化监管事务方面的相关经验;

 (b)拥有研究生学位和其他相关资格;

 (c)品行端正,忠诚,思想独立,信誉良好;

 (d)具有行政和组织方面的专业知识及领导能力;

 (e)健康状况良好。

(4)常务董事——

 (a)是管理局的首席执行官;

 (b)应当根据本节及法案的规定任命、停职或免职;

 (c)根据委员会批准,按照1998年《薪金和条件监测委员会法》拟定雇用合同,任期4年,条款包括委员会认为合适的工资和津贴;

 (d)有资格连任;

 (e)为《宪法》第三编第二节(《领导人法典》)与《领导义务与责任组织法》之目的而担任领导职务。

45. 常务董事的任命

(1)常务董事由国家执行理事会根据择优任命程序任命,该程序包括但不限于以下内容:

 (a)以规定形式发布常务董事职位空缺的公告以及职位申请人的最低要求;

 (b)评估各申请人按规定格式提交的简历以及其履行规定职责方面的能力;

 (c)根据申请人履行相应职责的能力,对各申请人进行排序评估;

 (d)本条所述的择优评估是任命委员会的首要考虑因素,委员会应当按择优顺序向国家执行理事会提交申请人名单;

 (e)与本条所述程序无关的其他考虑因素,对任命委员会向国家执行理事会提出的建议不产生影响。

(2)任命委员会应当采用择优程序,从该职位的原申请人中按优先顺序编制一份名单,其中不少于3名合适候选人,并将该名单连同原始文件提交国家执行理事会进行审议和任命。

(3)国家执行理事会应当在收到第(2)款规定的名单后1个月内,从3名入围候选人中审议并选出1名成功候选人。

(4)国家执行理事会在根据第(3)款选出成功候选人后,应当建议国家元首任命被选中的候选人担任常务董事一职。

46. 常务董事的职权

(1)常务董事负责管理和指导管理局的行政事务,对委员会负责,确保管理局按照本法履行职能、行使权力。

(2)在本法规定下,常务董事对监督和指导管理局工作人员行使有关本法的管理和执行的权力、职能和自由裁量权有绝对权力和责任。

(3)常务董事可以将其部分或全部权力、职责、职能和权限以书面形式委托给他人,但此项授权除外。

(4)根据第(3)款作出的授权可以以书面形式随时撤销,且这种授权不影响常务董事行使权力或履行职能。

47. 常务董事的职位空缺

(1)如果国家执行理事会确认常务董事存在以下任一情形,可以解除或中止其职务:

(a)不再需要其服务;

(b)精神不健全;

(c)其作为或不作为给管理局或巴布亚新几内亚带来名誉损失;

(d)辞职;

(e)在巴布亚新几内亚境内外被判定犯公诉罪行;

(f)被"领导职务法庭"免职;

(g)被宣布破产或资不抵债;

(h)根据本法或其他法律,当事人有严重违纪行为;

(i)被其他法律取消任命资格。

(2)常务董事的职位空缺,或由于常务董事的任期届满而出现空缺的,任命委员会应当:

(a)在《国家公报》和在巴布亚新几内亚普遍发行的日报(至少一份)上发布通知,宣布该职位出缺;

(b)刊登招聘广告并邀请应聘者申请任职。

(3)任命委员会和国家执行理事会应当遵循第45条规定的择优任命程序。

48. 代理常务董事

(1)常务董事因病不能工作、被停职或被免职的,国家元首根据国家执行理事会的建议,可以任命一名代理常务董事,履行常务董事的职能。

(2)代理常务董事不得任职超过12个月。

(3)代理常务董事可以担任委员会成员,其任职条件由委员会和国家执行理事会协商确定。

(4)国家元首根据国家执行理事会的建议,可基于合理的理由暂停代理常务董事的职务,或在确信代理常务董事无法恢复或不能按照任命委员会的期望履行其职责时,可终止代理常务董事的职务。

49. 办公职员的任命

(1)常务董事可为本法目的,或根据本法或其他法律授予管理局的活动之目的,任命必要的办公职员。

(2)管理局的办公职员属于管理局的服务人员。

50. 管理局服务条例

在不限制制定条例的权力的一般性前提下,条例可以就管理局的服务作出规定,特别是可以根据1988年《薪酬和工作条件监督委员会法》规定管理局办公职员的聘用条件。

51. 临时雇员及顾问

(1)常务董事可以任命本法所需的临时雇员。

(2)根据第(1)款任命的雇员应按照管理局根据1998年《薪酬和工作条件监督委员会法》确定的条件进行雇用。

(3)常务董事可以按照其确定的条件,不定期任命和罢免具有适当资格的人作为顾问或咨询人,以协助实现管理局按照本法规定的目标。

(4)根据第(3)款任命顾问或咨询人的通知和条款,应当由常务董事在可行情况下尽快向委员会提供。

52. 海外气候变化专员的任命等事项

常务董事在与负责外交事务的部门协商后,可以按照常务董事确定的条件聘任气候变化专员担任海外职位。

第四编　测量、报告与核证

第一节　国家参考水平和目标

53. 受监管部门

(1)除第(2)款另有规定外——

(a)部长可以通过《国家公报》不定期发布通知，为本法之目的将经济活动纳入国家各经济部门；

(b)条例可以不定期确定受监管的国家经济部门。

(2)在部长根据第(1)款作出决定及条例具体规定本编的适用范围之前，以下国家经济部门为受本法监管的对象：

(a)农业和畜牧业；

(b)发电部门；

(c)陆路运输、海上运输及空中运输的人员与货物；

(d)用于制造、建筑和基础设施发展的建筑材料；

(e)林业，包括土地使用和土地使用变化以及森林；

(f)石油、能源和天然气的生产、提炼和分销；

(g)矿物勘探、开采、生产和提炼；

(h)渔业和海洋资源，包括渔业岸基设施与工厂；

(i)废物管理、工业加工和处置；

(j)由部长决定并在国家公报上公布的其他部门。

54. 测量

(1)为本法之目的，目标温室气体排放量、减少量以及移除量应当以二氧化碳当量吨为单位进行测量和计算。

(2)巴布亚新几内亚在一定期间的温室气体排放量和移除量应根据《联合国气候变化框架公约》的国际报告惯例每两年确定一次。

(3)对于特定目标温室气体，在巴布亚新几内亚，特定期间的净排放量是指特定气体在该期间的排放量减去在该期间的移除量。

(4)国家参考水平、目标、排放量、移除量以及巴布亚新几内亚净排放量的测量应当涵盖第53条所指的区分国民经济中各受监管部门的分项测量值，以及其他部门与国家测量值之间的差额。

(5)本编规定的受监管部门应当制定二氧化碳及其他目标温室气体的基准排

放量。

(6)条例可根据不定期采用的国际报告惯例,规定计量要求和方法的标准格式。

55. 国家参考水平

(1)根据第(2)款规定,国家参考水平是以下各项的总和:

(a)巴布亚新几内亚在基准年的二氧化碳净排放量;

(b)巴布亚新几内亚在基准年的其他各目标温室气体的净排放量。

根据第56条和第57条确定,并在基准年后的每个日历年增加巴布亚新几内亚银行、财政部、国家统计局确定的国内生产总值增长百分比。

(2)国家参考水平及其他修订或调整可与相关单位协商或通过协议进行,并按照国际惯例或《联合国气候变化框架公约》的指导意见进行。

56. 目标要求

(1)在本法生效后第二个日历年的6月30日及之前,以及生效后第二个日历年及之后的每3年,应当与以下主体进行充分且适当的协商:

(a)负责财政事务的部长;

(b)负责商业和贸易事务的部长;

(c)负责林业事务的部长;

(d)负责采矿事务的部长;

(e)负责石油和能源事务的部长;

(f)负责运输和民用航空事务的部长;

(g)巴布亚新几内亚银行行长;

(h)负责农业事务的部长;

(i)相关法定单位;

(j)相关的私营单位和部门;

(k)委员会成员(通过公告及公众咨询广告);

(l)法律规定或委员会确定的有权咨询的其他人员。

考虑到第53条规定的事项,委员会应当向部长建议全国二氧化碳的年度净排放量和全国目标温室气体净排放量的国家参考水平和目标,包括每个受监管部门的次级目标。

(2)国家元首根据部长的建议,确定全国二氧化碳和目标温室气体的排放目标,且每3年修订一次。

(3)国家元首根据本条作出的决定应当在《国家公报》上公布。

57. 确定和修订目标的标准

在通过部长根据第56条就目标的制定与修订向国家元首提出建议之前,委员会应当考虑以下事项：

（a）巴布亚新几内亚的国内生产总值，包括国内生产总值随时间变化的计划或预测水平；

（b）巴布亚新几内亚的总体经济增长，包括国内生产总值随时间变化的计划或预测水平；

（c）第五编和第六编规定的减缓和适应计划，以及条例规定的其他事项。

第二节　测量与国家报告

58. 履行记录和测量的义务

（1）在受监管部门开展活动的个人和单位应当备存以下记录：

（a）国内温室气体排放到大气中的情况；

（b）将温室气体吸收至国内碳汇量中，以及条例规定的其他事项。

（2）在受监管部门开展活动的个人和单位应当：

（a）提交这些记录供注册核证员核证；

（b）每年向管理局提交核证记录。

（3）适用本条的个人和单位应当向管理局收集、获取、储存与气候变化有关的免费数据。

（4）违反本条规定的个人和单位，即构成犯罪。

处罚：对自然人，处10,000.00（基那）以下罚款或处6个月以下监禁，可以并处；对法人，处500,000.00（基那）以下罚款。

（5）条例可以规定记录保存的要求、报告和报告方法的标准格式。

59. 国家报告

（1）常务董事应当每年安排编制第（5）款规定的国家报告，并及时提交委员会审议。

（2）除第（3）款规定外，委员会应当：

（a）在收到报告后1个月内开始审查，在收到报告后3个月内完成审查；

（b）委员会认可报告内容的，授权部长签署国家报告并将其转交《联合国气候变化框架公约》秘书处，以履行《联合国气候变化框架公约》规定的国家义务。

（3）委员会不认可报告内容的，可指示常务董事审查报告并提交修订版，供委员会根据第（2）款进行进一步审议。

（4）委员会根据本条规定编制和提交的所有报告也都应当提交议会，并由部长在议会的下一次会议中提交。

(5)国家信息通报报告、两年更新一次的报告以及向《联合国气候变化框架公约》秘书处提交的其他类似报告,应当按照《联合国气候变化框架公约》的国际报告惯例编制。

(6)根据本条编制的报告,在按照第(2)款或第(3)款(以先提交的版本为准)提交后,应当被视为公开文件。

第三节 核　证

60. 国家和国际核证人员应予注册

(1)本节下的核证人员应遵守《联合国气候变化框架公约》,以及本法和其他法律规定的程序。

(2)核证人员应当在管理局注册为登记核证员。

(3)根据第(2)款注册的人员应当为自然人。

61. 注册要求

(1)自然人有下列情况的,可以向常务董事申请注册为核证员:

　　(a)巴布亚新几内亚或其他地方的居民;

　　(b)符合《联合国气候变化框架公约》规定的核证员认证标准和要求;

　　(c)同时具备以下条件:

　　　　(i)提供充足证据,证明其已在一家独立且有信誉的保险公司购买了专业赔偿保险,保险金额由委员会规定;

　　　　(ii)遵守1978年《工人赔偿法》的规定;

　　　　(iii)注册为纳税人,并按照1959年《所得税法》的要求,获得国内税收委员会颁发的有效合规证书;

　　　　(iv)根据2014年《商业名称法》注册了商业名称;

　　　　(v)已经支付委员会不定期批准申请的费用或注册费用;

　　(d)具有进行核证的适当资格。

(2)收到申请后,常务董事应考虑该申请,并在委员会下次会议之前,向委员会提出建议,说明是否应将申请人注册为本法的核证员。

(3)收到常务董事的建议后,委员会应就注册为核证员的申请作出决定,常务董事应将申请结果通知申请人,包括在拒绝给予注册的情况下,通知其拒绝理由。

(4)根据本条规定注册为核证员的自然人应当获得核证员证书,该证书的有效期至每个日历年的12月31日。

(5)委员会认为必要时,可以撤销、中止或恢复根据第(4)款颁发的核证员证书的效力。

(6)条例可以但不限于规定注册为核证员的其他资格要求,以及注册为核证员应支付的费用。

(7)核证员的行为准则及成本收费表可以规定核证员的最低行为标准以及可能向其客户收取的费用。

62.禁止未注册的核证等事项

(1)除非根据本法获得授权,任何人无权进行核证,无权发表口头或书面声明以核证或反对下列国家记录:

(a)二氧化碳及其他温室气体向大气层的排放量;

(b)二氧化碳及其他温室气体从大气中向巴布亚新几内亚的汇中的移除量。

(2)除管理局外,任何人不得根据本法或其他法律颁发与气候变化事项有关的合规性和真实性证书。

(3)违反第(1)或(2)款规定的,即构成犯罪。

刑罚:对自然人,处50,000.00(基那)以下罚款或5年以下监禁,可以并处。

第五编 减 缓

第一节 本编的适用

63.本编的适用

本编适用于在受监管部门开展活动的个人、团体、组织或机构。

64.要求减缓的部门

在受监管部门开展活动的个人、组织、团体或相关机构,自本法生效之日起,必须根据本编实施二氧化碳排放和目标温室气体的减缓行动。

第二节 立即采取的减缓措施

65.减缓计划

(1)自本法实施之日起,个人、组织、团体及其他在受监管部门开展活动的机构均应当制定年度减缓计划,以:

(a)减少二氧化碳及其他目标温室气体的产生;

(b) 增加汇中二氧化碳或其他目标温室气体的捕获量,确定该个人、组织、团体或其他此类机构参与气候变化相关活动的方式。

(2) 违反第(1)款的个人和单位,即构成犯罪。

刑罚:对自然人,处 5,000.00(基那)以下罚款或 2 个月以下监禁,可以并处;对法人团体,处 500,000.00(基那)以下罚款。

66. 强制减缓

根据部长的建议,国家元首应当在 12 个月内制定第 64 条和第 65 条规定的类型和效果的条例。

67. 燃料标准

(1)《燃料标准条例》应当:

(a) 规定用于陆路、海路和航空运输以及发电燃料中硫和其他目标温室气体污染物的提炼标准及最大允许含量;

(b) 包含要求燃料的提炼者和分销商采取措施,控制和消除燃料中的水、沉积物和其他会妨碍燃料清洁燃烧的物质,避免对燃料产生污染;

(c) 规定其他必要的技术事项,以有效减少因使用石油燃料而排放的二氧化碳及其他目标温室气体。

(2) 违反本条规定的个人和单位,即构成犯罪。

刑罚:对自然人,处 10,000.00(基那)以下罚款或 2 年以下监禁,可以并处;对法人团体,处 500,000.00(基那)以下罚款。

68. 建筑标准

(1) 除第 65 条规定外,《建筑气候标准条例》应当规定最低环境和性能标准,该标准适用于建造新建筑以及根据 1971 年《建筑法》第 11 条经监管部门批准的翻新工程。

(2) 除另有规定外,《建筑气候标准条例》可能涉及以下方面的设计和性能要求:

(a) 屋顶和外墙使用的隔热材料;

(b) 玻璃系统;

(c) 冷却、加热和通风系统;

(d) 内部照明和外部安全照明;

(e) 能源效率技术;

(f) 建筑设计符合《建筑气候标准条例》的认证,以及为减缓建筑物二氧化碳和其他目标温室气体排放的其他必要技术事项。

(3)《建筑气候标准条例》与现行《建筑条例》形成互补,在两条例冲突的情况下,优先适用《建筑气候标准条例》。

(4)为立法之目的,有必要对全部或部分建筑物及其设计进行认证,使其符合《建筑气候标准条例》,该认证只能由巴布亚新几内亚工程师协会的成员或《建筑气候标准条例》授权的其他人员进行。

(5)违反本条规定的个人和单位,即构成犯罪。

处罚:对自然人,处10,000.00(基那)以下罚款或2年以下监禁,可以并处;对法人团体,处500,000.00(基那)以下罚款。

69. 其他开发标准

(1)除第65条及其他法律规定外,个人和单位进行下列开发之前:

(a)土建工程;

(b)采矿,包括陆地和海底采矿作业;

(c)石油和天然气,包括陆地和海底开采作业;

(d)农业和畜牧业;

(e)制造业;

(f)林业;

(g)渔业,包括海洋捕捞和岸上捕捞;

(h)其他相关活动。

应当遵守最低限度的气候减缓、适应性标准及性能水平。

(2)条例应当规定第(1)款下适用的气候减缓和适应性标准及性能水平。

(3)违反本条规定的自然人和单位,即构成犯罪。

处罚:对自然人,处10,000.00(基那)以下罚款或2年以下监禁,可以并处;对法人团体,处500,000.00(基那)以下罚款。

第三节 未来的减缓措施

70. 部门具体协商

(1)委员会应当设立一个由各受监管部门组成的规划委员会,规划未来的监管安排,以减缓二氧化碳及其他目标温室气体的排放,同时促进温室气体汇的建立、维护和使用。

(2)根据第(1)款成立的规划委员会,应当在任命后12个月内,在充分征询公众意见后,向委员会报告以下事项:

(a)根据国家目标和指导原则推行的一套监管原则,具有普遍减缓性,同时在目标范围内管理各部门的排放绩效;

(b) 受监管部门的参与者根据监管原则实施减缓计划的成本；

(c) 补偿参与者或由国民经济承担费用的拟议方式。

71. 制定有关减缓的条例

(1) 本法实施后的两年内及此后每 5 年，考虑到：

(a) 受监管部门规划委员会报告中提出和制定的监管原则、实施减缓的成本以及补偿方式；

(b) 国家参考水平（包括调整后的水平）和根据本法设定的目标，同时与第 70 条所述的各方进一步协商。

部长可以为各受监管部门公布拟议的减缓条例。

(2) 部长应当允许就根据第(1)款公布的拟议减缓条例征询公众意见。

(3) 国家元首根据部长的建议，可就以下事项制定条例：

(a) 减缓行动；

(b) 对这些减缓行动的成本进行补偿或经济分配；

(c) 适用的费用、执行和惩罚机制。

以及为实现受监管部门的减缓所必需或合理要求的其他事项。

第六编 适 应

第一节 本编的适用

72. 本编的适用

本编适用于在受监管部门开展活动的个人、团体、组织及其他相关机构。

73. 需要适应的部门

在受监管部门开展活动的个人、组织、团体及其他相关机构，自本法实施之日起，应当根据本编实施气候变化和适应气候的兼容性行动。

第二节 立即采取的适应措施

74. 气候变化适应计划

(1) 每年 1 月 1 日及之前，任何个人、组织、团体或在受监管部门开展活动的其他相关人员或机构，应当合理编制适应计划，以便：

(a) 适应气候引发的自然事件，包括：

(i) 沿海洪水和海平面上升；

(ii)内陆洪水；

(iii)山体滑坡；

(iv)媒介传播疾病；

(v)农业产量变化；

(vi)畜牧业生产变化；

(vii)粮食安全；

(viii)海洋生态系统健康；

(ix)气候移民；

(x)气候对城镇的影响；

(xi)水、卫生设施及其他相关事件；

(b)确保开展以下行动：

(i)沿海早期预警系统；

(ii)社区红树林种植；

(iii)沿海工程保护；

(iv)农业干预；

(v)安排人类定居和移民；

(vi)对海洋保护区或海洋保留区的保护。

以及其他相关活动或方案。

(2)违反第(1)款的人和单位，即构成犯罪。

刑罚：对自然人，处10,000.00(基那)以下罚款或处6个月以下监禁，可以并处；对法人团体，处500,000.00(基那)以下罚款。

75. 强制适应

国家元首应当根据部长的建议，在12个月内制定第73条和第74条规定类型和效果的条例。

第三节　未来的适应措施

76. 特定部门协商

(1)委员会应设立一个由各受监管部门组成的规划委员会，规划未来的监管安排，以适应气候引发的事件，同时促进生态友好型措施的设立、维护和实施。

(2)根据第(1)款设立的规划委员会应在其任命后的12个月内，在充分征求公众意见后，向委员会报告：

(a)根据国家目标和指导原则推行的一套监管原则，具有普遍适应性，同时管理气候适应和适应性行动；

(b) 受监管部门的参与者根据监管原则实施适应计划的成本；

(c) 补偿参与者或由国民经济承担费用的拟议方式；

(d) 委员会不定期确定的其他报告。

77. 开发和适应标准

(1) 除第 74 条及其他法律规定外，个人和单位在进行下列开发之前：

(a) 土建工程；

(b) 采矿，包括陆地和海底采矿作业；

(c) 石油和天然气，包括陆地和海底开采作业；

(d) 农业和畜牧业；

(e) 制造业；

(f) 林业；

(g) 渔业，包括海洋捕捞和岸上捕捞；

(h) 能源；

(i) 运输；

(j) 其他任何相关活动。

应遵守最低限度的气候适应、适应性标准及性能水平。

(2) 条例应根据第(1)款规定气候适应和适应性标准、性能水平以及适用费用。

(3) 违反本条规定的个人和单位，即构成犯罪。

刑罚：对自然人，处 10,000.00（基那）以下罚款或处 2 年以下监禁，可以并处；对法人团体，处 500,000.00（基那）以下罚款。

78. 制定有关适应的条例

(1) 本法实施后两年内及此后每 5 年，考虑到：

(a) 受监管部门规划委员会报告中提出的监管原则、实施适应的成本以及补偿方式；

(b) 在与第 76 条所指各方进一步协商后，部长可以公布各受监管部门拟议的适应条例。

(2) 部长应允许就第(1)款发布的拟议适应条例征询公众意见。

(3) 国家元首根据部长的建议，可就以下事项制定条例：

(a) 适应行动；

(b) 对这些适应行动的成本进行补偿或经济分配；

(c) 适用的费用、执行和惩罚机制。

以及为实现受监管部门的适应所必需或合理要求的其他事项。

第七编　检查和收集数据的权力

第一节　1977年《搜查法》的适用

79. 解释等事项

（1）为本编之目的，"授权官员"是指由管理局正式任命的官员，负责搜查和获取与气候变化有关的数据信息。

（2）根据第（1）款任命的授权官员，在根据本法开展搜查或履行相关职能过程中，应当出示有效搜查令。

80. 1977年《搜查法》的适用

（1）1977年《搜查法》适用于管理局进行的搜查。

（2）1977年《搜查法》条款中的"警察"，应当视为本法规定的授权官员。

（3）授权官员可以行使1977年《搜查法》规定的警察搜查权，该职权相当于本法规定的权力和职能。

（4）为免生疑义，除本法规定外，授权官员不得根据1977年《搜查法》行使警察搜查权。

81. 搜查等事项

（1）授权官员可以出于（包括但不限于）以下目的进行搜查：

（a）监督并确保遵守本法；

（b）收集有关涉嫌违反本法的信息；

（c）收集与本法的管理或执行相关的其他信息。

（2）任何个人和单位在无合理理由的情况下，拒绝、阻挠、不配合或未在合理时间内向授权官员提供数据以进行第（1）款规定的授权活动的，即构成犯罪。

处罚：对自然人，处50,000.00（基那）以下罚款或处1年以下监禁，可以并处；对法人团体，处500,000.00（基那）以下罚款。

第二节　录入和收集数据的权力

82. 搜查权

除1977年《搜查法》赋予的权力外，授权官员还可以：

（a）进入土地或场所，检查土地或场所及在该土地或场所上开展的任何活动；

（b）检查该土地或场所上的任何物品；

(c)拍照、录像；

(d)对机械设备进行测试；

(e)采集样品；

(f)提取任何可能作为不遵守本法证据的可疑物。

或在该情况下为本法目的做其他必要事项。

83.收集信息的权力

(1)授权官员可要求相关人员提供与经授权调查、数据收集事项相关的信息，或为本法目的提供相关信息：

(a)答复与调查有关问题；

(b)在其权力范围内采取合理措施，获得与调查、数据收集有关的信息，并将其传递给授权官员。

(2)根据本条被询问的个人和单位未能在合理时间内尽其所知、所悉、所信回答问题的，即构成犯罪。

处罚：对自然人，处10,000.00(基那)以下罚款或2年以下监禁，可以并处；对法人团体，处500,000.00(基那)以下罚款。

84.记录出示

(1)本条适用于以下内容的记录：

(a)受监管部门的个人和单位的目标温室气体排放；

(b)受监管部门的个人和单位将目标温室气体移除到汇中的情况；

(c)本法规定的记录核证；

(d)减缓计划、减缓行动、适应项目；

(e)遵守《燃料标准条例》的情况；

(f)遵守《建筑气候标准条例》的情况；

其他与本法管理相关的事项。

(2)实际控制本条所适用的记录的个人和单位，在授权官员的要求下，应当：

(a)出示该记录供授权官员检查；

(b)回答授权官员就该记录合理提出的问题。

(3)授权官员可以保留根据本条出示的记录，以制作副本。

(4)违反本条规定的人和单位，即构成犯罪。

刑罚：对自然人，处10,000.00(基那)以下罚款或处2年以下监禁，可以并处；对法人团体，处500,000.00(基那)以下罚款。

85.记录信息的权力

(1)管理局应当就减缓、适应、REDD+及其他与气候相关的活动，保存管理局确定的记录或信息。

(2)所有记录应以委员会确定的方式保存。

86. 不披露信息

(1)根据第(2)款规定,委员会成员或高管,除履行本法规定的职责外,向任何个人、集团、公司、企业或其他商业协会披露与财务、工厂、设备、减缓、适应、REDD+或其他相关气候变化活动有关的信息的,根据本法(视情况而定),构成犯罪。

刑罚:处10,000.00(基那)以下罚款或处6个月以下监禁。

(2)第(1)款不适用于根据本法在刑事诉讼中作出的披露。

第八编　承认土地所有人的权利

第一节　传统土地所有人的权利

87. 自由、事先和知情同意

本编中,所有土地所有人的同意应当通过条例中规定的"自由、事先和知情同意"程序获得。

88. 传统土地所有人

在所有影响传统土地的交易中,应当充分承认和尊重传统土地所有人的权利。

89. 获得传统土地所有人的同意

(1)管理局及其他相关单位或个人期望在传统土地上签订与气候变化相关的项目协议的,传统土地所有人的土地所有权应当:

　　(a)归属于根据2009年《土地团体法》成立的一个或多个土地团体;

　　(b)根据规定对传统土地所有权依法进行登记。

(2)若无法实施第(1)款规定,则可由所涉传统土地所有人的传统集体代表签署与气候变化有关的项目协议,条件为居住在该土地上的85%的成年成员根据第87条同意其集体签订协议。

(3)管理局或其他个人和单位拟签订气候变化相关项目协议的,委员会应当通知——

　　(a)该省的省政府和协议所涉地区的地方一级政府;

　　(b)就委员会订立拟议气候变化相关项目协议的意向而言,应通知该省议员和协议所涉地区所在一个或多个选区的议员。

第二节　气候变化相关项目协议中传统土地所有人的权利

90.气候变化相关项目协议

(1)与气候变化相关的项目协议应当：

(a)采用书面形式；

(b)按照第九编的规定,具体说明土地所有人取得的货币和其他收益(如有)；

(c)明确协议覆盖区域内的项目性质；

(d)规定足够的期限,以便在完工前采取适当的项目管理措施；

(e)附地图,以清晰显示协议所涉区域的边界；

(f)说明其他与气候适应或绿色增长相关的土地使用方案(如有)。

(2)第(1)款规定的协议应当在执行前提交给国家律师办公室进行必要的法律审核。

(3)应当向管理局提交一份经正式签署的协议副本及一份根据第(2)款签发的法律审核副本。

(4)委员会可不定期就协议副本的保管确定适当的保管费用。

(5)第(1)款下的协议应遵守第(2)、(3)和(4)款规定,若未遵守其中任何一项或多项,将使第(1)款下的协议无效且不可执行。

91.气候变化相关项目协议下的权利

管理局或其他个人和单位签订与气候变化有关的项目协议的：

(a)在符合本法以及协议的条款和条件的情况下,管理局或其他个人和单位可以将根据协议获得的土地使用权(除土地所有权以外)转让给他人；

(b)为行使项目权利,管理局或其他个人和单位可根据协议条款,在与其他有关机构协商后：

(i)使用该协议所涉土地；

(ii)在协议所涉土地上建造、维护和使用道路、码头、桥梁、建筑物和其他基础设施。

第三节　国家和永久产权或非限嗣继承土地所有人的权利

92.国家和永久产权或非限嗣继承土地所有人的权利

(1)在根据本编开展与气候变化相关的项目时,应当尊重国家和其他永久产权或非限嗣继承土地所有人的所有权。

(2)第88条和第89条适用于在国家和永久产权或非限嗣继承土地所有人拥有的土地或资源上进行的气候变化相关项目。

第九编　利益分享与激励分配

93.土地所有人的参与和利益

(1)本编适用于气候变化相关项目或活动的参与、利益分享、激励分配。

(2)所有受影响的土地所有人都应参与并受益于在陆地或海上实施的气候变化相关项目的激励机制。

(3)除非法律有相反规定,条例应当规定本编下的参与、利益分享和激励分配机制。

94.年度报告

(1)管理局或其他承担气候变化相关项目的个人和单位应当利用一切合理手段量化净收入或净收益(视情况而定),并在每年3月31日之前向有关土地所有人、管理局及相关省级政府提交年度报告。

(2)第(1)款规定的报告概要应当在全国发行的日报上至少刊登两次。

(3)就其目的而言,根据第(1)款编制的年度报告为一份公共文件。

95.处罚条款

违反本编规定的人和单位,即构成犯罪。

刑罚:对自然人,处10,000.00(基那)以下罚款或处6个月以下监禁,可以并处;对法人团体,处500,000.00(基那)以下罚款。

第十编　其　　他

96.非个人责任

部长、常务董事或管理局的雇员或代理人,根据指示或本法授权合理行事,正在行使或意图行使本法授权时,善意地作为或不作为、提起诉讼、启动程序、申请索赔的,不承担个人责任。

97.身份证明

(1)常务董事应当向管理局的高管发放身份证明:

　　(a)注明授权官员姓名;

　　(b)载有授权官员照片;

(c)说明姓名和照片所示为本法所指的授权官员。

(2)授权官员提议对他人行使本法规定权力的,应当在可行情况下出示身份证明以供核实。

98. 通知的发出和送达

(1)管理局可以根据本法规定发出通知:

  (a)以对话方式发出、向该自然人注册的办公室发出或通过电子方式发出通知;

  (b)在《国家公报》上公布。

(2)应当向管理局发出通知或通过亲自送达常务董事的私人秘书、执行秘书或经常务董事正式授权在管理局其他办公室接受法律程序服务的人员,向管理局履行送达程序。

99. 延长时限

(1)在不违反其他法律规定的情形下,在收到个人和单位的延期请求之日起3个月内,常务董事认为合理的,可以延长本法规定的或根据本法规定的时限。

(2)受害个人和单位就常务董事的决定提出申请,或常务董事根据第(1)款作出决定时出现不合理拖延时,国家法院认为合理的,可以延长本法规定的时限。

100. 保密

(1)目前或曾经受雇执行与本法管理有关职责的人,不得披露在执行职责过程中获得的机密信息,但以下情况除外:

  (a)执行公务时;

  (b)经负有保密义务人的授权;

  (c)经法律授权;

  (d)根据法院或其他合法机构的要求;

  (e)经部长与负有保密义务人协商后(如可行)授权。

(2)违反本条规定的人和单位,即构成犯罪。

刑罚:对自然人,处25,000.00(基那)以下罚款或1年以下监禁,可以并处;对法人团体,处500,000.00(基那)以下罚款。

101. 一般的处罚规定

(1)被依法认定犯有本法规定违法行为,但未规定具体处罚的,作为量刑指导,可以对自然人按日处2,500.00(基那)罚款,最高处25,000.00(基那);对法人团体处500,000.00(基那)以下罚款。

(2)除了第(1)款规定的处罚或本法其他条款规定的处罚外,委员会可以不定期增设其认为适当的其他处罚。

102. 文件认证

(1) 出于其他目的有必要证明管理局持有或签发的文件或记录的真实性的,只要该文件盖有管理局的印章并由主席或其授权人签署,则推定该文件或记录具有真实性。

(2) 任何个人和单位伪造文书、篡改文件,或有任何违反第(1)款的行为,即构成犯罪。

刑罚:对自然人,处 10,000.00(基那)以下罚款或 2 年以下监禁,可以并处;对法人团体,处 500,000.00(基那)以下罚款。

103. 职能审计

(1) 管理局应在以下时间之前:

(a) 管理局成立 1 年后的 2 个月内;

(b) 在管理局存续期间,第(1)款第(a)项所述日期的每 5 年。

委聘根据 1996 年《会计师法》获得注册公司审计师资质的公司进行职能审计,并在委聘后的 4 个月内向管理局提交与该职能审计有关的结论报告。

(2) 管理局应当在收到第(1)款规定的报告后尽快向部长提交报告副本,部长应当在国民议会第一次会议上提交报告副本。

(3) 管理局应当在报告提交国民议会后的合理期间内公布第(1)款中规定的报告。

104. 项目审计

(1) 委员会可以根据其确定的条件,不定期任命一名独立且有信誉的项目审计员,对与气候变化相关的项目进行审计。

(2) 根据第(1)款任命的项目审计员应在管理局指定的时间内向管理局提交一份项目审计报告。

(3) 管理局应当在收到第(2)款所述的报告后的合理期间内公布该报告。

105. 争议解决机制

(1) 与气候变化相关项目或活动有关的纠纷或申诉,应首先按照第(2)款规定的争议解决程序处理。

(2) 应当制定条例规定争议解决程序。

106. 法院管辖权

(1) 对于管理局或根据 1963 年《地区法院法》(the District Courts Act)第 21 条由管理局提起的任何法律或衡平法个人诉讼,除第 105 条和第 107 条规定的诉讼外,地区法院具有管辖权。

(2) 除第(1)款和第 105 条规定的事项,根据本法第七编签发搜查令(除乡村法院外,所有法院根据 1977 年《搜查法》拥有共同管辖权)和任何其他法律规定的其他事项外,国家法院对本法规定的所有事项具有管辖权。

107. 起诉等事项

(1)经检察官批准,管理局可对违反本法或其他由管理局负责的法案的违法行为进行起诉。

(2)根据本法第(1)款提起诉讼的,应当向国家法院提起公诉。

(3)个人或法人团体应当支付因管理局提起诉讼而应支付的罚款、罚金或其他拖欠的罚款或罚金,除其他补救措施外,可以由管理局对债务进行追偿。

第十一编 过渡性条款

108. 人员流动和资产转移

(1)负责环境和气候变化事务的部长应当在本法生效后 30 天内,签署分配声明,确定将公职部门的工作人员、资产和负债移交给管理局。

(2)自第(1)款规定的分配声明签署之日起 14 天内,部长应当在《国家公报》上公布分配声明。

(3)国家执行理事会设立的气候变化与发展办公室应归入管理局,并根据委员会的决定进行必要的调整,在生效日前归属于气候变化与发展办公室或纳入该办公室的所有工作人员、资产、财产、权利、义务和责任,应当在该日期后继续归属于管理局或纳入管理局。

109. 合同的保留等事项

(1)根据第(2)款规定,在生效之前,由气候变化与发展办公室签订的所有合同、转让协议、许可证以及其他文书和承诺,只要其曾对气候变化与发展办公室具有约束力且具有可执行性,则视为由管理局签订或发出。

(2)在不违反第(3)款规定的情况下,与气候变化相关的协议或项目不是由气候变化与发展办公室直接批准认可的,则特此宣布为无效,且不可执行。

(3)在本法生效后一年内,任何个人和单位未经委员会事先批准进行与第(2)款所述事项有关的活动或交易的,即构成犯罪。

刑罚:对自然人,处 50,000.00(基那)以下罚款或 3 年以下监禁,可以并处;对法人团体,处 500,000.00(基那)以下罚款。

110. 调动不影响服务

因本编进行的人员调动不得导致人员服务期失效、缩短或重新计算,在公职部门的服务被视为在管理局的服务,为本法之目的,气候变化与发展办公室的工作人员在调动到管理局后应当保留其调动前的待遇,并由管理局负责支付薪资。

111. 公共服务权利

包括:

(a)公职部门的人员被任命为常务董事的,其作为常务董事的服务;

(b)管理局的高管在接任前是公职部门官员的,其作为管理局高管的服务应被视为在公职部门的服务,以确定其在以下方面的权利(如有):

(i)因病请假;

(ii)休假或代替休假的工资,包括该高管死亡后支付给家属的工资。

112. 资产和负债转移的影响

根据本法,从公职部门转移到管理局的任何资产或负债无须缴纳印花税、商品服务税。

113. 审查委员会的就职任命

(1)为任命首届非当然委员会成员和常务董事,审查委员会的首届5名成员中,应当至少有1名女性成员,由国家执行理事会在管理局高管中选任。

(2)第(1)款规定的任命应当在本法生效之日起3个月内完成。

(3)本条在成立首届委员会并任命首届常务董事后,不再适用。

114. 条例

在不限制根据本法制定条例的具体权力的情况下,国家元首根据部长提议,可以为本法规定的事项制定条例。

基里巴斯灾害风险管理与气候变化法[①]

本法由基里巴斯议会制定,并于 2019 年由总统签署通过

第一编 引 言

简 称

第一条 本法称为 2019 年《灾害风险管理与气候变化法》。

施行日期

第二条 本法自部长发布通知之日起生效。

目 的

第三条 本法旨在:
(a)帮助社区减少、适应、预防、应对和恢复灾害及气候变化带来的影响;
(b)为灾害风险管理和气候变化提供有效且协调的应对措施;以及
(c)支持践行国际准则和相关国际协定的承诺。

适 用

第四条 (1)本法适用于:

[①] 本法于 2019 年颁布,原文来自联合国粮农组织数据库,网址:http://faolex.fao.org/docs/pdf/kir202936.pdf。翻译人:胡卫、徐榕苑;校对人:马遥、安俊屹、唐寅智。

(a)基里巴斯的所有场所、人员和组织;

(b)基里巴斯共和国;以及

(c)与灾害及气候变化相关的所有风险。

(2)本法不适用于:

(a)武装冲突;或

(b)内乱(如罢工和暴乱),但内阁另有指示的除外。

第五条 本法应结合其他法律一并解读,若存在不一致,涉及灾害和气候变化的,以本法为准。

原　　则

第六条 本法所作解释应参照以下9个原则:

(a)应对气候变化和灾害风险对个人、社区和环境造成影响的行动应当在政府和社会的所有行业及层面实现主流化和一体化;

(b)应对气候变化和灾害的安排应当简洁明了和透明,以便所有人均能理解和获取;

(c)气候变化和灾害风险应在可持续发展的总体框架内根据可持续发展目标加以管理;

(d)作为保护基里巴斯的必要预防措施,以预测和推算为基础的风险评估可在不需要严谨科学的情况下使用;

(e)将有限的资源优先用于最大化减少灾害和气候变化带来的对生理、心理、自然、经济、社会、文化和人类的影响;

(f)行动应尽可能地方化,必要时应具有国家性,并得到所需的国际支持;

(g)基里巴斯公众应当了解其所面临的风险、可以采取的行动,以及可以获得的援助;

(h)为确保地方自主权及无人掉队,应优先赋予弱势群体和所有人在内的社区管理权和参与权;

(i)应尽可能地保护权利和适用全球标准,包括平等及不歧视等人权原则。

定义和缩略语

第七条 (1)本法中,除语境下另有要求:

"适应"包括利用实际行动、技能和知识帮助人民、社区和生态系统应对气候变化的影响；

"Beretitenti"指基里巴斯共和国的总统；

"儿童和青少年"指 18 岁以下的人，包括 14 岁以下的"儿童"，以及 15 岁至 17 岁的"青少年"；

"气候"指根据测量的温度、降雨量和风力得出的一段时间内的平均天气状况；

"气候变化"指长时间的持续气候变化，如降雨模式的变化、温度的升高、海平面的上升、海洋酸化以及风暴和干旱的发生；

当地定义的"补偿"指受影响的个人、公司、组织和政府因损失、破坏、痛苦、伤害或因满足其需求而获得的具备价值的实物或金钱；

"宣布进入公共紧急状态"指根据《宪法》规定，可获得特殊权力的一项官方行动，包括获得国家应急小组和灾害控制员控制范围外的公共和私人资源；

"灾害"指社区或社会的功能受到严重破坏，包括广泛的人员、物质、经济或环境损失和影响，破坏程度超过受影响社区或社会利用其自身资源应对的能力；

"灾害控制者"指根据第 21 条规定，在灾害发生时能调动人力、物力和财力采取行动并快速作出决定的人，当各行业或其他应对者出现分歧时，其拥有最终决定权；

"灾害宣言"指一项官方行动，其承认国家应对能力已不堪重负，需要常规发展援助之外的国际援助；

"备灾"指能够更好地预测、应对危害和相关灾害的影响并从中恢复的知识、能力、计划和行动；

"灾害预防"指能够阻止风险实然化的行动，能规避危害和相关灾害的不利影响；

"灾害应对"指灾难发生后，为防止灾难扩大而采取的行动，减少灾难带来的影响并解决灾难中出现的需求；

"灾害风险管理"指运用减少灾害风险的政策和战略预防新的灾害风险，减少现有灾害风险和管理剩余风险（预防和减缓工作后遗留的风险），在防灾和减灾工作后，加速损害恢复和减少灾害损失，以及灾害预防、风险减少、准备、应对、恢复和审查；

"减少灾害风险"指有助于预防灾害、减少风险或降低危害和相关灾害负面影响的行动；

"歧视"指任何有损于平等享有权利的区别、排斥或限制，包括看似非歧视性，但对特定人群有实际影响，可能需要采取临时特别措施帮助实现平等；

"干旱"指长期少雨或无雨，蒸发量增加，导致农作物、环境卫生、个人卫生、烹饪和饮用用水不足或不达标；

"预警"指在突发灾害中存在潜在威胁时，向可能受其影响的人传达信息以及采取必须、应该或可能的措施以预防灾害发生；

"紧急情况"指需要立即关注以阻止灾害发生或防止损害扩散的情况；

"紧急服务"指警察、海事和消防服务；

"排放物"指释放到大气层中的气体，主要是由氮气和氧气组成的气态外壳；

"流行病"指人类或动物传染病病例激增；

"侵蚀"指土壤和岩石长时间被水或风剥离，并转移至其他地方沉积的过程；

"暴露"指人员、财产、系统和其他要素置于危险环境可能造成的损失或损害；

"洪水"指大量的水泛滥将土地淹没；

"性别"指社会构建的不同年龄段男性和女性的角色、身份、责任和期望；

"性别平等"指所有人基于无性别歧视平等地享有权利、承担义务和拥有机会，包括平等地参与决策、获得机会和资源、公平分配工作量和责任，同时也承认男女在需求、优先事项、利益、能力和面临的风险方面的差异；

"灾害"是指可能造成生命损失、伤害或其他健康影响、财产损失、生计和服务损失、社会和经济混乱或环境破坏的危险现象、物质、活动或状况；

"紧急需求"指防止生命、尊严或健康损失，或对重要基础设施造成损害的要求；

"一级行动"、"二级行动"和"三级行动"由第 20 条定义；

"地方议会"指 1984 年《地方政府法》中规定的选举机构；

"Maneabani Maungatabu"指基里巴斯议会；

"市长"指 1984 年《地方政府法》中规定的当选地方官员；

"主流化"指将气候变化和灾害风险管理纳入政府和社会所有部门的过程，如纳入土地使用规划、农业和卫生及教育服务；

"部长"指负责执行本法的部长；

"执行部门"指负责执行本法的部门；

"部"指其他政府部门；

"减轻"指防止危险带来的最严重危害；

"减缓"指减少灾害负面影响的行动，而减缓气候变化指减少人为（温室气体）排放（通过更有效地利用能源，减少煤炭和天然气等不可再生能源的使用，增加太阳能等可再生能源的利用，以及增加树木或垃圾填埋场等天然或人工碳储存）；

"组织"指为特定目的或基于其他目的正式组成的个人团体，包括商业、社会、宗教、环境、人道主义或其他目的，包括国内外的企业、公司、国有企业、机构、协会、团体和广播电视网络；

"恢复"指灾难发生后将公众生活恢复到正常状态，包括做出必要改变，以提高公众的抗灾能力；

"救济物品"包括食物和非食物物品援助，如水桶、防水油布、医疗健康和卫生用品，以及水泵和链锯等设备；

"救援服务"指在健康、营养、水、环境卫生、个人卫生、保护和教育等关键领域援助受影响群众的行动，包括医务人员检查患者，水务工程师测试水质，以及创伤咨询；

"可再生能源"指未耗尽或容易补充的能源，如太阳能；

"抗御力"指社区、社会或自然系统在压力或变化下维持其结构和功能的能力；

"风险"指暴露在危险中的人和物因危险而遭受损失或损害的可能性；

"秘书"指执行部门中代表部长管理其他部门运作的高级政府工作人员；

"行业"指政府的行动领域（如卫生、教育），通常与政府各部门保持一致，但可能包括参与该领域工作的其他组织；

"缓慢发生"指需要较长时间发展的危险和气候变化情况，如干旱需持续一定时间才能达到足以被视为灾害的严重程度；

"社会包容"指基于多样性和差异性考虑，确保涵括更少话语权、更低关注度的人受到保护，包括使妇女和边缘化群体实际参与各级规划和决策；

"突发"指几乎无预警的灾害，包括风暴、火灾、空中和海上船只事故；

"可持续发展"指既满足当代人的需求，又不损害子孙后代满足自身需求的能力的发展；

"te buia"指地板离地面很高的传统房屋风格；

"unimwane"指由在村一级密切管理社区活动并具有传统权威的男性长者组成的委员会；

"unaine"指由社区中受人尊敬的女性长者组成的委员会；

"脆弱性"指影响个人、社区、组织和系统应对不利情况能力的特点。

(2)本法中所述示例仅供解释之用，并非本法内容。

(3)缩略语：

附表一涵括本法使用的所有缩略语。本附表内容可由部长以通知形式修改。

第二编 治理安排

总体责任

第八条 基里巴斯共和国总统根据内阁建议全面负责保护基里巴斯的人民和领土免受灾害和气候变化影响。

第九条 秘书通过个别支持其代表或集体通过DCC(发展协调委员会)监督和支持KNEG(基里巴斯国家气候变化和灾害风险管理专家组)。

基里巴斯国家气候变化和灾害风险管理专家组

第十条 (1)特此设立基里巴斯国家气候变化和灾害风险管理专家组,简称KNEG,作为国家一级灾害风险管理和气候变化的主要战略协调及技术咨询机构。

(2)KNEG的成员系政府各部门和执行部门、KMS(基里巴斯气象局)、KPS(基里巴斯警察局)、基里巴斯红十字会和代表弱势群体的相关非政府实体负责人,以及本法条例中规定的其他主体。

(3)KNEG的作用和职责包括:

(a)确保制定气候变化和灾害风险管理国家联合行动计划,并适时保持更新;

(b)开展常规风险及脆弱性分析,编制不同行业的数据、贯彻开展综合脆弱性评估和其他主要研究,以及社区参与;

(c)规划并设计适应和减缓气候变化以及灾害风险管理的举措,包括为政府机构和其他利益相关者提供计划和设计所需投入;

(d)为气候变化和灾害风险管理相关行业的行动和评估提供战略和技术咨询;

(e)支持IDC(岛屿灾害委员会)、工作队和地方议会及其发展委员会的工作,包括根据国家联合行动计划分别编制和执行计划;

(f)为气候金融项目提案提供技术和战略投入;

(g)向灾害和气候变化快速响应基金董事会提供咨询建议,为其设立的救灾基金使用标准提供参考;

(h)基于国际标准和本国国情,为实施灾害风险管理和气候变化行动提供最新的手册、指南、标准操作程序和流程；

(i) 注意行业和岛屿层面为管理灾害风险和气候变化正在采取的"一级"行动，并牵头协调应对灾害的"二级"和"三级"行动；

(j) 促进和协调非政府组织和国际组织介入灾害风险管理和气候变化行动；

(k) 提供总体协调以减少各行动的空隙和重叠，确保根据需求和紧迫性优化资源的优先次序，并与包括妇女、青年、老年人、残疾人和其他多样性群体在内的社群利益相关者协商；

(l) 与国家统计局合作维护数据库，其中包括各种评估、采取的行动以及其他气候变化和灾害风险管理信息；

(m) 监测、报告和评估气候变化和灾害风险管理计划和行动的实施进展，包括向相关议会、委员会以及国际机构报告；

(n) 实施 KNEG 职责范围内的其他相关行动。

(4) 为支持具体的技术或协调任务，KNEG 可以组建其认为合适的临时或常设委员会、工作组或工作队，并可邀请 KNEG 以外的专家。如，为改善灾害物流的协调，审查物流安排，KNEG 可建立物流工作组，召集 KNEG 中执行部门、通讯部门、机场和港口机关以及基里巴斯国家航运有限公司的代表。

(5) 应灾期间，为某一特定灾害需要，KNEG 成员可以被借调至执行部门，在其特定专业领域提供快速支持。

(6) KNEG 应当定期向 DCC 报告，在需要内阁批准的紧急行动中，执行部门代表 KNEG 直接与内阁联络。

领导部门的角色和责任

第十一条 灾害和气候变化部门是国家级气候变化和灾害风险管理的领导机构，其作用和职责包括：

(a) 担任 KNEG 和国家联合行动计划的秘书处；

(b) 作为类似他国的国家灾害管理办公室（NDMO）或承担同等职能；

(c) 在其董事会指导下，管理灾害和气候变化快速响应基金；

(d) 协调政府和各组织的气候变化和灾害相关规划和行动，包括需求评估、资源调动、后勤和其他常规服务；

(e) 加强国家应对灾害和气候变化的行动和能力，包括在政府和社区启动培训和演习；

(f) 支持 IDC、工作队和地方议会的工作；

（g）必要时，与警察局局长联络并建立紧急行动中心（EOC），以在灾害中采取二级紧急或三级紧急行动；

（h）为决策、通讯和问责与内阁随时保持联络；

（i）经 KNEG 同意并经部长指示，代表基里巴斯共和国参加相关国际会议、其他会议及加入公约；

（j）根据本法规定，依据 KNEG 的指示实施行动，并适当开展相关工作。

政府各部门、机构和机关

第十二条 所有政府部门、机构和机关皆应：

（a）确保将气候变化和灾害风险管理事项纳入其主流化与常规化的职能范围并加以执行；

（b）推动各代表有效加入 KNEG，并确保代表组成代表团，保持其与所属部门、机构和机关的通讯；

（c）咨询 KNEG 对其行业的战略和技术投入，并向 KNEG 通报气候变化和灾害风险管理相关行动和支出的最新情况；

（d）制定计划和操作的标准程序，以保护工作人员、设备和基础设施，以及加强灾后继续运转的能力；

（e）制定应对灾害和气候变化所需的物品与设备清单；

（f）确保指定的救灾人员接受过相关培训，并备有有效行动所需的设备；

（g）依据 KNEG 和执行部门的要求，向其提供设施、资金和派遣人员，用以支持本法规定的救灾工作，包括适当情况下提供合适的建筑作为临时疏散中心。

第十三条 政府部门、机构和其他机关在灾害风险管理和气候变化方面具有下列特定作用和责任：

（a）位于莱恩群岛（Line）和菲尼克斯群岛（Phoenix）的部门可提供协调辅助。

（b）作为天气、气候和海洋状况的权威信息来源的 KMS，应当向 KNEG 提供危险相关资讯，包括极端春潮、热带气旋、海啸和严重程度达到灾害状态的干旱。

（c）为避免生命遭受危害和造成进一步损失，KPS 或消防局可提供必要的紧急服务，包括按需初步建立 EOC。KPS 工作集中于预防火灾和交通事故、传播公共警报、确保疏散期间的人员安全和保障个人财产以及必要时救济物品安全。

（d）信息、通讯和运输部门负责空中和海上运输安全的灾害预防和应对，监管和支持旅游经营者，控制石油泄漏等海上事故，维护通讯和运输设备，以用于公共警报和灾害应对，并按需在后勤和紧急电信方面支持 KNEG 和执行部门。

(e)环境、土地和农业发展部门通过 KNEG 重点关注气候变化和灾害对环境和土地利用的影响,并在食品安全、生计、保护动物、控制生物安全威胁、管理包括灾后残留物在内的固体和危险废物及材料(如折断的树木和垃圾)以及确保无害环境的恢复规划方面发挥主要作用。

(f)渔业和海洋资源开发部门应当关注气候变化对沿海渔业和海洋资源的影响,并从渔业角度补充环境和土地部门在食品安全和生计方面的作用。

(g)基础设施和可持续能源部门应当确保私营基础设施的建设和修复规划要求,需考虑到气候变化和灾害风险,并通过 KNEG 领导气候抗御力和对公共基础设施(包括有形结构、道路、电力和供水及卫生设施)的损坏进行灾害应对。

(h)财政和经济发展部门在政府预算和外部资金方面,代表 KNEG 负责在国际和全球范围寻求和获得气候和灾害资金,并全面核算基里巴斯在气候变化和灾害风险管理方面的支出。

(i)就业和人力资源管理部门管理灾害下的短期人员合同,并通过 KNEG 的支持维护具有特定能力的人员数据库,以协助应对气候变化和灾害。

(j)卫生和医疗服务管理部门在灾害期间保护患者,并通过 KNEG 在健康、营养、卫生和饮用水安全、流行病控制和遗体管理方面领导灾害应对工作。

(k)妇女、青年和社会事务管理部门将性别和保护问题纳入气候变化和灾害风险管理的主流范围,通过岛屿级的社会福利工作人员,特别关注妇女、儿童、年轻人、残疾人、其他多样性群体、脆弱性群体以及社会福利和咨询问题。

(l)教育部门确保学生在灾前、灾中和灾后得到保护和照顾;确保持续提供灾后教育和社会心理支持;确保关于气候变化与灾害风险管理的知识和抗御力在学习机构中得到强化并被纳入课程体系。

(m)商业和工业合作管理部门就气候变化和灾害问题与私营部门联络,包括为私营部门提供机会以确保灾害中的业务连续性,并为应对灾害作出贡献。

(n)外交和移民事务管理部门利用与外国政府和国际机构的联系,在气候变化和灾害风险管理方面为基里巴斯争取援助和提供宣传,并在灾害中重点关注受影响的外国人和外国企业、代表团和组织的福利。

(o)内部事务管理部门维护 IDC 和工作队的最新名单,在紧急情况下与各岛屿进行沟通,并在适当情况下由岛屿上的带薪工作人员为培训和演习等活动提供支持。

地 方 议 会

第十四条 (1)地方议会:
  (a)可将备灾、救灾、灾后恢复和审查活动的地方执行工作授权给 IDC 或工作队实施;
  (b)地方议会作出适应气候变化和减少灾害风险的决定,通常通过发展委员会就具有气候变化或减少灾害风险内容的岛屿战略计划开展工作,并就与备灾、救灾和灾后恢复的共性问题与 IDC 联络。
(2)地方议会应根据本法组建 IDC 或工作组,在决定其规模和组成时,应考虑到:
  (a)需要有可代表关键职能的人员,包括警务、医疗、水、食品安全和社会福利;
  (b)参与社区宣传、预警、评估和救灾的积极应灾人员的重要性;
  (c)将正式和传统掌权者纳为成员的重要性;
  (d)平衡代表比例的重要性,包括性别、年龄、残疾和其他多样性要素;
  (e)需要秘书处承担常规职能(如开展培训和演习,协调志愿者和应灾人员,组成需求评估小组,以及汇编情况报告);
  (f)需能在紧急情况下迅速有效地采取行动。
(3)为确保高效的社区参与,废止 1984 年《地方政府法》第 32 条第 4 款有关委员会成员中至少 2/3 应当为议会成员的要求。

市 长

第十五条 (1)在本编建立的国家灾害管理结构下,市长在地方一级对灾害风险管理和气候变化负有全面责任。
(2)根据 1984 年《地方政府法》第 49 条的规定,市长具备在灾难中立即作出决定和采取必要步骤的权力。
(3)在灾难发生后,若与 KNEG、执行部门以及 EOC 的通信联系中断,市长将临时履行上述单位的职能直至通信恢复。

岛屿灾害委员会和工作队

第十六条 （1）除塔拉瓦岛和基里蒂马蒂环礁外，每个岛屿都应设立一个IDC，由市长担任主席。IDC可在岛屿一级依当地人的喜好拥有独特名称。

（2）塔拉瓦岛和基里蒂马蒂环礁的城市及市镇议会应设立工作队，由市长担任主席，发挥类似于IDC的作用，但塔拉瓦岛需考虑到执行部门的存在，莱恩岛和菲尼克斯群岛需考虑到基里蒂马蒂环礁的存在，以支持直接的救灾行动。

（3）IDC的作用和职责包括：

(a) 制定其计划和程序，以在其岛屿上执行气候变化和灾害风险管理的国家立法和计划；

(b) 提供气候变化和灾害风险的最新信息以及岛屿应对经验，并评估持续产生的风险和脆弱性；

(c) 管护预先储存的救济物品；

(d) 提高公众对灾害风险管理和气候变化的认识程度，并及时向公众发布警告；

(e) 开展初步损害、损失和需求评估，并向执行部门和内部事务管理部门通报评估结果，若需要应对不利影响的援助，应当报告当地的侧重和优先事项；

(f) 按需与KNEG的代表合作以开展更详细的行业损害、损失和需求评估；

(g) 按需接收和分发救济物品，开展救济服务，确保最脆弱群体不被遗漏；

(h) 协调任何非政府组织、国际组织、人员在其岛屿上的行动；

(i) 向议会报告所采取行动的最新情况，并向其寻求咨询和指导，持续向执行部门和内部事务管理部门提供最新的情况报告；

(j) 统计行动与核算支出；

(k) 在当地执行备灾、救灾、灾后恢复和审查的相关任务，代表KNEG开展其要求采取的行动。

（4）工作队许多职能与第1款中的IDC相同，但更侧重于当地的风险分析、公众意识、早期预警以及对损害和需求的快速评估。

第三编 资金安排

资金来源

第十七条 (1)所有行业的年度预算分配都均须将气候变化和减少灾害风险及备灾纳入主流范围,并考虑到本法第二编中概述的关键作用和责任。灾害风险管理和气候变化领导部门的年度预算拨款应当为应对灾害工作提供经费。

(2)若宣布进入公共紧急状态,根据《宪法》第1094条,财政和经济发展部长有权根据需要批准增加行业预算,并在议会的下次会议上批准和提交补充拨款法案。

(3)灾害应对期间政府常规支出程序过于紧急的,可根据本法第18条规定使用灾害和气候变化快速响应基金。

(4)任何政府部门、机关或机构皆可通过外部捐助寻求和获得资金,应注意:

(a)用于适应气候变化、减少灾害风险、备灾和恢复的资金需经正常程序使用;

(b)外国和国际组织向基里巴斯共和国提供的国际援助,可基于已生效或待生效的双边协定,或根据《灾害宣言》寻求国际援助的请求提供;

(c)向国家提供的外国救灾资金由外交和移民事务管理部门负责,并通知KNEG进行协调。

灾害和气候变化快速响应基金

第十八条 (1)根据《宪法》第107条,特此在综合基金之外设立特别基金,称为"灾害和气候变化快速响应基金",用于应对灾害的重要行动;

(2)特此设立灾害和气候变化快速响应基金。其:

(a)由以下人员组成的董事会管理:

(i)部门秘书担任主席;

(ii)财政部秘书担任会计官员;

(iii)国家战略政策部部长;

(iv)基里巴斯红十字会秘书长;

(v)基里巴斯非政府组织协会负责人。

(b)由董事会成员中的3位受托人管理澳大利亚和新西兰银行的基里巴斯名下的"灾害和气候变化快速响应基金"账户,其余额不归入普通账户。

(c)包括基里巴斯政府为实现本法目的拨出的任何款项,以及作为政府常规渠道替代方案的直接捐助者捐款。

(d)用于应对灾害,使用标准由董事会根据全国环境委员会的建议制定,但捐助者指定外部资金供特定政府部门、机关或机构按需使用的除外。

(e)若未用于基金管理或董事会目的,则此资金由执行部门的常规预算支付。

(f)须遵守透明度和问责制措施,包括向内阁和基里巴斯审计局提交半年期账目摘要。

第四编　应对灾害和气候变化行动

行　动　类　型

第十九条　(1)应对灾害和气候变化行动应包括:
(a)规划本地化和包容化的行动;
(b)采取防止灾害发生的措施;
(c)努力减缓气候变化以促进气候保护;
(d)减少灾害风险,适应气候变化;
(e)备灾、救灾和灾后恢复;
(f)报告和审查行动的透明度和持续改进。
(2)除本编规定外,条例应就应对灾害和气候变化行动作出详细规定。

行　动　层　次

第二十条　灾害风险管理和气候变化行动分为三个等级,取决于由岛屿或部门(第一等级)、国家援助(第二等级)或国际援助(第三等级)实施,包括但不限于资金和指导。

(a)"一级行动"由单个岛屿或部门、机关或其他机构实施。项目可由国家或国际资助,但行动仅由地方或部门实施。

如:(i)岛屿将洪水与潮汐隔离,受影响的人在议事大厅(Maneaba)滞留几天后回家;(ii)在医院发现传染病后,成功采取治疗措施并阻止其传播。

(b)"二级行动"在地方或岛屿满足其紧急需求的能力不堪重负,或超出单个部门或其他政府机构能力时实施,同时,KNEG 支持受灾岛屿或政府部门应对不利影响。捐助方可从国际来源提供财政与物质支持,但行动仅可由国内机构实施。

如:(i)热带气旋袭击4个岛屿,各 IDC 均向 KNEG 提交快速评估报告,KNEG 向各岛屿派遣船只或航班,并提供救济物品和派遣人员;(ii)大面积的海洋石油泄漏影响沿岸活动,无法安全食用鱼类,KNEG 协调解决食品安全和生计问题,并确保实施的行动对环境无害。

(c)"三级行动"在国家解决紧急需求的能力不堪重负,国际社会根据其需求在当地和国内提供支持和援助的情况下实施。其包括国际人员通过国内负责协调的机构提供资金、使用资金和设备、提供救济物品和救济服务。

如:(i)基里巴斯各地严重干旱导致水井、水箱和水库枯竭,海水淡化设备不足;(ii)萨摩亚大地震引发两米高的海啸,造成重大生命损失,影响到政府的救灾基础设施。

声　明

第二十一条　(1)在实施三级行动前,部长可依据 KNEG 的建议,向总统申报存在公共紧急状态,总统可根据内阁的建议,单独或同步发布灾害声明、公共紧急状态声明。

(2)灾害声明:
　　(a)可在救灾需求超出国家救灾能力范围时发布;
　　(b)正式宣布发生灾害,国家应灾能力需国际援助予以辅助;
　　(c)由外交事务部门按需寻求国际援助;
　　(d)灾害状态持续时间依声明规定,若无规定,则于7日内失效,但另有延长时间声明的除外。

(3)为救灾目的宣布公共紧急状态:
　　(a)根据《宪法》第16条发布;
　　(b)国内各机构掌控资源急需用于救灾时,可启动特殊权力以获得政府预算、资产和人员,或要求个人和组织提供劳动力、资金、土地和服务用于救灾;
　　(c)授权进入任何场所或限制任何主体的行动自由,以便实现调查和控制危险及其后果的目的;
　　(d)授予相关权力,如可根据特殊权力向受政府行动影响的人提供补偿;
　　(e)范围涵盖基里巴斯的全部或部分地区;
　　(f)除非事先撤销,否则持续至下一次会议;

(g)由议会批准或延长特定时段；
　　(h)因指定时间段届满被撤销,但可被总统提前撤销。
　(4)发布灾害声明或公共紧急状态声明时,根据本条规定,视为总统已任命国家战略政策部部长为灾害控制员,其可实施合理行动并行使权力。若被提名的灾害控制员缺席或死亡,警察局局长应当替补,若警察局局长缺席或死亡,部长应当提名合适人选替补灾害控制员。

社区参与和包容

第二十二条　(1)社区应当参与气候变化和灾害风险管理,包括：
　　(a)社区服务和志愿服务,规定于1989年《基里巴斯法律》附表1中,即"社区成员有义务通过劳动、金钱或实物为该社区的福利项目作出贡献"；
　　(b)在灾害风险管理和气候变化机构中作为代表,确保参与决策过程并协助培训和培养社区代表；
　　(c)在家庭与社区内接受并分享灾害风险管理和气候变化相关信息。
　(2)保护公民是灾害风险管理和气候变化的重点,根据本法采取的行动应当考虑到不同群体的不同风险、关注事项和优先事项,包括：
　　(a)婴儿、孕妇和哺乳期的母亲,其有特定的营养和卫生要求,以确保在气候变化和灾害的影响下保持健康；
　　(b)女孩和妇女(包括寡妇、单身妇女、独居妇女和老年妇女)在发生灾害时对家庭有重要作用,需实施具体行动以应对其所面临的性健康和生殖健康方面的具体需求、性别歧视的风险、基于性别的暴力；
　　如:在被用作疏散中心的议事大厅中需有隔离的睡眠空间、带锁的厕所；
　　(c)儿童和青少年作为基里巴斯的未来,有权参与影响其生活的事务,其可能因教育中断而长期处于不利地位,因此需特殊保护；
　　(d)老年人可通过unimwane(男性长者委员会)和unaine(女性长者委员会)依据过去的灾害经验作出有利贡献,其更可能面临身体和行动的限制以及慢性疾病,需实施具体行动以确保其在灾害和气候变化期间的安全和尊严；
　　(e)应明确残疾人充分参与灾害风险管理和气候变化行动的障碍和有利因素,承认其能力而非仅关注其脆弱性,以确保其需求和优先事项得到评估和解决；
　　(f)其他可能存在障碍或歧视的多元群体,包括患有慢性病或精神疾病的群体、少数宗教群体以及具有不同关系偏好和性别认同的群体。
(3) 社会包容和公众参与应介入灾害风险管理和气候变化的所有阶段,其包括:
 (a) 委员会、工作队和应对小组应含不同代表,其可通过透明而包容的标准和程序确定;
 (b) 在需求评估以及灾害风险管理和气候变化项目的设计、监测和评估中咨询各阶层人士;
 (c) 对于具有不同性别、年龄和技能的项目参与者,需根据其能力和竞争工作负荷合理调整工作任务及工作时间;
 (d) 依据群体分享信息的不同方式,为其提供不同的提问和反馈渠道。

预防、减缓、适应和减少风险

第二十三条 (1) 多部门需共同努力以预防灾害,包括:
 (a) 加深对风险,以及如何防止风险发生的认识;
 (b) 加强立法和执法,包括与消防安全、空中和海上运输安全、土地使用和规划以及保护水源免受人类有害活动影响相关的法律;
 (c) 其他相关措施。
(2) 多部门需共同努力,通过以下方式减缓气候变化:
 (a) 减排;
 (b) 增加红树林、沿海植被和海草床,以增加碳的自然储存;以及
 (c) 其他相关措施。
(3) 适应气候变化和减少灾害风险需多部门共同努力,包括:
 (a) 结构性措施,如抬高土地,调整结构设计,以及海岸保护;
 (b) 非结构性措施,如通过社区教育、指导和授权等加强抗御力;
 (c) 利用持续的风险分析,以确保采取最适当的措施。

灾害准备、应对和恢复

第二十四条 (1) 多部门需共同努力以备灾,包括:
 (a) 提高社区对其所面临风险及其可采取的应对措施的认识;
 (b) 通过培训和装配设备,加强 IDC 和政府工作人员等主要灾害行动者的应对能力;
 (c) 通过年度灾害模拟或演习,测试防灾意识和应对能力;

(d)由政府或基里巴斯红十字会等在战略地点预先部署救济物品和设备;

(e)确定适合作为疏散中心的建筑,与业主和使用人安排使用此类建筑,确保其符合安全和尊严的最低标准,以便发生灾害时保障公民安全;

(f)利用多种方法,并考虑差异化灾害意识水平和人民获取及分享信息的不同方式,投入使用国家和地方的预警系统,向关键应对人和公众传播有针对性的信息。

(2)需要多部门共同努力以应对灾害:

(a)由 KNEG 识别是否需采取一级、二级或三级行动,以其接收的信息(在缓慢发生的灾害中,通过干旱委员会和 IDC,在突发灾害中,通过 KMS、IDC、特定部门以及卫星和其他数据)为基础;

(b)相关部门、机关和机构在适用特定立法时发挥主导作用,如 2011 年《生物安全法》第九编适用于害虫爆发和疾病流行等情况,或 2017 年《海事法》适用于沉船和漏油等情况,在需采取二级或三级行动时,应通知 KNEG;

(c)建立 EOC,用以实施二级和三级行动,在大多数灾害中由执行部门负责,或由 KPS 在需要紧急服务(警察、消防)立即采取实质行动时负责;

(d)IDC 和工作队进行初步快速灾害评估,并将其用于一级行动或与执行部门共享,以通过 KNEG 协调多部门行动(而非国际应对人熟悉的"集群"方式);

(e)KNEG 在特定行业需要时与 IDC 协同开展深入详细的灾害评估。

(3)多部门需共同努力,通过以下方式恢复灾害影响:

(a)确保恢复行动被纳入可持续发展范围;

(b)遵循"重建得更好"的原则,以提高应对未来灾害和气候变化的抗御力;

如:(i)使用 te buia(地板离地面很高的传统房屋风格)的高架房屋;(ii)使用带排水沟的建筑物以收集雨水;(iii)将猪圈设在远离水井之处;以及(iv)种植适应气候的作物。

审查和改进

第二十五条 根据条例规定,在地方和国家两级,需根据应对人和社区的投入进行事后审查,以评估应对灾害的执行情况与有效性,并确定可能需在灾害发生前采取额外备灾行动。

第五编　非政府和国际援助

国内非政府应灾人员

第二十六条　(1)在遵守第二十八条的前提下,基里巴斯的个人和组织可提供资金、实物援助和服务,以支持应对灾害和气候变化行动。

(2)根据本法,基里巴斯红十字会的辅助作用在各级行动中应被承认与尊重。若在某地无基里巴斯红十字会分部或志愿者,其可快速从总部或国际相应机构处提供至少二级和三级行动支持。

(3)教会和宗教组织参与救灾须以需求为基础,不区分受灾者宗教。

例如,若教会的议事大厅被设为疏散中心,其不得拒绝接收和容纳来自其他信仰的个人。

(4)国有企业或私营部门援助应对灾害和气候变化的行动应被视为自愿,无权获得报酬,但其另有要求的除外。

(a)根据本法规定,其遵循政府的救灾安排;

(b)根据正在进行的框架协议(定义参见《基里巴斯程序法》),在一定时期内提供货物或服务;

(c)根据政府在紧急状态期间发布的指示,可报销直接费用。

国际应灾人员

第二十七条　(1)根据本法,国际组织可签订协议,为实现灾害风险管理和气候变化目的提供援助。

(2)就救灾,国际组织可在国内宣布实施灾害或紧急状态的三级行动后,应外交事务部门的请求提供援助。

(3)全球性组织和区域性机构如在基里巴斯有长期存续或支持基里巴斯的项目,或根据本法有备用或持续安排,可应相关国家机构的请求提供援助,无需等待国内宣布灾害或紧急状态后提出正式请求。

如:(a)联合国驻基里巴斯联合办事处定期提供保健支助的组织在洪灾后扩大支助,应卫生与医疗服务部(MHMS)的非正式请求提供替换诊所库存和设备;

(b)在渡轮倾覆后,新西兰猎户座直升机被请求并根据安排迅速部署,以支持搜索和救援;(c)一艘来自萨摩亚的警察巡逻艇作为地区待命巡逻艇支持协议的一部分,被动员支持外岛的疏散。

(4)根据法律规定的基本原则与辅助作用,红十字会与红新月国际联合会可随时通过基里巴斯红十字会提供协助。

(5)有意愿为本法规定的行动提供志愿服务的,应当:

(a)若已在基里巴斯境内,应在执行部门登记;

(b)若在基里巴斯境外,在其前往基里巴斯前应事先获得执行部门批准。

要求与期望

第二十八条 (1)在基里巴斯参与灾害风险管理或气候变化的所有非政府和国际应灾人员应当:

(a)尊重基里巴斯文化、政府和法律;

(b)以书面形式同意遵守基里巴斯救援人员行为守则;

(c)通过国家协调机构采取行动,避免产生行动重叠或空缺;

(d)若成本与物流可行,使用基里巴斯的人员、产品和供应商,以刺激当地经济并减少与航空旅行有关的排放;

(e)确保救济品适合当下环境、质量优良、在保质期内、有英文标签并且设备和建筑材料有相关文件证明其符合技术规格和行业质量标准;

(f)避免向基里巴斯出口任何未经请求的救济物品;

(g)避免将已知的转基因生物和产品带入基里巴斯,或分发任何母乳替代品,但诊所或医院另有规定的除外;

(h)尽量减少携带到基里巴斯的非生物降解物品的数量,并通过对这些物品的安全和环境敏感型处置、捐赠、再出口或使用后的销售作出规定,最大限度增加可重复使用、可循环和可回收的物品(前提是对出售的物品支付先前豁免的费用、关税、税收或收费);

(i)与 KNEG 协调其所有计划和行动,通过执行部门提供其在基里巴斯开展的本法范畴内的活动类型、地点、期限和货币价值信息;

(j)设置投诉反馈系统,并将需要保护的人转移至合适之处以获得援助。

(2)在基里巴斯参与灾害风险管理的组织可以:

(a)在适用人道主义原则时得到尊重,包括人道(减轻人类痛苦)、中立(在政治和冲突中不偏袒任何一方)、公正(根据需要提供援助,不因国籍、种族、族裔、宗教、阶级、性别、性别认同、性取向、残疾、年龄或政治观点而有所区别)和业务独立(按需开展业务,不受捐助者、基里巴斯或外国政府的干涉或不当压力）；

(b)每季度提供一次简报，并适当地在救灾期间提供更多定期信息。

(3)为救灾行事时，非政府组织和国际人道主义组织可在本法条例规定下获得豁免或索赔：

(a)专为救灾进口和(或)不需要再出口的货物和设备的关税；

(b)1989年《所得税法》为从事灾害风险管理的国际人员规定的所得税；

(c)土地和财产使用的税收、费用和收费；

(d)为在当地采购的物品支付的商品和服务税。

待命和特别安排

第二十九条 (1)为迅速采取救灾行动，非政府组织和国际组织包括区域机构可与基里巴斯政府达成待命安排，以便：

(a)救灾人员可免费获得落地签证和临时工作许可；

(b)在海外司法管辖区承认有效的外国专业资格、注册、证书和执照；

(c)放开对携带进基里巴斯的澳大利亚货币的数量限制，或对开设银行账户的特别限制；

(d)根据提交的物品相关必要文件，包括在装货港进行的任何检查的记录，免除进口许可证要求，并通过海关和检疫优先清关申报专门进口用于救灾的货物和设备；

(e)优先批准运输许可，范围包括港口、机场以及基里巴斯领空，并且免除滞期费、进坞费，及飞越、降落、停泊、起飞和导航的相关费用；

(f)批准获得与使用应对灾害相关电信和数据传输的宽带、频率和卫星。

(2)应对灾害过程中，根据 KNEG 关于特定三级灾害情况的建议，内阁可发布指示，对参与救灾的其他非政府组织和国际组织进行类似的豁免和批准。

(3)若有明确证据表明，任何个人或组织虚假申报用于灾害目的的进口物品，除本法规定违法行为外，其应被收取定期适用的税收、关税和费用。

第六编　问责和其他事项

标准和遵守

第三十条　根据本法采取的灾害风险管理和气候变化行动,应尽可能符合本法条例规定的国际规范性标准、工具和准则。

第三十一条　个人、组织、政府或其他机构未遵守本法规定要求,除第 35 条规定的违法行为外,仍需承担条例规定的责任。

报告要求

第三十二条　(1)所有根据本法发挥作用的机构,就灾害风险管理和气候变化,皆应向 KNEG 提供:
  (a)国家联合行动计划相关任何附属计划和程序的副本。
  (b)就采取的行动进行年度总结报告,或在特定灾害发生后应执行部门的要求进行总结报告。
  (c)简要说明有效备灾经验。
(2)要求执行部门代表 KNEG 开展以下工作:
  (a)定期提供收到的请求、付款和就灾害风险管理和气候变化采取行动状况的最新信息;
  (b)发布实施行动的两年期总结报告。

权利保护

第三十三条　(1)受气候变化和灾害影响群体的基本权利应受保护,包括:
  (a)政府将重点放在提高社区对城市化的认识和解决城市化的驱动因素上,从而实现流动和居住自由;
  (b)土地和财产权(可能由于灾害和气候变化的影响,临时或正在进行疏散、搬迁或迁移);
  (c)享有合格的生活标准、获得住房、生计和教育的权利;
  (d)尊重家庭,不因家庭大小受歧视(尽管人口过多),重点提高对健康家庭的认识；

(e) 享有基本社会服务的权利,包括卫生权与受教育权,使儿童与年轻人等群体,可生存、茁壮成长并充分发展其潜力；

(f) 性别平等与免受暴力的保护,包括基于性别的暴力；

(g) 隐私和个人数据保护。

(2) 根据《宪法》第 14 条,为公共安全利益,部长可根据内阁的建议,宣布受气候变化和/或灾害影响的地点不利于达成特定目的,包括发展、居住或生存,或仅可达成特定目的,如种植植被或农作物。

如:重要水源保护区的土地,受到人类和动物粪便的污染,可能被宣布仅适合种植有机作物。

(3) 人民有权搬离其感到不安全的地方,并且:

(a) 无其他可替代土地或可投靠之人但希望留在基里巴斯的,可根据 2001 年《国家土地法》向政府申请分配土地；

(b) 根据 2001 年《国家土地法》持有土地并有意向归还的,不应被视为已经放弃其土地权益并需将土地交还国家,第 37 条另有规定的除外。

(4) 若个人财产对他人的生命和财产构成威胁:

(a) 政府可发出通知,要求其在指定时间内采取具体行动,以消除风险；

(b) 若 a 项规定之人未遵守通知,政府可直接采取行动,并要求其支付合理费用；

(c) 若情况紧急,需立即重视,政府可授权进入该土地,以采取具体行动消除风险。

如:(i) 某人的椰子树危险地倾斜,有倒落在邻居住所的危险；(ii) 某人的燃料容器未密封或储存方式可能受到即将来临的潮汐的威胁。

补偿和援助

第三十四条 (1) 本条仅适用于灾害情形,不限制本法之外任何有效救济的权利。

(2) 以下情况,政府可不予补偿:

(a) 灾害造成的一般损害或损失；

(i) 低洼的海滨土地所有者不能就被侵蚀或淹没的土地要求补偿；

(ii) 若车辆、船只或其他资产(如椰子树)在风暴中被损坏或摧毁,所有者不能要求补偿；

(ⅲ)若浪潮导致存货被弄湿,超市的所有者不能要求补偿;
(b)因虚假公众警报造成采取疏散或其他预防措施而产生的费用或不便;或
(ⅰ)某人提前停止捕鱼以便在灾前装备好住所;
(ⅱ)某人拆除其传统结构的屋顶和墙壁,并在警告过后将其重新装置;
(ⅲ)某人滞留于议事大厅时购买食物;
(ⅳ)某人因暴风雨警告而推迟前往邻岛的船程;
(c)公民互相帮助备灾的时间和成本,因为根据1989年《基里巴斯法律》附表1的规定,公民负有促进社区福利的法律义务。
如:(ⅰ)某人帮助旁人建造海堤;(ⅱ)某人修理邻居的屋顶或用自己的车辆帮助旁人脱离危险;(ⅲ)某人为在疏散中心避难的人提供餐饮;(ⅳ)某人在浪潮影响邻居的水井后允许邻居饮用其水箱中的水。

(4)以下情况,政府应当予以赔偿:
(a)因个人或组织故意或疏忽的作为、不作为导致他人或组织遭受直接损失或损害;
如:(ⅰ)某人未把金属板固定在屋顶上导致金属板在大风中飞走;(ⅱ)某人拒绝砍伐倒落在邻居车上的危险树木。
(b)根据政府的要求或指示采取应对行动而受伤或死亡的人员,其在行动中若无任何疏忽或故意不当行为,则参照适用1977年《工人赔偿法》规定赔偿。

(5)本条内容不影响:
(a)根据《宪法》第8条,政府为公共目的征用他人土地,此人有权获得补偿;
(b)2010年《政府责任法》规定的政府责任限额;
(c)政府为获得报酬,自由订立合同交换货物和服务的安排。

(6)人道主义援助不同于补偿,其非根据损失或损害支付,而是根据预防和减轻人类痛苦所需支付,并且:
(a)根据是否难以满足如食物、水、保护和医疗保健等基本需求决定;
(b)针对最需要帮助的人,其不因年龄、性别、宗教、居住情形或社会地位等受到歧视;
(c)不向受影响地区的所有人提供,仅向需要的人提供。
如:(ⅰ)社区水源被污染,应当提供海水淡化设施和收集水的容器;(ⅱ)暴风雨破坏捕鱼设备,失去食物来源和生计的家庭应当得到替代渔网;(ⅲ)灾害后,应当为领取养老金的弱势群体提供补助;(iv)应当向育龄妇女分发卫生包;(v)某地区房屋受损,应当帮助有残疾人、伤员或老人的家庭修复屋顶。

违 法 行 为

第三十五条 (1)任何人一经定罪,可并处或单处2000美元以下的罚款及两年以下监禁,若此人:
  (a)妨碍、阻挠或抵制政府工作人员或其他根据政府、IDC或工作队的指示行事的人根据本法行使其职能或职责;
  (b)无正当理由,不遵守本法规定的合法指示或命令;
  (c)谎称自己根据本法行使职能或职责,或在无官方授权的情况下代表政府进行交涉;
  (d)采购、进口、准备或分发质量差的救济物品和设备,如不适合人类消费、超过保质期或明知其是转基因的;
  (e)谎称进入基里巴斯的货物、设备或人员仅用于应对灾害;
  (f)将收到的用于灾害风险管理和(或)气候变化目的的资金用于未经批准和(或)非预期的目的;
  (g)挪用救济物品或设备,如根据政治或需求以外的其他标准进行销售或分配;和(或)
  (h)提出虚假的补偿要求。
(2)任何人利用参与灾害和气候变化行动的机会,对他人进行性剥削或虐待,均为刑事犯罪,可根据《刑法》第十六编予以起诉。外国人可能会被驱逐出境和(或)在基里巴斯或其本国被起诉。

豁 免 权

第三十六条 (1)虽个人有义务不造成伤害,不危及受灾害影响的人民和地方的生命、身心安全、自由和福祉,但以下人员善意且无疏忽或故意不当行为或虚假陈述的,根据本法为灾害所做或遗漏的任何行为可免于民事或刑事诉讼;
  (a)根据本法与政府工作人员、IDC或工作队签订有偿聘用合同或直接根据协议或指示行事的人;
  (b)灾害和气候变化快速响应基金董事会成员;
  (c)试图保护人员或财产的志愿者;

(d)采取紧急措施以防止实际和紧迫的威胁造成重大损害、损伤或生命损失的人,否则可能违反法律。

(2)国际组织及其人员根据国际法可能享有的权利、特权和豁免权,不受本法影响。

修订、废止和规定

第三十七条 (1)特此废止1993年《国家灾害法》。
(2)特此修订以下立法规定。(以下省略)

附表一 首字母缩写和缩写规定(第7条第3款)

英文全称	英文缩写	中文名称
the Development Coordinating Committee	DCC	发展协调委员会
Island Disaster Committee	IDC	岛屿灾害委员会
the Kiribati Meteorological Service	KMS	基里巴斯气象局
the Kiribati National Expert Group on Climate Change and Disaster Risk Management	KNEG	基里巴斯国家气候变化和灾害风险管理专家组
the Kiribati Police Services	KPS	基里巴斯警察局
the Line and Phoenix Islands	Linnix	莱恩岛和菲尼克斯群岛

斐济气候变化法[①]

2021 年第 43 号法

本法建立了气候变化的全面应对措施,规定了国家应对气候变化的监管和治理,引入了温室气体排放的监测、报告和核查系统以及相关事项。

本法由斐济共和国议会颁布。

第一编 序 言

简称和生效

1.(1)本法可称为斐济 2021 年《气候变化法》。

(2)本法于部长在《政府公报》上发布通知中的指定日期生效。

释 义

2.在本法中,除非另有要求:

"适应"是指自然或人类系统为应对实际或预期的气候刺激或其影响而进行的调整,以减缓气候变化的不利影响或充分利用气候变化带来的各种有利条件。

"适应通报"是指根据《巴黎协定》第 7 条第 10 款定期提交和更新的通报,其中可包括斐济的适应优先事项、执行和援助需要、计划和行动。

"适应项目"是指斐济有助于实现本法和国家适应计划中适应目标的项目。

"适应登记册"是指根据第 73 条第 1 款设立的斐济适应登记册。

[①] 本法于 2021 年 9 月 23 日颁布,原文来自斐济共和国议会,网址:https://www.parliament.gov.fj/wp-content/uploads/2021/09/Act-No.-43-Climate-Change.pdf。以 2021 年版本进行翻译。翻译人:王茜茜、王璐瑶、金婧;校对人:王镱霖、张静、王岱威。

"人为排放"是指可归因于人类活动的温室气体排放。

"人为移除"是指由于有意的人类活动而从大气中移除的温室气体。

"经核准的国际减排标准"是指经核证碳标准、黄金标准或根据本法制定的条例宣布为经核准的国际减排标准的任何其他标准。

"群岛水域"具有《联合国海洋法公约》第 49 条赋予的含义。

"相关实体"具有 2004 年《金融管理法》第 2 条第 1 款赋予的含义。

"高危社区"是指严重暴露在气候变化不利影响(包括突发和缓慢发生的气候事件和过程)下的社区。

"授权官员"是指根据第 9 条第 2 款被任命为授权官员的人,包括根据第 14 条第 1 款任命的检查员。

"基线"是指作为确定减排项目、方案或活动所实现的减排量的参考水平的排放水平。

"生物地球化学"是指化学元素和简单物质在生命系统和环境之间转移的循环,包括碳循环和大气中的二氧化碳浓度。

"生物地球物理"是指在一个地区运行的生物、地质和物理过程的综合体,即地表的物理属性,如反照率、粗糙度和蒸发量。

"蓝碳"是指沿海和海洋生态系统固存的碳,以生物量和沉积物的形式储存,包括红树林、盐沼和海草。

"预算编码和跟踪系统"是指专门用于跟踪和报告斐济气候变化相关支出的系统,该系统使用国家预算编码来区分与气候有关的支出。

"取消"或"注销",就减排单位而言,是指从登记册账户或外国账户上注销该单位。

"二氧化碳当量",就某种温室气体的数量而言,是指该气体的数量乘以条例规定的该温室气体的全球升温潜能值。

"碳封存"是指从大气中移除碳并将其储存起来的过程,包括在土壤和植被中储存,但不包括采伐的木制品或其他被采伐、砍伐的植被。

"碳封存产权"具有第 45 条赋予的含义。

"碳储存"是指储存在活体生物质、死亡有机物、土壤或沉积物中的碳量,但不包括采伐的木制品或其他被采伐、砍伐的植被。

"气候变化"是指直接或间接归因于人类活动的气候变化,它改变了全球大气的组成,并且是在可比时间段内观察到的自然气候变异之外的气候变化。

"气候变化搬迁"是指由于气候变化的直接或间接影响,包括单独或与其他经济、社会和政治因素一起发生的突发和缓发的气候事件和过程导致的人口搬迁。

"气候融资"是指国家或非国家实体为资助气候变化减缓和适应方案、行动和干预而提供或调动的资金。

"气候抗御力"是指社区、建筑环境和生态系统应对、抵御和从气候变化不利影响中恢复的能力。

"缔约方会议"是指《巴黎协定》的缔约方会议。

"委员会"是指根据第12条设立的国家气候变化协调委员会。

"公司"具有2015年《公司法》第3条规定的含义。

"竞争中立"是指国有商业实体和私营企业在公平竞争的环境中竞争。

"缔约方大会"指《生物多样性公约》的缔约方大会。

"森林管理员"指根据1992年《森林法》第3条任命的森林管理员。

"《宪法》"是指斐济共和国《宪法》。

"宪法机构"指根据宪法创建或延续的机构。

"毗连区"具有《联合国海洋法公约》第33条所赋予的含义。

"大陆架"具有《联合国海洋法公约》第76条所赋予的含义。

"《公约》"指1992年5月9日在纽约通过并在之后经过调整和修正的《联合国气候变化框架公约》。

"转换声明"指根据第56条第6款发布的声明。

"法院"指斐济高等法院。

"计入期"是指减排方法、根据本法制定的法规或根据第50条作出的声明中规定的时间段,在此期间,减排项目、方案或活动可产生减排单位。

"负责人"指根据第11条任命的气候变化和国际合作司负责人。

"司"指气候变化和国际合作司。

"双重计算"指实体或管辖范围为实现气候变化减缓而对单个减排量进行不止一次的计算。

"环境和气候适应税"指根据2015年《环境和气候适应税法》征收的环境和气候适应税。

"排放"是指在特定地区和特定时期向大气中释放温室气体或其前体,基于监测、报告、核查的目的,包括范围1、范围2和范围3的排放。

"减排"是指:

(a)从大气中人为移除或隔离一种或多种温室气体;

(b)避免或减少一种或多种温室气体的排放。

"减排活动"是指旨在产生经核实的减排量的活动。

"减排方法"是指为制定不同类型的减排项目、方案和活动以及估计减排量提供依据的科学途径和方法。

"减排方案"是指旨在产生经核实的减排量的方案。

"减排项目"是指旨在产生经核实的减排量的项目。

"减排标准"是指可以登记减排方案、项目和活动并产生经核实的减排量的标准或计划,并为此发放减排单位。

"减排单位"是指代表一吨二氧化碳当量的经核实的减排量的可交易证书或许可证。

"能源消耗"是指一个实体所消耗的每种能源类型的数量和能源含量。

"能源生产"是指一个实体所生产的每种能源类型的数量和能源含量。

"专属经济区"具有《联合国海洋法公约》第57条赋予的含义。

"设施"是指涉及温室气体排放、能源生产或能源消费并构成单一事业或企业的一项活动或一系列活动。

"斐济国家公积金委员会"是指根据2011年斐济《国家公积金法》第5条继续存在的委员会。

"斐济减排活动"是指负责人根据第50条宣布为斐济减排活动的减排活动。

"斐济减排方法"是指根据第49条批准的减排方法。

"斐济减排计划"是指负责人根据第50条宣布为斐济减排计划的减排计划。

"斐济减排项目"是指负责人根据第50条宣布为斐济减排项目的减排项目。

"斐济减排声明"是指根据第51条发布的声明。

"斐济温室气体清单"是指根据第29条建立的斐济温室气体清单。

"斐济减缓成果单位"是指根据本法发布的、具有唯一序列号的减排单位。

"《斐济计划搬迁指南》"是指根据第76条制定的指南。

"斐济搬迁和安置工作组"是指根据第75条第1款成立的斐济易受气候变化影响的社区搬迁和安置工作组。

"斐济搬迁和安置工作组的职权范围"是指2018年《斐济计划搬迁指南》附件3中规定的斐济搬迁和安置工作组的职权范围,并不时加以修订。

"协调人"是指由常务秘书根据第13条任命的协调人。

"外国账户"是指在位于外国或国家集团内或与之有关的登记册中保存的账户,包括为《巴黎协定》、核证碳标准和金本位目的设立的任何外国登记册中的账户。

"外国排放交易计划"是指根据斐济以外的司法管辖区的强制性或自愿性区域、国家、州或省的法律、计划、方案、基金、设施、系统、倡议或其他框架,创造和交易经核实的减排量。

"森林"包括:

(a)面积超过0.5公顷,树木高于5米,树冠覆盖率超过10%,或树木能够在原地达到这些标准的土地;

(b)竹子和森林棕榈树覆盖区,只要符合第a项中的高度和树冠覆盖标准;

(c)林道、防火隔离带和其他小型开阔地带;

(d)既有树木又没有其他主要土地用途的地区;

(e)红树林,但不包括农业生产系统中的树木。

"森林生物量"是指森林中的所有有机物,如树叶、树枝、树干、树根、枯枝落叶层和土壤有机物,无论是否有生命。

"全球盘点"指根据《巴黎协定》第14条进行的全球盘点。

"政府公司"具有2004年《财务管理法》第2条赋予的含义。

"温室气体"或"GHG"指二氧化碳(CO_2)、甲烷(CH_4)、氧化亚氮(N_2O)、氢氟烃(HFCs)、全氟碳化物(PFCs)、六氟化硫(SF_6)和三氟化氮(NF_3)。

"持有量",就减排单位而言,指登记册账户或外国账户中的该单位持有量。

"信息平台"指根据第37条建立的信息平台。

"检查员"指根据2005年《环境管理法》第18条任命的检查员。

"综合风险情景"指模拟实际气候变化影响及其潜在社会经济影响以及其他预测风险的情景。

"内水"具有《联合国海洋法公约》第8条赋予的含义。

"IPCC"指政府间气候变化专门委员会。

"发放",就减排单位而言,指按照减排标准发放减排单位。

"土著人土地"具有1905年《土著人土地法》第2条赋予的含义。

"土著人土地信托局"指根据1940年《土著人土地信托法》第3条成立的土著人土地信托局。

"土著人所有者"具有1940年《土著人土地信托法》第2条赋予该术语的含义。

"国际转让的减缓成果"指根据《巴黎协定》第6条制定的减排机制,包括:

(a)根据第58条在国际上转让的斐济减缓成果单位;

(b)在斐济境外产生的减排量,并根据本法和根据本法制定的法规批准向政府或在斐济境内运营的实体进行国际转让。

"《京都议定书》"指1997年12月11日通过并在之后经过调整和修正的《公约》下的《京都议定书》。

"土地所有者"是指:

(a)就国有土地而言,指由土地负责人代表的国家;

(b)就完全保有土地而言,指该完全保有土地的注册所有人;

(c)就土著人土地而言,指已登记的土著人土地所有人;

(d)就罗图马土地而言,指根据1959年《罗图马土地法》拥有该土地的人;

(e)就拉比岛土地而言,指根据1965年《巴拿巴土地法》拥有该土地的人。

"长期减排目标"具有第38条赋予的含义。

"长期海洋可持续发展目标"具有第81条第1款赋予的含义。

"低排放发展战略"或"LEDS"指不时更新的斐济2018～2050年低排放发展战略。

"管理投资计划"具有2015年《公司法》第3条赋予的含义。

"红树林"是指主要由生长在热带和亚热带沿海盐碱和潮汐生境中的树木和灌木组成的一种森林类型。

"部长"指负责气候变化的部长。

"部"或"司"是指根据《宪法》第127条由个人负责管理的公务员系统的部或司,而无论该部或司的名称或称呼是部、司、办公室还是其他名称。

"减缓"是指通过限制当前或未来的排放量和增加潜在的温室气体汇,以防止或减缓大气中温室气体浓度的增加。

"《蒙特利尔议定书》"指1987年9月16日在蒙特利尔通过并在之后经过调整和修正的《关于消耗臭氧层物质的蒙特利尔议定书》。

"国家适应计划"或"NAP"指根据第67条编制的计划。

"国家适应计划指导委员会"或"NAP委员会"指根据第66条设立的指导委员会。

"国家适应计划指导委员会职权范围"是指由财政部于2018年1月公布并不时修订的国家适应计划指导委员会职权范围。

"《国家建筑法》"指2004年《公共卫生(国家建筑法)条例》附录中规定的1990年《国家建筑法》。

"国家气候变化政策"或"NCCP"指根据第27条制定的政策。

"国家发展计划"是指不时修订或替换的斐济国家发展计划。

"国家环境委员会"指根据2005年《环境管理法》第7条成立的国家环境委员会。

"国家清单报告"指《巴黎协定》第13条第7款第a项要求的关于人为源排放量和汇移除量的情况报告。

"国家海洋政策指导委员会"指根据第82条第1款成立的指导委员会。

"国家自主贡献"或"NDC"指斐济根据《巴黎协定》第4条通报的应对气候变化的努力。

"非生物降解材料"是指一种空气、阳光、水和土壤不能分解的材料。

"非生态友好型材料"是指一种对地球不友好或对环境有害的材料。

"国家海洋政策"或"NOP"是指根据第83条制定的国家海洋政策。

"《巴黎协定》"指于2015年12月12日通过并于2016年11月4日生效的,于《公约》下达成的《巴黎协定》,该协定可不时进行调整或修订,缔约方会议和缔约方大会的相关决定对此作了进一步阐述。

"持续期限"是指斐济减排方法中规定的期限,在该期限内,根据该方法封存的碳须保持封存状态,才能被视为永久减排,或者根据本法制定的法规另有规定。

"人"包括任何个人、国家机构、公司、社团、法人或非法人团体。

"有计划的搬迁"是指为永久搬迁或重新安置一个社区或群体而采取的行动。

"提议者",就减排项目、方案或活动而言,指:

(a) 负责实施项目、方案或活动的人;

(b) 拥有实施该项目、方案或活动的合法权利的人。

"保护令"是指由负责人发布的旨在防止封存碳损失的命令。

"合格成员"就土著人土地所有者而言,是指经土著人土地委员会核实的土地拥有单位的成员,该成员需永久居住在斐济,年龄在18岁以上。

"REDD+"指按照第1/CP.16号决定和缔约方会议所有相关决定的规定,减少发展中国家毁林和森林退化所致排放量,保护森林碳储存,可持续管理森林和增加森林碳储存。

"州租赁登记簿"指由产权登记员根据1945年《州土地法》第12条保存的州租赁登记簿。

"登记的持有人",就减排单位而言,指在其登记册账户或外国账户中有该单位条目的人。

"登记册"指根据第61条设立的斐济登记册。

"登记册账户"是指根据第61条第6款确定并按照本法制定的条例保存的账户。

"可再生能源"是指由可再生资源产生的能源,包括太阳能、风能、生物质能、潮汐能、波浪能、地热能和水电。

"报告期"指根据本法制定的减排方法或法规中明确的,作为减排项目、计划或活动的报告期。

"研究"是指对与气候变化有关的任何事项进行的任何研究、调查、询问、科学分析或类似活动,这些活动可能有助于本法的实施。

"研究结果"包括与任何研究相关的分析、结论和数据。

"储备银行"指根据1983年斐济《储备银行法》第3条成立的斐济储备银行。

"逆转"指排放量减少的逆转。

"范围1排放"是指作为某项活动或一系列活动的直接结果而释放到大气中的排放。

"范围2排放"是指间接消费能源商品向大气释放的排放物。

"范围3排放"是指在更广泛的经济活动中产生的除范围2排放外的排放,这些排放是由于某个设施的活动而产生的,但其来源不属于该设施的企业所有或控制。

"汇"指从大气中移除温室气体、气溶胶或温室气体前体的任何过程、活动或机制。

"源"指向大气释放温室气体、气溶胶或温室气体前体的任何过程或活动。

"国家机构"是指部委、部门、宪法机构、法定机构、政府公司或关联的机构。

"国有土地"具有1945年《国有土地法》第2条赋予的含义。

"法定权力"具有2004年《财务管理法》第2条赋予的含义。

"可持续发展"是指在不损害后代满足自身需求的能力的情况下满足当代人需求的发展,包括以下实现可持续发展的原则和理想:

(a)预防原则:在存在严重或不可逆转损害的威胁时,不应以缺乏充分的科学确定性为理由,推迟采取措施,以预测、预防或尽量减少气候变化的产生并减轻其影响,同时考虑到这些措施应具有成本效益;

(b)代际公平原则:社会包容、公平、环境可持续、净零排放的经济支持和保护今世后代的福祉,为了子孙后代的利益,而保护和促进环境的健康、多样性和生产力;

(c)社区、基础设施、生物多样性和生态完整性的保护应是决策中的一个基本考虑因素;

(d)决策过程应有效整合长期和短期的环境、经济、社会和公平考虑;和

(e)应促进改进估价、定价和激励机制,包括污染者付费原则。

"可持续发展目标"或"SDGs"是指联合国大会第70/1号决议通过的2030年联合国可持续发展目标,以及联合国随后商定的取代现有目标的任何可持续发展目标。

"《气候变化苏瓦宣言》"是指太平洋岛国发展论坛第三次峰会批准的《气候变化苏瓦宣言》。

"塔拉诺阿(Talanoa)"是指具有包容性、参与性和透明的沟通过程,目的是分享故事,建立共鸣,为集体利益作出明智的决定。

"领海"具有《联合国海洋法公约》第3条赋予的含义。

"转让",就减排单位而言,指一个单位从一个登记册账户或外国账户转让到另一个登记册账户或外国账户。

"UNCLOS"指1982年《联合国海洋法公约》。

"《公约》秘书处"指根据《公约》第8条设立的秘书处,并作为《京都议定书》和《巴黎协定》的秘书处。

"经核证的减排量"是指按照减排标准经核证的减排量。

"核查报告"是指由根据减排标准获得认证的独立审计员编写的报告,该报告核实了在该减排标准下登记的减排项目、计划或活动已实现一定数量的减排。

"脆弱性"指一个系统易受或无法承受气候变化不利影响的程度,包括气候多变性和极端现象。

"2030年海洋保护区目标"具有第81条第2款赋予的含义。

适用

3. (1) 本法在全国范围内适用。

(2) 本法适用于在斐济土地和领空之内、表面、上方或下方进行的一切活动,包括在其内水、领海、群岛水域、毗连区、专属经济区、大陆架以及这些水域下面的海床和底土范围内从事的一切活动。

(3) 就本法而言,国际航空或国际航运的排放不属于斐济的排放源。

目标

4. 本法的目标是:

(a) 提供一个框架,斐济可以据此制定和实施明确而长期的气候变化措施和政策,在气候紧急情况下保护斐济及其人民、生态系统和生物多样性的未来;

(b) 使斐济能够履行《公约》和《巴黎协定》规定的国际义务,并实施斐济的国家自主贡献;

(c) 促进实现与气候变化有关的区域承诺和愿望,包括2015年《气候变化苏瓦宣言》;

(d) 为执行本法建立体制和治理结构;

(e) 促进在政府和私营部门决策的特定领域对气候变化问题的循证考虑;

(f) 在所有部门计划和战略中纳入对气候变化预测的考虑,阐明减少风险的责任和制定恢复力建设目标;

(g) 规定制定、执行和审查国家气候变化政策、国家适应计划、国家海洋政策和任何其他气候变化政策;

(h) 为监测、报告和核查温室气体人为源排放量和人为汇移除量建立透明

的框架;

(i) 提高政府透明度,通过建立数据管理系统和可公开获取信息的平台,其中包含与斐济温室气体排放、气候变化预测和脆弱性有关的数据,使私营和民间部门能够进行知情决策和风险管理;

(j) 设定长期减排目标和碳预算,持续减少斐济的温室气体排放,以实现各项碳预算和长期减排目标;

(k) 通过实施、运作和管理旨在减少斐济温室气体排放的法规、措施和行动,对气候紧急情况做出战略反应;

(l) 规定制定减排项目、方案和活动,并为进入国际碳市场提供便利;

(m) 规定实施、运作和管理法规、措施和行动,建设斐济社区、建筑环境和生态系统对气候变化影响的适应能力;

(n) 为面临风险的社区提供搬迁服务,并保障搬迁者的权利;

(o) 确保与气候相关的政策和措施充分考虑对海洋的影响,维护和强化海洋应对气候变化不利影响的能力,并利用海洋的减缓潜力;

(p) 维护斐济的国家安全和主权,包括斐济对其海洋区域的主权,如内水、群岛水域、领海、毗连区和《联合国海洋法公约》意义上的专属经济区,并符合《面对与气候变化相关的海平面上升保护海洋区域宣言》;

(q) 为确保执行本法获得所需国内和国际资金建立一个框架;

(r) 要求公司、管理投资计划、斐济国家储备基金委员会、持牌金融机构和储备银行披露气候变化给其业务带来的金融风险以及其为减少这些风险而采取的措施,并要求公司董事和斐济国家储备基金委员会在气候变化风险给实体带来可预见的机会或风险的情况下考虑这些风险。

原　　则

5. 本法须根据以下原则实施:

(a) 在采取行动应对气候变化时,斐济将尊重、推进和考虑《宪法》第二章承认的权利和自由;

(b) 斐济和地球正面临气候紧急情况,需要迅速而大胆的全球经济转型,实现净零排放;

(c) 代际公平原则,即今世后代的福祉得到社会和性别包容、公平、环境可持续、净零排放经济的支持和保护,环境的健康、多样性和生产力得到保护和增强,以造福今世后代;

(d)预防原则和采取预防措施,以预测、防止或尽量减少气候变化的产生并减轻其影响,在存在严重或不可逆转的损害威胁的情况下,考虑到应对气候变化的政策和措施应具有成本效益,缺乏充分的科学确定性不应被用作推迟采取此类措施的理由;

(e)可持续发展,包括通过执行《可持续发展目标》、《仙台减轻灾害风险框架》和《亚的斯亚贝巴行动议程》实现可持续、繁荣与和平未来,以及保护气候系统免受人为气候变化影响的国内政策和措施应适合斐济的具体情况,并与国家发展方案相结合,同时考虑到经济发展对于采取措施应对气候变化的重要性;

(f)气候变化和应对气候变化的行动可能对劳动力和人民的生计产生不利影响,斐济将采取措施避免或减轻任何此类收入或生计损失,并根据斐济的发展优先事项,促进劳动力的公正过渡(《巴黎协定》规定的"劳动力的公正过渡和创造体面、高质量的工作"),创造体面的工作和高质量的就业机会;

(g)共同但有区别的责任和能力原则,要考虑斐济的国情,特别是斐济是一个小岛屿发展中国家,极易受到气候变化的影响,对全球温室气体水平的贡献很小;

(h)鉴于斐济作为一个小岛屿发展中国家极易受到气候变化影响的国情,避免、尽量减少和设法解决与气候变化不利影响相关的损失和损害尤为重要;

(i)性别平等、社会包容和可持续发展目标之间有着不可分割的联系,包括承诺不让任何人掉队,在采取行动应对气候变化时,斐济将尊重、促进和考虑可持续发展目标、性别平等和应对能力、妇女人权和其他妇女权利、残疾人权利和残疾人包容性方法、老年人、儿童享有健康环境的不可剥夺的权利、青年、弱势和边缘化群体和社区,包括在正规部门就业和获得生计、参与决策和获得服务及保健、教育、水、卫生、住房和交通等领域的权利;

(j)在采取行动应对气候变化时,斐济须考虑到对竞争中立性的影响;

(k)承认土著人民和罗图马岛上的土著人和罗图马人各自对土著人土地和罗图马土地的所有权,以及他们独特的文化、习俗、传统和语言;

(l)海洋对斐济人和太平洋岛国人民的身份和生计至关重要,并在适应和减缓气候变化方面发挥重要作用,健康的海洋是创造健康气候的必要条件——须采取紧急和大胆的行动应对气候变化,减少其他人为压力,如

塑料污染和其他形式的污染和废物,从而保护海洋;

(m)气候变化仍然是对斐济和太平洋岛国人民的生计、安全和福祉的最大威胁,因此,本着"塔拉诺阿"精神(the spirit of *Talanoa*)加强斐济对《公约》进程的参与,并紧急推进执行《巴黎协定》和《波伊区域安全宣言》,对于维护斐济的国家安全和主权至关重要。

第二编 气候紧急状态的宣布

气候紧急状态的宣布

6.(1)本法承认并宣布斐济和地球正面临气候紧急状态。

(2)本法是对当前和未来气候变化风险的回应,参考了迄今为止政府间气候变化专门委员会公布的现有最佳科学,强调迫切需要将全球平均气温上升限制在比工业化前水平高 1.5℃ 的范围内。

(3)斐济已经并将继续经历气候紧急状态的影响,包括越来越不稳定和极端的天气事件、海平面上升和越来越容易受到食物和水传播疾病的影响,这些影响已造成的后果有:

(a)已经并将继续对粮食生产、供水、公共卫生、基础设施、社区和经济产生破坏性影响;

(b)已经并将继续迫使社区搬迁到地势较高的地方。

(4)因斐济极其容易受到气候紧急状态的影响,迫切需要加强斐济经济、自然和建筑环境以及人民的气候适应能力。

(5)为了应对和减缓气候紧急状态,有必要向净零排放的全球经济快速、大胆转型,斐济将通过到 2050 年实现温室气体净零排放,为这一转型做出贡献。

(6)本法的目的是为政府应对斐济气候紧急状态的整体方法制定一个详细的框架。

第三编 《巴黎协定》的实施

《巴黎协定》的实施

7.(1)本编的目的是全面履行斐济根据《巴黎协定》承担的义务。

(2)部长须与委员会协商,并根据《巴黎协定》,注意给予斐济作为小岛屿发展

中国家的灵活性,为以下目的采取一切合理步骤:
（a）准备、传达和维持部长希望斐济实现的连续 NDC;
（b）推行国内减缓措施,以实现斐济 NDC 的目标;
（c）了解全球盘点情况,每五年通报一次 NDC,这代表了斐济超越当时的 NDC 的进步,反映了斐济尽可能高的目标,反映了其根据国情承担的共同但有区别的责任和能力;
（d）在传达斐济的 NDC 时,提供清晰、透明和为理解所必需的信息;
（e）在通报斐济的 NDC 时,遵守资本市场委员会商定的任何共同时间框架;
（f）核算斐济的 NDC,在核算与斐济的 NDC 相对应的温室气体人为源排放量和人为汇移除量时,要促进环境完整性、透明度、准确性、可比性和一致性,并确保避免重复计算;
（g）酌情参与适应规划进程和行动的实施,包括制定或加强相关计划、政策或贡献;
（h）提供下列信息:
　　（i）使用 IPCC 接受并经气象委员会同意的良好做法指南和方法编写的温室气体人为源排放量和人为汇移除量国家清单报告;
　　（ii）跟踪在实施和实现其 NDC 中所取得的进展的必要信息。
（3）部长可在负责人的协助下,根据《巴黎协定》,提交并定期更新适应信息通报或国家适应计划,其中可包括斐济的适应优先事项、实施和支持需求、计划和行动。

准备和实施斐济的国家自主贡献

8.（1）部长须在委员会的协助下,采取其职权范围内的所有合理措施,促进实现斐济 NDC 的任何部门减排或限制目标。
（2）部长在与委员会协商准备后续 NDC 时,须考虑:
（a）国家发展计划、国家气候变化政策、低排放发展战略、国家适应计划、国家海洋政策和任何其他相关政策;
（b）长期减排目标和碳预算;
（c）国家清单报告;
（d）关于斐济 5 年期间的温室气体排放量、实现斐济 NDC 的进展以及参照根据第九编制定的碳预算实现长期减排目标的进展情况的陈述。

第四编 管 理

部长的权力

9.（1）部长有权：

　　（a）监督本法的执行并促进遵守本法，包括：

　　　　（i）采取一切合理步骤，确保斐济遵守《巴黎协定》；

　　　　（ii）制定、执行和审查斐济的国家气候变化政策和指南；

　　　　（iii）根据本法、《巴黎协定》和斐济批准的其他与气候变化有关的国际条约，制定、执行和审查有关气候变化减缓、适应、气候变化转移、计划搬迁和海洋的措施和行动，包括所需的经济、财政、金融和市场工具；

　　（b）采取措施开展科学技术研究，鼓励围绕最终用户的需求，特别是边缘化和弱势群体的需求开发、转让和部署减缓和适应气候变化的技术、设备和工艺；

　　（c）召集其他部委支持国家将气候变化减缓、适应、气候变化搬迁和计划搬迁纳入发展规划、决策和政策的主流；

　　（d）任命专家并建立一个独立的咨询委员会，以协助就实施本法的任何方面提供咨询意见；

　　（e）为与执行本法有关的事项制定程序并举行公开协商；

　　（f）为执行本法起草和提出预算拨款提议；

　　（g）履行实现本法目标和应对气候变化所必需的任何其他职能。

（2）部长可通过书面文件任命一个人或一类人作为授权官员，目的是：

　　（a）使该人或该类人行使本法下授权官员的权力或文件中规定的这些权力；

　　（b）使该人或该类人履行本法下授权官员的职能或文件中规定的这些职能。

（3）在不限制第 2 款的情况下，部长可以通过书面文件任命根据 1972 年《地方政府法》任命的具有适当技能的官员或检查员为本法下的授权官员。

（4）部长可与相关部长协商，根据本法的目标和原则、斐济现行的 NDC 和其他相关立法和政策文件，制定必要的标准和业务守则，以加快斐济应对气候变化的步伐。

报告和审查本法执行情况的义务

10.(1)部长须每5年审查一次本法的执行情况,包括在实现本法的目标和原则方面取得的进展,并向议会报告审查结果。

(2)部长须制定有关性别、年龄和残疾问题的绩效指标,并在可能的情况下进行分类,以便对本法执行结果进行评估。

(3)在审查本法的执行情况时,部长须咨询:
  (a)根据本法拥有权力或职责的所有部长,包括负责经济、森林、土地、环境、教育、渔业和地方政府的部长;
  (b)从负责妇女事务的部长处了解性别原则在执行的各个方面得到遵守的程度;
  (c)委员会。

(4)部长须每年向议会报告应对气候变化的国际和国家义务的履行情况,以及在实现净零排放和适应气候变化的发展方面取得的进展。

气候变化和国际合作司负责人

11.(1)部长须确保任命气候变化和国际合作司负责人。

(2)负责人具有以下职能:
  (a)协助部长实施和执行本法;
  (b)按照本法、《公约》和《巴黎协定》的要求编写报告;
  (c)开发和维护信息平台和适应登记册;
  (d)评估和确定以下事项的申请:
    (i)批准开展根据减排方法制定的减排项目、计划和活动;
    (ii)发放由核准的项目、计划和活动产生的斐济减缓成果单位;
    (iii)根据《巴黎协定》和其他市场机制对斐济减缓成果单位进行国际转让;
  (e)制定协调和促进斐济减缓成果单位国际转让的政策、指南和标准;
  (f)制定标准,确保不重复计算已批准的项目、计划和活动实现的减排量;
  (g)建立和维护登记册,包括建立和维护账户,确保在登记册中准确和透明地记录减排项目、计划和活动以及减排单位的发放、持有、转让、清缴或注销。

(3)负责人须行使根据本法制定的条例规定的或部长指示的任何其他职能或权力。

(4)应负责人的请求,有关国家机构须在其能力限制范围内尽可能协助负责人。

国家气候变化协调委员会

12.(1)本条设立了国家气候变化协调委员会。

(2)根据第1款设立的委员会由常务秘书、负责人及根据第3款提名的其他成员组成。

(3)负责气候变化的常务秘书可提名国家机构的代表担任委员会成员。

(4)负责气候变化的常务秘书将担任委员会主席,负责人将担任委员会副主席。

(5)委员会须至少每年召开一次会议,至少有3/4的成员出席。

(6)主席须主持委员会的所有会议,如主席因任何理由缺席,则副主席须主持该会议。

(7)委员会成员可从其部门或国家机构中提名一名替代人员代表成员出席委员会会议。

(8)委员会须每年与国家环境理事会和负责国家安全的国家机构的理事会、委员会或代表举行会议。

(9)委员会具有以下职能:

 (a)接受并回应其成员在各自职责范围内应对气候变化和实施本法方面的支持请求;

 (b)促进制定、实施和监测支持实施本法的跨领域政策;

 (c)确保部委和部门活动与支持本法实施的政策和框架保持一致;

 (d)确保相关部门计划的制定、实施、监测和评估,并向部长汇报;

 (e)通过向部长、部委和部门提供建议和指导,协助解决与气候变化和本法的实施有关的战略层面的问题和风险;

 (f)确保将国家和地方政府,包括省级行政部门对气候变化的考虑和行动纳入主流;

 (g)就应对气候变化和促进净零排放及抵御气候变化的发展所需的政策和其他措施向国家和地方政府(包括省级行政部门)提供咨询意见;

 (h)为部门法律和政策的审查、修订和协调提供指导,以实现本法的目标;

 (i)审议和批准与执行本法或国家气候变化政策有关的行业团体或公众教育方案;

(j)应部长的要求,就实现本法规定的目标或任何其他与气候变化有关的事项的进展提供建议、分析、信息或其他援助;

　　(k)履行部长要求的任何其他职能。

(10)委员会有权:

　　(a)请求任何国家机构协助履行本法规定的任何权力;

　　(b)组建技术工作组,以协助委员会根据本法履行其职能;

　　(c)组建有相关专家和利益相关方实质参与的协商小组,包括私营部门、民间社会组织、青年组织或代表以及弱势和高危群体和社区。

(11)委员会须妥善保存其议事记录。

(12)委员会须编写一份年度工作报告。

(13)部长须在收到委员会的年度报告后尽快将其提交议会。

(14)部长须制定并公布委员会的职权范围,该职权范围将根据本条规定委员会的权力、职责和职能,并进一步支持本法的实施以及与气候变化相关的其他事项。

(15)部长须至少每5年审查一次,并在必要时更新一次委员会的职权范围。

(16)委员会须按照本条及其职权范围行事。

<h3 style="text-align:center">协 调 中 心</h3>

13.(1)每个部门的常务秘书须与负责人协商,从其内部指定一人作为协调人。

(2)每个协调中心负责在其内部宣传本法的目标和原则,并且须每两年向负责人报告一次本部门内部执行本法的情况。

<h3 style="text-align:center">检查员的任命</h3>

14.(1)根据2005年《环境管理法》第18条任命的检查员也是本法中的检查员,包括收集与减排项目、计划和活动相关的信息。

(2)就本法而言,检查员是授权官员。

(3)检查人员在检查时须携带身份证明。

(4)任何人根据第3款伪造或仿造身份证明,或使用任何伪造、仿造或虚假的身份证明,或假冒身份证明上指明的检查员或授权官员,即属犯罪,一经定罪,可处以不超过5000斐济元的罚款或不超过12个月的监禁,或两者兼施。

授权官员的权力

15.(1)授权官员拥有以下权力:

(a)进行任何检查或调查,包括检查任何工厂、物质或物品,以确定是否遵守或违反本法;

(b)按照为施行本条而订立的任何条例,采集或取出分析所需的任何事物、物质或物品的样本;

(c)接管任何机械、设备、工业装置或其他物件,以作进一步检验或测试,或用作证据;

(d)拍照、照相或测量,或以任何形式制作草图或记录;

(e)检查任何形式的任何文件或业务记录,并制作和复制该等文件;

(f)命令停止全部或部分部委、部门、法定主管机构、地方主管部门或工厂的运作,以便进行检查;

(g)为进行检查而会见任何人;

(h)行使本法或任何其他成文法赋予的任何其他权力。

(2)在检查结束时,授权官员须:

(a)编写检查报告;

(b)向部委、部门、法定当局、地方当局或机构提供一份报告副本。

(3)在行使本法规定的权力时,授权官员可由警察、技术专家或任何其他人员陪同进行检查。

(4)如果授权官员从某个部委、部门、法定主管机构、地方主管部门或工厂接管了某个事物、物质、工厂机械或者其他项目或物品,则该部委、部门、法定主管机构、地方主管部门或者工厂的负责主体可要求负责人作出归还该事物、物质、工厂机械或者其他项目或物品的决定。

(5)不得披露为检查目的收集的任何文件或资料,除非该文件或资料是为了以下目的披露的:

(a)用于官方目的;

(b)获得提供该文件或资料的人或该资料所关乎的人的同意;

(c)在法院或法庭上;

(d)符合公共利益。

(6)根据第3款,授权人员或协助授权人员的任何人不对在行使本条项下的任何权力时出于善意做出的任何行为承担个人责任。

授权官员的进入权和检查权

16. (1) 就本法而言,授权官员可在任何合理的时间:
    (a) 进入并检查根据本法已获得许可或批准的任何设施、土地或场所,以确定是否正在进行任何违反许可或批准或者许可或批准条件的活动或承诺;
    (b) 进入并检查根据本法颁发的许可证或批准书所涉及的任何设施、土地或房舍,以确定是否有任何活动或事业的开展违反了许可证或批准书或者许可证或批准书的条件;
    (c) 如果授权官员有合理理由相信可以找到与本法所述违法行为有关的文件或资料,可以进入并检查任何设施、土地或房舍;
    (d) 如果授权官员有合理的理由认为船只或飞机违反本法,可以拦截并检查飞机或船只;
    (e) 可以要求出示本法要求保存的任何文件或信息,或与授权官员根据本法行使权力的目的相关的任何其他文件或信息。

(2) 根据本法颁发许可、批准或减缓成果声明的一个条件是,持有人须允许授权官员对许可、批准或减缓成果声明所涉及的任何设施、土地或房舍(住宅除外)进行本法要求或授权的检查。

(3) 部委、部门、法定机构或地方当局的雇员,或授权官员根据本法行使权力的设施、土地或房舍的负责实体,须:
    (a) 向授权官员提供任何协助,使授权官员能够根据本法行使其权力和职能;
    (b) 提供授权官员为本法目的所需的任何文件或信息。

(4) 任何人如果明知或故意:
    (a) 向授权官员隐瞒任何事实,或隐瞒物品或工厂器械的位置或存在;
    (b) 故意阻挠授权官员进行第15条和本条允许的活动;
    (c) 干扰授权官员根据第15条和本条的允许收集信息和数据,则构成犯罪,一经定罪,可处以不超过10,000斐济元的罚款。

改进通知

17. (1) 如果授权官员有理由相信,国家机构或者设施、土地或房舍的负责实体正在或已经违反本法,授权官员可以向国家机构或负责实体发出规定格式的改进通知。

(2)不遵守改进通知的人即为犯罪,一经定罪,可处以不超过 750,000 斐济元的罚款。

第五编　国家机构的气候变化义务

国家机构须确保与本法的目标和原则保持一致

18.(1)所有国家机构须确保在本条生效后,国家机构作出的任何决定和制定或实施的任何政策、方案或程序都与部长根据第 4 款公布的准则保持一致,只要该准则适用于该决定、政策、方案或程序。

(2)所有国家机构须审查和更新国家机构在本条生效前作出的相关决定和制定的政策、方案或程序,以确保决定、政策、方案或程序与实现本法的目标和原则(如果与决定、政策、方案或程序有关)相一致。

(3)如果法院发现气候变化与国家机构在本条生效后作出、制定或实施的决定、政策、方案或程序有关,并且还发现该决定、政策、方案或程序与实现本法的目标和原则不一致,法院可以作出命令:

(a)搁置该决定、政策、方案或程序,并要求根据第 2 款重新作出该决定、政策、方案或程序;

(b)法院认为合适的任何其他此类命令。

(4)在本条生效后的 12 个月内,部长须与委员会协商,就国家机构在作出决定或者制定或实施政策、方案或程序时,如何确保与实现本法的目标和原则保持一致,制定并发布准则。

(5)准则可以:

(a)适用于所有决定、政策、方案或程序;

(b)适用于特定类别的决定、政策、方案或程序。

(6)在不限制第 4 款的情况下,准则可以:

(a)就本法的目标和原则的应用提供实际指导;

(b)就何时须考虑本法的目标和原则提供指导;

(c)就如何履行考虑本法规定的目标和原则的义务提供指导,决策者须促进并确保与气候目标保持一致。

19.(1)本条适用于根据附件 1(已省略)中规定的任何法律作出的、可能会受到气候变化影响或导致气候变化的任何决定或采取的任何行动。

(2)作出第1款所述决定的人员须作出决定或采取行动,以促使实现以下事项并与其保持一致:

(a)本法的目标和原则;

(b)对与该决定或行动相关的气候变化的潜在影响的减缓和适应,包括增加气候脆弱性的可能性方面,并参考根据本法制定的相关综合风险情景;

(c)减缓该决定或行动对斐济温室气体排放的潜在影响;

(d)国家气候变化政策;

(e)斐济的国家安全和主权;

(f)部长发布的任何指导方针。

(3)与第2款第b项下的决定相关的气候变化的潜在影响包括:

(a)潜在的生物地球化学和生物地球物理影响;

(b)潜在的长期和短期经济、环境、健康和其他社会影响;

(c)对气候抗御力的潜在影响;

(d)潜在的有利和不利影响;

(e)潜在的直接和间接影响;

(f)潜在的累积影响。

(4)第2款第c项下的决定对斐济排放的潜在影响包括:

(a)潜在的短期和长期排放;

(b)潜在的范围1、范围2和范围3排放;

(c)排放量的潜在增加和减少;

(d)排放的潜在累积影响。

(5)本条要求适用于作出第1款所述决定的人员,但不限制其考虑其他事项。

(6)本条中的任何内容均不限制作出第1款中未提及的决定的人员在根据任何其他成文法作出任何其他决定或采取任何其他行动时考虑气候变化的任何潜在影响或对斐济温室气体排放的潜在贡献的权力。

(7)部长可通过《政府公报》上的通知修订附件1(已省略)中规定的法律清单、部长级行动和决定指导方针。

20.(1)部长须向作出第19条第1款所述决定的人员发布指导方针,说明该人员在作出该决定或采取该行动时根据第19条第2款需要考虑的因素的范围和应用。

(2)部长在根据附件1(已省略)中规定的法律作出与决定相关的指导方针之

前,须与实施本法律的部长协商。

(3)部长须在公报上公布根据本条发布的指导方针,将本法纳入各部委。

21.(1)根据第13条任命的每个协调人员须采取一切合理措施,支持本法在各自部门的实施。

(2)各部须每年向负责人员报告本法在其内部的执行情况,包括根据本法或根据本法制定的条例分配给部长或部门的任何职责、职能和义务的执行情况。

环境影响评估

22.如果根据2005年《环境管理法》的规定,需要对拟定的活动或企业进行环境影响评估,且拟定的活动或企业可能导致大量温室气体排放、周围地区气候脆弱性增加(包括上游或下游影响),或可能受到气候变化的不利影响,则环境影响评估须包括对这些问题的评估以及解决这些问题的措施。

政府采购

23.(1)根据2010年《采购条例》设立的斐济采购办公室须制定符合要求的采购政策或审查和更新现有采购政策,以确保它们符合本法的目标和原则以及斐济的国家自主贡献、国家气候变化政策、低排放发展战略、国家适应计划和国家海洋政策的实施,在可能的情况下,这些采购政策应为以下方面设定最低标准:

(a)促进适应和气候抗御力;

(b)采购零排放或低排放产品、车辆或能源。

(2)斐济采购办公室在履行本条规定的各自义务时,可要求委员会提供信息和指导。

24.(1)在相关情况下,所有部长须每年审查和评估与气候风险相关的部长组合和职能,并对关键绩效指标进行调整和更改,以确保气候变化因素能够得到充分解决。

(2)所有部长都须确保部门的常务秘书在与部长协商的情况下,审查和修订部门内公务员的主要业绩指标和职务说明,目的是确保公务员具备相关的专业技能以支持本法的实施。

(3)任何部长在履行本条规定的各自义务时,可要求委员会提供信息和指导。

将气候变化纳入课程体系

25.(1)根据《宪法》第31条第4款,教育部长须与部长协商,将关于气候变化的循证学习纳入斐济国家课程框架中各级课程的各种学科。

(2)部长可以向负责大学和高等教育机构的国家机构提供建议,将有关气候变化的实证学习纳入其课程。

提交国家预算

26.(1)财政部长须在国家预算的补编中提供有关气候变化经济影响的信息。

(2)所有国家机构须在其提交的预算中列入:

(a)用于国家预算的气候相关支出的实际细节和估计细节以及气候变化对国家机构的财务影响的预算估计文件;

(b)根据《巴黎协定》第9条、第10条和第11条,在资金、技术转让和能力建设方面需要和获得的信息。

(3)部长须在委员会的协助下编写和公布指导方针,以协助国家机构履行第(2)款规定的义务。

第六编 国家气候变化政策的制定和评估

制定国家气候变化政策

27.(1)部长须在委员会的协助下,制定和实施到2030年并且连续10年的国家气候变化政策。

(2)部长须在每个连续时期开始之前在网上发布国家气候变化政策。

(3)部长在委员会的协助下制定国家气候变化政策时,须以鼓励各种利益相关者参与的方式进行公众磋商,包括私营部门、民间社会组织、青年组织或代表以及弱势和高危群体。

(4)部长在制定和实施国家气候变化政策时,应了解以下信息:

(a)本法制定的目标、原则、权力、权利和义务;

(b)根据《公约》《巴黎协定》《生物多样性公约》和与可持续发展目标相关的任何自愿报告的监测和报告要求而整理和提交的数据;

(c)关于气候变化的最佳可用科学知识,包括政府间气候变化专门委员会发布的相关信息;

(d)与气候变化相关的清洁技术和技术创新;

(e)经济情况,尤其是国家气候变化政策对以下方面可能产生的影响:

(i)经济;

(ii)维持特定经济部门的竞争力;

(iii)中小企业;

(iv)就业机会;

(v)社会全体的社会经济福利;

(f)社会环境,特别是战略和政策对边缘化和弱势群体的可能影响;

(g)财政影响,尤其是在避免未来成本方面;

(h)环境情况,特别是国家气候变化政策对陆地和海洋生物多样性和生态系统服务的健康和完整性可能产生的影响;

(i)有关气候变化的国际法律和政策;

(j)斐济所有人员关于适应和减缓气候变化的传统知识;

(k)在为执行本编而进行的公众磋商中提出的问题。

(5)国家气候变化政策须:

(a)制定明确的目标和实现这些目标的适当指标;

(b)明确与本法和《巴黎协定》保持一致,并加强与其他相关国家、地区和国际政策、战略和框架的协同作用;

(c)提供明确的政策方针和相关的战略行动,以实现政策的总体目标;

(d)纳入性别、人权以及社会和文化问题。

(6)国家气候变化政策须解决所有经济部门的问题,并提供将国家气候变化政策纳入这些部门主流的机制。

(7)部长须制定和实施监测、评估框架以及系统,以便监测与国家气候变化政策相关的以下事项:

(a)结果的交付时限;

(b)制度绩效和知识保留;

(c)实现发展目标方面取得的进展。

审查国家气候变化政策

28.(1)部长须在委员会的协助下,根据第三编对斐济历年的国家自主贡献的审查,审查和修订连续 10 年的国家气候变化政策。

(2)部长在审查国家气候变化政策时,将在委员会的协助下根据第 27 条第 3 款进行公众磋商,并了解第 27 条第 4 款所列的事项。

(3)部长须编写一份报告,概述国家气候变化政策的审查结果,并包含对修订计划的建议,该建议需:

(a)向议会提交报告;

(b)网上发布报告,包括在信息平台上发布。

(4)议会须审议第 3 款规定的报告和对计划拟议的修正案,并须给予批准、修订或拒绝的回复。

第七编　排放量和减排量的监测、报告和核查

斐济温室气体清单

29.(1)部长须根据《公约》制定的、经 IPCC 接受并经缔约方大会商定的良好实践指导方针和方法制定斐济温室气体清单。

(2)部长须在信息平台上公布斐济温室气体清单。

按部门收集估算排放和减排数据所需的数据和信息

30.(1)下列部门的常务秘书须每两年估计和编制一次其职责范围内与排放和减排活动有关的数据,并提交委员会:

(a)能源和交通部门的常务秘书;

(b)工业流程和产品使用部门的常务秘书;

(c)农业、林业和其他土地使用部门的常务秘书;

(d)废物部门的常务秘书。

(2)负责人须编制每个部门的排放和减排数据,采取一切合理措施确保数据的一致和准确,并将编制的排放和减排数据提交委员会。

(3)负责人可请求根据第 12 条第 10 款第 b 项召集的技术工作组的协助,以支持其履行第 1 款规定的职能,并支持常务秘书履行第 1 款规定的职责。

(4)部长可与委员会协商,设立一个团体、机构、工作组(或与根据第 12 条第 10 款第 b 项召集的技术工作组合作),为汇编排放和减排数据提供支持、咨询和履行行政职能,以支持负责人履行本条规定的职能。

(5)第1款所述的常务秘书可要求：
  (a)国家机构提供与国家机构的职责或业务有关的排放和减排数据及相关信息；
  (b)个人在斐济经营一个或多个设施的，其每个财政年度的二氧化碳排放量超过根据本法制定的条例所规定的二氧化碳当量时，须提供与该设施有关的以前财政年度的排放和减排数据及相关信息。
(6)国家机构和个人在斐济经营一个或多个设施的，其每个财政年度的二氧化碳排放量超过本法规定的二氧化碳当量时，须：
  (a)及时回应常务秘书根据本条提出的任何数据和信息要求；
  (b)尽可能提供所要求的数据和信息。
(7)部长须与利益相关者协商，以确定第5和6款规定的数量。
(8)部长可以制定和发布指导方针，以提高为本条目的而估计和编制的数据的准确性、一致性和覆盖范围。

关于燃料批量销售的强制性报告

31.(1)个人为向公司或个人分销或销售燃料而向斐济进口燃料的，须保存并每两年向交通部门的常务秘书提供相应财政年度销售燃料数量的信息。
(2)部长须制定并公布关于应保存并提供给相关交通部门常务秘书的信息内容和形式的指导方针，包括须报告的燃料类型。

设施层面的排放和减排数据自愿报告

32.(1)个人在斐济经营设施的，若其每个财政年度的二氧化碳总排放量超过条例规定的二氧化碳当量，则可以保存并每两年向有关常务秘书提供根据本法制定的条例规定的年度温室气体净排放量信息，包括人为温室气体源排放量和汇移除量，以及根据《巴黎协定》第6条或为任何其他目的进行国际转让的任何减排量。
(2)部长须与利益相关者协商，以确定第1款规定的数量。
(3)部长可以制定和发布指导方针，就可以保存和提供给相关常务秘书的信息内容和形式提供指导，包括：
  (a)工业流程，包括工业流程的副产品；
  (b)向大气排放的温室气体排放量；
  (c)车队的组成和车辆的使用，包括行驶距离；

(d) 废物的成分和重量、垃圾填埋场和垃圾场的容量特征，以及垃圾填埋场和垃圾场提取和燃烧的气体量；

(e) 反刍动物和其他养殖牲畜的数量及其排放量；

(f) 作物种植面积和产量；

(g) 尿素、有机肥、氮肥和石灰肥的用量；

(h) 根据《公约》或《巴黎协定》确定土地利用变化所必需的原生树木和种植树木、采伐量、灌木丛土地面积以及用于其他土地利用的土地面积；

(i) 受《蒙特利尔议定书》管制的温室气体进出口；

(j) 含有氢氟烃、全氟化碳和六氟化硫的产品的进口、出口、制造、销售和使用性质。

(4) 指导方针可规定：

(a) 计算人为温室气体源排放量和汇移除量的方法；

(b) 监测、报告和核查制度，以确保报告的准确性和完整性；

(c) 保存和提供记录的方式和形式，包括规定须声明这些记录是真实的、该声明的形式以及该声明须由谁签署。

(5) 以下书面材料可通过引用其全部或部分而纳入指导方针：

(a) 任何国际或国内组织根据《公约》或《巴黎协定》通过、商定、制定或批准的决定、规则、准则、原则、措施、方法、模式、程序、机制或其他事项；

(b) 任何国际或国内组织根据《公约》或《巴黎协定》采用、商定、制定或批准的任何标准、要求或推荐做法。

国家清单报告

33. (1) 负责人须根据《巴黎协定》，使用斐济温室气体清单中包含的排放数据，每两年编制一次国家清单报告。

(2) 负责人须在根据《巴黎协定》提交国家清单报告之日前至少一个月向部长提交每份国家清单报告。

(3) 负责人在根据《巴黎协定》提交国家清单报告后，须在切实可行的情况下尽快在网上（包括在信息平台上）公开。

第八编　研究、数据收集、报告和宣传

国家气候变化宣传战略

34. 部长可指示负责人制定、审查和更新国家气候变化宣传战略，指导通过各种形式、媒体类型、语言和其他宣传渠道宣传与气候变化有关的信息，以提高国家机构关于气候变化的宣传的一致性，并提高公众认识，降低风险和做好准备。

收集个人研究成果

35. 鼓励在斐济进行研究的个人向负责人提供与气候变化有关的任何最终研究结果或其副本，可通过以下方式提供：
　　（a）正式提交，以满足斐济境内或境外学位或资格的部分或全部要求；
　　（b）网上或印刷出版，包括在学术期刊上发表。

收集各组织的研究结果

36.（1）负责人可要求在斐济资助或进行研究的任何组织，包括捐助组织、非政府组织、高等教育机构或其他组织，向负责人提供：
　　（a）自研究活动获得批准之日起的研究活动详情；
　　（b）与气候变化有关的、主要在斐济开展研究的任何最终研究结果的副本，
　　　　并且需在其于网上或出版物（包括在学术期刊上）发表的 14 天内提供。
（2）在斐济资助或进行研究的组织须：
　　（a）及时回应负责人根据第 1 款提出的任何要求；
　　（b）提供所要求的细节或最终研究结果，在性质上属于商业信息或机密信息的除外。

信息平台

37.（1）在本条开始实施后的 12 个月内，负责人须开发一个可公开访问的网上信息平台，以提高与气候变化有关的综合数据、信息和政府政策的可用性和可访问性。

(2)负责人须维护信息平台,并确保其中包含与此目的相关的所有数据和政策,包括:

 (a)国家发展计划、国家气候变化政策、低排放发展战略、国家适应计划、斐济计划搬迁准则和国家海洋政策;

 (b)有关审查国家气候变化政策、国家适应计划和国家海洋政策的任何报告;

 (c)根据第三编作出的任何报告、声明或信息,包括斐济的国家自主贡献、国家清单报告和适应信息;

 (d)根据第 35 及 36 条向负责人提供的研究;

 (e)根据第 38 条第 3 款作出的声明;

 (f)每项碳预算;

 (g)载有登记册的网站链接;

 (h)载有适应登记册的网站链接;

 (i)根据本法制定的任何综合风险情景;

 (j)关于居住区、基础设施、沿海地区和河流三角洲、农业、森林和生物多样性的国家气候变化脆弱性的信息;

 (k)由气候融资倡议支持的活动,包括由绿色气候基金、适应基金、多边开发银行、环境和气候适应税以及私营部门资源、保险倡议和任何其他基金或机制支持的活动。

(3)负责人须采取一切合理措施,确保信息平台为残疾人士所使用。

(4)负责人须确保制定或更新的所有国家气候政策、计划、战略和框架都有知识管理和数据连续性计划以及必要的数据保护和安全。

第九编　减缓气候变化

长期减排目标

38.(1)斐济的长期减排目标是到 2050 年实现温室气体净零排放。

(2)部长须在委员会的协助下,采取一切合理措施,通过制定和实施碳预算、低排放发展战略、国家气候变化政策和国家自主贡献来促进实现长期减排目标。

(3)部长须在委员会的协助下,每 5 年发表一份声明:

 (a)斐济在 5 年期间以及根据本条报告的任何之前 5 年期间内的温室气体排放量;

(b)参考碳预算和减缓措施、政策和计划,评估斐济国家自主贡献以及国家和部门层面的长期减排目标的进展情况;

(c)关于实现斐济国家自主贡献减排目标和长期减排目标所需措施的建议。

碳 预 算

39.(1)本条确立了制定 5 年碳预算的步骤,目的是规划整个经济体的减排量,作为实现到 2050 年温室气体净零排放的累积成果的一部分。

(2)部长须在委员会的协助下,确定斐济在以下每个时期的碳预算:

(a)2026 年 1 月 1 日至 2030 年 12 月 31 日;

(b)2031 年 1 月 1 日至 2035 年 12 月 31 日;

(c)2036 年 1 月 1 日至 2040 年 12 月 31 日;

(d)2041 年 1 月 1 日至 2045 年 12 月 31 日;

(e)2046 年 1 月 1 日至 2050 年 12 月 31 日。

(3)第 2 款第 a 项下的碳预算须在 2023 年 3 月 31 日或之前确定。

(4)第 2 款第 b 项下的碳预算须在 2025 年 3 月 31 日或之前确定。

(5)第 2 款第 c 项下的碳预算须在 2028 年 3 月 31 日或之前确定。

(6)第 2 款第 d 项下的碳预算须在 2033 年 3 月 31 日或之前确定。

(7)第 2 款第 e 项下的碳预算须在 2038 年 3 月 31 日或之前确定。

(8)部长须在碳预算确定后的 10 个会议日内将每份碳预算提交议会。

(9)在根据第 8 款向议会提出目标后,部长须尽快在网上(包括在信息平台上)公布每项碳预算。

(10)作为到 2050 年实现温室气体净零排放的累积成果的一部分,部长须确保每个碳预算比任何以前的碳预算都更大幅度地减少温室气体排放。

(11)部长在委员会的协助下,须采取一切合理措施以促进每项碳预算的实现。

碳预算的形式

40.(1)每个碳预算须表示为斐济温室气体排放量相对于斐济 2013 年温室气体排放量的减少程度。

(2)就本条而言,部长须根据 IPCC 的方法确定代表斐济 2013 年温室气体排放量的数字。

确定碳预算的考虑事项

41. 在确定每项碳预算时,部长须考虑:
    (a)长期减排目标和斐济实现长期减排目标的指示性路径;
    (b)国家发展计划、国家自主贡献、国家气候变化政策、低排放发展战略和任何其他相关政策文件;
    (c)参考与减缓气候变化相关的任何技术,斐济经济在碳预算期间以最有效和最具成本效益的方式减少温室气体排放的潜在机会;
    (d)关于气候变化的最佳可用科学知识,包括 IPCC 发布的相关信息;
    (e)经济情况,尤其是目标对以下方面的可能影响:
       (i)经济;
       (ii)维持特定经济部门的竞争力。
    (f)社会环境,特别是目标对斐济人健康和福利的可能影响;
    (g)环境情况,特别是减少排放对环境的好处;
    (h)自然灾害和气候变化的不利影响,以及已经影响或将影响斐济温室气体排放的程度;
    (i)捐助方提供资金的范围;
    (j)现有的国家和全球气候变化行动;
    (k)斐济在减少温室气体排放方面取得的任何进展。

修订碳预算

42. (1)根据本条的规定,本编适用于碳预算的拟议修正案,将拟议修正案作为碳预算期间的初始碳预算。
    (2)若部长认为存在特殊情况,部长可以修订碳预算。
    (3)第 39 条第 3 款至第 7 款不适用于碳预算的修订。
    (4)公布已修订的碳预算时,须附上声明,说明有必要进行修订的理由。

部长有权制定和实施法规、措施和行动

43. (1)部长有权制定和实施法规、措施和行动,以限制或减少斐济整个经济领域的温室气体排放,包括能源、交通、工业、农业、林业、渔业、废物处理、旅游、航空和

航运业。

  (2)在不限制第 1 款的情况下,部长可以:

    (a)引入和实施碳定价机制,包括排放交易计划;

    (b)规定应由国家就超过规定标准的温室气体排放量支付的费用和其他费用;

    (c)引入和实施财政激励和国家税收,目的是:

      (i)限制或减少斐济的温室气体排放,包括与特定部门或行业有关的排放;

      (ii)加强自然汇的保护,特别是在自然保护区和生态保护区内;

      (iii)鼓励公共和私人投资于可再生能源和高效热电联产技术、节能基础设施及零废物基础设施和工艺;

    (d)与负责森林、渔业、农业和环境的部长协商,加强对陆地和海洋碳汇的环境保护,包括制止和扭转毁林和森林退化、造林倡议、斐济的 REDD + 计划、珊瑚礁和渔业保护、红树林保护和种植倡议、基于自然的海岸保护应用和可持续农业实践;

    (e)为建设可持续、低排放、节能和气候适应型基础设施和建筑物制定条例和政策;

    (f)实施各种计划,提高人们对生产和消费模式在产生温室气体排放和化合物方面的影响的认识,并在民间、社会和私营部门推广可持续生产和消费模式。

  (3)部长在根据第 1 款制定法规、措施和行动时须考虑以下因素:

    (a)本法的目标和原则;

    (b)斐济的长期减排目标和碳预算;

    (c)条例、措施或行动要与斐济当前的国家发展计划、国家自主贡献、国家气候变化政策和低排放发展战略保持一致。

《交通脱碳实施战略》

  44.(1)部长须与交通部长协商,在本条生效后 2 年内制定并实施详细的《交通脱碳实施战略》,以便在低排放发展战略的基础上,到 2050 年实现交通部门脱碳。

  (2)部长须每 5 年审查和更新《交通脱碳实施战略》。

第十编　碳封存产权和减排项目、计划和活动

碳封存产权

45.（1）在本法中,碳封存产权是指对碳封存和碳储存的独特排他性合法权利。
（2）碳封存产权:
　　(a)须根据本编在产权登记员的办事处进行登记,就本法而言,产权登记员是指碳封存产权登记员(登记员);
　　(b)由根据本编登记碳封存产权的人(权利人)所有;
　　(c)是针对土地的单独权益;
　　(d)不授予对该土地的占有权;
　　(e)以证书的形式登记,该证书附于权利适用的土地区域,直到根据第46条第14款被撤销或者其期限结束或续期;
　　(f)在根据本编和根据本法制定的条例进行登记时,权利持有人有权通过出售、转让、抵押、质押或设定负担的方式处分该权利。

碳封存产权登记

46.（1）以下人员可以向登记员申请登记碳封存产权:
　　(a)持有土地所有者授予的许可或租赁土地的人,并征得土地所有者同意（如适用）;
　　(b)第三方,前提是该权利适用土地的土地所有者已同意其获得碳封存产权;或
　　(c)永久所有权土地的所有者,前提是土地上没有冲突的许可或租约。
（2）根据第1款,就斐济土著人土地而言,若根据本法制定的条例规定的同意通知由至少60%的合格成员签署,并交付给登记员,则土地所有者被视为同意其登记碳封存财产权。
（3）若申请的土地已由斐济土著人土地信托局或地政负责人签发或授予租约,则碳封存产权只能在征得斐济土著人土地信托局或地政负责人同意的情况下,根据第45条第2款第f项进行登记或处理。
（4）登记员只有在森林管理员同意的情况下,才可以为涉及森林的拟议减排项目、计划和活动登记碳封存产权。

(5) 就第 3 款而言, 只有在违反任何租赁条件或申请不符合任何法律的情况下, 才可拒绝同意。

(6) 碳封存产权的注册期限只能为:
    (a) 等于或大于涉及土地的拟议减排项目、计划或活动(如适用的减排方法中所规定的)持续期限, 或由森林管理员另行确定的期限;
    (b) 附有租赁合同、租赁批准通知或租赁协议的土地, 其碳封存产权的登记期限等于或小于土地的租赁合同、租赁批准通知或租赁协议的期限。

(7) 碳封存产权在申请时只有包括以下信息才能登记:
    (a) 采用登记员批准的形式;
    (b) 包含说明是为根据本法设立碳封存产权的声明;
    (c) 包含其适用的土地类型;
    (d) 若碳封存产权仅涉及第 c 项中所述的部分土地, 则通过计划确定作为碳封存产权主体的部分土地;
    (e) 明确碳封存产权的期限。

(8) 为登记的碳封存产权出具的证书应符合规定的格式。

(9) 登记员只能就特定土地区域登记一项碳封存产权。

(10) 登记员须将已登记的碳封存产权记录在名为"碳权利登记册"(登记册)的登记册中, 包括土地以及该权利适用的任何许可证或租赁的详细信息。

(11) 在支付规定费用后, 可以在登记册和授予权利人的证书副本中进行查询。

(12) 所有权登记员须将已登记的碳封存产权列为对已登记碳封存产权适用的土地的租赁或产权的抵押品。

(13) 所有权登记员须就已登记的碳封存财产权适用的土地的租赁批准通知或租赁协议, 将已登记的碳封存财产权登记为契据。

(14) 若减排项目、计划或活动未获负责人批准或被负责人撤销批准或声明, 而碳封存财产所在的土地权利已登记, 权利人可向登记员申请撤销证书。

47. 不得在下列土地上批准采矿、伐木、勘探、开采或采掘活动:
    (a) 已经登记碳封存产权的;
    (b) REDD + 计划或减排项目, 涉及森林、蓝碳的计划或活动, 或其他根据本法制定的法规规定已获得批准的其他项目、计划或活动类型。

REDD + 计划

48. 林业部长负责：
（a）制定和更新斐济的国家 REDD + 计划和战略,包括制定任何国家或地区的 REDD + 计划；
（b）制定国家森林参考排放标准；
（c）为执行 REDD + 及森林减排项目、计划和活动制定政策、程序和保障措施,并根据《宪法》第 28、29 和 40 条制定所有保障措施,以造福今世后代；
（d）斐济参与国际 REDD + 计划；
（e）为森林减排项目、计划和活动制定利益共享安排。

斐济减排方法

49.（1）负责人可以制定减排方法。
（2）部长可以通过在公报上发布通知批准以下斐济减排方法：
  （a）负责人制定的减排方法；
  （b）根据经核准的国际减排标准或外国排放交易计划批准并已获得使用许可的减排方法。
（3）部长在批准与涉及森林的减排项目、计划或活动有关的斐济减排方法之前,须与林业部长协商。
（4）部长可以下令修订斐济减排方法。

斐济减排项目、计划或活动

50.（1）个人可向负责人申请将减排项目、计划或活动宣布为斐济减排项目、计划或活动。
（2）就涉及森林、蓝碳的减排项目、计划或活动或法规规定的其他项目、计划或活动类型进行申报的人,拟开展的项目、计划或活动须拥有土地登记的碳封存产权。
（3）负责人须在收到任意一方的申请后 60 天内,以书面形式就根据第 1 款提出的申请作出决定：
  （a）附条件或不附条件地宣布减排项目、计划或活动为斐济减排项目、计划或活动；

(b)拒绝申请。

(4)如负责人作出声明,负责人亦须在声明中指明计入期。

(5)尽管有第3款的规定,但若减排项目、计划或活动不符合斐济减排方法、本法或根据本法制定的条例中规定的要求,或若实施该项目、计划或活动将导致违反本法或根据本法制定的条例,则负责人须拒绝该申请。

(6)负责人在根据第3和4款就涉及森林的项目、计划或活动作出决定之前,须与森林管理员协商。

(7)负责人须立即在登记册中登记斐济减排项目、计划或活动。

(8)不同意负责人根据第3款作出的决定的,可在作出决定后30天内向法院提起诉讼。

斐济减排声明

51.(1)斐济减排项目、计划或活动的报告期结束后,该项目、计划或活动的发起人可向负责人申请斐济减排声明。

(2)申请须:

(a)采用负责人批准的格式;

(b)指定斐济减缓成果单位的登记册账户;

(c)包含核查报告;

(d)包含根据本法制定的条例所规定的其他信息。

(3)负责人可以通过书面通知要求申请人在通知规定的期限内向负责人提供与申请有关的更多信息。

(4)若负责人确信以下情况,则须在收到申请后30天内发出斐济减排声明:

(a)申请人在该期限届满前是项目、计划或活动的发起人;

(b)核查报告真实无误,且项目、计划或活动产生的排减量已按照适用的方法、条例、规则或标准进行核实;

(c)该声明的批准不会导致重复计算项目、项目群或活动的减排量;

(d)已满足条例规定的任何先决条件。

(5)斐济减排声明须说明斐济减排项目、计划或活动在相关报告期内已实现特定数量的减排,并且可以向指定的登记册账户发放同等数量的斐济减缓成果单位。

斐济减排项目、计划和活动方面的斐济减缓成果单位问题

52.(1)若已就斐济减排项目、计划或活动在报告期内发布了斐济减排声明,则负责人须在斐济减排声明发布后,在切实可行的情况下尽快向声明中指定的登记册账户发放斐济减缓成果单位,其数量与声明中指定的作为该声明授权单位的数量相等。

(2)斐济减缓成果单位发放给个人后,其将成为斐济减缓成果单位的合法所有人。

斐济减缓成果单位的所有权

53.(1)斐济减缓成果单位是个人财产,受本法和根据本法制定的条例的约束,可通过转让、遗嘱和法律授权进行财产转移。

(2)为避免疑义,斐济减缓成果单位基于以下法律属于个人财产:

(a)2017年《个人财产安全法》;

(b)1997年《犯罪所得法》。

(3)斐济减缓成果单位的登记所有者可在遵守本法和根据本法制定的条例要求的情况下,在国内或国际上进行转让。

碳封存逆转时撤销斐济减缓成果单位的要求

54.(1)若已就斐济减排项目、计划或涉及森林、蓝碳或法规规定的其他项目、计划或活动类型发放了斐济减缓成果单位,则在该计划、项目或活动的持续期内,若碳储存发生了重大逆转或损失,发起人须在意识到碳储存的逆转或损失后,尽快向负责人报告碳储存的逆转或损失。

(2)负责人可以书面形式要求发起人对碳储存逆转或损失进行补救,并应考虑到发起人无法控制的导致碳储存逆转或损失的因素。

(3)发起人应根据第2款的要求,在该要求发布后90天内,通过以下措施补救碳储存的逆转或损失:

(a)向负责人提交补救计划;

(b)购买和注销若干斐济减缓成果单位或经负责人批准的相当于碳储存的逆转或损失的其他减排单位。

(4)若发起人未能根据第3款第a项提交令负责人满意的补救计划或未能满足

第 3 款第 b 项，负责人可撤销将该项目、计划或活动作为斐济减排方案、项目或活动的申报。

根据经核准的国际减排标准登记和开展减排项目、计划和活动

55. (1) 未经负责人同意，在斐济根据经核准的国际减排标准登记和开展减排项目、计划或活动，或根据相关标准使用、销售或转让减排单位，即属犯罪，一经定罪，可处以不超过 750,000 斐济元的罚款。

(2) 任何人均可向负责人申请，请求负责人同意发起人从事以下活动：

    (a) 根据经核准的国际减排标准，在指定的计入期内在斐济登记或开展减排项目、计划或活动；

    (b) 在指定的计入期内，使用、销售和转让根据经核准的国际减排标准为减排项目、计划或活动发放的国内和/或国际减排单位。

(3) 根据第 2 款第 a 项提出涉及森林、蓝碳或法规规定的其他项目、计划或活动类型的申请的人，须拥有拟开展减排项目、计划或活动的土地的登记碳封存产权。

(4) 负责人须在收到申请后 30 天内以书面形式就根据第 2 款提出的申请作出决定：

    (a) 就该申请所涉及的部分或全部事项给予同意，无论是否附有条件；

    (b) 拒绝同意该申请。

(5) 负责人只有在确信有关项目、计划或活动在国内或国际使用、销售或转让根据经核准的国际减排标准发放的减排单位时，才可根据第 4 款第 a 项同意申请。经核准的国际减排标准应符合以下要求：

    (a) 符合本法和根据本法制定的条例的规定；

    (b) 符合斐济的国家自主贡献；

    (c) 符合政府采用的任何相关政策、指导方针、标准或程序；

    (d) 符合《巴黎协定》或斐济加入的任何其他国际协定的任何要求，包括避免重复计算的要求（如适用）；

    (e) 符合缔约方会议为《巴黎协定》第 6 条和第 13 条的目的制定的任何规则、模式和指导方针（如适用）。

(6) 在就涉及森林的项目、计划或活动给予同意之前，负责人须先征询森林管理员的意见。

(7) 不同意负责人根据第 4 款作出的决定的，可在该决定作出后 21 天内向法院提起诉讼。

（8）在本条开始实施之前，根据经核准的国际减排标准注册的斐济减排项目、计划或活动须根据第2款申请负责人同意，负责人同意后才能自本条开始实施之日起继续实施该项目、计划或活动。

（9）负责人须记录根据本条进行国际转让的批准情况，并确保对与根据经核准的国际减排标准登记的斐济减排项目、计划或活动有关的每个减排单位都签发一个唯一的序列号，并在登记册中正确记录和跟踪，以及在斐济温室气体清单中说明。

（10）第9款适用于在本条开始实施之前和之后根据经核准的国际减排标准注册的项目、计划或活动。

将斐济根据国际减排标准产生的减排单位转换为斐济减缓成果单位

56.（1）根据经核准的国际减排标准注册的斐济减排项目、计划或活动的发起人，可以向负责人申请，征求负责人同意，使其将与项目、计划或活动相关的任何或全部减排单位转化为斐济减缓成果单位。

（2）申请须说明：

（a）适用的经核准的国际减排标准；

（b）减排项目、计划或活动；

（c）发起人提议从外国账户注销的减排单位数量；

（d）与发起人提议注销的减排单位数量相同的斐济减缓成果单位的数量；

（e）斐济减缓成果单位将发放给的登记册账户。

（3）负责人须在收到申请后的60天内以书面形式就该申请作出决定：

（a）同意申请，无论是否附有条件；

（b）拒绝同意该申请。

（4）负责人只有在确信以下情况时，才可同意该申请：

（a）不会重复计算减排量；

（b）注销申请中涉及的减排单位数所代表的减排量等于发放申请中指定的斐济减缓成果单位数量所代表的减排量；

（c）若减排项目、计划或活动涉及森林、蓝碳或根据本法制定的条例规定的其他项目、计划或活动类型，发起人享有碳封存产权。

（5）不同意负责人根据第（3）款作出的决定的相关人员，可以在该决定作出后21天内向法院提起诉讼。

（6）若负责人同意该申请，负责人须立即向发起人发出一份转换声明，其中列明：

(a) 须从外国账户注销的为指定项目、计划或活动发放的减排单位的数量；

(b) 将发放到指定登记册账户的同等数量的斐济减缓成果单位。

(7) 发起人须向负责人提供证据，证明转换声明中所列的减排单位数量已注销。

(8) 在负责人从外国账户收到注销转换声明中所列减排单位数量的证据后，负责人须尽快将转换声明中所列的斐济减缓成果单位数量发送到指定的登记册账户。

为《巴黎协定》第 6 条之目的开展的减排项目、计划和活动

57. (1) 未经负责人同意，在斐济登记、开展或以其他方式经营与《巴黎协定》第 6 条之目的相关的减排项目、计划或活动的，即属犯罪，一经定罪，可以处以不超过 750,000 斐济元的罚款。

(2) 为避免疑义，第 1 款仅适用于下列斐济减排项目、计划或活动：

(a) 在为《巴黎协定》第 6 条之目的登记、开展或以其他方式经营的项目、计划或活动的范围内；

(b) 若项目、计划或活动最初是为《巴黎协定》第 6 条以外的目的登记和开展的，包括根据本法作为斐济减排项目、计划或活动，则第 1 款仅自该项目、计划或活动为《巴黎协定》第 6 条之目的的登记、开展或以其他方式经营之日起适用。

(3) 为《巴黎协定》第 6 条之目的，申请人可向负责人申请，征得负责人同意以便在斐济登记、开展或以其他方式经营减排项目、计划或活动。

(4) 如申请涉及森林、蓝碳或根据本法制定的条例规定的其他项目、计划或活动类型，申请人须持有拟开展减排项目、计划或活动所在土地的碳封存产权。

(5) 负责人须在收到申请后 60 天内以书面形式对该申请作出决定：

(a) 对作为申请标的的部分或全部事项予以同意，无论是否附有条件；

(b) 拒绝同意该申请。

(6) 负责人只有在确信该项目、计划或活动符合以下情况时，才能给予同意：

(a) 遵守本法和根据本法制定的条例；

(b) 与斐济的国家自主贡献、当前碳预算和长期减排目标一致；

(c) 符合缔约方大会为《巴黎协定》第 6 条和第 13 条的目的制定的任何规则、模式和准则，并将根据这些规则、模式和准则进行核算；

(d) 对于与项目、计划或活动有关的任何减排单位，包括国际转让的减缓成果，将授予其一个唯一的序列号，并将在登记册内适当记录和跟踪，或者若登记册尚未开始运作，则为随后在登记册中进行适当记录作出了

规定。

（7）在就涉及森林的项目、计划或活动给予同意之前，负责人须征询森林管理员的意见。

（8）相关人员可在负责人作出决定后的21天内向法院提起诉讼。

（9）负责人须将根据本条批准的减排项目、计划或活动记录于登记册，并为该项目、计划或活动发放的有关减排单位（包括国际转让的减缓成果）提供唯一的序列号，使其能够被登记和追踪。

（10）在下列情况下，负责人可根据本节撤销对项目、计划或活动的批准：

（a）负责人知悉向其提供的与项目、计划或活动有关的信息为虚假或误导性信息；

（b）负责人知悉与该项目、计划或活动或为该项目、计划或活动发行的减排单位相关的欺诈或犯罪行为；

（c）项目、计划或活动不符合根据本法为本编的目的制定的条例规定的要求。

斐济减缓成果单位的国际转让

58.（1）根据本法，负责人可为斐济减缓成果单位的国际转让制定标准和准则。

（2）未经负责人同意实施以下行为即属犯罪，一经定罪，可处以不超过750,000斐济元的罚款。

（a）将斐济减缓成果单位转入外国账户；或

（b）为《巴黎协定》第6条之目的在国际上转让斐济减缓成果单位。

（3）任何人可向负责人申请以下国际转让：

（a）斐济减缓成果单位转入外国账户的；

（b）为《巴黎协定》第6条之目的转让的斐济减缓成果单位。

（4）申请须列明：

（a）申请人持有的有关登记册账户的账号；

（b）条例规定的其他信息。

（5）负责人须在收到申请后的30天内以书面形式对申请作出决定：

（a）对作为申请标的的部分或全部事项予以同意，无论是否附有条件；

（b）拒绝同意该申请。

（6）负责人只有在确信该项目、计划或活动符合以下条件时，才可以同意该申请：

(a) 遵守本法和根据本法制定的所有条例；

(b) 与斐济的国家自主贡献一致；

(c) 符合政府根据《巴黎协定》或斐济加入的任何其他国际协定为转让和使用国际转让的减缓成果以及斐济减缓成果单位的国际转让而采用的任何政策、指导方针、标准或程序，包括避免重复计算；

(d) 符合缔约方大会为《巴黎协定》第 6 条和第 13 条的目的制定的任何规则、模式和准则，并将根据这些规则、模式和准则进行核算。

(7) 相关人员可在决定作出后 21 天内向法院就负责人的决定提起诉讼。

(8) 负责人须根据本法和根据本法制定的任何条例，在登记册记录根据本条规定批准的国际转让。

非以产生减排单位为目的的减排项目、计划或活动

59. 本编的任何内容均无意限制个人从事有助于减排但并非旨在产生减排单位的项目、计划或活动的能力。

国际 REDD＋计划下的交易

60. (1) 若政府参与国际 REDD＋计划下的任何交易，部长将被视为根据第 45 条第 2 款拥有登记碳封存产权的人，有权出售和转让森林的碳封存，包括减排单位、斐济减缓成果单位或该计划产生的碳封存，前提是：

(a) 部长事先获得斐济土著人土地信托局的知情同意(如适用)；

(b) 部长事先获得对拟议的 REDD＋交易中包含的土地拥有已登记的碳封存产权的所有权人的知情同意(如适用)；

(c) 政府向斐济土著人土地信托局(如适用)和任何其他拥有森林碳封存的土地所有者或拥有根据批准的利益共享计划进行的交易中包含的已登记碳封存产权的人提供补偿；

(d) 部长在评估拟议交易时考虑了减排量或斐济减缓成果单位的市场价值，以及此类交易将对斐济的国家自主贡献产生的影响；

(e) 根据第 45 条第 2 款与土地所有者和拥有登记碳封存产权的人达成任何其他必要的协议。

(2) 林业部长在与负责土地的部长协商后，可以批准国际 REDD＋计划下任何交易的利益共享计划。

(3)利益共享计划须：
　　(a)考虑土地所有者、根据第45条第2款拥有登记碳封存产权的人、团体和其他利益相关者针对该计划的公众磋商提出的问题；
　　(b)公平、透明地承认和奖励土地所有者、根据第45条第2款拥有已登记碳封存产权的人、团体和其他利益相关方，包括妇女和少数群体，因其对根据该计划实现的减排做出了贡献；
　　(c)明确确定该计划的受益人；
　　(d)建立经核实的减排支付分配机制；
　　(e)确定根据计划分配的利益的性质,包括是货币利益还是非货币利益。
(4)尽管本法中有其他规定，但根据本条进行的任何交易均应按照交易双方约定的条款进行，前提是任何此类交易都在登记册进行了记录和说明。

斐济登记册

61.(1)本条设立斐济登记册。
(2)负责人须以电子方式保存和维护登记册。
(3)负责人须使登记册可在网上公开访问。
(4)登记册的目的如下：
　　(a)成为减排项目、计划和活动的登记册；
　　(b)成为斐济减缓成果单位的登记册；
　　(c)成为根据与斐济减排项目、计划或活动有关的经核准的国际减排标准颁发的减排单位的登记册；
　　(d)成为斐济的国家登记册,登记来自另一个国家的任何转入的国际转让的减缓成果或转出到另一个国家的斐济减缓成果单位。
(5)以个人名义开立的账户称为其登记册账户。
(6)每个登记册账户均有一个唯一编号标识,称为登记册账户的账户号码。
(7)负责人须在每个财政年度结束后尽快在登记册上公布以下信息：
　　(a)该财政年度针对每个斐济减排项目、计划和活动发布的斐济减缓成果单位总数；
　　(b)该财政年度为《巴黎协定》第6条之目的经营的与斐济每个项目相关的国际转让的减缓成果或其他减排单位的总数；
　　(c)根据经核准的国际减排标准发布的与该财政年度斐济项目相关的减排单位总数。

信息采集权

62.（1）如负责人有合理理由认为个人拥有与本编或相关规定的施行有关的信息或文件，负责人可向其发出书面通知，要求其：

（a）在通知所规定的期限内，并以其规定的方式及形式向负责人提供任何该等信息；

（b）在通知所规定的期限内，以指定方式向负责人出示任何该等文件。

（2）任何人如在通知所规定的期限内不遵守第1款的规定，即属犯罪，一经定罪，可处以不超过750,000斐济元的罚款。

审 计

63.若个人是或曾经是斐济某个减排项目、计划或活动的发起人，并且负责人有合理理由怀疑其已经违反、正在违反或提议违反本编或相关规定，负责人可向其发出书面通知，要求其委任另一名审计员进行审计，以：

（a）就其遵守本编或有关条文的一个或多个方面进行审计；

（b）向其提交一份书面报告，列明审计结果；

（c）在通知指明的日期或之前向负责人提供审计报告的副本。

欺诈行为

64.（1）若在斐济被判犯有与欺诈行为有关的罪行，并且法院确信且向其发放了减排单位，而这些单位的发放直接或间接归因于其犯罪行为，法院可以命令其在规定时间内撤销指定数量的减排单位。

（2）法院命令其撤销的减排单位数量不得超过直接或间接归因于犯罪行为而向其发放的减排单位数量。

第十一编 气候变化适应和抗御力发展

气候变化是对斐济人权和自由的威胁

65.本法承认气候变化是对《宪法》第二章承认的权利和自由的威胁，尤其是：

（a）享有清洁和健康环境的权利；

（b）获得充足食物和水的权利；

（c）健康权；

（d）儿童和残疾人的权利；

（e）住房和卫生设施权；

（f）合理使用交通工具的权利。

<h3 style="text-align:center">国家适应计划指导委员会</h3>

66.（1）本条设立了国家适应计划指导委员会。

（2）国家适应计划指导委员会的管理、成员、组成、会议频率和报告程序须符合该指导委员会的职权范围。

（3）部长在任命国家适应计划指导委员会成员时须促进性别平衡。

（4）国家适应计划指导委员会须按照部长的指示或至少每5年召开一次会议，以审查国家适应计划并履行根据本法制定的条例规定的任何其他职能。

<h3 style="text-align:center">国家适应计划</h3>

67.（1）国家适应计划指导委员会须准备历次国家适应计划，可能涉及：

（a）综合风险管理；

（b）水资源；

（c）农业、林业、渔业和水产养殖业；

（d）生态系统和生物多样性；

（e）运输和通信基础设施；

（f）土地使用规划和城市发展；

（g）卫生和公共卫生基础设施；

（h）减少海洋和陆地污染的目标；

（i）财政影响，特别是与避免未来成本有关的影响；

（j）环境情况，特别是国家适应计划对陆地和海洋生物多样性和生态系统服务的可能影响；

（k）有关气候变化的国际法和政策；

（l）所有斐济人关于适应气候变化的传统知识；

（m）在为本条目的而进行的公众磋商中提出的事项；

(n) 横向整合，包括将气候变化问题纳入国家一级发展规划进程的主流，以便适当了解气候情况；

(o) 纵向整合，包括将环境和气候风险纳入国家以下各级的发展规划进程。

(2) 国家适应计划指导委员会在制定、审查历次国家适应计划时，必须以鼓励各种利害关系方参与的方式进行公众磋商，包括私营部门、民间社会组织、青年组织或代表及脆弱高危群体和社区。

(3) 国家适应计划指导委员会在制定、审查和更新历次国家适应计划时，应知悉：

(a) 本法规定的目标、原则、权利、权力和义务；

(b)《宪法》第二章承认的权利和自由，特别是第65条所列的权利；

(c) 部长、负责人和部门为满足《公约》《巴黎协定》《生物多样性公约》规定的监测和报告要求而整理和提交的数据，以及与可持续发展目标有关的任何自愿报告；

(d) 关于气候变化影响和适应的最佳现有科学知识，包括 IPCC 公布的相关信息；

(e) 根据本法制定的任何综合风险情景；

(f) 与适应气候变化有关的技术创新；

(g) 经济状况，特别是国家行动方案对以下方面的影响：

(i) 经济；

(ii) 维持特定经济部门的竞争；

(iii) 中小企业；

(iv) 就业机会；

(v) 部分人民的社会经济福祉；

(h) 社会环境，特别是战略和政策对边缘化和处境不利社区可能产生的影响；

(i) 财政影响，特别是与避免今后成本有关的影响；

(j) 环境情况，特别是国家适应计划对陆地和海洋生物多样性及生态系统服务的可能影响；

(k) 与气候变化有关的国际法和政策；

(l) 所有斐济人关于适应气候变化的传统知识；

(m) 为本条目的开展的公众磋商中提出的事项。

(4) 国家适应计划指导委员会可从公务员系统内调用相关技术专家，或根据第9条第1款第d项任命独立的专家，以支持委员会会议，并根据需要组成技术工作组,以推进决策。

(5)国家适应计划指导委员会可召开由政府、非政府组织、私营部门、民间社会和青年代表以及弱势和高危群体、社区代表参加的协商小组或国家利益相关方研讨会,为审查国家适应计划的进展情况和制定、修订行动提供信息。

(6)国家适应计划指导委员会须向部长提供以下文件:

  (a)一份概述国家行动计划审查结果的报告,并就如何更新国家行动计划提出建议;

  (b)根据第 a 项制定的报告中的建议更新的国家行动计划。

(7)部长在决定是否批准更新的国家适应计划时须考虑已有的国家适应计划指导委员会的建议,须公布未能通过国家适应计划指导委员会建议的所有原因。

(8)负责人须将最新的国家适应计划和国家适应计划指导委员会的报告在网上(包括在信息平台上)公开。

部长有权介绍和实施法规、政策、措施、适应规划进程和行动

68.(1)部长有权制定和实施法规、政策、措施、适应规划进程和行动,以提高斐济对气候变化的抵御能力和适应能力。

(2)部长在根据第 1 款制定和实施法规、政策、措施、适应规划进程和行动时,须考虑到以下因素:

  (a)本法的目标和原则;

  (b)法规、措施、适应规划进程或行动与斐济当前的国家发展计划、国家自主贡献、国家气候变化政策和国家适应计划的一致性。

(3)负责人须记录本节根据适应登记册规定实施的任何法规、政策、措施、适应规划进程和行动。

综合风险情景

69.(1)气象负责人可与斐济气象局和其他利益相关方协商,建立或委托开展工作,考虑、分析和咨询可整合的跨学科信息、数据、趋势和预测,以生成关于未来潜在风险情景的情报。

(2)这些综合风险情景须:

  (a)模拟气候变化的潜在和预估的物理影响,以及这些影响在不同时间范围内与其他预估风险、社会经济因素和其他考虑因素相互作用的方式;

(b)支持国家、国内各地区和地方必要的脆弱性、暴露和敏感性评估;
(c)协助评估适应性管理方案,进行阈值分析,并提高基于系统的方法的能力,以实现有弹性的发展目标。

(3)综合风险情景须基于现有的关于气候变化的最佳科学知识,包括政府间气候变化专门委员会和国家适应计划指导委员会发布的相关信息。

(4)负责人须向委员会提交所有综合风险情景,并在网上(包括在信息平台上)公开提供。

公共基础设施和有形资产审计

70.(1)部长可与相关部委和国家机构密切协调,对因气候变化而面临风险的现有公共基础设施和有形资产进行审计,包括:
(a)任何适用的基础设施或资产管理战略;
(b)公共基础设施和有形资产的价值,包括会计价值和重置价值;
(c)影响其脆弱性程度的基础设施和有形资产的特征;
(d)基础设施和有形资产对气候变化的抵御能力,包括对气候变化影响的物质、社会和环境抵御能力,参照根据本法制定的任何综合风险情景。

(2)部长可以保存所有的现有公共基础设施和有形资产的登记册,其中记录了根据第(1)款进行的审计所收集的数据以及为提高对气候变化影响的抗御力而对公共基础设施和有形资产进行的任何维修。

适应气候变化的建筑和基础设施

71.(1)除第19条、第22条和第23条规定情形外,所有负责人、国家机构和其他就新基础设施提案作出决定的人员须:
(a)指示参照根据本法制定的任何综合风险情景和其他相关风险情景,对提案进行气候风险和抗御力评估;
(b)在决定是否批准提案时,考虑根据第a项制定的气候风险和抗御力评估;
(c)作出批准或不批准该提案的决定,以促进并符合根据第a项制定的气候风险和抗御力评估。

(2)为避免存在疑问,新建基础设施的建议包括因自然灾害的影响和气候变化的不利影响而须更换的基础设施的建议。

(3)部长须与委员会协商,准备并发布关于如何根据本条进行气候风险和抗御力评估的指导方针。

《国家建筑法》

72.(1)负责卫生的部长在负责人和负责基础设施的部长的协助下,须在本条生效后立即审查并在必要时修改《国家建筑法》的内容,扩大其范围并扩大其实施和执行的规模,此后每5年审查一次,以提高斐济建筑的气候适应能力,使《国家建筑法》符合本法的目标和原则。

(2)负责卫生的部长在审查和修订《国家建筑法》时,须考虑到:
  (a)本法的目标和原则,特别是规定实施、操作和管理条例、措施和行动的目标,以建立气候抗御力,并提高斐济社区、建筑环境和生态系统对气候变化影响的适应能力;
  (b)国家发展计划、国家发展委员会、国家气候变化政策、国家适应计划和任何其他相关政策文件中表达的减缓和适应目标。

斐济适应登记册

73.(1)本条建立了斐济适应登记册。
(2)负责人须保存和维护适应登记册。
(3)适应登记册应以电子方式进行维护,并可在网上公开查阅。
(4)适应登记册的目的是成为斐济适应项目的登记册。

适应项目的自愿报告

74.(1)在斐济实施适应项目的人员可向负责人提供报告。
(2)报告可包括:
  (a)工程项目的说明;
  (b)工程项目的社会、经济及环境效益;
  (c)项目对国家适应计划或可持续发展目标下所定目标的贡献;
  (d)项目的验证结果。
(3)如果负责人认为该报告与斐济的适应项目有关,则负责人须对该项目进行登记,并在适应登记册中公布该报告。

第十二编　气候变化搬迁和重新安置

斐济易受气候变化影响社区的搬迁和安置工作组

75.（1）本条设立了斐济易受气候变化影响社区的搬迁和安置工作组。

（2）斐济搬迁和安置工作组的管理、成员、运作、会议频率和报告程序须符合斐济搬迁和安置工作组的职权范围。

《斐济计划搬迁指南》

76.（1）部长须在斐济搬迁和安置工作组的协助下，编制连续的《斐济计划搬迁指南》。

（2）部长须在斐济搬迁和安置工作组的协助下，通过制定标准操作程序来实施《斐济计划搬迁指南》，使积极的进程能够应对气候和灾害导致的搬迁风险。

（3）部长在斐济搬迁和安置工作组的协助下，须在其认为必要时，审查和修订《斐济计划搬迁指南》和标准作业程序。

高危社区搬迁

77.（1）部长在斐济搬迁和安置工作组的协助下，负责按照下列目标搬迁和支持处境危险的社区：

(a) 使处境危险的社区有秩序、有尊重和有尊严地搬迁；

(b) 向面临灾害和气候变化风险或受灾害和气候变化影响的人，包括弱势群体，提供最低标准的保护和援助，并考虑到残疾人、老人、病人、妇女和儿童的特殊需要和情况；

(c) 对于计划中的搬迁，提供协调机制，使所有受影响的利益相关方能够参与影响社区的决策；

(d) 只有在国家适应计划中规定的其他适应措施已经用尽时，才重新安置面临风险的社区；

(e) 只有在社区完全自由和事先知情同意的情况下，在遵循包容和促进性别平等的协商和参与性进程之后，才重新安置处于危险中的社区；

(f) 确保搬迁地点：

(i) 位于最不易受气候变化影响的土地上,并且能够支持高危社区和任何现有社区或接收社区当前和未来的需求;

(ii) 拥有与迁出社区相似或更好的住房、基础设施、社会基础设施和其他社会和财政支持系统、就业机会,并能满足现有社区或接收社区以及即将迁出的风险社区当前和未来的可持续发展需求;

(g) 如果将面临风险的社区搬迁到支持现有社区的土地上,这些现有社区或东道主社区的权利和关切将得到考虑和尊重;

(h) 在可能及可取的情况下,将基础设施从受影响社区迁往搬迁地点;

(i) 搬迁应是非歧视性的;

(j) 采用以下方法:

(i) 以人为本,包括自下而上地优先考虑社区需求;

(ii) 支持生计的延续;

(iii) 以人权为基础;

(iv) 预防性要求。

(2) 在部长就搬迁危险社区作出决定之前,斐济搬迁和安置工作组须:

(a) 与受影响的人或社区协商,告知这些人或社区的权利以及拟议搬迁的科学和政策理由;

(b) 举行公开听证会,使受影响的人或社区有权获得法律代表;

(c) 向部长提供在协商和公开听证会期间提出的所有意见的记录。

(3) 在进行协商和公开听证会时,部长须鼓励弱势群体或社区参与,并确保他们的意见得到考虑。

(4) 在决定是否搬迁危险社区时,部长须:

(a) 考虑在协商和公开听证会期间提出的所有意见;

(b) 考虑斐济搬迁和安置工作组的任何建议;

(c) 考虑是否有适当的财政资源协助搬迁;

(d) 确保决定符合《斐济计划搬迁指南》和任何辅助标准作业程序规定的程序和要求;

(e) 确保该决定符合第(1)款中的原则。

斐济受气候变化不利影响的社区有计划搬迁信托基金

78. 部长可将根据2019年《社区气候搬迁信托基金法》第3条设立的社区气候搬迁信托基金中的资金用于本编的目的。

第十三编　海洋与气候变化

健康海洋与健康气候

79. 本法承认：
(a) 海洋对斐济人民和太平洋岛国人民的身份和生计至关重要；
(b) 海洋和海洋边界对斐济的主权和行使其主权权利至关重要；
(c) 气候变化对海洋环境造成若干风险，包括珊瑚白化、海洋酸化、海洋生物多样性丧失和脱氧；
(d) 健康的海洋是提供健康气候的必要条件，须通过对气候变化采取紧急和大胆的合作行动来保护海洋，并减少其他人为的压力因素，如塑料污染、陆地沉积和不可持续的捕鱼做法；
(e) 须加强海洋的恢复力，包括提高海洋生态系统、红树林、海草和珊瑚礁的恢复力，加强陆海管理，可持续地管理斐济海洋边界内的海洋资源；
(f) 海洋在减缓气候变化方面发挥着重要作用。

斐济海洋边界和海洋区域的永久性

80. (1) 本法承认斐济的海洋边界和海区的永久性，尽管有气候变化和海平面上升的影响，但仍保持《联合国海洋法公约》第3、8、33、49、57和76条规定的斐济海洋区域的权益。

(2) 就第1款而言，尽管受到气候变化和海平面上升的影响，但根据《联合国海洋法公约》提交联合国秘书长的地理坐标清单将继续保留为斐济的永久性海洋边界。

海洋可持续发展目标

81. (1) 本条规定了斐济的长期海洋可持续发展目标，即斐济的内水、群岛水域、领海、毗连区和专属经济区实现100%可持续和有效的管理。

(2) 本条规定了斐济2030年海洋保护区的目标，即到2030年，斐济30%的内水、群岛水域、领海、毗连区和专属经济区被指定为海洋保护区。

(3) 部长须采取一切合理措施，通过制定和实施国家海洋政策，促进实现海洋长期可持续发展目标和 2030 年海洋保护区目标。

<h2 style="text-align:center">国家海洋政策指导委员会</h2>

82.（1）本条设立国家海洋政策指导委员会。

（2）部长须任命一名负责气候变化的部门雇员担任国家海洋政策指导委员会主席。

（3）国家海洋政策指导委员会由下列部门的代表组成：
  （a）负责财政、环境、海洋开发、教育、国防、土地、海洋事务、外交、渔业、交通、总理办公室和副检察长办公室的代表，由这些部门的负责人任命；
  （b）斐济海军需派出一名代表，由斐济共和国军事部队指挥官任命；
  （c）由国家海洋政策指导委员会主席任命的两名来自具有相关专业知识的学术机构的科学顾问。

（4）部长们在任命国家海洋政策指导委员会代表时须促进性别平衡。

（5）国家海洋政策指导委员会须根据部长的指示或每 5 年召开一次会议，以审查国家海洋政策。

<h2 style="text-align:center">国家海洋政策</h2>

83.（1）国家海洋政策指导委员会须制定后续的国家海洋政策。

（2）国家海洋政策的目的是指导所有与渔业、海洋资源、海事问题、海洋科学研究以及任何其他与斐济海域的使用、管理和保护有关的政府政策。

（3）国家海洋政策指导委员会须根据部长的指示审查并在必要时更新国家海洋政策，或至少每 5 年更新一次。

（4）国家海洋政策指导委员会在制定和审查后续国家海洋政策时，须开展公开咨询，鼓励各种利益相关方参与，包括私营部门、民间社会组织、青年组织或代表、弱势和风险群体和社区。

（5）国家海洋政策指导委员会在制定、审查和更新后续国家海洋政策时，将从以下方面获得信息：
  （a）长期海洋可持续发展目标和 2030 年海洋保护区目标；
  （b）本法规定的目标、原则、权力、权利和义务；
  （c）关于气候变化和其他人为活动对海洋的影响以及海洋减缓气候变化潜力的现有最佳科学知识，包括政府间气候变化专门委员会发布的相关

信息;

(d)根据第80条维持和加强斐济海上边界的区域和国际最佳实践及发展;

(e)部长、负责人和该负责部门为满足《公约》《巴黎协定》《生物多样性公约》的监测和报告要求以及与可持续发展目标有关的任何自愿报告而整理和提交的数据;

(f)与海洋可持续管理有关的清洁技术和技术革新;

(g)经济状况,特别是国家海洋政策对以下方面的可能影响:

(i)经济;

(ii)维持特定经济部门的竞争;

(iii)中小型企业;

(iv)就业机会;

(v)社会全体的经济福利;

(h)社会环境,特别是战略和政策对边缘化和弱势群体可能产生的影响;

(i)财政影响,特别是与避免未来成本有关的影响;

(j)环境状况,特别是国家海洋政策对陆地和海洋生物多样性及生态系统服务的可能影响;

(k)有关气候变化和海洋的国际法和政策;

(l)所有斐济人有关海洋可持续管理的传统知识;

(m)在为本条目的而进行的公众咨询中提出的事项。

(6)国家海洋政策指导委员会可从公务员系统内部或根据第9条第1款第d项任命的独立专家中聘请相关技术专家,支持委员会会议并根据需要组成技术工作组,以推进决策。

(7)国家海洋政策指导委员会可召开由政府、非政府组织、私营部门、民间社会、青年代表以及弱势和风险群体和社区代表参加的协商小组或国家利益相关方研讨会,为国家海洋政策进展审查和修订行动的制定提供信息。

(8)国家海洋政策指导委员会须准备:

(a)向部长提交一份概述国家海洋政策的审查结果的报告,并载有关于如何更新国家海洋政策的建议;

(b)根据按照第a项制定的报告中的建议,更新国家海洋政策。

(9)部长在决定是否批准更新的国家海洋政策时,须考虑国家海洋政策指导委员会的建议,并须公布未能通过国家海洋政策指导委员会建议的所有原因。

(10)负责人须将最新的国家海洋政策和国家海洋政策指导委员会的报告在网上(包括在信息平台上)公开。

部长有权制定和实施法规、政策、措施和行动

84.(1)部长可以制定和实施法规、政策、措施和行动,以促进通过以证据为基础的方法保护和恢复斐济内水、群岛水域、领海、毗连区、专属经济区和沿海环境,包括:

(a)保护蓝碳储存;

(b)海洋的可持续管理和减少对海洋和沿海生态系统的人为压力;

(c)根据第80条,采取措施维持和加强斐济的海上边界;

(d)支持非生物降解和非生态友好型材料替代品的财政奖励和教育活动。

(2)根据第1款引入和实施的法规、政策、措施和行动须采用基于科学和数据驱动的方法。

(3)部长须与负责环境和渔业的负责人协商,制定本条规定的法规、政策、措施和行动,使其可能对渔业管理产生影响。

海洋的减排潜力

85.(1)部长可制定法规和政策,并采取措施和做出行动,以增强海洋的减排潜力,包括:

(a)增加蓝碳;

(b)发展海上可再生能源发电;

(c)提高海事服务的能源效率。

(2)部长须与负责交通、森林、能源和渔业的负责人协商,制定本条规定的法规、政策、措施和行动,使其可能对渔业管理产生影响。

部长可指示斐济气象局或任何国家机构编制研究报告

86.部长可指示斐济气象局或任何国家机构编制和定期更新关于气候变化对海洋的影响以及海洋可持续地为斐济人提供商业、生活和其他目的资源的能力的研究报告。

第十四编　可持续融资

财政部长的权力

87.(1)财政部长可以：
(a)在捐助者、气候基金和气候资金接受部门之间充当渠道，以帮助、支持在方案设计、资金与优先事项上保持一致以及有效实施安排方面采取协作方法；
(b)与国家预算程序和财政部门内的相关办公室密切合作，实施气候预算编码和跟踪系统，并将此类系统纳入政府的整体公共财务管理系统；
(c)对国内气候资金来源（包括环境和气候适应税、私营部门来源和保险举措）进行报告、监测和评估，并在信息平台上公开提供此类报告；
(d)积极监督斐济参与绿色气候基金、适应基金和多边开发银行的情况，以促进和加强斐济获得可持续的气候资金；
(e)审查捐助者的参与和协调安排，以提高效率、互补性和协同效益，与国家气候变化政策保持一致。

(2)财政部长可将国家协调中心或国家指定机构的角色委托给任何负责动员或分配气候资金的国际合作机构，并可根据需要在负责气候变化的常务秘书和负责人之间划分任何职责，以避免任何利益冲突。

促进气候变化倡议的奖励

88.(1)财政部长可以根据2004年《财政管理条例》，向下列人员授予奖励：
(a)鼓励并实施减缓气候变化的措施，包括减少温室气体排放、使用可再生能源和提高能源效率；
(b)采取措施，适应和提高斐济对气候变化的适应能力；
(c)在旨在减缓和适应气候变化的方案中，参与开展经认证的培训，这种激励措施对于推进旨在减缓和适应气候变化的措施和活动可能是必要的。

(2)财政部长，如果根据第1款给予奖励，须在条例中规定奖励的性质、授予或撤回奖励的条件，以及为行使第1款授予的权力所必需的其他事项，包括此类奖励是非任意授予的。

（3）在根据第1款给予奖励时，财政部长须考虑到国际标准和最佳实践。

经认可的气候融资组织

89.（1）包括绿色气候基金在内的气候基金认可的国家机构或私人组织，经部长批准，可以成为指定用于实施减缓和适应气候变化措施的公共或私人捐款的接收者和管理者。

（2）第1款中的国家机构或私人组织的管理者须向部长和财政部长监测、评估、公布并通报其应对气候变化行动的结果，并证明其支出的有效性和效率。

（3）财政部长可在负责人的支持下，制定国家机构或私营组织在第1款中适用的气候资金使用指南，以确保对分配的气候资金的战略性和互补性使用。

气候融资机制

90.财政部长可根据所有成文法制定金融工具和机制，以实施本法以及根据本法的目标和原则采取减缓和适应气候变化的行动。

国家气候融资战略

91.（1）财政部长须与储备银行协商，制定国家气候融资战略、框架和方法，以支持和协调斐济持续获得气候融资。

（2）国家气候融资战略、框架和方法须满足斐济对气候融资的准备，包括适当的治理安排、会计制度和透明度框架。

（3）部长须与储备银行协商，每5年审查一次国家气候融资战略和框架。

第十五编　私营部门转型和参与

私营机构咨询委员会

92.部长可为下列目的设立私营部门咨询委员会：
(a)促进与私营部门就本法的实施进行沟通；
(b)促进公营和私营部门交流知识和经验；
(c)开发和链接资源，协助私营部门遵守本法；

(d)促进和创造有利于实现本法目标和原则的公私伙伴关系的环境。

指导和采用最佳实践

93.(1)在本条生效后 12 个月内,部长须制定并公布指导材料,以协助公司、管理投资计划、斐济国家公积金委员会、持牌金融机构和储备银行履行其在本编规定下的义务。

(2)在制定此类指导材料时,部长须考虑行业最佳实践,包括金融稳定委员会气候相关财务披露工作组的建议。

负责人须考虑和评估气候变化的风险和机遇

94.(1)在根据 2015 年《公司法》第 106 条第 1 款要求合理审慎和勤勉行使权利时,公司的负责人或其他职员须考虑和评估气候变化的风险和机遇,只要这些风险和机遇是可预见的并与公司的利益相交。

(2)就本编而言,气候变化风险包括:

  (a)与气候变化相关的物理风险,包括急性风险(如极端天气事件)和慢性风险(如气温上升、海平面上升和水的可用性、供应和质量的变化),这些风险可能影响公司的场所和其他资产、运营、供应链、交通需求和员工安全;

  (b)向低碳经济调整过程中可能发生的由变化带来的相关转型风险,包括政策和法律变化、技术变化、市场变化以及与客户或社区观念变化相关的声誉风险;

  (c)因未能考虑和解决物理风险和过渡风险而产生的责任风险,以及第 a、b、c 和 d 项造成的经济和财务损失或影响。

(3)就第 1 款而言,气候变化机遇可能包括:

  (a)通过提高场所、业务和流程的效率来降低运营成本;

  (b)将能源使用转向低排放能源,以节省每年的能源开支;

  (c)通过创新和开发新的低排放产品和服务,利用消费者和生产者偏好的转变;

  (d)新市场或新资产类型的机遇;

  (e)增强对气候变化的适应能力,从而避免未来的经济成本。

斐济国家公积金委员会须考虑和评估气候变化风险和机遇

95. 斐济国家公积金委员会在履行 2011 年《国家公积金法》第 9 条规定的职责时,须考虑和评估可预见的气候变化风险和机遇,并与各基金和委员会的利益相交叉。

公司和管理投资计划披露气候变化带来的
金融风险及为降低风险而采取的措施

96.(1)根据 2015 年《公司法》第 388 条的规定,所有需要编制财务报告和董事报告的公司和管理投资计划须在其财务报告和董事报告中披露以下信息:
(a)因气候变化风险和气候变化机遇而给公司或管理投资计划带来的任何重大财务风险;
(b)公司或管理投资计划为减少该等重大财务风险而采取的措施;
(c)如何将气候变化风险考虑纳入投资政策、风险管理政策和投资决策过程;
(d)公司或管理投资计划的活动及其生产的商品和服务的使用对气候变化的影响,以及公司或管理投资计划在多大程度上符合《巴黎协定》第 2 条规定的长期温度目标。
(2)就本编而言,由气候变化风险和气候变化机遇引起的金融风险可能包括:
(a)气候变化风险影响对产品和服务的需求从而对收入产生影响;
(b)气候变化风险对开支的影响;
(c)政策、技术及市场动态影响供求关系以至于对资产及负债估值产生影响;
(d)对资本和融资的影响,包括债务和股权结构(如增加债务水平以弥补经营性现金流减少或新的资本支出)以及筹集新债务和再融资的能力。

斐济国家公积金委员会公布气候变化带来的
金融风险和为减少风险而采取的措施

97.(1)斐济国家公积金委员会在根据 2011 年《国家公积金法》第 25 条制定财务报告时,须在其财务报告中披露以下信息:

(a)因气候变化风险和气候变化机遇而给每个基金和委员会带来的任何重大财务风险；

(b)各基金和委员会为减少这些重大财务风险所采取的措施；

(c)如何将气候变化风险考虑纳入投资政策、风险管理政策和投资决策过程；

(d)每个基金和委员会的活动以及使用其生产的商品和服务对气候变化的影响，以及每个基金和委员会遵守《巴黎协定》第2条规定的长期温度目标的程度。

(2)本条中"基金"的含义见2011年《国家公积金法》第4条第1款。

持牌金融机构对气候变化金融风险的披露及为降低风险而采取的措施

98.根据1995年《银行法》第26条第1款的规定，每个需要提交声明和报告的持牌金融机构须在其提交的报告中披露以下信息：

(a)因气候变化风险和气候变化机遇而对持牌金融机构造成的任何重大金融风险；

(b)持牌金融机构为减少其对该等重大财务风险的承担而采取的措施；

(c)如何将气候变化风险考虑纳入投资政策、风险管理政策和投资决策过程；

(d)持牌金融机构的活动及其生产的商品和服务的使用对气候变化的影响，以及持牌金融机构遵守《巴黎协定》第2条规定的长期温度目标的程度。

储备银行对气候变化金融风险的披露及为降低风险而采取的措施

99.储备银行须在其年度账目和根据1983年《储备银行法》第56条第1款转交负责人的业务报告中披露以下信息：

(a)因气候变化风险和气候变化机遇而给储备银行带来的任何重大金融风险；

(b)储备银行为减少这些重大金融风险所采取的措施；

(c)如何将气候变化风险考虑纳入投资政策、风险管理政策和投资决策过程；

(d)储备银行的活动及其生产的商品和服务的使用对气候变化的影响，以及储备银行遵守《巴黎协定》第2条规定的长期温度目标的程度。

对同时在外国司法管辖区开展业务的实体的适用

100.就本编对同时在外国司法管辖区开展业务的实体的适用而言,第94条至第99条下的要求仅适用于该实体在斐济开展的业务。

第十六编 执 行

犯 罪 时 效

101.在下列日期3年之后,不得就本法规定的违法行为提起诉讼,以下列日期中的较晚日期起算:
(a)犯罪发生之日;
(b)犯罪证据首次引起刑事司法部门注意的日期。

其他违法行为

102.个人有以下行为的,构成犯罪,一经认定可处不超过750,000斐济元的罚款或不超过10年的监禁,或两者兼处:
(a)在本法要求的情况下,故意或蓄意在重大特定事项上提供虚假或误导性信息;
(b)故意或蓄意不提供本法所要求的任何文件或信息;
(c)为了促使本法规定下的某事项的实现或不实现,无论是出于自身利益还是任何他人利益,故意或蓄意在重要细节上作虚假的陈述。

一 般 处 罚

103.任何人触犯本法而没有规定刑罚,一经认定,可处不超过750,000斐济元的罚款或不超过10年的监禁,或两者兼处。

第三方执行本法

104.(1)任何人都可以向法院提起诉讼,要求法院下令对违反本法的行为进行补救或限制。

(2) 本条所指的法律程序可由某人以以下形式提出：

(a) 代表其本人提出；

(b) 代表本人并代表在该诉讼中有相同或共同利益的其他人（经其同意）提出。

(3) 如果法院确信已经发生违法的行为，或者认为违法行为将会发生，法院可以作出其认为合适的命令，以补救或限制该行为。

(4) 本法规定的法院职能是对法院任何其他职能的补充，而不是减损。

(5) 就本法而言，对本法的违反是指：

(a) 违反或未遵守本法；

(b) 威胁或预计将违反或不遵守本法。

其他命令

105. (1) 法院在根据本法认定某人是否违法时，或在发布命令纠正或限制违反行为时，考虑到犯罪或违法行为的性质以及实施犯罪的相关情况，除施加任何惩罚或命令外，还可以发布命令，禁止该人实施任何可能导致继续或重复犯罪或被认定为违法的行为或者参与任何活动或承诺：

(a) 在切实可行的范围内，要求拆除或移走基础设施，或将基础设施或土地恢复到该基础设施或土地在该罪行或违法行为发生前的状况或状态；

(b) 要求恢复、改善或补救某一地区，或抵消所造成的任何损害，包括通过购买和取消斐济减缓成果单位或其他减排单位，以便将环境恢复到尽可能接近其原始状态，其费用由被定罪者承担；

(c) 指示该人向司法部门支付一笔以信托形式持有的款项，作为可退还的成本担保，以确保根据本条作出的命令得到遵守；

(d) 要求该人遵守法院认为在有关情况下适当的任何其他要求。

(2) 法院在就本法所规定的罪行对某人定罪时，或在对违反本法的行为作出补救或制止的命令时，考虑到罪行或违法行为的性质及其周围的情况，除所施加的任何处罚或命令外，可根据受害人的申请，命令犯罪人或违法行为人向受害者支付赔偿：

(a) 赔偿受害者已证明因该作为或不作为而遭受的损失或损害；

(b) 由于该作为或不作为而被证明是由受害人或其代理人合理地采取的任何预防或补救措施的费用。

(3)就第2款而言,受害人可包括任何人。

(4)根据第1款第a项发出的命令可强制执行,如同禁令。

(5)根据本条发出的与支付款项有关的命令,如属判定债务,可强制执行,并可在法庭追讨。

(6)如任何人未能遵守法院根据本条作出的有关某一地区的修复、改善或补救或抵消因该作为或不作为而造成的任何损害的命令或指示,司法部门可对该地区进行修复、改善或补救,或抵消所造成的任何损害,而该费用则成为法院可追偿的债务(包括使用以信托方式存入司法部门的费用担保)。

员工保护

106. 雇主不得因员工报告了违反本法的行为而实施以下行为:
    (a)解雇或威胁解雇雇员;
    (b)对雇员进行纪律处分或停职;
    (c)对雇员进行处罚;
    (d)恐吓或胁迫员工。

民事索赔和损害赔偿

107.(1)因其他任何人违反本法而遭受损失的人,可以向法院提出民事赔偿要求,其中可以包括:
    (a)因违法行为或为防止、减轻、管理、清理或补救违法行为而进行的活动而造成的经济损失;
    (b)因任何自然资源受到损害而造成的收入损失;
    (c)任何自然环境或资源损失;
    (d)为确定任何污染事件的性质或调查补救办法而进行的检查、审计或调查所产生的费用。

(2)根据本条提出的索赔,可抵销根据第105条第2款支付的任何赔偿。

公司和董事的责任

108. 如果公司违反本法规定,则该公司的董事、高级管理人员、雇员或代理人,即指示、授权、同意、默许或参与该违法行为的董事、高级管理人员、雇员或代理人也犯了该违法行为,无论该公司是否已被起诉或定罪,都应受到对该违法行为规定的处罚。

破产案件中受处罚或损害赔偿的优先权

109. 即使有任何其他成文法的规定,如果公司违反本法规定,根据本法作出的处罚或损害赔偿也优先于在针对该公司的任何破产诉讼中提出的任何担保或优先索赔。

第十七编　其他规定

优先行动

110. 尽管有其他成文法的规定,本法仍有效。因此,如果本法与其他成文法有任何不一致之处,以本法为准。

条例

111.(1)部长可以制定条例,规定本法要求或允许规定的事项,或为执行或实施本法以及一般为实现本法的目的而规定的必要或方便规定的事项,包括作出以下规定:

(a)斐济参与为管制国际航空或国际航运排放而采取的计划;

(b)根据本法发布的改进通知的规定形式;

(c)授权官员或检查员有义务通知设施、土地或场所的负责实体,负责实体在特定情况下可以拒绝同意进入其房舍;

(d)授权官员或检查员在进入设施、土地或场所前发出指明公告的义务;

(e)部委、部门、法定当局或地方当局或设施、土地或场所的负责实体有向授权官员或检查员提供设施和协助的责任;

(f)各部委、部门、法定机构或任何其他机构在支持实现第30条目标方面的作用和责任;

(g)根据第43条第1款限制或减少斐济整个经济领域的温室气体排放;

(h)根据第68条提高斐济对气候变化的抵御能力和适应气候变化的能力;

(i)根据第84条,促进以循证方法保护和恢复斐济内水、群岛水域、领海、毗连区和专属经济区以及沿海环境;

(j)按照第85条加强海洋的减排潜力;

(k)罚款不超过 10,000 斐济元或监禁不超过 2 年,或两者兼处。
　(2)部长在与相关负责人协商后,可以制定条例,使本法的任何条款生效,并对任何人,包括国家机构施加责任或义务。
　(3)部长可就减排项目、计划和活动的以下方面制定法规:
　　　(a)项目、计划或活动的发起人资格;
　　　(b)关于满足持有执行项目、计划或活动的合法权利的要求的指导;
　　　(c)部门范围和类型;
　　　(d)就第 47 条第 b 款、第 50 条第 2 款、第 54 条第 1 款、第 55 条第 3 款、第 56 条第 4 款及第 57 条第 4 款而言,其他项目、计划或活动类别;
　　　(e)批准斐济减排方法的标准;
　　　(f)将减排项目、计划或活动批准为斐济减排项目、计划或活动的标准;
　　　(g)变更或撤销有关减排项目、计划或活动是斐济减排项目、计划或活动的声明;
　　　(h)计算减排量,包括确保不重复计算某个减排项目、计划或活动所实现的减排量;
　　　(i)基线设置;
　　　(j)记账期或报告期;
　　　(k)额外减少排放;
　　　(l)减排的持久性;
　　　(m)监测、报告和核查减排情况;
　　　(n)土地所有者和其他利益相关者的同意;
　　　(o)在登记册登记减少排放项目、计划和活动;
　　　(p)利益分享;
　　　(q)斐济减缓成果单位的发放;
　　　(r)对斐济减缓成果单位的发放收取费用或征税;
　　　(s)斐济减缓成果单位在国内和国际上的转让,包括防止或限制斐济减缓成果单位的国际转让;
　　　(t)为《巴黎协定》第 6 条之目的批准登记和开展减排项目、计划和活动;
　　　(u)批准按照核定的国际减排标准登记和开展减排项目、计划和活动;
　　　(v)批准按照经核准的国际减排标准发放的减排设备在国内或国际上使用、销售和转让;
　　　(w)引进的国际转让的减缓成果的国际转让和随后的国际转让的减缓成果的国内转让;

(x)根据第 56 条批准转换减排装置；

(y)经核准的国际减排标准；

(z)将斐济减排标准与外国排放交易计划联系起来，包括通过《巴黎协定》第 6 条。

(4)负责人可在林业部长的协助下(视情况而定)根据第 3 款制定法规，以促进涉及森林、蓝碳或法规规定的其他项目、计划或活动类型的减排项目、计划和活动的发展。这些条例可以规定，在这种情况下，可以对一个或多个地区的森林、蓝碳或条例规定的其他项目、计划或活动类型施加保护令或其他安排，这些地区已经受到碳储存逆转或损失的影响。

(5)部长可以为登记册的运作制定条例，包括：

(a)负责人在以个人名义开立登记册账户之前须执行的识别程序；

(b)若账户持有人提出请求，可自愿关闭登记册账户；

(c)暂停注册处账户；

(d)负责人单方面关闭注册处账户；

(e)斐济减缓成果单位、国际转让的减缓成果或根据经核准的国际减排标准发布的任何其他减排单位的条目；

(f)斐济减缓成果单位或国际转让的减缓成果的持有、移交、取消或转让；

(g)持有按照经核准的国际减排标准发行的减排单位；

(h)自愿取消斐济减缓成果单位或国际转让的减缓成果；

(i)负责人对登记册的文件错误、明显缺陷或未经授权的条目进行纠正和整改；

(j)保护本处持有的任何机密资料；

(k)根据经核准的国际减排标准，公布与斐济减缓成果单位、国际转让的减缓成果或其他减排单位有关的信息；

(l)斐济遵守与《巴黎协定》规定的国际转让的减缓成果和斐济减缓成果单位国际转移有关的资格要求。

(6)部长可制定条例，要求个人对根据本编批准的减排项目、计划和活动的某些信息进行记录，并在记录后保留该记录 7 年。

相 应 修 订

112.附件 2(已省略)所列法案按该附件的规定予以修订。

斐济共和国议会于 2021 年 9 月 23 日通过。

非 洲 卷

尼日利亚气候变化法[1]

本法于2021年由尼日利亚联邦共和国国民议会颁布

本法为气候变化行动的主流化提供框架,规定碳预算制度,并设立国家气候变化委员会。

第一编　目标及适用

1. 本法为实现低温室气体(GHG)排放、包容性绿色增长和可持续经济发展提供了框架——
    (a) 确保尼日利亚制定的计划可以实现其减缓和适应气候变化的长期目标;
    (b) 协调实现长期气候目标所需的气候变化行动;
    (c) 气候变化行动的主流化与国家发展重点相一致;
    (d) 调动资金和其他必要资源,以确保对气候变化采取有效行动;
    (e) 确保气候变化政策和行动与其他相关政策结合,以促进社会经济发展和提升环境完整性;
    (f) 根据尼日利亚的国际气候变化义务,为2050年至2070年实现温室气体净零排放设定目标;
    (g) 确认风险和脆弱性,发展抗御力,强化现有适应气候变化影响的能力;
    (h) 实施减缓措施,促进低碳经济和可持续民生;以及
    (i) 确保私营实体和公共实体遵守规定的气候变化战略、目标和国家气候变化行动计划(本法以下简称行动计划)。

---

[1] 本法于2021年制定,原文来自联合国粮农组织数据库,网址:http://faolex.fao.org/docs/pdf/NIG208055.pdf。翻译人:胡卫、叶祖欣;校对人:徐榕苑、金婧、杨浩、唐寅智。

2. 本法适用于尼日利亚联邦政府的各部、司、局(MDAs)，以及尼日利亚境内的公共实体和私营实体，以制定和实施旨在促进低碳排放、环境可持续和气候适应型社会的机制。

第二编　设立国家气候变化委员会

3. (1)设立委员会,授权委员会就尼日利亚气候变化的所有事项制定政策和作出决定。

(2)委员会——

(a)为永久存续并加盖公章的法人团体；

(b)可以团体名义起诉和被诉。

(3)委员会加盖印章须经委员会主席认证。

(4)委员会须根据工资委员会的规定向委员支付津贴。

4. 委员会应——

(a)协调温室气体排放和其他人为导致气候变化相关条例的部门目标和准则的实施；

(b)批准和监督行动计划的实施；

(c)管理根据本法设立的气候变化基金；

(d)确保在国家发展规划和计划中将气候变化主流化；

(e)制定气候变化政策和计划,使其作为气候变化规划、研究、监测和发展的基础；

(f)制定确定气候变化影响脆弱性和适应性的评估准则,以便为其实施和监测提供技术援助；

(g)就气候变化的适应、减缓和其他相关活动提出立法、政策、拨款和其他措施建议；

(h)调动财政资源支持气候变化行动；

(i)与联邦税务局合作,在尼日利亚建立碳税机制；

(j)与联邦环境部和联邦贸易部合作,制定并实施碳排放交易机制；

(k)审查气候变化相关国际协定,并就有关事项提出必要的建议,供政府批准和遵守；

(l)传播关于气候变化、当地脆弱性和风险、相关法律和议定书,以及适应和减缓措施的信息；

(m)根据本法规定,就气候变化相关技术、科学和法律事项提供咨询和建议；

(n) 为实现其职能而取得、持有或处置动产或不动产；

(o) 监督委员会秘书处的活动和建议，以实现本法目标；

(p) 与尼日利亚国家绿色债券合作，满足尼日利亚的国家自主贡献（NDCs）；

(q) 为实现本法目标履行其他必要职能。

5. (1) 委员会应由下列成员组成：

(a) 由尼日利亚联邦共和国总统任委员会主席，领导委员会；

(b) 由尼日利亚联邦共和国副总统任委员会副主席；

(c) 环境部长；

(d) 石油资源部长；

(e) 预算及国家规划部长；

(f) 司法部长；

(g) 矿产及钢铁发展部长；

(h) 财政部长；

(i) 农业及乡村发展部长；

(j) 能源部长；

(k) 妇女权益部长；

(l) 交通部长；

(m) 水资源部长；

(n) 尼日利亚中央银行行长；

(o) 国家安全顾问；

(p) 尼日利亚州长论坛主席；

(q) 尼日利亚地方政府协会会长；

(r) 私营部门在气候变化或环境相关事务方面的代表，由最具代表性的已注册国家伞状组织提名；

(s) 以下代表：

(i) 妇女代表，

(ii) 青少年代表，

(iii) 残疾人代表，

皆应由最具代表性的已注册国家伞状组织提名；

(t) 环境相关民间团体组织(CSOs)代表由总统根据环境部长的建议任命；

(u) 委员会总负责人兼任秘书。

(2)委员会在必要时应召开会议,以履行本法规定的职能,委员会的议事程序应载于本法附表。

(3)除总负责人外,委员会委员均为兼任。

(4)第 5 条 r 至 t 项规定的委员会委员(当然委员除外)应当——

  (a)任期 4 年,不得连任;以及

  (b)根据委任书规定的条款及条件指定。

6.(1)出现以下事由时,委员可卸任:

  (a)提前一月向委员会发出辞职通知;

  (b)精神失常;

  (c)破产;

  (d)被指控犯罪或因故意破坏尼日利亚履行其减缓和适应气候变化义务的成果被判有罪;或

  (e)死亡。

(2)本法第 5 条 r 至 t 项规定的委员会委员出现空缺时,应任命一名继任代表填补,以完成前任的剩余任期。

第三编:国家气候变化委员会的管控

7.(1)为委员会设立秘书处,作为委员会行政(包括秘书性和文书性工作)科学技术部门,履行本法赋予其的职能和职责。

(2)委员会有权为秘书处设立办事处,包括地区和州办事处、委员会,以及其认为必要的其他行政机构,以促进本法的实施。

8.秘书处应当——

  (a)根据本法规定的目标履行职能和职责,协助委员会并提供建议;

  (b)负责监测、核证和报告国家排放情况与碳预算的一致程度;

  (c)负责监测、核证和报告行动计划实施的进展情况;

  (d)定期审查行动计划;

  (e)为气候变化政策和行动计划的起草提供分析和技术支持,并监测其实施情况;

  (f)收集数据和预测数据,传播气候风险、气候影响和碳预算的相关信息;

  (g)MDAS 及私营实体、公共实体实现行动计划中规定的气候变化目标编制和提供必要的指导方针;

  (h)提供所有气候变化报告和相关文件的副本,以透明地评估 MDAs 及在尼日利亚境内经营的私营实体、公共实体遵守本法以及根据本法制定的其他附属立法和准则的程度；

(i) 与联邦环境部合作，提供所有气候变化报告和相关文件的副本，以履行国家气候变化方面的国际气候义务；

(j) 向委员会提供气候科学方面具有分析性、科学性和技术性的建议，包括排放源、气候风险以及减缓和适应的备选办法；

(k) 以及履行委员会指派给秘书处的其他职责。

9. 履行本法规定的职责时，经委员会批准，秘书处有权——

(a) 要求提供报告、数据、文件或履行本法规定职责的必要信息；

(b) 编制和管理国家登记册，用于记录公共实体和私营实体的减缓和适应行动；

(c) 调动财政资源支持气候变化行动；

(d) 访问MDAs、私营实体和公共实体，以监测、核证和报告排放状况或收集为履行本法规定职能和职责所需的其他数据；以及

(e) 实施经委员会批准的其他工作。

10. (1) 秘书处应设总负责人，由总统根据委员会建议任命，负责委员会的行政管理。

(2) 总负责人——

(a) 至少拥有环境相关领域的硕士学位；

(b) 在气候变化政策制定和实施方面至少有10年以上同领域经验，了解国际气候政策形势；以及

(c) 具有在国家和国际层面制定、实施和管理气候变化项目的经验。

(3) 总负责人

(a) 应——

(i) 任期4年，仅可连任一次；以及

(ii) 关于任期和条件，以委任书为准；以及

(b) 提前一个月向总统发出辞职通知。

(4) 符合下列任一项的，总统可不经通知免除总负责人职务：

(a) 未履行本法规定的职能；或

(b) 存在本法第6条第1款b至d项规定的其他事由。

11. (1) 委员会应任命——

(a) 尼日利亚6个地缘政治区的6名区域协调员；

(b) 尼日利亚联邦共和国各州负责人；以及

(c)为实现本法目标所需的其他必要人员。

(2)根据本条任命的区域协调员或州负责人应——

(a)由委员会根据环境部长的建议任命；

(b)持有环境相关领域的学位；

(c)具备5年以上气候变化政策制定和实施的同类经验；

(d)任期4年,不得连任；并且

(e)提前一月向委员会提交辞职通知。

(3)符合下列任一项的,委员会可不经通知免除区域协调员或州负责人职务：

(a)未履行委员会或本法规定的职责；或

(b)存在本法第6条第1款b至d项规定的其他事由。

(4)根据第2款d项或第3款出现空缺或因死亡出现空缺的,委员会应当填补空缺——

(a)就地区协调员,任命与死者来自同一个州的合格人员以完成剩余任期；

(b)就州负责人,任命与死者来自同一参议院选区的合格人员以完成剩余任期。

(5)委员会应确保根据本法第11条第1款作出的任命决定能使——

(a)位于同一地理带的各州皆应产生一名区域协调员；以及

(b)各参议院选区应轮流产生一名州负责人。

12.无论法案作何规定,本法第11条规定的总负责人和主要职员应根据工资委员会的决定,获得薪酬和津贴。

13.(1)秘书处经委员会批准,可任命其认为必要且适当的职员和雇员。

(2)根据《养老金改革法案》,职员和雇员的服务条款和条件,包括薪酬、津贴、福利和养恤金,应由秘书处经委员会批准后决定。

(3)在不妨碍第2款规定的前提下,本法任何规定均不得阻止某人在排除就该职位获得退休金及其他退休福利的条件下受聘担任任何职位。

(4)委员会应制定与职员服务条件相关的一般性职员条例,在不损害前述一般性原则的前提下,该条例可就委员会职员的任命、晋升、调任及纪律管制作出规定。

14.《公共服务规则》关于退休的规定应适用于委员会职员。

第四编 财 政 规 定

15.(1)设立气候变化基金(本法以下简称基金),由委员会运营,资金来源为——

(a)由国会拨付用于委员会运作的款项;

(b)用于支付的补助金、赠款和捐款,以及委员会提供服务或出版的费用;

(c)来自国际组织的资助和尼日利亚为履行其国家自主贡献的资助;

(d)由私营实体和公共实体向该基金支付的因其未履行减缓和适应气候变化义务而产生的罚款和费用;

(e)碳税和排放交易;以及

(f)委员会不定期规定的其他基金。

(2)本基金适用于——

(a)委员会及委员会下设办事处的行政费用;

(b)支付委员会委员的薪酬、津贴及福利,偿付委员及基于此设立的其他委员会委员的上述费用,以及实施由委员会明确授权的活动发生的费用;

(c)向委员会职员支付的薪金、其他酬金或津贴,以及其他退休福利;

(d)开发及维持委员会名下或由委员会所有的财产;

(e)气候变化宣传和信息传播;

(f)经委员会批准,资助新型减缓和适应气候变化项目;

(g)支持气候变化宣传和信息传播;

(h)支付审计员工作费用及其他因对委员会进行审计发生的费用;

(i)评估气候变化对弱势社区和群体的影响;

(j)鼓励私营实体和公共实体努力向清洁能源转型并持续减少温室气体排放;以及

(k)与本法规定的委员会职能相关的其他支出。

(3)委员会应通过命令的方式审查基金资金的来源及其实施情况。

16.(1)秘书处应当——

(a)妥善留存委员会收入和支出的账目和记录;

(b)编制并向委员会提交一份关于秘书处所有活动的综合报告;以及

(c)在每个财政年度编制一份账目报表。

(2)秘书处应在委员会的指示下,或在账目相关财政年度结束后6个月内,根据审计长为联邦政府提供的准则,安排对账目进行审计。

(3)秘书处应在每一财政年度结束前6个月内,编制并通过委员会向国会提交委员会下一财政年度的收入支出预算。

17.委员会可向金融组织或其他机构借款,以执行本法规定的任务。

18.委员会可根据捐赠的个人或组织指定的条款和条件接受土地、货币或其他财产的捐赠,但这些条件不得与本法规定的委员会职能相抵触。

第五编 碳预算和国家气候变化行动计划

19.(1)联邦环境部应与联邦国家规划部协商——

    (a)为尼日利亚设定碳预算,以将全球气温平均增幅控制在2℃以内,并力求将气温增幅限制在比工业化前水平高1.5℃以内;以及

    (b)通过命令——

        (i)设定碳预算及预算期间,以及

        (ii)定期修改碳预算,使其与尼日利亚的国家自主贡献保持一致,以遵守尼日利亚的国际义务。

(2)根据本条设定试点碳预算之前,碳预算应自总统批准本法之日起12个月内通过委员会提交联邦执行委员会批准。

(3)根据第1款,联邦环境部应在碳预算期间结束前12个月内,为下一碳预算期间设定新的碳预算,并通过委员会提交联邦执行委员会批准。

(4)碳预算期间内需要审查碳预算的,联邦环境部应在碳预算修改后3个月内通过委员会提交联邦执行委员会批准。

(5)联邦环境部——

    (a)应公布详细的国家、区域和部门气候脆弱性和风险评估,将其作为行动计划中适应部分的基础;以及

    (b)可通过命令公布测量、报告和核证国家排放量的准则,将其作为碳预算设定和年度审查的基础。

20.(1)秘书处应分别与联邦环境、预算及国家规划部门协商,每5年制定一次行动计划。

(2)试点行动计划应自本法生效之日起12个月内制定。

(3)在将行动计划分别提交委员会和联邦执行委员会批准之前,应首先向公众公布以征求意见,公告期不少于8周,并在提交委员会前14天内结束。

(4)行动计划应——

    (a)作为下列事项的基础:

        (i)识别旨在确保国家排放情况与碳预算目标相一致的活动;以及

        (ii)设立国家气候适应目标、目的和优先事项;

    (b)为下列事项规定措施和机制:

        (i)识别并评估风险、脆弱性和气候变化对弱势社区、群体及生态系统的极端影响;

(ⅱ)为将气候变化行动的主流化纳入部门职能设定行动；

(ⅲ)识别适应和减缓气候变化的行动；

(ⅳ)将减少气候变化灾害风险行动的主流化纳入发展方案；

(ⅴ)为提高公众对气候变化行动的认知及参与设定框架；

(ⅵ)识别要求气候试验的国家基础设施的战略区域；

(ⅶ)强化能源节约和提升能源效率，加强工业、商业、交通、家用及其他用途的可再生能源利用；

(ⅷ)审查温室气体排放程度和趋势；以及

(ⅸ)实现尼日利亚气候变化目标；

(c)对减缓和适应气候变化的研究、规划和行动作出规定；以及

(d)包含实施气候变化项目和相关活动的财政和预算的需求预测。

(5)行动计划的组成部分包括——

(a)与碳预算相一致且明晰的5年期碳预算；

(b)构成5年期的逐年制定的明确年度碳预算；

(c)温室气体排放经济部门过去、现在和预计的温室气体排放概况；

(d)各经济部门过去、现在和拟议的气候减缓和适应行动的详情，包括其原理、成本、资金来源及效益；

(e)遵守国际气候承诺的详情；以及

(f)为实现温室气体减排，对私营实体和公共实体提出的激励措施。

21.(1)总负责人应在制定第一个5年期和随后其他周期的行动计划后的1年内，向气候变化委员会和国会的气候变化委员会提交一份关于国家气候变化状况的详细报告。

(2)报告内容应当包括——

(a)行动计划实施的进展情况；

(b)温室气体排放情况与年度碳预算的一致程度；

(c)识别易受气候变化影响地区；

(d)识别气候变化对男性、妇女和儿童的差异化影响；

(e)风险和脆弱性的评估和管理；

(f)识别温室气体减缓和适应潜力；

(g)为国家、州、地方政府和私营部门的联合项目决定备选方案，确定减缓和适应措施的优先次序；

(h)认可公共实体和私营实体为实现碳预算所作努力；

(i)给予私营实体和公共实体就向清洁能源转型和持续减少温室气体排放

所作努力的奖励,以及

(j)对违反本法规定的私营实体和公共实体处以罚款。

(3)总负责人应在每个财政年度结束后3个月内,向国会提交关于私营实体和公共实体履行气候变化义务的评估报告并公布。

第六编 气候变化相关义务

22.(1)MDAs应设立气候变化办事处,由一名管理级以上的干部职员监管,并负责确保将气候变化活动纳入其核心任务。

(2)第1款规定的办事处职员应确保对所有的气候变化计划、项目和活动进行充分的规划并制定预算。

(3)财政、预算及国家规划部门应确保MDAs提交的所有预算提案都经过审查,并考虑到气候变化,且在年度预算的分项下为其提供足够的拨款。

(4)MDAs应遵守年度碳减排目标,并与根据本法制定的行动计划及碳预算相一致。

(5)未达到碳减排目标的MDAs均应接受审查,其主要职员在被认定有责后,应受到制裁,并在适当情况下由委员会决定处以罚款。

(6)若MDAs的评估报告披露不符合要求——

(a)秘书处应进行调查,并将调查结果报告委员会;以及

(b)委员会可就该报告的建议实施适当的措施和制裁。

23.委员会可以通过条例——

(a)将气候变化相关义务施加于公共实体;以及

(b)必要时变更或撤销此类义务。

24.(1)雇员人数在50人及以上的私营实体应——

(a)根据行动计划采取措施实现年度碳减排目标;和

(b)指定一名气候变化专员或一名环境可持续性专员,由其通过州负责人向秘书处提交关于该实体为实现其碳减排和气候适应计划所作努力的年度报告。

(2)未能达到第1款规定目标的私营实体将被处以罚款,罚款将由委员会根据环境经济核算系统确定,该系统应考虑对健康的影响、对气候变化的影响和对生态系统服务的总损害。

(3)除本法规定外,委员会可通过在联邦政府公报上公告的方式要求根据本法成立的私营实体——

(a)就其气候变化义务的履行状况编制报告,并规定报告的期限;或

(b)未能履行其气候变化义务的私营实体应在规定时间内编制报告,说明其过去和当前的行动,以及未来为确保履行该义务将采取的行动。

25.(1)经委员会批准,秘书处应与联邦环境部、民间团体组织(CSOs)、妇女、青年及其他人员合作,以监督规划、计划、项目的实施,并参与气候宣传和相关活动。

(2)对于第1款所述的合作关系,秘书处应根据《信息自由法》的要求,向民间团体组织、青年、妇女和其他人员提供与尼日利亚推动减缓和适应气候变化相关的数据和其他信息。

26.(1)经委员会批准,秘书处应建议负责管理尼日利亚教育课程的MDAs将气候变化纳入各级教育的学科和科目。

(2)经委员会批准,秘书处可——

(a)与第1款所述的MDAs合作,或

(b)支持科学研究和其他类似项目,以制定和发展适应和风险减缓的教育课程及计划。

第七编 基于自然的解决方案

27.委员会应推广并采取基于自然的解决方案,以减少尼日利亚的温室气体排放和减缓气候变化带来的问题。

28.(1)联邦环境部应在各地方政府设立登记处,记录尼日利亚REDD+活动,包括森林参考排放水平(FREL)的更新。

(2)本条中,"REDD+"是指毁林和森林退化对应的减排量,以及森林保护、可持续管理和加强森林碳储量的作用。

(3)委员会为履行尼日利亚的气候变化义务,可为REDD+活动提供财政支持。

29.(1)委员会应与国家统计局合作并为其提供设备,以建立尼日利亚自然资本账户。

(2)自然资本账户的数据应向MDAs提供,并用于制定政策和推进行动计划,并应与碳预算相一致。

(3)财政、预算及国家规划部门应确保本条第2款所述的数据纳入国家发展规划和支出框架,作为衡量气候变化对可持续发展影响的方法之一。

第八编 其他规定

30.(1)秘书处应在每年年底前6个月内编制并公布下一年的公众参与战略。

(2)公众参与战略应当规定为实现本法设定目标而采取的方式,如:
   (a)向公众公布行动计划;
   (b)确定行动并鼓励公众为实现行动计划和本法目标作出贡献。
(3)委员会应当——
   (a)如需要,审查公众参与战略;以及
   (b)审查后一个月内在联邦政府公报上公布经审查的公众参与战略。

31.(1)委员会委员、委员会职员或雇员如与委员会审查的事项有利益关系,须以书面形式披露这种利益关系的性质。
(2)应取消第1款所述的委员、职员或雇员参与审查事项的资格。
(3)根据第1款披露的利益关系须记录于会议纪要。
(4)某人如违反第1款,即属违法行为,一经定罪,可处——
   (a)100万奈拉以下罚款或一年以下监禁;以及
   (b)丧失因不披露而获得的利益。
(5)委员会的委员、职员或雇员均不得与委员会进行任何业务或贸易。

32.委员会可以制定条例——
   (a)要求私营实体和公共实体每年报告温室气体减排量及减排措施,并承担企业气候变化责任;
   (b)规定部门和跨部门的温室气体减排;
   (c)监督气候变化相关市场化机制和法律文件;
   (d)为以下事项提供财政激励:
      (i)推动温室气体减排;以及
      (ii)鼓励私营部门参与气候行动;
   (e)将不遵守根据本法制定的条例的行为规定为违法行为,并对此类违法行为规定处罚;以及
   (f)为实施本法各项规定所需的其他必要事项。

33.(1)不违反本法规定的情况下,《公职人员保护法》的规定同样适用于对委员会职员或雇员提起的相关诉讼。
(2)无论其他法律有何规定,任何人不得就根据或为执行本法或其他法律作出的行为,向委员会及委员会委员、职员或雇员提起诉讼——
   (a)限于诉讼起始于该行为、疏忽或违约被申诉后3个月内;或
   (b)损害或伤害持续的情况下,限于诉讼起始于该损害或伤害停止后6个月内。

34.(1)个人、私营实体或公共实体,若其行为对根据本法采取减缓和适应措施

的努力产生负面影响,即属违法行为,可由委员会决定进行处罚。

(2)针对气候变化或环境事项的诉讼被提起前,法院可作出以下命令——

(a)禁止、制止或暂停有害环境的行为;

(b)强制公职人员采取行动,以防止或制止有害环境的行为;

(c)对受环境有害行为直接影响的受害者进行赔偿。

35. 本法中——

"行动计划"是指国家气候变化行动计划;

"适应"是指适应当前或预期气候及其影响的过程;

"适应措施"是指为帮助群体和生态系统应对不断变化的气候条件而采取的行动或干预;

"适应能力"是指系统、机构、人类和其他生物体在认识到现有机会的情况下适应气候变化影响的能力;

"碳预算"是指在一定期间内可接受的经批准的温室气体排放量;

"主席"是指委员会主席;

"气候"是指平均气象状况,是对一段时间内相关数量平均值和变化率的统计描述;

"气候变化"是指在可比时期内观测到的自然气候变率外,直接或间接归因于改变全球大气组成的人类活动或自然气候变率的气候变化;

"气候变化义务"是指赋予公共实体和私营实体的法定义务,以实施符合国家低碳气候复原型发展目标的气候变化行动,包括减缓措施和适应措施;

"气候变化抗御力"是指面对气候变化不利影响,仍能保持正常功能并能恢复到某种正常功能范围的能力;

"气候变率"是指除个别气象事件外,所有时间和空间尺度上的气候平均状态和其他统计数据的变异性;

"委员会"是指根据本法设立的国家气候变化委员会;

"排放"是指将人类活动产生的温室气体排放至大气中;

"基金"是指根据本法设立的财政资源;

"温室效应"是指太阳能量的热量被地球周围的一层气体捕获以保持地球温暖的自然过程;

"温室气体"或"GHG"是指造成温室效应的大气组成成分,包括:

(a)二氧化碳;

(b)甲烷;

(c)氧化亚氮;

(d) 氢氟碳化物;

(e) 全氟碳化物;

(f) 六氟化硫;以及

(g) 间接温室气体;

"国际气候变化义务"是指尼日利亚在气候变化和其他环境事项的相关国际公约下所作的承诺;

"主流化"是指将气候变化行动纳入政府的政策和决定;

"MDA"指尼日利亚联邦政府的各部、司、局;

"减缓"或"减缓措施"是指在气候变化的背景下,通过限制当前或未来的排放和增加温室气体的碳汇能力,试图防止或减缓大气中温室气体浓度增加的行为;

"国家自主贡献"或"NDCs"是指强调气候行动的国家气候计划,包括气候相关目标,以及政府为应对气候变化实施的政策和措施,并视为对全球气候行动的贡献;

"国家政策"是指由气候变化部制定并经联邦执行委员会批准的国家气候变化政策和应对战略;

"私营实体"是指具有私营性质的个人或团体,包括根据《公司及相关事项法》(2020 年第 3 号)登记的机构;

"公共实体"是指代表尼日利亚政府向公众提供服务的组织或机构;

"秘书处"是指委员会的行政部门,包括秘书和文书、科学和技术部门;

"秘书"是指国家气候变化委员会秘书,其同时作为管理委员会秘书处的总负责人;

"可持续发展目标"或"SDCs"是指满足当代人需求且不损害后代人满足自身需求能力的国家期望,包括消除贫困和饥饿、改善健康和教育、使城市更具可持续性、应对气候变化、保护水道和森林等;

"州负责人"是指根据本法第 11 条任命的主要职员;以及

"区域协调员"是指根据本法第 11 条任命的 6 名协调员。

36. 本法称为 2021 年《气候变化法》。

附件　　　　　　　　　　　　　　　　　　　　　　　　　　　　第 5(2) 条

委员会会议

1.(1) 委员会应当在主席决定的时间及地点举行会议,每年至少举行两次。

(2)经主席提出书面要求,或经委员过半数决定,可以向委员会秘书提议召开特别会议。

(3)主席应主持委员会的所有会议,主席缺席时,由副主席主持。

(4)决策应由出席并参加表决的委员以过半数的形式决定,如票数相等,则由主持会议的委员投出决定票。

(5)会议的法定人数为全体委员的1/3,包括主席,但不包括秘书。

(6)委员会拟就某特殊事项征询特定人员意见的,可增选此人出席委员会会议,但其不得就影响委员会决策的事项投票。

(7)除本法另有规定,委员会可以自行规定其议事程序。

议程的有效性

2.委员会议程的有效性不受以下事项的影响:
(a)委员会委员的空缺;或
(b)无权参与委员会议事的人员参与委员会议事。

毛里求斯气候变化法[①]

本法由毛里求斯议会制定，由总统于 2020 年 11 月 27 日签署通过

第一编 序 言

1. 简称

该法称为《2020 年气候变化法》。

2. 定义（本法用语含义）

在本法中：

"适应"，就气候变化而言，指自然或人类系统为应对实际或预期的气候刺激或影响进行的调整，以减缓气候变化的不利影响或充分利用气候变化带来的各种有利条件；

"气候变化的不利影响"指气候变化导致的自然环境或生物群变化，对自然和管理下生态系统的组成、抗御力、生产力或对社会经济系统的运行、对人类健康和福祉产生重大的有害影响；

"首席委员"指《罗德里格斯地区议会法》中的首席委员；

"气候变化"指除在类似时期内观测到的自然气候变异外，由于直接或间接的人类活动改变地球大气组成造成的气候变化；

"委员会"指负责罗德里格斯岛环境事务的委员会；

"委员"指负责罗德里格斯岛环境事务的委员；

"理事会"指第 4 条所述的气候变化部际理事会；

"司"指第 8 条所述的气候变化司；

[①] 本法于 2020 年颁布，原文来自联合国粮农组织数据库，网址：https://faolex.fao.org/docs/pdf/mat204415.pdf。翻译人：胡卫、安俊屹；校对人：杨浩、王茜茜。

"负责人"指气候变化司的负责人;

"《〈京都议定书〉多哈修正案》"指于2012年12月8日在多哈通过的《〈京都议定书〉多哈修正案》;

"排放"指人类活动向大气中排放温室气体;

《京都议定书》附件A和《〈京都议定书〉多哈修正案》所述的"温室气体"指:

(a) 二氧化碳(CO_2);

(b) 甲烷(CH_4);

(c) 氧化亚氮(N_2O);

(d) 氢氟碳化物(HFCs);

(e) 可能规定的其他气体;

"《京都议定书》"指于1997年12月11日在京都通过的《联合国气候变化框架公约京都议定书》;

"部长"指负责气候变化事务的部长;

"部门"指负责气候变化事务的部门;

"减缓",就温室气体而言,指减少温室气体源排放量或增加大气中汇移除量的人为干预手段;

"国家气候变化适应战略和行动计划"是指根据第13条制定的行动计划;

"国家气候变化减缓战略和行动计划"是指根据第14条制定的行动计划;

"国家清单报告"是指第15条第1款b项所述的报告;

"《巴黎协定》"是指于2015年12月12日在巴黎通过的《巴黎协定》;

"汇"是指从大气中移除温室气体、气溶胶或温室气体前体的任何过程、活动或机制;

"可持续发展"是指既满足当代人的需求,又不损害后代人满足其需求的能力的发展模式;

"UNFCCC"是指于1992年5月9日在纽约通过的《联合国气候变化框架公约》;

3. 法案适用(本法效力)

本法在全国范围内适用。

第二编 气候变化部际理事会

4. 理事会

(1) 为实施本法设立气候变化部际理事会。

(2)理事会由下列人员组成：
　　(a)担任主席的总理；
　　(b)附件一所述部长；
　　(c)总理可任命的其他部长。
(3)首席委员可应总理要求，出席任何理事会会议。

5. 理事会宗旨

理事会应制定国家目标和指标，使毛里求斯成为一个适应气候变化和低排放的国家。

6. 理事会的职能和权力

(1)为最有效地推进其宗旨实现，理事会应具有相关必要的职能和权力，特别是：
　　(a)为下列事项制定各项气候变化政策并确定优先顺序：
　　　　(ⅰ)农业、生物多样性、沿海地区、基础设施、港口、海洋环境和任何其他相关领域的适应性；
　　　　(ⅱ)能源、运输、工业流程和产品使用、农业、林业、土地利用、废物管理和处置以及任何其他相关领域的减缓措施；
　　(b)监测和审查政府各部门在气候变化项目和计划方面取得的进展；
　　(c)确保政府部门、地方当局和参与气候变化项目和计划的其他组织之间的协调与合作；以及
　　(d)向政府各部门提出建议并发出其决定的指示。
(2)负责人须担任理事会秘书，并履行理事会赋予其的职责。

7. 部长的职能和权力

(1)为实现本法目的，部长：
　　(a)应制定气候变化政策并向理事会提出建议；
　　(b)应协调和监督所有气候变化方案的实施，并在必要时向政府部门和地方当局发出实施气候变化政策和方案的指示；
　　(c)应促进和鼓励可能有助于适应气候变化和减少温室气体排放的商业举措和无害化环境技术；以及
　　(d)可任命技术咨询委员会、温室气体清单委员会和其他必要的委员会，以协助理事会履行其职能。
(2)部长可以要求负责人在必要时间内，以其认为必要的方式提供相应信息，负责人应提供该信息。
(3)部长可以向负责人发出其认为对公共利益有必要的一般性指示，负责人应

遵守这类指示,但不得与本法相抵触。

第三编　气候变化司

8. 气候变化司

(1) 为实现本法目的,在部门内设气候变化司。

(2) 气候变化司应:

 (a) 在相关行业推广应对气候变化的适应和减缓措施;

 (b) 制定并协调政策、项目、战略、计划和行动计划,以应对气候变化的不利影响,并监督包括政府部门、法定机构和私营机构在内的利益相关方的执行情况;

 (c) 制定并更新气候变化相关脆弱性及风险评价指导方针;

 (d) 制定减少温室气体排放的程序并发布指导方针;

 (e) 为公共和私营机构(包括法定机构)建立气候变化相关报告机制;

 (f) 建立并维护气候变化数据库系统,以对相关气候变化措施进行评估、监测、报告和核证;

 (g) 编制、分析和传播气候变化的相关信息;

 (h) 提供技术支持,并促进和协调公共及私营机构(包括法定机构)与气候变化适应和减缓措施相关的研究;

 (i) 推动《联合国气候变化框架公约》第6条关于气候变化及相关事项的教育、培训和公众意识规定的实施;

 (j) 与利益相关方合作,编制国家清单报告、国家信息通报报告以及为履行毛里求斯在《联合国气候变化框架公约》、《京都议定书》、《巴黎协定》和任何其他与气候变化相关文书下义务所需的其他报告;

 (k) 为制定并实施气候变化项目调动必要的技术和财政资源,以执行《联合国气候变化框架公约》、《京都议定书》、《巴黎协定》和任何其他相关国际文书;

 (l) 促进并加强包括工商界、非政府组织和当地社区在内的利益相关方参与气候变化事务;

 (m) 委托进行气候变化相关研究,特别考虑人权、文化遗产和性别问题;

 (n) 确定毛里求斯作为一个小岛屿发展中国家,应对气候变化的特殊脆弱性和敏感性,以及处理前述问题的措施;

 (o) 与小岛屿发展中国家和其他区域共同体建立联系并开展合作,以调动

资源,实施共同的减缓和适应措施;
(p) 在国家、区域和国际层面与致力于气候变化问题的机构和组织建立关系网;
(q) 公布气候变化相关信息,包括应对气候变化的倡议和活动;
(r) 监测温室气体排放量和汇移除量水平,以确定并确保按照《联合国气候变化框架公约》的要求减少温室气体排放;
(s) 监测部门气候变化适应政策和措施的实施情况,以确保《国家气候变化适应战略和行动计划》得到遵守;
(t) 监测部门气候变化减缓政策和措施的实施情况,以确保《国家气候变化减缓战略和行动计划》得到遵守;
(u) 履行理事会或部长书面委托的其他职责,但不得与本法相抵触。
(3) 气候变化司应每年以电子形式在本部网站上公布关于温室气体源排放量和汇移除量的国家清单报告。

9. 负责人

(1) 气候变化司应设负责人一名,负责本部日常事务的控制、管理和施行。
(2) 负责人应:
　　(a) 为公共服务委员会委任的公职人员;以及
　　(b) 受部门监督人员的行政监管。
(3) 负责人在履行其职能时应:
　　(a) 负责执行该部门的政策;
　　(b) 每年向部长报告任何公共或私营机构遵守第 16 条的情况;
　　(c) 就部长根据本法可能要求的其他事项向部长报告;
　　(d) 执行部长或监督人员交予其的其他任务,但不得与本法相抵触。

10. 部门工作人员

(1) 应向气候变化司派驻必要的公职人员,以协助该司适当履行本法规定的职能。
(2) 第 1 款中的公职人员应受负责人的行政监管。

第四编　气候变化委员会

11. 气候变化委员会

(1) 为实现本法目的设立气候变化委员会,由下列成员组成:
　　(a) 担任主席的监督人员或其代表;

(b) 气候变化司的负责人；

(c) 各部门、各司以及其他机构指定的一名代表(参见附件二)；

(d) 一名毛里求斯注册专业工程师协会的代表；

(e) 一名由部长任命、在气候变化事务方面具有知识和广泛经验的民间社会代表；以及

(f) 一名由部长任命的、在气候变化事务方面具有知识和广泛经验的私营行业代表。

(2)(a) 气候变化委员会在必要时可增选具有相关专门知识的其他成员，以协助处理事项；

(b) 增选成员在气候变化委员会的任何会议上均无表决权。

(3) 气候变化委员会应：

(a) 配合国家清单报告、国家信息通报报告和《联合国气候变化框架公约》可能要求的其他报告的编制工作；

(b) 配合实施温室气体清单、温室气体减排、气候变化相关风险和脆弱性评价以及适应气候变化的相关措施的实施；

(c) 配合气候变化相关战略规划和国家政策；

(d) 为确保温室气体稳定和减少排放，就监测和控制农业、航空、能源、工业、土地利用、林业、运输和废物管理等领域以及可能必要的其他相关领域温室气体排放的方法提出建议；

(e) 为确保应对气候变化不利影响的最佳抗御力，对农业、生物多样性、沿海地区、渔业、基础设施、港口、海洋环境、旅游和水务领域以及其他相关领域的脆弱性和风险评价及适应提出建议；

(f) 就监测气候变化对人权和弱势群体及其生计不利影响的方法提出建议；

(g) 协调资源以及捐助者和供资机构为气候变化项目提供的任何援助的使用；以及

(h) 协调气候变化相关活动。

(4) 气候变化委员会应每两年向部长提交一份报告，说明第3款规定的相关事项取得的进展。

12. 气候变化委员会会议

(1) 气候变化委员会会议应在主席确定的时间和地点举行。

(2) 气候变化委员会会议的法定人数应为17名成员。

(3) 气候变化委员会应：

(a) 以其决定的方式规范其会议和程序；以及

(b)应主席要求在必要时召开会议,至少每月召开一次。
(4)气候变化委员会可以:
　　(a)设立必要的小组委员会;以及
　　(b)将其职能或权力授予主席或任何小组委员会。
(5)(a)监督人员须指定一名公职人员担任气候变化委员会秘书。
　　(b)气候变化委员会秘书应当:
　　　　(i)应主席要求,召开、筹备和出席委员会的每次会议;
　　　　(ii)备存委员会每次会议的会议记录;以及
　　　　(iii)履行委员会可能赋予其的其他职责。

第五编　气候变化措施

A 分编　国家气候变化适应战略和行动计划、国家气候变化减缓战略和行动计划以及国家清单报告

13.国家气候变化适应战略和行动计划

(1)气候变化司应与各部门、各司以及其他机构合作(参见附件三),负责制定国家气候变化适应战略和行动计划。
(2)国家气候变化适应战略和行动计划应:
　　(a)根据《联合国气候变化框架公约》和其他有关文书制定;以及
　　(b)以气候变化的脆弱性、相关风险以及特定适应需求和措施为基础。
(3)国家气候变化适应战略和行动计划应包括:
　　(a)国家发展优先事项;
　　(b)政策制定;
　　(c)行动计划和投资方案;
　　(d)遵守国际承诺的相关信息;
　　(e)研究与开发;
　　(f)气候数据和信息;
　　(g)教育、培训和公众意识的相关建议;
　　(h)监测、评价和报告办法。
(4)国家气候变化适应战略和行动计划应每 5 年或在部长决定的时间进行审查。

14. 国家气候变化减缓战略和行动计划

(1) 气候变化司应与各部门、各司以及其他机构合作，负责制定国家气候变化减缓战略和行动计划。

(2) 国家气候变化减缓战略和行动计划应根据以下规定编制：

 (a)《联合国气候变化框架公约》和其他相关文书；和

 (b) 旨在实现低排放和绿色经济的国家发展优先事项。

(3) 国家气候变化减缓战略和行动计划应包括：

 (a) 国家发展优先事项；

 (b) 包括减缓排放和增加碳汇的国家政策和措施的编制；

 (c) 行动计划和投资方案；

 (d) 遵守国际承诺的相关信息；

 (e) 研究与开发；

 (f) 气候数据和信息；

 (g) 教育、培训和公众意识的相关建议；

 (h) 监测、评价和报告办法。

(4) 国家气候变化减缓战略和行动计划每5年或在部长决定的时间进行审查。

15. 国家清单报告

(1) 气候变化司应：

 (a) 根据《联合国气候变化框架公约》、《京都议定书》、《巴黎协定》和相关气候变化文书，对温室气体源排放量和汇移除量制定年度国家清单；以及

 (b) 编制温室气体国家清单报告。

(2) 就第1款所述的清单，气候变化司在与相关公私机构协商后，应：

 (a) 确定主要来源类别；

 (b) 从持有气候变化相关信息的部门、政府部门、地方当局、法定机构和私营机构收集数据；

 (c) 预估每一类别的源排放量和汇移除量；

 (d) 对不确定性进行评估；

 (e) 核实所有数据和信息；

 (f) 保存显示如何达到预估值的每项信息和文件。

(3) 该部门应备存以下记录：

 (a) 每年在数据收集方面的变化；

 (b) 每年计算温室气体排放和汇的方法和排放因素的变化情况。

(4)(a)附表四中规定的任何部门、各司、其他机构,应要求向气候变化司提供为编制国家清单报告可能需要的信息。

(b)为编制国家清单报告,外岛开发公司总经理应气候变化司要求,提交气候变化相关数据和信息,包括对温室气体源排放量和汇移除量的评估。

(5)(a)为评估温室气体源排放量及汇移除量,部长可以制定适当的条例,以要求政府部门、地方当局、法定机构、私营机构和气候研究人员备存并向气候变化司提供以下方面的数据和信息:

(i)进口、分销、销售或使用燃料的数量及其用途;

(ii)工业流程,包括工业流程产生的影响;

(iii)车辆总数及用途,包括里程;

(iv)进口和出口包含的氢氟碳化物、全氟碳化物、六氟化硫和可能规定的其他气体;

(v)已登记的各类装有含氢氟碳化物或全氟碳化物空调系统的各类机动车;

(vi)农作物收获面积和与之相关的产量;

(vii)氮肥使用量;

(viii)反刍动物和其他养殖牲畜;

(ix)原生树木和非原生树木以及原生树木和非原生树木的土地面积;

(x)废物的成分和重量,垃圾填埋场的容量特征及垃圾填埋场提取和燃烧的气体量;

(xi)废水量及其处理和处置方式;

(xii)可能规定的其他事项。

(b)根据a项制定的任何条例均可规定数据和信息应以何种形式和方式备存及提供给气候变化司。

(6)为收集信息以协助评估源排放和汇,负责人、任何公职人员或由负责人指定的相关公共机构可在合理时间进入有或可能有牲畜或植物物种的土地或场所,且不得对受保护的野生动植物造成不必要的损害:

(a)进行调查、测试、检查或测量,并可为此目的将可能需要的测量设备置于土地或场所上;以及

(b)采集水、空气、土壤或其他有机物的样本。

B 分编　机构的职责和义务

16. 机构的职责

(1)(a)为实现本法目的,负责人可向任何公共或私营机构发布必要的指令。

　　(b)根据 a 项,负责人可要求任何机构:

　　　　(i)进行脆弱性及风险评价,并实施适应和减缓措施;

　　　　(ii)在其战略、行动计划和其他政策中考虑气候变化;

　　　　(iii)实施国家气候变化适应战略与行动计划以及国家气候变化减缓战略和行动计划规定的相关措施;

　　　　(iv)为国家清单报告提供行业温室气体排放报告;

　　　　(v)建立一个单位,配备足够的人员和资金,或任命一名官员协调气候变化措施的实施;

　　　　(vi)在机构认为必要时定期监测和审查 iii 目所述措施的实施情况;

　　　　(vii)如有需要,向该部门报告 i 至 vi 目所述职责的执行情况和进展。

(2)第 1 款所述机构应遵守:

　　(a)负责人发出的任何指示;

　　(b)本法、《联合国气候变化框架公约》、国家气候变化适应战略和行动计划及国家气候变化减缓战略和行动计划。

17. 提交气候变化的数据和信息

(1)为使毛里求斯能够履行其在《联合国气候变化框架公约》《京都议定书》《巴黎协定》和其他气候变化相关文书下的义务,部长可以书面形式要求相关公共或私营机构不定期按照预定时限,提交气候变化的数据和信息,包括温室气体排放和碳汇。

(2)收到请求的机构应以电子方式或负责人指定的其他方式提交第 1 款所述的数据和信息。

C 分编　报告和公众磋商

18. 报告

为向《联合国气候变化框架公约》秘书处提供报告,部长可在其认为适当的时候指示负责人向其或秘书处提供《联合国气候变化框架公约》可能需要的信息和报告。

19. 公众磋商

各政府部门在制定与气候变化相关的战略和政策时,应与公众进行磋商。

第六编　法案对罗德里格斯岛的适用

20. 罗德里格斯岛气候变化战略

(1) 委员应：
　　(a) 与气候变化司、各部门和其他机构(参见附件三、附件四)以及各成员(参见附件五)合作，负责制定罗德里格斯岛气候变化适应战略和行动计划以及罗德里格斯岛气候变化减缓战略和行动计划。
　　(b) 确保气候变化措施在罗德里格斯岛得到有效且高效的实施和监测。
(2) (a) 该岛行政长官应指定必要的公职人员协助罗德里格斯岛气候变化委员会适当履行本法规定的职能。
　　(b) a 项所述的公职人员应受该委员会部门负责人的行政监管。

21. 罗德里格斯岛气候变化委员会

(1) 为实现本法目的设立罗德里格斯岛气候变化委员会，由下列成员组成：
　　(a) 担任主席的委员；
　　(b) 担任副主席、负责环境事务的委员会部门负责人；
　　(c) 该部的一名代表；
　　(d) 附件五中规定的成员；
　　(e) 由委员委任的一名非政府组织代表；
　　(f) 由委员委任的三名其他成员。
(2) (a) 罗德里格斯岛气候变化委员会可在其认为必要时，增选其他具有相关专业知识的人员协助处理任何事项。
　　(b) 增选成员在罗德里格斯岛气候变化委员会的会议上均无表决权。
(3) 罗德里格斯岛气候变化委员会应：
　　(a) 与气候变化委员会合作和配合，以编制国家清单报告、国家信息通报报告以及《联合国气候变化框架公约》和任何相关文书可能要求的其他报告；
　　(b) 协调在罗德里格斯岛实施与温室气体清单、温室气体减排、气候变化相关风险和脆弱性评价、适应气候变化和遵守相关法律有关的措施；
　　(c) 协调罗德里格斯岛的气候变化相关战略规划和政策；
　　(d) 协调罗德里格斯岛的其他气候变化相关活动。

22. 罗德里格斯岛气候变化委员会会议

(1) 罗德里格斯岛气候变化委员会会议应在主席决定的时间和地点举行。

(2) 罗德里格斯岛气候变化委员会任何会议的法定人数为 8 名成员。
(3) 罗德里格斯岛气候变化委员会应：
  (a) 以委员会决定的方式规范其会议和程序；
  (b) 应主席要求，在必要时召开会议，每月至少召开一次；以及
  (c) 设立必要的小组委员会。

23. 提交数据和信息

(1) 委员会的部门负责人可书面要求任何有关公共或私营机构在预定期限内提交气候变化的数据和信息，包括温室气体源排放量和汇移除量的评估。

(2) 根据第 1 款被提出要求的机构，应以委员会部门负责人指定的形式和方式提交数据和信息。

第七编　其　他

24. 国家执行机关

(1) 部门应：
  (a) 作为国家执行机关，参与气候变化相关项目的国际融资机制；以及
  (b) 遵守适应基金委员会、绿色气候基金或此类其他国际气候相关基金制定的信托标准和其他报告的要求。

(2) 在本条中：

"适应基金委员会"指根据《联合国气候变化框架公约》《京都议定书》设立的机构，旨在为《京都议定书》缔约方发展中国家的具体适应项目和计划提供资金；

"绿色气候基金"指在《联合国气候变化框架公约》框架内设立的基金，作为财务机制的运行主体，旨在协助发展中国家采取适应和减缓的方式应对气候变化挑战。

25. 执行

(1) 尽管有其他法律规定，但根据第 2 款规定，气候变化司的官员、警察、森林官员或《森林与保护区法》规定的授权官员、《原生陆地生物多样性与国家公园法》规定的国家公园和自然保护局的官员，以及监督官员指定的其他官员，均有权协助执行本法。

(2) 就罗德里格斯岛，由岛屿行政长官指定的警察和其他公职人员协助执行本法。

26. 免责保护

部长、气候变化委员会委员、气候变化司、负责人、气候变化委员会公职人员和成员以及罗德里格斯岛气候变化委员会，在根据本法履行其职能或行使其权力时，出于善意作为或不作为，均不承担民事或刑事责任。

27. 保密

(1) 任何人员在其任职期间或之后，不得使用或披露其在履行本法规定的职责时所知悉的任何事项，但以下情况除外：

(a) 为实现本法目的；或

(b) 被法院或任何法令所要求。

(2) 任何人如无合法理由，违反第1款即构成犯罪，可并处10万卢比以下罚款及2年以下刑罚。

28. 犯罪

(1) 任何主体：

(a) 妨害或妨碍任何主体履行本法规定的职能；或

(b) 应本法要求提交报告或提供数据或信息时：

(i) 未在规定时间内推进且无正当理由的；

(ii) 故意提交虚假报告或信息，或在任何重大事项上具有误导性的，

构成犯罪。

(2) 任何主体犯第1款所定之罪，一经定罪，应负以下法律责任：

(a) 第一次定罪，并处5万卢比以下罚款及2年以下监禁；

(b) 第二次或之后的定罪，并处10万卢比以下罚款及5年以下监禁。

29. 条例

(1) 为实现本法目的，部长可以制定其认为适当的条例。

(2) 根据第1款制定的条例可规定：

(a) 修订附件；

(b) 履行或实施《联合国气候变化框架公约》、《京都议定书》、《巴黎协定》或任何气候变化的相关文书规定的义务；

(c) 颁布关于适应气候变化的政策指导或指示；

(d) 颁布政策指导或指示，以减少温室气体排放；

(e) 各部门、政府部门、法定机构、私营机构应按上述方式和期间编制温室气体排放报告；

(f) 实施本法的监督机制；

(g) 收取费用和征收费用；

(h) 根据本法可以或应当规定的任何事项；

(i) 任何违反前述规定构成犯罪的，并处5万卢比以下罚款及2年以下监禁。

(3) 适用于罗德里格斯岛的任何条例应在与委员协商后作出。

30. 相应修订：省略

31. 生效

(1) 根据第 2 款规定，本法将于公告确定的日期生效。

(2) 本法不同条款的生效日期可以不同。

于 2020 年 11 月 24 日由国民议会通过。

附件一

气候变化部际理事会的部长

1. 负责农业事务的部长
2. 负责蓝色经济、海洋资源和渔业事务的部长
3. 负责商务的部长
4. 负责教育学科的部长
5. 负责能源事务的部长
6. 负责环境事务的部长
7. 负责金融事务的部长
8. 负责财政事务的部长
9. 负责外交事务的部长
10. 负责两性平等事务的部长
11. 负责卫生事务的部长
12. 负责住房和土地事务的部长
13. 负责工业事务的部长
14. 负责劳工事务的部长
15. 负责陆路运输事务的部长
16. 负责地方政府事务的部长
17. 负责国家基础设施事务的部长
18. 负责外岛事务的部长
19. 负责公用事业事务的部长
20. 负责罗德里格斯岛事务的部长
21. 负责社会保障和社会保障事务及民族团结的部长
22. 负责旅游事务的部长
23. 负责青年和体育事务的部长

附件二

[第 11 条]
气候变化委员会各部门、各司和其他机构的代表

1. 负责农产工业和粮食安全事务的部门代表
2. 负责教育、高等教育、科学和技术事务的部门代表
3. 负责能源和公用事业事务的部门代表
4. 负责环境事务的部门代表
5. 负责财政、经济计划和发展事务的部门代表
6. 负责两性平等和家庭福利事务的部门代表
7. 负责健康和保健事务的部门代表
8. 负责住房和土地使用规划事务的部门代表
9. 负责工业发展、中小企业和合作社事务的部门代表
10. 负责陆路交通和轻轨事务的部门代表
11. 负责地方政府和灾害风险管理事务的部门代表一名
12. 负责蓝色经济、海洋资源和渔业及船舶事务的部门代表
13. 负责国家基础设施和社区发展事务的部门代表
14. 负责社会融合、社会保障和民族团结事务的部门代表
15. 负责旅游事务的部门代表
16. 负责青年赋权、体育和娱乐事务的部门代表
17. 毛里求斯气象局代表
18. 国家灾害风险消除和管理中心代表
19. 环境警察部队代表
20. 林业局代表
21. 毛里求斯可再生能源署代表
22. 土地排水管理局代表
23. 负责罗德里格斯岛的部门代表
24. 罗德里格斯地区议会代表
25. 毛里求斯统计局代表
26. 外岛开发公司代表
27. 废水管理局代表

28. 固体废物管理处代表

附件三

[第13条第1款]
负责制定国家气候变化适应战略和行动计划的部门、
司和其他机构的代表

1. 农产工业和粮食安全部门
2. 蓝色经济、海洋资源、渔业和船舶部门
3. 能源和公用事业部门
4. 环境部门
5. 健康和保健的部门
6. 住房和土地使用规划部门
7. 陆路交通轻轨部门
8. 地方政府与灾害风险管理部门
9. 国家基础设施和社区发展部门
10. 旅游部门
11. 毛里求斯餐酒业经营者协会（Association des Hôteliers de Restaurateurs de I'île Maurice）
12. 海滩管理局
13. 毛里求斯商界
14. 中央水务局
15. 粮食和农业研究与推广研究所
16. 林业局
17. 毛里求斯注册专业工程师委员会
18. 毛里求斯甘蔗工业局
19. 毛里求斯气象服务
20. 毛里求斯海洋研究所
21. 毛里求斯港务局
22. 毛里求斯研究与创新委员会
23. 国家发展部门
24. 国家减灾管理中心

25. 国家公园和保护局
26. 非政府组织
27. 道路发展局
28. 毛里求斯大学
29. 毛里求斯科技大学
30. 水资源单位

附件四

[第 14 条及第 15 条第 4 款]
负责制定国家气候变化减缓战略和行动计划的部门、
司和其他机构的代表

1. 负责农产工业和粮食安全问题的部门
2. 负责蓝色经济、海洋资源、渔业和船舶的部门
3. 负责商业和消费者保护的部门
4. 负责能源和公用事业的部门
5. 负责环境问题的部门
6. 负责健康和保健主题的部门
7. 负责住房和土地使用规划的部门
8. 负责工业发展、中小企业和合作社事务的部门
9. 负责陆路运输和轻轨的部门
10. 负责地方政府和灾害风险管理的部门
11. 负责国家基础设施和社区发展问题的部门
12. 负责旅游主题的部门
13. 毛里求斯航空有限公司
14. 毛里求斯机场有限公司
15. 毛里求斯餐酒业经营者协会
16. 毛里求斯（AHRIM）
17. 毛里求斯商界
18. 中央电力局
19. 民航处
20. 能源效率管理办公室

21. 粮食和农业研究与推广研究所

22. 林业局

23. 毛里求斯注册专业工程师委员会

24. 毛里求斯甘蔗工业局

25. 毛里求斯化肥行业

26. 毛里求斯出口协会

27. 国家陆路交通管理局

28. 毛里求斯港务局

29. 毛里求斯可再生能源署

30. 毛里求斯研究与创新委员会

31. 毛里求斯航运有限公司

32. 毛里求斯标准局

33. 固体废物管理科

34. 国营贸易有限公司

35. 毛里求斯统计局

36. 毛里求斯大学

37. 毛里求斯科技大学

38. 公用事业监管局

39. 废水管理局

40. Omnicane 管理与顾问有限公司

41. 泰拉格里有限公司

42. 阿尔特奥农业有限公司

附件五

[第 21 条第 1 款 b 项]
罗德里格斯岛气候变化委员会其他成员

1. 公共基础设施委员会部门负责人或其代表

2. 国家土地委员会部门负责人或其代表

3. 统计委员会部门负责人或其代表

4. 公共农业委员会部门负责人或其代表

5. 教育委员会部门负责人或其代表

6. 渔业委员会部门负责人或其代表
7. 林业委员会部门负责人或其代表
8. 住房委员会部门负责人或其代表
9. 气象服务委员会部门负责人或其代表
10. 运输委员会的部门负责人或其代表
11. 旅游委员会部门负责人或其代表
12. 水资源委员会部门负责人或其代表
13. 灾害风险管理委员会部门负责人或其代表
14. 海岸公园委员会部门主管或其代表
15. 委员会负责环境问题的代表
16. 罗德里格斯岛卫生局部长
17. 罗德里格斯岛中央电力局经理
18. 罗德里格斯岛环境警察代表